Complete Hungarian

To my family: James, Jancsi and Sári.

Teach[®]
Yourself

Complete Hungarian

Zsuzsa Pontifex

First published in Great Britain in 1993 by Hodder Education. An Hachette UK company.

First published in US in 1993 by The McGraw-Hill Companies, Inc.

This edition published in 2019 by John Murray Learning

British Library Cataloguing in Publication Data: a catalogue record for this title is available from the British Library.

Library of Congress Catalog Card Number: on file.

ISBN 9781529324631

3

The publisher has used its best endeavours to ensure that any website addresses referred to in this book are correct and active at the time of going to press. However, the publisher and the author have no responsibility for the websites and can make no guarantee that a site will remain live or that the content will remain relevant, decent or appropriate.

The publisher has made every effort to mark as such all words which it believes to be trademarks. The publisher should also like to make it clear that the presence of a word in the book, whether marked or unmarked, in no way affects its legal status as a trademark.

Every reasonable effort has been made by the publisher to trace the copyright holders of material in this book. Any errors or omissions should be notified in writing to the publisher, who will endeavour to rectify the situation for any reprints and future editions.

[This book is for information or educational purposes only and is not intended to act as a substitute for medical advice or treatment. Any person with a condition requiring medical attention should consult a qualified medical practitioner or suitable therapist.]

Cover image © The Art Gallery / Alamy

Typeset by Cenveo Publisher Services.

Printed and bound in Great Britain by CPI Group (UK) Ltd., Croydon, CR0 4YY.

John Murray Learning policy is to use papers that are natural, renewable and recyclable products and made from wood grown in sustainable forests. The logging and manufacturing processes are expected to conform to the environmental regulations of the country of origin.

Carmelite House

50 Victoria Embankment

London EC4Y 0DZ

www.hodder.co.uk

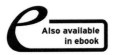
Also available in ebook

Acknowledgements

Above all I would like to thank James, my husband, without whom this book would probably never have been written. His support and patient correcting of the manuscript were invaluable.

I would like to express my special thanks to Paul Aston, who very generously offered to read the whole manuscript and spent considerable time scrutinizing it with an expert eye. His observations greatly enriched the text. I would like to thank György Fenyő, who also read and helped to improve the manuscript.

My thanks also go to Imre Szmodis for allowing me to use his cartoon.

And last but not least I would like to express my gratitude to the late Gizella Polgár, my brilliant teacher of English at Fazekas Mihály secondary school in Budapest. I learned more from her about language teaching than from anyone else. I owe my love of English to her. Without this love for the language, culture and country I would probably never have gone to Britain. I cannot imagine how different my life and career would have been. With this book I hope I am able to do something similar with Hungarian.

Contents

Part two

Credits

Meet the author

I was born and raised in Hungary and read Hungarian and English at Budapest's Eötvös Loránd University. I taught for three years in a Budapest secondary school and then moved to Britain. I first worked as a programme assistant for the BBC World Service Hungarian section and acquired useful skills. But I really wanted to teach.

1989 brought great changes for Hungary and for me. I was by chance in the right place at the right time. My husband and I founded Hungarian Language Services, our own language school and translation agency in West London. I faced great challenges and had great opportunities: there were no good Hungarian textbooks and no trained teachers of Hungarian in Britain. I became aware of the difficulties for English speakers posed by this demanding language, so I wrote my own coursebook and trained our teachers. I taught Hungarian to students from all walks of life: British diplomats, Ministry of Defence and British Council personnel, business people and private individuals. In the 1990s I set Hungarian language exams for the Foreign Office, the Ministry of Defence, the Civil Service and the Institute of Linguists.

In 2001 I returned to Budapest with my family and set up Pontifex Nyelviskola (Pontifex Language School) (www.pontifex.hu). We provide Hungarian language courses for the English-speaking community as well as online and residential courses. I love my job and I am grateful that through it I have met so many interesting people.

Only got a minute?

Hungarian is the mother tongue of fewer than 15 million people. Ten million live in present-day Hungary, and about 2.5 million live in neighbouring states in areas which before 1920 belonged to Hungary. The rest are scattered worldwide.

Most European tongues belong to the Indo-European family of languages but Hungarian is a Finno-Ugric language related to Finnish, Estonian and some other languages spoken by peoples living in the northern parts of Russia. Hungarian differs from most European languages both in its vocabulary and grammatical structure. This is why it is reputed to be difficult.

Tourists would easily find an eating place in most European countries: restaurant is 'restaurant' in French, 'ristorante' in Italian, 'Restaurant' in German or 'restaurante' in Spanish. In Hungary (if there were no other clues) they might have difficulty finding an **étterem**. The most striking feature of Hungarian grammar is that words can have one or more endings. For example, the restaurant is **az étterem**. To express the phrase 'in the restaurant' Hungarian uses an ending instead of a separate word before it: **az étteremben**.

However, Hungarian does have some saving features. Unlike English, it is a phonetic language i.e. it is spelt as it is pronounced. After just a few sessions you should be able to read and write Hungarian! It is also very logical. Perhaps that may be why Hungarians make such good mathematicians and scientists.

The greatest advantage of learning Hungarian is the insight it gives into a unique and rich culture. Whatever your interests – literature, history, folk traditions, fine arts, classical or folk music, arts and crafts, cultural events, culinary pleasures, fine wines, health spas, horse-riding, water sports or fencing – all fields in which Hungary has excelled – you will not be disappointed. Both language and country have something very special to offer you.

Only got five minutes?

Hungarian is unique. It is not Indo-European like most European tongues but belongs to the Finno-Ugric family of languages. It has some unusual features. Words take endings to express grammatical connections within a sentence and to form other words. These endings usually come in two forms. When deciding which one to attach to the word stem we apply the vowel harmony rule. Back vowel words take back vowel endings and front vowel words take front vowel endings ('back' and 'front' relate to where in the mouth these sounds are formed). The vowels of the entire word harmonize. The use of endings creates long words rich in meaning. The word **láthattalak** translates as *I could see you*. Where English needs four words, Hungarian uses three endings attached to the word stem **lát** *see*: **hat** *could* + **t** *past tense suffix* + **a** *linking vowel* + **lak**. This latter ending shows that *I* am the subject and *you* are the object i.e. my action is directed at you. Also that I am addressing you informally. Much information crammed into one verb form! Verbs are conjugated i.e. each person (I, you, etc.) has a different verb ending. These can also reveal whether the object is definite or indefinite. Depending on whether I can see *a* man or *the* man the verb form for **lát** *see* will be different: **látok egy férfit** *I can see a man* as opposed to **látom a férfit** *I can see the man*. So you must be alert and think ahead of the object even before you say the verb. Word order is complex but fascinating. It is governed by the rule that the key information in the sentence is followed by the verb. It is wholly logical. (Perhaps that is why there have been so many great Hungarian mathematicians.) Hungarian uses many noun endings. Key information comes at the end of a word so you cannot swallow the end of words as you often do in English where prepositions precede nouns: **a bankba** means *to the bank* while **a bankban** is *in the bank*. In Hungarian each syllable and sound has to be pronounced distinctly.

However, Hungarian also has some simple features. It is phonetic i.e. each letter corresponds to a sound. Once you can pronounce those letters you can read and write Hungarian. Hungarian has no gender, and does not have a separate word for *he* or *she*! Both are **ő**. The stress is always on the first syllable giving the language an even rhythm. There are three tenses: past, present and future. (English has twelve.) In Hungarian everything that happened before the present moment is a closed period of time in the past tense. The present tense is used for current events and actions and makes no distinction between something happening at the time of speaking or generally. **Magyarul tanulok** can be translated as either *I am learning Hungarian* or *I learn* Hungarian depending on the context. Everything beyond the present is in the future and is expressed with the future tense (or the present tense with a time expression). Numbers and words describing quantity are followed by the singular, so at first you need not use plural forms.

Hungarian words reflect the way of thinking that lies behind them. The word **egészség** *health* has **egész** *whole*, *complete* as its stem: the literal translation of the word 'health' is wholeness, completeness – a state of being when nothing is amiss.

Hungarian is a precise language with few vague or all-purpose terms. You must spell out what you mean. 'Nice' is an all-purpose term in English. But in Hungarian you need different equivalents depending on whether you describe a person (**kedves**), a meal (**finom**), a walk (**kellemes**), a talk (**jó**), etc. Hungarians are usually direct and tell you what they feel and think – they are not always the most diplomatic of people but you do know where you are with them.

Hungarian is a gateway to a rich, strong culture. The country has a fine literary tradition (especially poetry), largely inaccessible to the rest of the world because of its linguistic isolation. You do not need to learn Hungarian to enjoy less linguistically-bound areas such as the music of Ferenc Liszt and Béla Bartók or the unmistakable melodies and rhythms of Hungarian folk music, the paintings of Munkácsy or Csontváry, the pottery of Margit Kovács, Hungarian folk art and dancing. Yet you cannot fully appreciate these without the language which helps you understand the Hungarian psyche – the psyche of a people who have suffered much throughout their stormy history. In spite of this (or perhaps because of it) they have excelled in many fields from history and science to sports and arts.

Hungary was a major European power in the Middle Ages. Its first constitution, the so-called 1222 Golden Bull is only seven years younger than Magna Carta, making it the second oldest in the world. In the 15th century King Matthias, one of Europe's wealthiest and most influential sovereigns, commissioned works by leading Italian artists and had a world-famous library. For over a century the country was a 'shield of Christianity' protecting Europe from Ottoman attacks. Hungary has 14 Nobel Prize winners. Rubik's Cube is the world's best-selling toy. Ede Teller, father of the hydrogen bomb, János Neumann, one of the greatest modern mathematicians, Albert Szent-Györgyi who discovered vitamin C, Adolf Zukor, founder of Paramount Pictures and William Fox were all of Hungarian origin. Some great photographers have come from Hungary, e.g. André Kertész, Robert Capa and Brassai. Ferenc Lehár and Imre Kálmán were leading composers of Viennese operettas. After Norway and Sweden Hungarians have won the most Olympic medals per capita, and the legendary 'Golden Team' captained by Ferenc Puskás, was the first to defeat the English at Wembley Stadium. In the 1950s it went unbeaten for 32 consecutive games – a record still. There is more to this relatively unknown country than you might imagine.

Hungarians were nomads. They migrated from the East and settled in the Carpathian Basin in 896 AD. **István** (*Stephen*) became their first king. He was crowned in 1000 AD founding a Roman Catholic Christian kingdom firmly aligned to Western Europe. Hungarian culture reflects this rich and unique blend of East and West and the language is the key to unlocking its treasures.

Introduction

WHO IS THE COURSE FOR?

This is a practical course designed for the absolute beginner who might not have studied any languages before and who wishes to communicate in everyday, straightforward situations when going to Hungary. It will also provide you with some background information about Hungary and the Hungarians so that you can get more out of your visit.

Let us say you are going on a short holiday or business trip to Hungary. You want to acquire a small amount of Hungarian at a very simple level in order to make your visit more rewarding. For this, it is enough for you to study Part one. It will acquaint you with the basic vocabulary and grammar that you will need to be able to 'survive' in straightforward situations. After working your way through the five units of Part one you should be able to make up simple sentences of your own. You will find the additional vocabulary you might need in the relevant units of Part two. (The key vocabulary is listed in a box after each dialogue or exercise.)

Part two is for students who wish to acquire more than just a 'survival' knowledge of the language. It builds on the language skills acquired in Part one. By the end of the course you will have mastered enough knowledge of both the spoken and the written language to be able to deal with most everyday situations.

HOW TO USE THIS COURSE

First work carefully through the section on pronunciation and the alphabet. Hungarian is a phonetic language (i.e. it is pronounced as it is written), so once you have learnt how to pronounce the letters you should be able to read almost anything. Practise reading Hungarian by doing the exercises after the pronunciation section.

After this section each unit follows this pattern:

A summary in English of what you are going to learn in the unit.

Dialogue: This is the core of the unit. Through an everyday situation you will encounter the main expressions and grammatical structures that you are going to study.

The Quick vocabs: In Part one, these give you all the new words and phrases that occur in the **Dialogue**. In Part two they contain only the key expressions which are necessary to understand the **Dialogue**. The other words are given in the **Hungarian–English vocabulary** at the end of the book. This is to encourage you to work out the unknown words from the context.

Questions: They are of three kinds: True or false?, open-ended and multiple-choice questions. They will test you to help you find out if you have properly understood the **Dialogue**.

Hungary and the Hungarians: This section includes background information about Hungary and the Hungarians as well as an explanation of certain expressions used in the **Dialogue**.

Grammar: This explains and illustrates the main grammatical structures used in the **Dialogue**. As this book is not written for linguists, elaborate definitions are avoided. Grammar is explained clearly and simply, and grammatical terms are excluded wherever possible. Terms that are unavoidable are explained as you come to them. In Part one only simple structures are explained. Other expressions are given as set phrases since you will not need to know them in depth at this level. If you want to learn Hungarian at a higher level, you will find these explained in Part two.

Practice: This will help you to consolidate the vocabulary and the grammar you have learnt in the unit. It also provides a means for you to test your own progress and see in what other situations you can use what you have just learnt. The correct answers are given in the **Key to the exercises** at the end of the book.

Do you understand?: This section, at the end of selected units, contains a conversation or a text. It is based on a topic similar to that of the **Dialogue** and contains much of the same vocabulary and grammar. It is therefore a good test of how well you have understood the language of the unit. Immediately after it are the key words and phrases necessary to understand the passage. The other words can be found in the **Hungarian–English vocabulary** at the end of the book. The conversation, or the text, is followed by a set of questions which will help you to test your understanding of it.

Test yourself: This ten-question diagnostic test checks how well you have mastered the grammatical structures of each unit.

STEPS FOR STUDYING EACH UNIT

▶ Read the summary to learn about the purpose of the unit.

▶ Study the **Dialogue** carefully with the help of the vocabulary provided.
  In Part two, first only look at the key expressions given in the box immediately after the **Dialogue**. Try to understand the passage, working out the meanings of the other words from the context. If you can't, turn to the **Hungarian–English vocabulary** at the end of the book.

▶ Read the relevant background information.

▶ To understand the main grammatical structures, refer to the **Grammar** section.

▶ Go back to the **Dialogue** and make sure you fully understand it.

▶ Turn to the **Questions** to test your understanding of it. (Check your answers in the **Key to the exercises**.)

▶ Learn the **Dialogue** and then imagine that you are each character in turn and act it out loud.

▶ Do the exercises. Having checked your answers make sure you understand why they are the correct ones and then memorize them.

▶ Test your understanding of the language introduced in the unit by doing the **Do you understand?** exercise at the end of it. Again, read the brief introduction in English first, and then read the passage and try to understand it. Even in the early stages try to get into the habit of not looking at the vocabulary provided, working out the meaning of the unknown words from the context. If you can't, refer to the vocabulary provided here, or at the end of the book. Test your understanding of the passage by answering the questions that follow. Check your answers. Learn and then act out the conversation or speak the text out loud to a fictional friend.

Finally, complete the **Test yourself** section at the very end of the unit and check your answers in the **Key to the exercises**. If you have made a mistake refer back to the relevant Grammar point. Make sure you understand the rule and then learn the correct form by heart.

HOW TO USE THE COURSE WITH THE RECORDING

Although the book is self-contained, you will find the accompanying recording of great help in your pronunciation and your understanding of spoken Hungarian. The recordings include the **Pronunciation** section, the **Dialogue** in each unit, and oral exercises involving phrases and expressions that you will have come across in the unit. These exercises are not transcribed in the book, and so provide you with an opportunity to hear and understand spoken Hungarian. In addition, the recording contains the conversations/texts that are transcribed in the **Do you understand?** sections.

It is suggested that you start the units in Part one by listening to the recording of the **Dialogue** at the same time as you read it. When you have grasped the general meaning, listen to it again, this time without looking at the book. Pay special attention to the pronunciation and intonation of the speakers, and try to imitate them aloud sentence by sentence. At some stage in Part two, you may well find that you can listen to the recording straightaway without looking at the text at the same time.

The conversations and texts at the end of the unit can be used as listening comprehension exercises. They will test your understanding of the new language introduced in the unit, and also your ability to understand a conversation in which not all the words are familiar.

The more you listen to the recording, and try to imitate the speakers, the better.

HOW TO STUDY

I am afraid I cannot offer you a magic pill. Learning a foreign language requires patience and perseverance. But it is also a very creative and enriching experience. It is of the utmost importance that you develop good study habits right from the word go. There is nothing more frustrating than trying to get rid of bad habits and ingrained mistakes.

Here are a few suggestions for ways of learning the language. Try them, and find out what works best for you.

Learning vocabulary

Repeat aloud several times each new word and phrase. After having learned about a dozen of them, cover the Hungarian side and try to supply the English equivalents. Then do it vice versa.

You may wish to write down each expression a few times, saying it aloud simultaneously. (Writing helps you to remember.) Or, write the Hungarian words to be learned on separate cards, each with their English equivalent written on the back. Look at one side of the card and try to remember what is on the other side. Check your memory by turning the card over. Try to associate the word with the image e.g. when you learn the word **ház** *house* picture a house in your mind's eye. Or, associate the new words with pictures or situations. Whichever method you feel comfortable with the key is to repeat out loud several times just one phrase before going on to learn the next one.

Studying grammar

Rather than just learning abstract rules, always learn the examples given. This will help you not only to remember the rules but also to apply them.

Remember that understanding grammar is just the first step. When speaking your own mother tongue, you do not have to think about what structures to use. It comes instinctively. To be able to do that in a foreign language, you need lots of practice. Therefore do not rush on to the next unit until you feel confident that you have thoroughly mastered the structures introduced in the previous unit, i.e. until you can make up sentences of your own using the new structures reasonably fluently. Otherwise you will take a long time to finish a sentence always having to think how to construct it. The great advantage about studying on your own is that you can set your own pace. So you can always spend more time at more difficult stages.

Studying the Dialogues and the conversations/texts

First repeat full sentences aloud. Then imagine that you are a native speaker and act out the whole **Dialogue**, or conversation/text, playing the role of all the participants. You will soon discover what fun it is to speak in Hungarian.

Improving your pronunciation and understanding of spoken Hungarian

Try to attend classes or speak to native Hungarians. Failing that, listen to recordings of native speakers. (You could try to listen to Hungarian television and radio on the internet. For details of possible websites see the **Taking it further** section at the end of the book.) Do not worry if you do not understand much of it. Just listening to Hungarian being spoken – even if it is only in the background while you are doing something else – will help the music, rhythm, pronunciation and intonation of the language to sink in.

Record yourself while reading/acting out the **Dialogues**, or the conversations/texts, and then compare this with the recording which accompanies this book. Concentrate on improving one thing at a time: your pronunciation of certain sounds, intonation or stressing the right syllable.

Improving your fluency

When learning a new word or phrase, always try to use it in a sentence of your own. You must not be over-ambitious; combine only phrases and grammar you are already familiar with. This will help you to learn to use the language creatively. At a more advanced level, try to find other words or phrases with a similar or opposite meaning, or try to explain their meaning in Hungarian.

Do thinking exercises. That is, even if you have very little time to spare for learning the language, you can make a habit of saying things to yourself in Hungarian. This can be done while you are walking to work, waiting for the bus or washing up. First, you could just repeat the **Dialogues** and conversations/texts to yourself and make up similar ones. Later, you could try to say to yourself in Hungarian what you are doing at that particular moment, or just try to think in Hungarian instead of in English. You might find this quite difficult to start off with, but it will get easier with habit.

Learn the **Dialogues** and conversations/texts by heart (including the ones in the **Practice** sections). In real life you won't always be able to use exactly the same sentences that you have learned, but they will help you to assimilate structures and vocabulary.

Even though you might normally give short answers, when doing the exercises always answer in complete sentences.

Some general tips

Try to avoid the habit of thinking in English first and translating what you want to say into Hungarian afterwards. This will only leave you frustrated. Make an effort to think in Hungarian with the simple, limited vocabulary and grammar that you have learned, right from the start. You will often find that even complicated things can be expressed simply!

Remember: you will not always be able to understand every single word that people say to you in Hungarian. Therefore, accept the idea of getting the gist of what was said by catching the key expressions and trying to work out the rest from the context.

Learning a language is a bit like learning to play a musical instrument: you need constant practice. Doing a little regularly is much more effective than long sessions every now and then. Make a habit of setting aside a short study period every day. Remember: language learning can be great fun, but you will not make real progress unless you are prepared to put time and effort into it!

When faced with the difficulties of the language, be positive. Learning a new language might enrich you in all sorts of unforeseen ways: you might be able to make friends with people whom you otherwise would not, or it might open up for you a new way of thinking or a new culture. So be determined to carry on.

Every language reflects a different way of thinking, and this might not always seem logical to you. Therefore, do not try to find a logical explanation behind every single phenomenon you come across. Just accept that there is no rule and learn it as it is.

Remember, you are not a native speaker. Therefore you are quite likely to have an accent and make mistakes. Try to do your best, but bear in mind that the aim is to understand and be understood – not to be perfect.

And finally do not forget that the minute you say something in Hungarian, you are a winner. Hungarians are not used to foreigners speaking Hungarian. Most of them will be touched or impressed if you make an effort with this rare and fascinating language.

SYMBOLS AND ABBREVIATIONS

 Listen to audio

 Vocab

 Test yourself

adj. – adjective; conj. – conjugation; f – female; fam. – familiar; form. – formal; Lit. – literally; m – male; off. – official; pl. – plural; *pron.* – pronounced; sg – something; sing. – singular; sy – somebody; vki – valaki (*somebody*); vmi – valami (*something*)

Pronunciation

This brief summary offers you guidelines which will enable you to produce sounds recognizable to Hungarians. However, the best way of acquiring a good accent is to listen to and to try to imitate native speakers.

Hungarian is a phonetic language so, on the whole, unlike English it is pronounced as it is written. The pronunciation of words that do not follow this rule is given in brackets as they occur e.g. **utca** (*pron*. ucca). The great advantage of this is that once you have learned the sound of each particular letter, you will be able to pronounce almost every word.

There are two important things to bear in mind when pronouncing Hungarian words.

▶ All Hungarian sounds should be pronounced distinctly.
▶ The stress is always on the first syllable of every word.

Vowels

With the exception of **a**, **á**, **e** and **é**, Hungarian vowels have a short and a long version of the same sound. Long vowels should be pronounced about twice as long as their short equivalents. In writing, short vowels might have one or two dots above them. Long vowels are marked with one or two acute accents. All the consonants in the examples below are pronounced in exactly the same way as in English. (When pronouncing the English examples, use standard British English.)

 01.01, 00:53

Hungarian letter	How to pronounce it	Example
a	similar to **o** in *hot*, only drop your chin	**hat**
á	like **u** in *hut*, but twice as long	**hát**
e	like **e** in *pen*	**nem**
é	like **a** in *play*, only stop before you get to the **y** and linger a bit on the **a**	**dél**
i	similar to **i** in *sit*, only put your tongue right behind your lower teeth	**mit**
í	like **ee** in *meet*	**víz**
o	like **aw** in *paw*, only shorter and round your lips	**hol**
ó	like **aw** in *paw*, only round your lips	**ló**
ö	like **o** in *polite*, but round your lips	**ön**

	(like **e** in the French word *le*)	
ő	like **o** in *polite*, but round your lips and make it about twice as long	**nő**
u	like **u** in *put*, only round your lips	**fut**
ú	like **oo** in *soon*	**búg**
ü	say **i** like in *sit*, put your tongue behind your lower teeth and purse your lips (like **u** in the French word *tu*)	**ül**
ű	say **i** like in *sit*, put your tongue behind your lower teeth, purse your lips and make it about twice as long	**tűz**

Consonants

Hungarian consonants are spelt with one or two letters. (There is one three-letter consonant in Hungarian **dzs**, but it is very rarely used.) Every consonant can be short or long. Long consonants should be pronounced about twice as long as their short equivalents. (This is achieved by lingering on the same sound before going on to the next one.) In writing, long consonants are doubled, e.g. **ép** – **éppen**. In the case of double letter consonants, only the first letter is repeated, e.g. **ágy** – **ággyal**.

The following consonants are pronounced and spelt the same as in English:

 01.01, 1:53

Hungarian letter	How to pronounce it	Example
b	like **b** in *bath*	**baba**
d	like **d** in *deep*	**de**
f	like **f** in *face*	**fal**
g	like **g** in *gull*	**Gizi**
h	like **h** in *house*	**ház**
k	like **k** in *park*	**kép**
l	like **l** in *laugh*	**láb**
m	like **m** in *man*	**mama**
n	like **n** in *no*	**néni**
p	like **p** in *tip*	**pék**
t	like **t** in *hot*, only put your tongue right behind your upper teeth	**tél**
v	like **v** in *vet*	**váza**
z	like **z** in *zoo*	**zene**

The following consonants are pronounced and/or spelt differently from English:

Hungarian letter	How to pronounce it	Example
c	like **ts** in *hats*	**cica**
cs	like **ch** in *cheese*	**csak**
dz	like **ds** in *roads*	**edz**
dzs	like **j** in *jam*	**dzsem**
gy	similar to **d** in *during*, only press your tongue flat against your palate	**Gyula**
j/ly	spelt differently but pronounced the same way, like **y** in *you*	**jó** **hely**
ny	like **ny** in *canyon*	**anya**
r	like the Scottish **r** in *Robert*, roll the tip of your tongue	**tér**
s	like **sh** in *ship*	**és**
sz	like **s** in *sea*	**szép**
ty	similar to **t** in *studio*, only press your tongue flat against your palate	**tyúk**
zs	like **s** in *pleasure*	**zseb**

PRONUNCIATION

1 The following words differ only in their vowels. Try to pronounce them correctly to avoid being misunderstood.

 01.02, 0:10

a – o hal, hol; kar, kor; karom, korom
e – é meg, még; szel, szél; felet, felét
ö – ü öt, üt; öl, ül; föl, fül
ő – ű hő, hű; tőr, tűr; szőr, szűr
u – ü sut, süt
ú – ű hú, hű; hús, hűs; túr, tűr
kor, kór, kar, kár, kér, kör, kűr
szár, szor, szór, ször, szőr, szer, szír, szúr, szűr

2 Practise your **gy** and **s** sounds. (Remember: you have to forget your instincts and pronounce **s** as **sh** in *ship*.)

 01.03

gyalog	vagyok	gyönyörű	gyümölcs
gyufa	gyógyul	gyógyszertár	
só mese és sör piros sok vörös			

3 Can you roll your **r**s? Try to say this tongue-twister:

 01.04

Répa, retek, mogyoró,

Korán reggel ritkán rikkant a rigó.

4 Practise pronouncing your long vowels and consonants. This will not only improve your pronunciation, but it might also help you to avoid a misunderstanding.

 01.05

kin, kín; sok, sók; örül, őrül; fiuk, fiúk; has, hass;

ad, add; megy, meggy; kel, kell; felet, felett; épen, éppen

5 These are signboards that you might come across when walking in the streets of a Hungarian town. Read them out making sure that you pronounce the long vowels and long consonants correctly.

Posta	*post office*
Trafik or **Dohánybolt**	*tobacconist's*
Áruház	*department store*
Mozi	*cinema*
Színház	*theatre*
Jegypénztár (*pron.* jetypénsztár)	*ticket office*
Presszó or **Cukrászda**	*café*
Gyógyszertár or **Patika**	*chemist's*
Közért or **CBA** (*pron.* cébéa)	*small supermarket*
OTP (*pron.* ótépé)	*a bank*
Rendőrség	*police*
Tisztító or **Patyolat**	*dry cleaner's*

6 Read out the following Budapest street names, making sure that you always stress the first syllable. In Hungary, many street names are named after famous people. As some Hungarian family names retain their traditional spelling you might need to know how to pronounce them. Here are some traditional letters with their pronunciations.

Traditional spelling	y	ch/ts	cz	th	w
Pronounced	i	cs	c	t	v

Vörösmarty tér, Rákóczi út, Váci utca, Kossuth tér, Bartók Béla út, Móricz Zsigmond körtér, Múzeum körút, Madách körút, Andrássy út.

utca (*pron.* **ucca**)	*street*
tér	*square*
körút	*boulevard*
út	*road*
körtér	*circus*

7 There are a few Hungarian words that have an English origin. Which English words do you recognize in the following?

a dzsungel   **d** menedzser   **g** szendvics

b bridzs   **e** dzsessz   **h** hippi

c dzsem   **f** bojler   **i** gengszter

8 Read out the names of the Hungarian towns, rivers and lakes below. Make sure you pronounce every sound clearly and distinctly. Do not swallow the final syllable of the word.

The Hungarian alphabet

You will need the alphabet when trying to find a word in the dictionary or spelling your name. The Hungarian names of the letters are given in brackets. The * means that the letter only occurs in Hungarian family names or words of foreign origin.

A (a)	Í (í)	S (es)
Á (á)	J (jé)	SZ (esz)
B (bé)	K (ká)	T (té)
C (cé)	L (el)	TY (tyé)
CS (csé)	LY (elipszilon)	U (u)
D (dé)	M (em)	Ú (ú)
DZ (dzé)	N (en)	Ü (ü)
DZS* (dzsé)	NY (eny)	Ű (ű)
E (e)	O (o)	V (vé)
É (é)	Ó (ó)	W* (duplavé)
F (ef)	Ö (ö)	X* (iksz)
G (gé)	Ő (ő)	Y* (ipszilon)
GY (gyé)	P (pé)	Z (zé)
H (há)	Q* (kú)	ZS (zsé)
I (i)	R (er)	

Look up the English equivalents of these words in the **Hungarian–English vocabulary** at the end of the book: zseb, óra, öreg, hosszú, és, hely.

Az útlevelét, legyen szíves!
Your passport, please!

In this unit you will learn how to:
▶ *Give your name, nationality and occupation*
▶ *Ask for and give similar information about other people*
▶ *Exchange greetings in formal situations*

Dialogue

Robert Stuart, from Edinburgh, arrives at Ferihegy airport in Budapest. He is going through passport control where a young man checks his passport.

 01.07–08

Fiatalember	Jó napot kívánok!
Robert	Jó napot!
Fiatalember	Az útlevelét, legyen szíves!
Robert	Tessék.
Fiatalember	Köszönöm. Mi a neve?
Robert	Robert Stuart.
Fiatalember	Ön angol?
Robert	Nem, skót vagyok.
Fiatalember	Skót?
Robert	Igen, skót vagyok.
Fiatalember	Értem. Rendben van. Viszontlátásra!
Robert	Viszontlátásra!

fiatalember	*young man*
Jó napot (kívánok)!	*Good morning/afternoon!*
Az útlevelét, legyen szíves!	*Your passport, please!*
Tessék.	*Here you are.*
Köszönöm.	*Thank you.*
Mi a neve?	*What's your name?*
Ön angol?	*Are you English?*
nem	*no, not*
Skót vagyok.	*I'm Scottish.*
igen	*yes*
Értem.	*I see.*
Rendben van.	*All right.*
Viszontlátásra!	*Goodbye!*

QUESTIONS

1 Igaz vagy nem igaz? (*True or false?*) Correct and re-write the false statements.
  a A fiatalember magyar.
  b Robert amerikai.
  c Robert nem angol.

 magyar   *Hungarian*

2 Feleljen (*pron.* felejjen) a kérdésekre! (*Answer the questions*.)
  a A fiatalember angol? [↷]
  b Mi a skót turista neve? (*What is the Scottish tourist's name?*)

Hungary and the Hungarians

NAMES

In Hungary surnames come first, followed by first names, e.g. **Nagy István**, **Kovács Erzsébet**. However, foreign names keep their original sequence, e.g. **Robert Stuart**.

The English title *Mr* is **úr** in Hungarian and it follows the person's surname, e.g. **Nagy úr**. However, it is not as frequently used as in English. It is perfectly polite to refer to someone as **Nagy István**. *Mrs* is **-né** in Hungarian, and it is joined to the husband's surname or full name. Nagy István's wife is therefore **Nagyné** or **Nagy Istvánné**. The Hungarian word for *Miss* sounds old-fashioned and is rarely used. There is no equivalent for *Ms*.

If you know someone you address them by their first name in both formal and informal situations. Elderly women are called **néni** and elderly men are addressed as **bácsi**. (Though these words literally mean *aunt* and *uncle*, they are widely used outside the family.) They can also be used with the person's surname or first name, e.g. an elderly man called Kis Lajos can be addressed as **Kis bácsi** or **Lajos bácsi** and his wife, called Kati as **Kis néni** or **Kati néni**. **Néni** and **bácsi** are also used by children when talking to adults.

YOU: ÖN, ÖNÖK, MAGA, MAGUK, TE *AND* TI

These all mean *you* in English. In official situations, **ön** is used when talking to one person (i.e. it is the singular form) and **önök** when talking to more than one person (i.e. it is the plural form), e.g. at passport control, at the hotel reception, when changing money, etc. These forms are often used in advertisements, instruction leaflets and when addressing clients in business life.

Maga (sing.) and **maguk** (pl.) are formal. They are used by adults who do not know each other very well.

Te (sing.) and **ti** (pl.) are used when speaking to children, friends, colleagues and members of the family. This familiar form of address is very popular with young people, and it is becoming more widespread among older people as well.

People who address each other as **maga** to start off with might decide after a while to use the familiar **te** form. Traditionally, they used to celebrate this occasion at a **pertu** when, arms linked, they might drink a liqueur or **pálinka** (the Hungarian brandy) and exchange two **puszis** (*a light kiss*) on both cheeks saying **Szia!** (*Hello!*).

GREETING PEOPLE

In formal and official situations the following greetings and farewells are used:

Greetings

up to about 9 am:	**Jó reggelt (kívánok)!**	*Good morning!*
between 9 am and 7 pm:	**Jó napot (kívánok)!**	*Good morning/afternoon!*
after 7 pm:	**Jó estét (kívánok)!**	*Good evening!*

Farewells

any time of the day:	**(A) viszontlátásra!**	*Goodbye!*
	Viszlát!	(short for the above – but less formal)
late at night:	**Jó éjszakát (kívánok)!**	*Good night!*

Kívánok (*I wish*) can be left out, though the expressions using it are slightly more polite.

OTHER EXPRESSIONS

Tessék is a multi-purpose expression. It means all of the following:

Here you are when handing something to somebody,

Come in when answering a knock at the door,

Hallo when answering the phone,

What can I do for you? in a shop,

Take a seat when pointing to a chair,

Yes, it is when asked if a table or chair is free,

Would you like to sit down? when giving up your seat to someone,

You go first when letting someone enter first,

Pardon? if you raise your voice on the last syllable making it a question.

Grammar

1 PERSONAL PRONOUNS (I, YOU, HE, SHE, ETC.)

	Singular		Plural	
1st person	**én** *I*		**mi** *we*	
2nd person	**te** (fam.)		**ti** (fam.)	
	maga (form.)	} *you*	**maguk** (form.)	} *you*
	ön (off.)		**önök** (off.)	
3rd person	**ő** *he, she*		**ők** *they*	

Except for **ő** and **ők**, personal pronouns are usually omitted.

Magyar vagyok.	*I am Hungarian.*
Skót vagy? [↴]	*Are you Scottish?*
Ő angol.	*He/she is English.*

However, they are retained for emphasis or clarity.

Én angol vagyok. És te?	*I'm English. And what about you?*
Én magyar vagyok.	*I'm Hungarian.*

Note that **ő** means *he* or *she*, but it can never mean *it*.

2 LENNI *TO BE*

Singular	Plural
(én) **vagyok** *I am*	(mi) **vagyunk** *we are*
(te) **vagy** *you are* (fam.)	(ti) **vagytok** *you are* (fam.)
(maga) **van** *you are* (form.)	(maguk) **vannak** *you are* (form.)
(ön) **van** *you are* (off.)	(önök) **vannak** *you are* (off.)
(ő) **van** *he/she is*	(ők) **vannak** *they are*

> **INSIGHT**
> To improve your fluency learn these forms by heart.

Van and **vannak** are not used when describing people or giving their jobs and nationalities.

John skót.	*John is Scottish.*
Ön angol? [↴]	*Are you English?*
Maga tanár? [↴]	*Are you a teacher?*
Jill csinos.	*Jill is pretty.*

Ön and **maga** are used with the 3rd person singular form (i.e. **van**), and **önök** and **maguk** are used with the 3rd person plural form (i.e. **vannak**).

As there is no difference between the forms taken by **ön** and **maga**, or **önök** and **maguk**, they will be referred to as formal.

3 A, AZ *THE*

The word for *the* (the definite article) is **a** or **az** in Hungarian. **A** is used before words starting with a consonant, e.g. **a fiatalember** (*the young man*). **Az** is used before words beginning with a vowel, e.g. **az útlevél** (*the passport*).

4 NATIONALITIES

Names of nationalities are spelt with a small letter: such as **angol** (*English*) and **magyar** (*Hungarian*).

5 INTONATION

01.06

a Statements in Hungarian have a falling intonation. (In the diagrams below the three lines indicate the pitch, i.e. the height of your voice.)

b Question-word questions (i.e. those beginning with a question word like **mi?** *what?*) rise high on the first syllable and then fall to a medium pitch.

c *Yes-or-no* questions (i.e. those which do not begin with a question word and can be answered with *yes* or *no* such as **Ön angol?** *Are you English?*) pose the only real difficulty for English speakers. Your voice starts on medium pitch and then drops a bit before going up either on the last or on the penultimate syllable. In the latter case, it has to come down to medium pitch again.

You will find in square brackets an indication of the correct intonation for *yes-or-no* questions.

Ön angol? [⌄]   *Are you English?*

Marlon amerikai? [⌄⌄]   *Is Marlon American?*

Listen to native speakers and try to imitate their intonation (the signs, e.g. [⌄], in this book are a guideline only). After a while it will come instinctively. It is important that you make an effort, because the only difference between a statement and a *yes-or-no* question might be whether your voice is going up or coming down at the end of a sentence.

Péter magyar.   Péter magyar?

Practice

1 Select the correct response to each of the following questions and requests:

    a Jó estét kívánok!   **i**   Jó éjszakát!

                                      ii   Viszontlátásra!

                                      iii   Jó estét!

b Az útlevelét, legyen szíves!
    i   Köszönöm.
    ii Tessék.
    iii Rendben van.

c Mi a neve?
    i   Skót vagyok.
    ii Franks Joe.
    iii Joe Franks.

d Ön skót?
    i   Értem.
    ii Joe.
    iii Igen, skót vagyok.

e Van valami elvámolnivalója?
    i   Nem értem.
    ii Köszönöm.
    iii Viszontlátásra!

 Van valami elvámolnivalója? [⌐] *Have you got anything to declare?* (form.)

2 **Write down the appropriate greetings and farewells.**

a It is 8 o'clock in the morning and you want to have some breakfast. You have run out of milk. You go down to the local **CBA** (pron. cébéa) (a small Hungarian supermarket chain) to get some. How do you greet the shop assistant?

b After breakfast you go to see the sights of Budapest. First you need a map of Budapest. You enter a small **könyvesbolt**. It is 10.30. Greet the woman behind the counter.

c It is 7 o'clock in the evening and you are very hungry and thirsty. You have an hour before your concert starts. You go to an **étterem**. How do you reply to the waiter's greeting?

d You have had a good meal and you are ready to leave. How do you say goodbye to the cloakroom attendant?

e It is late. After a long day, you are very tired and decide to take a taxi home. Having arrived, you hand the driver the fare with your tip. What do you say?

 könyvesbolt   *bookshop*

3 **Jane Morris is a tourist from England. She decides to rent an IBUSZ szoba while staying in Budapest (it is like an English bed and breakfast without the breakfast). She goes to an IBUSZ travel agency where, among other things, she is asked the following:**

Fiatal nő	Neve? [⌐]	**Jane**	Igen.
Jane	Jane Morris.	**Fiatal nő**	Mi a foglalkozása?
Fiatal nő	Angol? [⌐]	**Jane**	Diák vagyok.

The following people are also queuing to book a room. What are they being asked, and what are their answers? Make up similar dialogues using the information provided, and then act them out.

V	fiatal	*young*
nő	*woman*
Mi a foglalkozása?	*What is your occupation?/What do you do?* (form.)
diák	*student*

	név	állampolgárság*	foglalkozás
a	Shirley Smith	kanadai	titkárnő
b	Jane Ferguson	brit	tanár
c	Michael Collins	ír	üzletember

Állampolgárság*: On official forms in Hungary you are asked about your citizenship, not your nationality, e.g. an English national is a British citizen.

V	név	*name*
állampolgárság	*citizenship*
foglalkozás	*occupation*
kanadai	*Canadian*
titkárnő	*secretary*
brit	*British*
tanár	*teacher*
ír	*Irish*
üzletember	*businessman*

4 What do you know about the person who filled in this form?

CSALÁDI NEVE:
    McGregor
UTÓNEVE:
    John
ÁLLAMPOLGÁRSÁGA:
    ausztrál
FOGLALKOZÁSA:
    mérnök

V	családi neve	*your family name* (form.)
utóneve	*your first name* (form.)
állampolgársága	*your citizenship* (form.)
ausztrál	*Australian*
foglalkozása	*your occupation* (form.)
mérnök	*engineer*

John McGregor ausztrál mérnök.

Write similar sentences about the following people:

	Családi neve	Utóneve	Állampolgársága	Foglalkozása
a	Szabó	Géza	magyar	orvos
b	Long	Elizabeth	amerikai	újságíró
c	Campbell	George	brit	rendőr

orvos   *doctor*
újságíró   *journalist*
rendőr   *policeman*

5 Answer questions a–g using the information provided.

Tim Scott angol pincér.   Jeremy Douglas skót színész.   Patrick Murphy ír autószerelő".

pincér   *waiter*
színész   *actor*
autószerelő   *car mechanic*

    a Tim ír? [↴]
    b Mi Tim foglalkozása? (*What is Tim's occupation?*)
    c Mi Tim családi neve? (*What is Tim's surname?*)
    d Jeremy skót? [↴]
    e Jeremy autószerelő? [↴]
    f Patrick angol? [↴]
    g Mi Patrick foglalkozása?

6 Which is the correct alternative: a or az?
    a A/Az IBUSZ szoba tiszta.
    b A/Az pincér skót.
    c A/Az színész neve Laurence Olivier.
    d A/Az autószerelő neve nem Douglas.

tiszta   *clean*

7 Answer these questions about yourself.
    a Mi a neve?
    b Mi a családi neve?
    c Mi a foglalkozása?
    d Ön ír? [↴]

8 Look at the writing below, and write similar sentences about yourself.

Pontifex Zsuzsa vagyok.

Magyar vagyok.

Tanár vagyok.

Do you understand?

After seeing the sights of Szeged, Henry Trowte finds a good restaurant where he wants to try the famous fish soup, Szeged-style. He approaches a table where a young woman is studying the menu.

 01.09

Henry Trowte	Jó estét kívánok!
Halász Edit	Jó estét!
Henry Trowte	Szabad?
Halász Edit	Tessék. Maga nem magyar, ugye?
Henry Trowte	Nem, angol vagyok. Milyen itt a halászlé? Jó?
Halász Edit	Igen, nagyon finom.
Henry Trowte	Kíváncsi vagyok, mert szakács vagyok. És mi a maga foglalkozása?
Halász Edit	Én újságíró vagyok.

Szabad? [⌣]	*Is this place free?*
Milyen ...?	*What is … like?*
itt	*here*
halászlé	*fish soup*
jó	*good*
finom	*delicious*
kíváncsi	*curious*
mert	*because*
szakács	*cook*

Igaz vagy nem igaz? (*True or false?*) Correct and re-write the false statements.

   a Henry Trowte angol újságíró.

   b Halász Edit magyar szakács.

   c A halászlé itt finom.

Test yourself – Which is correct?

1 **a** Nagy István vagyok.

   b István Nagy vagyok.

2 **a** John Smith vagyok.

   b Smith John vagyok.

3 **a** Robert skót van.

   b Robert skót.

4 **a** Péter autószerelő.

   b Péter autószerelő van.

5 **a** A halászlé finom.

   b A halászlé finom van.

6 **a** Ő István van?

   b Ő István?

7 **a** A szoba tiszta.

   b Az szoba tiszta.

8 **a** Az üzletember amerikai.

   b A üzletember amerikai.

9 **a** Nagy úr

   b István úr

10 **a** Sean Ír.

   b Sean ír.

Kérsz egy kávét?

Would you like a coffee?

In this unit you will learn how to:
▶ *Offer somebody food or drink*
▶ *Accept or refuse an invitation*
▶ *Introduce people and reply when you are introduced*
▶ *Ask if someone speaks a language*
▶ *Express regret*
▶ *Say whether you like, or do not like, something*

Dialogue

Jill is in Budapest for the first time. After a day spent sightseeing she drops in to see Mari, her Hungarian friend.

 01.10–11

Jill	Szia, Mari!
Mari	Szia, Jill! Hogy vagy?
Jill	Köszönöm, jól. Csak egy kicsit fáradt vagyok.
Mari	Kérsz egy kávét?
Jill	Köszönöm, kérek.
Mari	*(handing it to her)* Tessék!
Jill	Köszönöm szépen.
Mari	Szívesen.
Jill	*(taking a sip)* Egy kicsit erős, de nagyon finom.
	(Ildi, Mari's sister, enters the room. Mari introduces them.)
Mari	*(pointing to them)* Ildi, Jill, Jill, Ildi.
Ildi	Szia, Ildi vagyok.
Jill	Szia, Jill vagyok.
	(They shake hands.)
Ildi	Hogy tetszik Budapest?
Jill	Szerintem nagyon szép város.
Ildi	Jól beszélsz magyarul!
Jill	Én? Á, nem. Sajnos csak egy kicsit tudok magyarul.

Szia!	*Hello!*
Hogy vagy?	*How are you?* (fam.)
Köszönöm, jól.	*Fine thanks.* (fam.)
jól	*well*
csak	*only*
egy kicsit	*a little, a bit*
Fáradt (*pron.* fáratt) **vagyok.**	*I am tired.*
Kérsz egy kávét? [⌐]	*Would you like a coffee?*
Köszönöm, kérek.	*Yes, please.*
Köszönöm szépen.	*Thank you very much.*
Szívesen.	*You are welcome.*
erős	*strong*
de	*but*
Nagyon finom.	*It is delicious.*
Hogy tetszik (*pron.* teccik) **Budapest?**	*How do you like Budapest?*
szerintem	*in my opinion*
nagyon	*very*
szép	*beautiful*
város	*city*
Jól beszélsz magyarul!	*You speak Hungarian well.*
Én?	*Me?*
Á, nem.	*Oh, no.*
sajnos	*unfortunately*
Csak egy kicsit tudok magyarul.	*I only know a little Hungarian.*

Note: the **-t** ending of **kávét** is explained in Unit 3. At this stage just learn the particular expression when you come across it.

QUESTIONS

1 Igaz vagy nem igaz? (*True or false?*) **Correct and re-write the false statements.**

   a Jill jól van.

   b Jill egy kicsit éhes.

   c Jill nem kér kávét.

   d A kávé nagyon finom.

   e Jill nagyon jól tud magyarul.

éhes	*hungry*

2 Feleljen a kérdésekre! (*Answer the questions.*)

   a Hogy van Jill?

   b Fáradt Jill? [⌐]

   c Kér Jill kávét? [⌐]

   d Finom a kávé? [⌐]

   e Jól beszél Jill magyarul? [⌐]

Hungary and the Hungarians

INFORMAL GREETINGS

In informal situations (i.e. when addressing people with **te** or **ti**) the following words are used as both greetings and farewells at any time of the day:

To one person:	To two or more people:
Szia!	Sziasztok!
Szevasz!	Szevasztok!
Szervusz!	Szervusztok!

Szervusz! and **Szervusztok!** are out of fashion now, though they are often used by the older generation when speaking to friends, relatives and children. Many people pronounce these words with a **b** (szerbusz, szerbusztok).

HOGY VAGY? *HOW ARE YOU?*

In Hungary this question is not asked as often as in England. It is usually a real question, therefore you can complain! In informal situations use **Hogy vagy?** (sing.) and **Hogy vagytok?** (pl.); and in formal situations (i.e. when you address people as **maga/maguk** or **ön/önök**) use **Hogy van?** (sing.) and **Hogy vannak?** (pl.).

INTRODUCING PEOPLE

In Hungary, just as in England, people shake hands when they are introduced. When you are introduced in an informal situation, give your first name, e.g. **Jill vagyok.** *I'm Jill.* In formal situations give your full name, e.g. **Jill Hunter vagyok.** *I'm Jill Hunter.*

When saying goodbye you can use the expression **Örülök, hogy megismertelek.** (sing. fam.) or **Örülök, hogy megismertem.** (sing. form.) *It was nice to meet you.*

In informal situations (e.g. at a party) you do not have to wait for someone to introduce you. You can introduce yourself.

SHAKING HANDS

An introduction is not the only occasion when people shake hands. It is widely used in business life. Men also shake hands every time they meet or part. Women friends or relatives give a light kiss called a **puszi** on both cheeks. Men and women can also exchange two **puszi**s when they are friends or relatives.

HUNGARIAN HOSPITALITY

Hungarians are famous for their hospitality. But be prepared! This often means filling their guests with food and drink. If you are offered some food or drink and you are happy to accept it, say: **Köszönöm, kérek.** *Yes, please.* If you do not want it, be firm and say: **Köszönöm, nem kérek.** *No, thank you.* If you are offered a choice, when accepting, you also have to say what you want:

Kérsz kávét vagy teát? [⌣]	*Would you like coffee or tea?*
Köszönöm, kávét kérek.	*I'd like coffee, please.*
Köszönöm, teát kérek.	*I'd like tea, please.*

Before starting a meal it is customary to say to people: **Jó étvágyat kívánok!** or just **Jó étvágyat!** *Bon appetit!* People will respond by either saying the same, or **Köszönöm, viszont.** *Thank you, the same to you.* Before drinks people say:

Egészségedre! (*pron.* egésségedre)	*To your health!* (sing. fam.)
Egészségetekre! (*pron.* egésségetekre)	*To your health!* (pl. fam.)
Egészségére! (*pron.* egésségére)	*To your health!* (sing. form.)
Egészségükre! (*pron.* egésségükre)	*To your health!* (pl. form.)

If all these forms seem too much to learn, just remember **Egészségünkre!** (*pron.* egésségünkre) *To our health!* It works in any situation.

After a meal or a drink it is polite to say 'thank you' for it.

Köszönöm a kávét.	*Thank you for the coffee.*
Köszönöm a teát.	*Thank you for the tea.*

And a little praise is most welcome:

Nagyon finom volt.	*It was delicious.*

They will probably answer: **Egészségedre!** (fam.) or **Egészségére!** (form.)

Note that **Egészségedre!** or **Egészségére!** meaning *Bless you!* are also used when somebody sneezes.

HUNGARIAN COFFEE AND TEA

Hungarians are great coffee drinkers. Every day they consume several cups of their strong, espresso style coffee called **fekete kávé** or just **fekete** (*black coffee*). To ask for a Western style coffee say **Hosszú kávét kérek**. *I want a long coffee please.* Tea is drunk with lemon in Hungary. It is usually much weaker than in Britain.

VISITING FRIENDS

In Hungary, even in big cities, friends sometimes still just drop in on each other without telephoning beforehand. However, if your stay is short and you do not want to waste your time, it is advisable to establish first that people are in at the time you want to see them. If you are invited to lunch or dinner, the customary gift to take is a bunch of flowers or a box of chocolates for the hostess and a bottle of wine for the host.

OTHER EXPRESSIONS

Hogy tetszik …? *How do you like …?*: This is an impersonal form. (The nearest equivalent in English would be: *How does … appeal to you?*) When answering this question you can say:

Tetszik.	*I like it.* (lit. *It appeals.*)
Nagyon tetszik.	*I like it very much.* (lit. *It appeals very much.*)
Nem tetszik.	*I don't like it.* (lit. *It doesn't appeal.*)

Or describe what or who you are asked about.

Hogy tetszik Budapest?	*How do you like Budapest?*
Szép város.	*It is a beautiful city.*

Szerintem (lit. *according to me*) is used when expressing what one thinks about somebody or something, e.g. **Szerintem Szeged szép város.** *In my opinion, Szeged is a beautiful town.*

Kösz / köszi mean *thanks* and are used only in informal situations.

Grammar

1 VERBS

Verbs (i.e. words expressing an action or state like *go, be, happen,* etc.) are conjugated in Hungarian. This means that you put endings after the stem of the verb. (The stem is the simplest form of a word i.e. without any ending like **tud** *know* or **beszél** *speak*.)

The function of an ending is to identify who you are talking about and to establish the time of the action (i.e. whether it takes place in the past, present or future). The form of a verb which shows the time of an action is called the *tense* (e.g. *walked* past tense, *walks* present tense, and *will walk* future tense).

As the ending of a verb always identifies who you are talking about, the personal pronouns are usually omitted. They are only retained for emphasis or clarity.

Én beszélek angolul, nem Zoltán.   *I speak English, not Zoltán.*

Hungarian verbs are listed in dictionaries in their 3rd person singular form, e.g. **tud** and **beszél**. They are presented in the same way throughout this book.

> **INSIGHT**
>
> When learning a new verb, say all the forms aloud (or 'conjugate' the verb) at least once as a matter of course. (You might find it helpful to write down the conjugation as well.) This will help you to remember the correct form when you have to use it and will greatly improve your fluency.

2 PRESENT TENSE: STANDARD VERBS WITH SINGULAR FORMS

Back vowel verbs

(én)	tud**ok**	*I know*
(te)	tud**sz**	*you know* (fam.)
(maga/ön)	tud	*you know* (form.)
(ő)	tud	*he/she knows*

Note that **tudsz** is pronounced tucc.

Front vowel verbs

(én)	beszél**ek**	*I speak*
(te)	beszél**sz**	*you speak* (fam.)
(maga/ön)	beszél	*you speak* (form.)
(ő)	beszél	*he/she speaks*

> **INSIGHT**
>
> Always learn the conjugation of examples given for a particular verb type by heart e.g. **tud** and **beszél** for standard verbs in this unit. On the analogy of these, you will be able to conjugate other standard verbs. When conjugating say the full word aloud (i.e. **tudok, tudsz, tud**), rather than just the endings (i.e. **ok, sz**). This will not only improve your fluency but will also help you to learn to think in Hungarian.

There is only one present tense in Hungarian (i.e. there is no difference between *I speak* and *I am speaking*). Both these phrases can be translated as **beszélek**.

In the case of most verbs (see other types in later units) the verb stem and the 3rd person singular form are the same.

Ön and **maga** always take the 3rd person singular form of the verb. In the case of the 1st person singular there are two endings: **-ok** and **-ek**. Because of vowel harmony (see below), back vowel verbs take **-ok** and front vowel verbs take **-ek**.

3 VOWEL HARMONY

Hungarian vowels fall into two groups: *back vowels* and *front vowels*. (Back vowels are formed at the back of the mouth and front vowels are formed at the front of your mouth. Hence the name.)

The back vowels are:	The front vowels are:
a – á	e – é
o – ó	i – í
u – ú	ö – ő
	ü – ű

> **INSIGHT**
>
> The easiest way to remember whether a vowel is front or back is by learning the word **autó** (*car*). It contains three back vowels: **a, u** and **ó**. By adding the second half of each pair (i.e. **á, ú** and **o**) you get all the back vowels. All the others are front vowels.

Hungarian words also fall into two groups: *back vowel words* and *front vowel words*. Front vowel words only have front vowels in them, e.g. **brit**, **beszél**. Back vowel words, however, may contain not only back but also front vowels, e.g. **tud**, **amerikai**.

Front vowel words take front vowel endings and back vowel words, with a few exceptions, take back vowel endings. So the vowels of the word stem and its ending(s) are in harmony. This is called *vowel harmony*, and it is a feature of Hungarian.

Most endings have two forms: one with a back vowel, the other with a front vowel in it. With the exception of a few endings which have only one form, vowel harmony has to be applied when deciding on the right form of ending to be joined to the word stem.

4 THE '-UL' AND '-ÜL' ENDING

Because of vowel harmony, back vowel words take **-ul**, and front vowel words take **-ül**. This ending has no English equivalent and is mostly used when referring to languages with phrases such as:

tud németül	*know German*
beszél magyarul	*speak Hungarian*
tanul franciául	*learn French*

However, it can also mean *in Hungarian*, *in English*, etc. in phrases like **Hogy van magyarul?** *How is it in Hungarian?*

Beszél angolul? [⌐]	*Do you speak English?* (form.)
Sajnos nem tudok németül.	*Unfortunately I don't know German.*
Magyarul tanulok.	*I'm learning Hungarian.*

Note that **a** and **e**, at the end of words, usually change to **á** and **é** before endings, e.g. **francia – franciául**.

5 THE VERB *VAN*

Van and **vannak** have to be used when asking or stating how somebody is:

Hogy van Jill?	*How is Jill?*
Jill jól van.	*Jill is fine.*
Cf. **Jill fáradt.**	*Jill is tired.*

6 EGY *A, AN*

A/an (the indefinite article) is **egy** in Hungarian. It has only one form, e.g. **egy kávé** *a coffee*, **egy angol fiatalember** *a young Englishman*. Note that it is used less in Hungarian than in English. It is not used when giving someone's profession, e.g. **Péter orvos**. *Péter is a doctor.*

Practice

1 **Select the correct response to each of the following questions and statements:**

a Szia!
    i Jó napot!
    ii Hogy vagy?
    iii Szia!

b Kér egy kávét?
    i Köszönöm, nem kérek.
    ii Kérsz.
    iii Én? Á, nem.

c Kérsz kávét vagy teát?
    i Köszönöm, kérek.
    ii Kávét.
    iii Köszönöm, kávét kérek.

d Hogy vagy?
    i Szívesen.
    ii Kösz, jól.
    iii Köszönöm szépen.

e Köszönöm szépen.
    i Tessék.
    ii Szívesen.
    iii Kösz.

f Jó étvágyat!
    i Egészségére!
    ii Tetszik.
    iii Jó étvágyat kívánok!

g Ildi, Jill, Jill, Ildi.
    i Szia, Jill vagyok.
    ii Örülök, hogy megismertelek.
    iii Hogy vagy?

2 **Some words below are misplaced. Put them in their correct circles.**

Back vowel words

tanár
rendőr   fáradt
ön
foglalkozás
itt

Front vowel words

étterem
éhes   skót
fiatalember
finom
sajnos

3 **Which is the correct alternative?**
  a Én **beszélek/beszél** angolul.
  b Ön **tanul/tanulsz** németül.
  c Te **beszél/beszélsz** franciául? [↶]
  d Ő **tanulok/tanul** spanyolul.
  e Maga **tudok/tud** magyarul? [↶]

német	German
francia	French
spanyol	Spanish

4 **Make up sentences using the information provided below. Here is the first one for you: a Jól tudok angolul.**

	ki?	hogy?	beszél	tud	tanul	nyelv
a	én	jól		✓		angol
b	ön	elég jól	✓			francia
c	te	egy kicsit		✓		német
d	maga	nagyon jól	✓			olasz
e	én				✓	magyar
f	János	csak egy kicsit		✓		spanyol

ki?	Who?
hogy?	How well?
nyelv	language
elég jól	quite well
olasz	Italian

5 **A Hungarian woman stops you in the street to ask you something.**
   a Ask her to repeat it.
   b Say that you do not understand.
   c Tell her that you are English.
   d Tell her that unfortunately you only know a little Hungarian.
   e Ask her if she speaks English.
   f She says she does not. Say goodbye.

6 **You are invited to a buli (*party*) by your Hungarian friend, Gabi. She offers you some food and drink. Fill in your part of the dialogue and then act it out from memory.**

Gabi	Szia!
a	*Say 'hello' to her.*
Gabi	Hogy vagy?
b	*Tell her that you are well, but you are a bit thirsty* **(szomjas)**.
Gabi	Kérsz sört vagy üdítőt? [↙]
c	*Tell her that you want some beer.*
Gabi	Tessék. Egészségedre!
d	*Say 'Cheers'.*
Gabi	Milyen a sör? Finom? [↗]
e	*Say that it is very nice.*
Gabi	Éhes vagy? [↙]
f	*Say that you are hungry.*

Gabi	Kérsz egy szendvicset? [↘]
g	*Accept it.*
Gabi	Tessék. Jó étvágyat!
h	*Say 'Thank you very much.'*
Gabi	Szívesen.

sör	*beer*
üdítő	*soft drink*
szendvics	*sandwich*

7 Gabi's friend, Zoli, has arrived. She introduces you to him and you have a chat. Fill in your part of the conversation and then act it out.

Gabi	Zoli, _____, _____, Zoli
Zoli	Szia, Zoli vagyok.
a	*Give him your name.*
Zoli	Bocsánat, hogy hívnak?
b	*Repeat your name.*
Zoli	Te angol vagy? [↘]
c	*Give your nationality.*
Zoli	Nagyon jól beszélsz magyarul!
d	*Say that unfortunately you only know a little Hungarian.*
Zoli	Nehéz nyelv a magyar? [↘]
e	*Say that it is, but it is interesting (**érdekes**).*
Zoli	És hogy tetszik Magyarország?
f	*Tell him that you like it very much.*

Bocsánat.	*Sorry.*
Hogy hívnak?	*What do they call you?* (fam.)
nehéz	*difficult*
Magyarország	*Hungary*

8 Who thinks what? Make up sentences using the information given below. Here is the first one for you:

   a Ági szerint az angol nem nehéz nyelv.

	ki szerint?	nyelv	milyen?
a	Ági	angol	nem nehéz
b	Kati	német	elég nehéz
c	Pál	francia	egy kicsit nehéz
d	Andrea	olasz	nehéz
e	John	magyar	nagyon nehéz

Ági szerint   *in Ági's opinion* (Lit. *according to Ági*)

9 **You are staying with friends in Hungary. It is very late and you are tired. Tell them that you are very sleepy and wish them 'good night'. Complete the crossword puzzle below, and you will find the Hungarian word for** *sleepy* **in the bold column.**

    a *tired* in Hungarian.

    b Hungarian fish soup.

    c *businessman* in Hungarian.

    d *English* in Hungarian.

    e *and* in Hungarian.

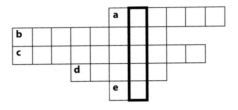

Do you understand?

John Taylor is an American businessman. He has come to see Mr Halmos, the director of the Hungarian Institute for Market Research. He finds Irénke, Mr Halmos's secretary in the office.

 01.12

Taylor úr	Jó reggelt kívánok! John Taylor vagyok. Itt van Halmos Géza?
Irénke	Jó reggelt! Egy pillanat. *(She goes into the other room.)* Igazgató úr*, John Taylor keresi.
Halmos úr	*(coming out of his room)* Jó reggelt kívánok! John Taylor?
Taylor úr	Igen.
Halmos úr	Halmos Géza vagyok. *(They shake hands.)*
Halmos úr	*(pointing to a chair)* Tessék, foglaljon helyet!
Taylor úr	Köszönöm.
Halmos úr	Kér kávét vagy üdítőt?
Taylor úr	Köszönöm, ha lehet egy kólát kérek. Nagyon szomjas vagyok.
Halmos úr	Irénke, egy kólát és egy kávét, legyen szíves!

V	**Egy pillanat.**	*Just a moment.*
	igazgató	*director*
	John Taylor keresi.	*John Taylor is here to see you.*
	Foglaljon (*pron.* foglajjon) **helyet!**	*Take a seat.*
	ha lehet	*if possible*
	legyen szíves	*please* (form.)

*In their professional capacity men are sometimes addressed by using the name of their profession followed by the word **úr**, e.g. **igazgató úr**, **mérnök úr**.

Igaz vagy nem igaz? (*True or false?*) Correct and re-write the false statements.

    a   Halmos Géza igazgató.

    b   Taylor úr angol üzletember.

    c   Irénke újságíró.

    d   Taylor úr kávét kér.

    e   Halmos Géza üdítőt kér.

❓ Test yourself – Which is correct?

1 **a** Szia Nagy úr!

    b Jó napot kívánok, Nagy úr!

2 **a** Köszönöm a teát.

    b Köszönöm a tea.

3 **a** Beszélsz angol?

    b Beszélsz angolul?

4 **a** Hogy van németul "autó"?

    b Hogy van németül "autó"?

5 **a** Nem tudok franciául.

    b Nem tudok franciaul.

6 **a** Magyarul tanulok.

    b Magyarul tanulek.

7 **a** Jill tanulsz magyarul.

    b Jill tanul magyarul.

8 **a** Mari jól.

    b Mari jól van.

9 **a** István erős.

    b István erős van.

10 **a** Ildi egy orvos.

    b Ildi orvos

3 Pincér!
Waiter!

In this unit you will learn how to:

▶ *Order a meal at a restaurant*
▶ *Book a room*
▶ *Ask somebody to speak more slowly*
▶ *Say if you like or dislike some food or drink*

Dialogue

On Jenny's last day in Hungary, her friend János treats her to a meal at a restaurant.

 01.13–14

	(They enter.)
János	Szabad ez az asztal?
Pincér	Sajnos foglalt. De az ott szabad.
	(They sit down.)
János	Kérünk egy étlapot.
Pincér	Tessék.
János	Köszönöm. Mit kérsz, Jenny?
Jenny	Egy gulyáslevest és utána pörköltet.
János	Salátát is kérsz?
Jenny	Igen, uborkasalátát is kérek.
János	És mit kérsz inni?
Jenny	Talán egy pohár vörös bort.
János	Én is vörös bort kérek. Pincér!
Pincér	Mit parancsolnak?
János	Először egy gulyáslevest és egy hideg gyümölcslevest kérünk, utána pedig egy pörköltet és egy paprikás csirkét. És két uborkasalátát is, legyen szíves.
Pincér	És inni mit hozhatok?
János	Egy üveg egri bikavért kérünk.
	(after the waiter has brought the soup)
János	Hogy ízlik a magyar gulyás, Jenny?
Jenny	Nagyon finom!
János	Örülök, hogy ízlik.
	(after the meal)
János	Pincér! Fizetek!

Szabad ez az asztal? [⌐⌐]	*Is this table free?*
pincér	*waiter*
foglalt	*taken*
Az ott szabad.	*That one over there is free.*
Kérünk egy étlapot.	*The menu, please.*
Mit kérsz, Jenny?	*What would you like, Jenny?*
Egy gulyáslevest és utána pörköltet.	*A goulash and then a stew.*
Salátát is kérsz? [⌐⌐]	*Would you like salad as well?*
uborkasaláta ('-t)	*cucumber salad*
És mit kérsz inni? [⌐⌐]	*And what would you like to drink?*
Talán egy pohár vörös bort.	*Perhaps a glass of red wine.*
Mit parancsolnak?	*What will you have?*
először	*first of all*
hideg	*cold*
gyümölcsleves (-t)	*fruit soup*
pedig	*and*
paprikás csirke ('-t)	*paprika chicken*
két	*two*
És inni mit hozhatok? [⌐⌐]	*And what can I bring you to drink?*
egy üveg egri bikavér (-t)	*a bottle of 'Bull's Blood'*
Hogy ízlik …?	*How do you like …?*
Örülök.	*I am glad.*
Fizetek!	*The bill, please!*

QUESTIONS

1 Melyik igaz? (*Which is true?*) **Select the correct expression.**

   a Jenny … kér.
      i gulyáslevest
      ii egy étlapot

   b Jenny … vörös bort kér inni.
      i egy üveg
      ii egy pohár

   c Jenny szerint a magyar gulyás …
      i finom
      ii szép

2 Feleljen a kérdésekre! (*Answer the questions.*)
   a Milyen levest kér János?
   b Utána pörköltet kér? [⌐⌐]
   c János is kér salátát? [⌐⌐]
   d Az egri bikavér fehér bor? [⌐⌐]

Milyen?	*What kind of/what sort of?*
fehér bor	*white wine*

Hungary and the Hungarians

RESTAURANTS

There are all sorts of places where you can eat in Hungary. **Étterem** is the most common word for a restaurant. However, you might also come across a **vendéglő**, also a restaurant, but usually cheaper, or a **csárda**, a country inn with a rustic atmosphere. You might just want a quick bite, in which case try a **bisztró**, a small restaurant or a **büfé** (*buffet*) for hot and cold sandwiches. At a **pecsenyés** or a **falatozó** or a **lángossütő**, quick Hungarian specialities are served.

In some restaurants gypsy music is played at night. The fiddlers like to go up to tables to play people's favourite melodies. Once they have come to your table, the only way to make them leave, is to stick some banknotes in their fiddles!

Pincér! (*Waiter!*) To call the waiter try to catch his or her eye, and lift your hand saying: **Pincér!** and/or **Legyen szíves!** (*Please*)

PAYING

It is advisable to take cash with you, though a lot of places accept credit cards (*credit card* **hitelkártya**) as well. To find out if you can pay by credit card ask **Lehet hitelkártyával fizetni?** *Is it possible to pay by credit card?*

If you are a business person and want to keep the receipt, say **Áfás számlát kérek**. *I'd like to have a VAT receipt*. You need to mention this when you ask for the bill.

TIPPING

Service is not usually included in the bill. Therefore it is customary to give some **borravaló** (*tip*). It tends to be between 10 and 15 per cent. Hungarians do not leave the tip on the table in restaurants. They give it to the waiter when paying. If you want the waiter to keep the change just say: **Köszönöm**, or alternatively, say **Tessék** as you hand over your money, wait for your change and then give him his tip, saying **Köszönöm**. Tipping is common in Hungary (though sometimes it is less than 10 per cent). Hungarians tip taxi drivers, waiters, hairdressers, petrol pump attendants, hotel staff, cloakroom attendants, newsagents, doctors, nurses and so on.

CAFÉS

Hungarians like to meet and chat at places where they can have a cake and a coffee or a soft drink. **Kávéház**, **cukrászda**, **presszó** or **eszpresszó** are the most common words for a café.

PLACES FOR A DRINK

The most common words for a pub are **kocsma** or **italbolt**. These, however, usually mean rather basic places for local workmen. They serve not only beer, but wine and spirits as well. **Söröző** would be the nearest equivalent to a pub. **Borozó** is a wine bar but again, it does not really correspond to its stylish Western equivalents.

HUNGARIAN CUISINE

This boasts a great variety of delicious dishes. Hungarians like their food. It is spicy and there is plenty of it. **Reggeli** (*breakfast*) is bread and butter with cheese, ham or salami. **Ebéd** (*lunch*) is the main meal of the day. Hungary is a land of soups. Most lunches, sometimes even dinners start with it. (The famous **gulyás**, though substantial, is more often a soup than a stew in Hungary.) Pork dishes are very popular. If there is a third course, it is usually some heavy cake! **Pirospaprika** (*ground red pepper*) gives Hungarian dishes a special colour and flavour. **Vacsora** (*evening meal*) for some people is just as substantial as lunch, but others prefer to have something cold and light. Sunday lunch is the main meal of the week when most families are together.

OTHER EXPRESSIONS

Hogy ízlik …? (Lit. *How does … taste?*) *How do you like …?*: Just like **Hogy tetszik …?**, this is also an impersonal form. The word **tetszik** is used for things or people which can be described as **szép** (*beautiful*), e.g. **Tetszik Pécs?** [⌐] *Do you like Pécs?* **Ízlik** is used for things which can be described as **finom** (i.e. food or drink), e.g. **Ízlik a gulyás?** [⌐] *Do you like goulash?*

Parancsol Lit. *order, command*

This is often used by people who provide some kind of service for other people. For example:

(in a shop):	**Tessék parancsolni!** *What can I do for you?*
(in a taxi):	**Hova parancsol?** *Where would you like to go?*
(at a restaurant):	**Mit parancsolnak?** *What would you like?*

Legyen szíves Lit. *be so kind, please* – sing.

This is used in formal situations. In informal situations, use **légy szíves** (sing.). The plural forms are **legyenek szívesek** (form.) and **legyetek szívesek** (fam.). Hungarians do not use these phrases as often as the English. They are only used in polite orders, requests and instructions when the persons addressed are to perform/carry out some action. They are never used if you yourself are the doer of the action (e.g. *Can I have the salt, please?*). As a result, Hungarians might sometimes seem short and abrupt to an English speaker. These phrases are very useful though when asking for something, e.g. **Egy pörköltet, legyen szíves.** *A stew, please.*

Foglalt *occupied, engaged, reserved*

This can be used when *asking if* or *stating that*:

a a table or a seat is occupied

Szabad ez a hely? [⌐]	*Is this seat free?*
Sajnos foglalt.	*Unfortunately it is taken.*

b the toilet is occupied
A WC (*pron.* vécé) **foglalt**.

c the telephone is engaged
A telefon foglalt. *or*

Foglalt a vonal.	*The line is engaged.*

Grammar

1 PRESENT TENSE: STANDARD VERBS WITH PLURAL FORMS

Back vowel verbs

(mi)	tud**unk**	*we know*
(ti)	tud**tok**	*you know (fam.)*
(maguk/önök)	tud**nak**	*you know (form.)*
(ők)	tud**nak**	*they know*

Front vowel verbs

(mi)	beszél**ünk**	*we speak*
(ti)	beszél**tek**	*you speak (fam.)*
(maguk/önök)	beszél**nek**	*you speak (form.)*
(ők)	beszél**nek**	*they speak*

Tudtok angolul? [⌐] *Do you speak English? (pl. fam.)*

Beszélnek németül? [⌐] *Do you/they speak German?*

2 IS *TOO, ALSO, AS WELL*

The word **is** always comes after the word that it refers to. It is never stressed, and it is pronounced together with the preceding word as if they were one word:

Én is kérek sört.   *I also want beer* (i.e. someone else wants beer and so do I).

Én **sört is** kérek.   *I want beer as well* (i.e. I want beer as well as something else).

The same in English is achieved by stressing the relevant word.

3 PEDIG *AND, HOWEVER, BUT, ON THE OTHER HAND*

Pedig is usually the second expression after a pause in the second half of the sentence. It is used when expressing contrast.

Először levest kérek, utána **pedig** pörköltet.   *First I want a soup and then a stew.*

Ica kávét kér, Ági **pedig** teát.   *Ica wants coffee, but Ági wants tea.*

4 THE '-T' ENDING

▶ The object of a Hungarian sentence is marked by **-t**. This is called the object (or accusative) ending. (Grammatically, the object is the person or thing that is the object of the action expressed by the verb. For example, in *I saw Tom*, and *I gave him an apple*, the words *Tom* and *apple* are the objects.)

▶ Certain verbs, like for example **kér** (Lit. *ask for*) usually take an object and therefore require the use of the object ending, e.g. **Kérek egy levest.** *I'd like a soup, please.* Note that the word **köszönöm** also requires the object ending, e.g. **Köszönöm a vacsorát.** *Thank you for the supper.*

▶ If a word ends in a vowel the **-t** comes straight after it. As usual, the final **a** changes to **á**, and the final **e** to **é** before it.

mi – mi**t**   kávé – kávé**t**   csirke – csirk**ét**   tea – te**át**

If a word ends in a consonant, a linking vowel will join the object ending to the word stem. In the case of back vowel words, the linking vowel is mostly **o**, sometimes **a**. In the case of front vowel words, the linking vowel is usually **e**, sometimes **ö**.

étlap – étlapo**t**	pörkölt – pörkölt**et**
ház – ház**at**	gyümölcs – gyümölcs**öt**

Quite a few words ending in a consonant, though, do not need a linking vowel before the object ending, e.g. sör – sör**t**, asztal – asztal**t**.

This might seem complicated at this stage. To help you, in Part one, the object form of all new words will be given as they occur. In Part two, as well as in the **Hungarian–English** and **English–Hungarian vocabularies** at the end of the book, only the object form of words ending in a consonant is given.

INSIGHT

It is a good start if you learn the words introduced in this unit with their object endings. If you want to speak good Hungarian make a habit of learning the object form of each word as you come across it. But do not worry: even if you do not know the object form when you want to ask for something using the word **kérek**, just say the word itself. Though grammatically incorrect, people will still understand you.

Practice

1 Choose the correct response to each of the following questions and requests:

a Szabad ez az asztal?
  i   Fizetek!
  ii Sajnos foglalt.
  iii Szívesen.

b Mit kér, Németh úr?
  i   Egy gulyásleves.
  ii Köszönöm, nem kérek.
  iii Egy pörköltet.

c És mit parancsolnak inni?
  i   Az étlapot, legyen szíves.
  ii Köszönöm.
  iii Egy üveg vörös bort, legyen szíves.

d Hogy ízlik a paprikás csirke?
  i   Finom.
  ii Nagyon szép.
  iii Tetszik.

2 Mr Fitzpatrick is on a business trip to Hungary. After a long day of meetings, he is taken out for a meal by his Hungarian colleague, Mr Kerekes. Study the menu opposite first, and then match Mr Kerekes's questions with Mr Fitzpatrick's answers after the menu. Write down the whole conversation and then act it out from memory.

levesek (-et)	*soups*
Újházy tyúkhúsleves (-t)	*Újházy chicken soup*
paradicsomleves (-t)	*tomato soup*
Jókai bableves (-t)	*bean soup Jókai style*
zöldségleves (-t)	*(pron. zölcség) vegetable soup*
borsóleves (-t)	*pea soup*
zöldbabfőzelék (-et)	*bean dish*
hasábburgonya ('-t)	*chips*
rizs (-t)	*rice*
saláták (-at)	*salads*
paradicsom saláta ('-t)	*tomato salad*
vegyes saláta ('-t)	*mixed salad*
savanyúság (-ot)	*pickles*
tészták (-at)	*pasta dishes*
gombaleves (-t)	*mushroom soup*
hideg/meleg előételek (-et)	*cold/hot starters*
hortobágyi palacsinta ('-t)	*savoury (meat) pancake*
kaszinótojás (-t)	*Russian eggs*
készételek (-et)	*main dishes*
töltött káposzta ('-t)	*stuffed cabbage*
töltött paprika ('-t)	*stuffed peppers*
sertéspörkölt (-et)	*pork stew*
bécsi szelet (-et)	*Wiener Schnitzel*
rántott hal (-at)	*fish in batter*
főzelékek (-et)	*vegetable dishes*
köretek (-et)	*side dishes*
zöldborsófőzelék (-et)	*pea dish*
káposztás kocka ('-t)	*pasta with cabbage*
túrós csusza ('-t)	*pasta with cottage cheese*
szilvás gombóc (-ot)	*plum dumpling*
édességek (-et)	*desserts*
meggyes rétes (-t)	*morello cherry strudel*
Gundel palacsinta ('-t)	*Gundel-style chocolate pancakes*
fagylalt (-ot)	*ice-cream*
italok (-at)	*drinks*
pezsgő (-t)	*champagne*
tokaji aszú (-t)	*a type of tokaji dessert wine*
száraz bor (-t)	*dry wine*
édes fehér bor (-t)	*sweet white wine*

Levesek		Saláták	
Újházy tyúkhúsleves	1200 Ft	Paradicsom saláta	790 Ft
Paradicsomleves	840 Ft	Vegyes saláta	950 Ft
Jókai bableves	1300 Ft	Savanyúság	520 Ft
Zöldségleves	960 Ft	**Tészták**	
Borsóleves	780 Ft	Káposztás kocka	1100 Ft
Gombaleves	690 Ft	Túrós csusza	1200 Ft
Hideg/meleg előételek		Szilvás gombóc	970 Ft
Hortobágyi palacsinta	1400 Ft	**Édességek**	
Kaszinótojás	750 Ft	Meggyes rétes	650 Ft
Készételek		Gundel palacsinta	1320 Ft
Töltött káposzta	2400 Ft	Fagylalt	880 Ft
Töltött paprika	1400 Ft	**Italok**	
Sertéspörkölt	2600 Ft	Pezsgő	5290 Ft
Bécsi szelet	2800 Ft	Tokaji aszú	6700 Ft
Rántott hal	3100 Ft	Száraz fehér bor	1300 Ft
Főzelékek/köretek		Édes fehér bor	1200 Ft
Zöldborsófőzelék	960 Ft		
Zöldbabfőzelék	1020 Ft		
Hasábburgonya	800 Ft		
Rizs	750 Ft		

a Mit kér, Fitzpatrick úr?

b Milyen levest kér?

c És utána? [↘]

d A töltött káposzta nagyon finom.

e És inni? Bort vagy sört kér? [↘]

f Édes vagy száraz bort kér? [↘]

i Nem is tudom. Mit ajánl?

ii Talán egy borsólevest kérek.

iii Jó, akkor töltött káposztát kérek.

iv Először egy levest kérek.

v Fehér bort kérek.

vi Száraz bort kérek.

Nem is tudom. — *I don't really know.*

Mit ajánl? (sing. form.)
Mit ajánlasz? (sing. fam.)
Mit ajánlanak? (pl. form.)
Mit ajánlotok? (pl. fam.)
} *What do you recommend?*

3 **Imagine that you are sitting in the same restaurant at a nearby table. What, and how, would you order?**

4 **After a long day of sightseeing in Budapest you decide to treat yourself and have afternoon tea and a cake at the exquisite New York kávéház (*New York café*). First study the menu, then fill in your part of the conversation with the waiter.**

Sütemények és torták		Italok	
Csokoládé torta	1600 Ft	Ásványvíz	680 Ft
Somlói galuska	1590 Ft	Paradicsomlé	760 Ft
Gesztenyepüré	1340 Ft	Narancslé	1040 Ft
Krémes	990 Ft		

sütemények (-et)	*cakes*
torták (-at)	*cakes*
csokoládé torta ('-t)	*chocolate cake*
somlói galuska ('-t)	*cake with chocolate sauce and cream*
gesztenyepüré (-t)	*sweet chestnut purée*
krémes (-t)	*cream cake*
ásványvíz (ásványvizet)	*mineral water*
paradicsomlé (paradicsomlevet)	*tomato juice*
narancslé (narancslevet)	*orange juice*

Pincér	Jó napot kívánok!
a	*Greet him and ask for the menu.*
Pincér	Tessék.
b	*Thank him. A few minutes later call him again.*
Pincér	Tessék parancsolni.
c	*Ask for a chestnut purée. Ask him if it is fresh (**friss**).*
Pincér	Igen, friss. És inni mit hozhatok?
d	*Ask him for tea.*
Pincér	*(delivering your tea and chestnut purée)* Tessék parancsolni. Jó étvágyat kívánok!
e	*Say thank you. After you have finished, ask for the bill.*

Tessék parancsolni.   *Here you are.*

5 You have ordered some Jókai bean soup at a restaurant. When the soup arrives, you find that it is cold. Call the waiter and complain. At the same time, ask for some bread and salt as well. You will need to know the following words: kenyér (kenyeret) *bread*, só (-t) *salt*.

6 **Put is in the correct place, so that the Hungarian and the English sentences mean the same.**

   a Én amerikai vagyok. *I'm American, too.* (i.e. not only you.)

   b Attila franciául tud. *Attila also speaks French.* (i.e. he speaks another language as well.)

   c Éva beszél angolul. *Éva speaks English, too.* (i.e. someone else speaks English as well.)

   d Sört kérek. *I also want beer.* (i.e. I want something else too.)

   e Te kérsz üdítőt? *Do you want a soft drink too?* (i.e. someone else wants one as well.)

   f Palacsintát kér? *Do you want a pancake as well?* (i.e. you want something else as well.)

7 Which is the correct alternative?

a Mi száraz bort **kérünk/kértek**.

b Szerintem ők nem angolul **beszélnek/beszéltek**.

c Ti hol **tanulsz/tanultok** magyarul?

d Önök **tudtok/tudnak** spanyolul is?

e Maguk mit **kértek/kérnek** inni?

8 You are having a glass of beer at a söröző, and a fast-talking Hungarian starts speaking to you. You do not understand him. Ask him to speak more slowly. Complete the word puzzle and you will find the word for _more slowly_:

a _soup_ in Hungarian

b a typical Hungarian male name (there was a great Hun by this name …)

c … **galuska** – a Hungarian dessert

d _pickles_ in Hungarian

e _English_ in Hungarian

f _pea_ in Hungarian

g _potato_ in Hungarian

h _American_ in Hungarian

i _very_ in Hungarian

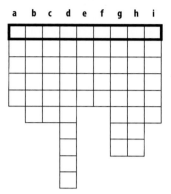

Do you understand?

Robert Redford has come to Hungary on business. He is checking in at the luxurious Forum Hotel in Budapest.

 01.15

Portás	Jó estét kívánok!
Redford úr	Jó estét! Egy egyágyas szobát szeretnék.
Portás	Szabad a nevét?
Redford úr	Robert Redford.
Portás	Tessék?
Redford úr	Robert, magyarul Róbert. A Redford pedig, er mint Rózsi, e mint Erzsi, dé mint Dávid, ef mint Ferenc, o mint Olga, er mint Rózsi és dé mint Dávid. *Robert Redford, mint a híres amerikai filmsztár.
Portás	Á, értem. És ön is amerikai?
Redford úr	Igen, de én nem vagyok színész.
Portás	Tessék, itt a kulcs. A viszontlátásra!
Redford úr	Viszontlátásra!

egyágyas szoba ('-t) *single room*
Szeretnék … *I would like …*
Szabad a nevét? [⌣] *Can I have your name, please?*
mint *like, as*
híres *famous*
kulcs (-ot) *key*

*As English names are pronounced differently from the way they are spelt, you might have to spell your name. It is done by pronouncing the letters (see the alphabet) and giving a Hungarian first name with each one of them. Below, you can find a Hungarian first name for each letter of the English alphabet.

(Where no English equivalent exists for the Hungarian name *f* stands for female and *m* for male.)

a Anna (*Ann*)	**l** Lajos (*Louis*)
b Béla (*m*)	**m** Mihály (*Michael*)
c Cecília (*Cecilia*)	**n** Nóra (*Norah*)
d Dávid (*David*)	**o** Olga (*Olga*)
e Erzsi (*Liz*)	**p** Péter (*Peter*)
f Ferenc (*Francis*)	**r** Rózsi (*Rosie*)
g Géza (*m*)	**s** Sára (*Sarah*)
h Helga (*Helga*)	**t** Tibor (*m*)
i Ilona (*Helen*)	**u** Ubul (*m*)
j Júlia (*Julia*)	**v** Virág (*Flora*)
k Katalin (*Catherine*)	**z** Zoltán (*m*)

For **w** just say: duplavé, for **x**: iksz and for **y**: ipszilon.

Igaz vagy nem igaz? (*True or false?*) Correct and re-write the false statements.

   a Robert Redford egy kétágyas szobát kér.
   b Robert Redford is amerikai, mint a híres amerikai filmsztár.
   c Redford úr nem színész.

 kétágyas szoba ('-t) *double room*

❓ Test yourself – Which is correct?

1 **a** Pincér! Légy szíves!

   b Pincér! Legyen szíves!

2 **a** Hogy ízlik a paprikás csirke?

   b Hogy tetszik a paprikás csirke?

3 **a** Hogy ízlik a New York kávéház?

   b Hogy tetszik a New York kávéház?

4 **a** Ti tudnak franciául is?

   b Ti tudtok franciául is?

5 **a** Mi csak magyarul beszélünk.

   b Mi csak magyarul beszélnek.

6 **a** Te is kérsz bort? (i.e. someone else wants wine as well)

   b Te bort is kérsz? (i.e. someone else wants wine as well)

7 **a** Mi kértek?

   b Mit kértek?

8 **a** Egy angol étlapot kérünk.

   b Egy angol étlapat kérünk.

9 **a** Nem kérek pörkölt.

   b Nem kérek pörköltet.

10 **a** Legyen szíves! Fizetek.

   b Fizetek, legyen szíves.

Mennyibe kerül?
How much does it cost?

In this unit you will learn how to:
▶ *Buy some food*
▶ *Take a taxi*
▶ *Change some money*
▶ *Buy train tickets*
▶ *Express your approval or disapproval*

Dialogue

Kati is expecting her Australian friend from Sydney. She wants to cook dinner for her friend so she has to do some shopping. First she is making a shopping list.

 01.16–17

Kati	*(to herself)* Kell egy kiló krumpli, fél kiló paradicsom, háromnegyed kiló paprika, negyed kiló gomba, egy kiló alma és egy kiló barack. Kenyér és hús is kell. Azután pedig a közértbe megyek. Kell két liter tej, sajt, sonka, szalámi és kolbász.
	(Having done some of her shopping, Kati enters a small supermarket. She walks up to the counter.)
Eladó	Tessék.
Kati	Húsz deka sajtot, tizenöt deka sonkát és huszonöt deka téliszalámit kérek. Mennyibe kerül most tíz deka téliszalámi?
Eladó	Hatszáznegyven forintba.
Kati	Hm. Nagyon drága. Elég lesz tíz deka is.
Eladó	Tessék. Még valamit?
Kati	Van gyulai kolbász?
Eladó	Sajnos nincsen.
Kati	Nem baj, jó lesz a házikolbász is. Harminc dekát, legyen szíves.
Eladó	Harminchárom deka. Jó lesz?
Kati	Jó.
Eladó	Más valamit?
Kati	Köszönöm, mást nem kérek.

> (Kati looks at her watch and she suddenly realizes that she will be late at the airport unless she takes a taxi. She approaches a taxi stand.)

Kati   Szabad a taxi?

Taxis   Igen. Hová parancsol?

Kati   A Ferihegyi repülőtérre, legyen szíves.

> (They arrive at the airport.)

Kati   Mennyit fizetek?

Taxis   Nyolcezer-hatszáz forintot kérek.

Kati   Tessék. (She is handing him the fare with the tip.)
Köszönöm.

Taxis   Én köszönöm.

kell	*is necessary, needed*
egy kiló krumpli (-t)	*one kilogram of potatoes*
fél kiló paradicsom (-ot)	*half a kilogram of tomatoes*
háromnegyed	*three quarters*
negyed kiló gomba ('-t)	*a quarter of a kilogram of mushrooms*
alma ('-t)	*apple*
barack (-ot)	*peach, apricot*
hús (-t)	*meat*
drága	*expensive*
Elég lesz tíz deka is.	*100 grams will be enough.*
Még/más valamit? [⌐]	*Anything else?*
Van gyulai kolbász? [⌐]	*Have you got any 'gyulai' sausages?*
Sajnos nincsen.	*Unfortunately, we haven't any.*
Nem baj.	*It doesn't matter.*
Jó lesz a házikolbász is.	*Home-made sausages will do as well.*
Azután pedig a közértbe megyek.	*And afterwards I'll go to the supermarket.*
két liter tej (-et)	*two litres of milk*
sajt (-ot)	*cheese*
sonka ('-t)	*ham*
szalámi (-t)	*salami*
kolbász (-t)	*sausage*
eladó	*sales assistant*
deka ('-t)	*a unit of 10 grams*
téliszalámi (-t)	*Hungarian salami called 'winter salami'*
Mennyibe kerül?	*How much does it cost?*
most	*now*
Hatszáznegyven forintba.	*(It costs) 640 forints.*
harminc	*thirty*
harminchárom	*thirty-three*
Köszönöm, mást nem kérek.	*No, thank you. That's all.*
Szabad a taxi? [⌐]	*Is the taxi available?*

A Ferihegyi repülőtérre, legyen szíves.	*To Ferihegy airport, please.*
Mennyit fizetek?	*How much do I pay?*
Nyolcezer-hatszáz forintot kérek.	*8,600 forints, please.*

QUESTIONS

1 Melyik igaz? (*Which is true?***) Select the correct expression.**

- **a** Katinak kell _____.
  - **i** két kiló krumpli
  - **ii** egy kiló krumpli
- **b** Kati húsz deka _____ kér.
  - **i** sajtot
  - **ii** kolbászt
- **c** A téliszalámi _____.
  - **i** drága
  - **ii** olcsó
- **d** Kati azután _____ megy.
  - **i** a Ferihegyi repülőtérre
  - **ii** a közértbe

 olcsó   *cheap*

2 Feleljen a kérdésekre! (*Answer the questions!***)**

- **a** Hány liter tej kell?
- **b** Hány deka sonkát kér Kati?
- **c** Drága vagy olcsó a téliszalámi? [⌐]
- **d** Hová megy Kati a közért után?

 Hány?   *How many?*
Hová?   *Where to?*
után   *after*

Hungary and the Hungarians

WEIGHTS AND MEASURES

Fruit, meat, bread and most vegetables are bought by the kilo (kg) in Hungary. (One kilogram is 2.2 pounds.) Milk and other liquid food items, as well as petrol, are sold by the litre (l). (One litre is 1.76 pints.) In a food shop, at a delicatessen counter, cheese, salami, ham and sausages are sold by the **dekagramm** or for short **deka** (dkg). (One dekagram is 10 grams.)

SHOPPING FOR FOOD

There are quite a few big supermarkets (**szupermarket**) in Hungary. In cities, some people still buy fresh food in small shops like: **közért** or **CBA** or **csemege** or **élelmiszerbolt** (*small supermarket*), **zöldség – gyümölcs** (*pron.* zölcség) (*vegetables and fruit*), **hentes** or **húsbolt** (*butcher's*), **pék** (*baker's*), **piac** (*market*), **csarnok** (*covered market*).

If you do not know the name of the item you want to buy, just point to it and say: **Ezt** (*pron.* eszt), **legyen szíves**. *This one, please.* or **Azt** (*pron.* aszt), **legyen szíves**. *That one, please.*

HUNGARIAN MEAT SPECIALITIES

Gyulai kolbász, házikolbász, téliszalámi are spicy, characteristically Hungarian sausages and salami. **Házikolbász** (*home-made sausage*) is very popular with Hungarians. People in the country like to make their own pork sausages. The **házikolbász** you get in food shops or at the butcher's is not quite the same, but similar in taste.

TAXI

If you want to call a taxi, just raise your arm and shout: **Taxi!** If you cannot say where you want to go in Hungarian, write the address down, show it to the driver and say: **Ide, legyen szíves**. *Here, please*. When you arrive and you want him to stop, just say: **Köszönöm, itt jó lesz.** *Thank you. It'll be fine here*. On top of the fare, most people give between 10 and 15 per cent extra as a tip.

BUDAPEST AIRPORT

There are a couple of terminals (**terminál**) at Budapest airport. You will most likely need **Terminál 2A** or **2B**.

MONEY

The Hungarian currency is called **forint** (Ft). Some places accept euros (**euró**) as well.

OTHER EXPRESSIONS

Krumpli is the colloquial word for *potato* (like 'spud' in English). The official word is **burgonya**. This is used in menus, etc.

Szabad is a word used in a number of situations:

a when finding out if something is available:
  Szabad a taxi? [⌐⌐]   *Is the taxi available?* (or free)

b when getting past somebody in a crowded place, or getting off a bus:
  Szabad? [⌐]   *Can I get past?*

c when walking up to a table at a restaurant where somebody is already sitting:
  Szabad? [⌐]   *Do you mind if I sit here?*

d when knocking at the door:
  Szabad? [⌐]   *Can I come in?*

e when asking if somebody is free.
  Szabad vagy ma este? [⌐⌐]
  (sing. fam.)   } *Are you free tonight?*
  Szabad ma este? [⌐⌐]
  (sing. form.)

f in the sense *allowed* (and **nem szabad** in the sense *not allowed*):
  Szabad itt parkolni? [⌐⌐]   *Can one park here?*
  Itt nem szabad parkolni.   *Parking is not allowed here.*

In **a–d** above a positive response would usually be **Tessék**.

Grammar

1 CARDINAL NUMBERS (ONE, TWO, ETC.)

▶ Cardinal numbers answer the questions **Hány?** (*How many?*), and **Mennyi?** (*How much?*).

0	**nulla**	16	**tizenhat**
1	**egy**	17	**tizenhét**
2	**kettő/két**	18	**tizennyolc**
3	**három**	19	**tizenkilenc**
4	**négy**	20	**húsz**
5	**öt**	21	**huszonegy**
6	**hat**	22	**huszonkettő/huszonkét**
7	**hét**	23	**huszonhárom**
8	**nyolc**	24	**huszonnégy**
9	**kilenc**	25	**huszonöt**
10	**tíz**	26	**huszonhat**
11	**tizenegy**	27	**huszonhét**
12	**tizenkettő/tizenkét**	28	**huszonnyolc**
13	**tizenhárom**	29	**huszonkilenc**
14	**tizennégy**	30	**harminc**
15	**tizenöt**		

> **INSIGHT**
>
> Make sure you don't swallow the second syllable in the teens and the twenties.

From 30 upwards add the relevant number after the teens. For example 31 will be **harmincegy**, 32 **harmincketto˝/harminckét**, etc. So all you need to know is the teens.

40	**negyven**	100	**száz**
50	**ötven**	1000	**ezer**
60	**hatvan**	10000	**tízezer**
70	**hetven**	100000	**százezer**
80	**nyolcvan**	1000000	**millió**
90	**kilencven**	billion	**milliárd**

The same principle applies after the hundreds. So for example 101 is **százegy**, 200 is **kétszáz**, 845 is **nyolcszáznegyvenöt**, 2,600 is **kétezer-hatszáz**, 43,000 is **negyvenháromezer** and 500,000 is **ötszázezer**.

> **INSIGHT**
>
> Counting and maths calculations are very hard to do in a foreign language. Count from 1 to 100 aloud at least once. Then try a count down starting from 100. From now onwards at night try counting sheep jumping a gate in Hungarian! Once you know these numbers very well you will find higher numbers easier.

▶ **Két** and **kettő** both mean *two*. **Két** is used before another word (i.e. when you want to express two of something), while **kettő** is used on its own. The same goes for **tizenkettő** and **tizenkét**, etc.

Két kiló almát kérek.	*Two kilograms of apples, please.*
Hány kiló alma kell?	*How many kilograms of apples*
Kettő? [‿]	*do we/you need? Two?*

Kettő is often used instead of **két** when there is a lot of noise, as **két** could easily be taken for **hét**.

▶ Numbers as well as words like **sok** (*a lot of, many, much*) **kevés** (*a little, a few*) **néhány** (*a few*) are followed by the singular.

Cf. **Három barack van** itt.	*There are three peaches here.*
Sok olasz **turista volt** az étteremben.	*There were a lot of Italian tourists in the restaurant.*

▶ The following characters are slightly different from their English equivalents in writing:

$$1 = 1 \qquad 2 = 2 \qquad 7 = 7 \qquad 9 = 9$$

▶ There is no comma after the thousands in Hungarian. (A comma is the same as the decimal point in English.) Sometimes a full stop is used instead.

▶ Names of years are read out in full like this:

Ezerkilencszázkilencvenkettő.	*1992.*
Kétezer-tíz.	*2010.*

2 THE '-BA' AND '-BE' ENDING

This ending is the equivalent of the English prepositions *to* and *into* (prepositions are words like *on, onto, off, with*, etc.). Back vowel words take **-ba**, and front vowel words take **-be**. As usual the final **a** changes to **á**, and the final **e** to **é** before it.

Mi?	Hová?		Mi?	Hová?	
London	London**ba**	*to London*	**Berlin**	Berlin**be**	*to Berlin*
Prága	Prág**á**ba	*to Prague*	**Firenze**	Firenz**é**be	*to Florence*

The **-ba/-be** ending is used:

a after all foreign and some Hungarian place names:

Hova mész?	*Where are you going?*
Londonba megyek.	*I'm going to London.*
Hová mentek?	*Where are you going?*
Debrecenbe megyünk.	*We're going to Debrecen.*

b after words denoting enclosed spaces, like **mozi** (*cinema*), **színház** (*theatre*), **opera** (*opera*), **bank** (*bank*), **uszoda** (*swimming-pool*), **hotel** (*hotel*) and so on:

Moziba megyek.   *I'm going to the cinema.*

Note the questions **Hova?** or **Hová?** (*Where to?*) (both forms are used).

Note that the words **Budapest** and **Magyarország** take different endings (**-ra/-re**):

Magyarországra megyünk.   *We are going to Hungary.*

Budapestre is mentek? [↵]   *Are you going to Budapest as well?*

3 MENNYIBE KERÜL? *HOW MUCH DOES IT COST?*

When answering this question put **-ba** or **-be** after the number denoting the price, or the name of the currency:

Mennyibe kerül a kolbász?   *How much does the sausage cost?*

Ezerhétszáz **forintba**.   *One thousand seven hundred forints.*

Hány **forintba** kerül a sajt?   *How much does the cheese cost?*

Kilencszáznegyvenbe.   *Nine hundred and forty.*

4 NINCS, NINCSEN *IS NOT*

▶ These are the negatives of **van**.

Either form is correct, though **nincs** is more common.

Ági itt **van**.   *Ági is here.*

Ági **nincs** itt.   *Ági is not here.*

Note the change in word order!

▶ **Nincs** and **nincsen** can also mean *there isn't any, we haven't got any*. If you want to ask if something is available, use **van**.

Van gyulai kolbász? [↵]   *Have you got any gyulai sausages?*

Igen, **van**.   *Yes, we have.*

Sajnos **nincsen**.   *Unfortunately, we haven't.*

5 MEGY *GO*

This is an irregular verb (i.e. its conjugation does not follow rules), therefore you have to learn all of its forms separately.

(én)	megyek	*I go*	(mi)	megyünk	*we go*
(te)	**mész**	*you go*	(ti)	**mentek**	*you go*
(maga/ön)	megy	*you go*	(maguk/önök)	**mennek**	*you go*
(ő)	megy	*he/she goes*	(ők)	**mennek**	*they go*

6 LESZ *WILL BE*

This is not a standard verb, therefore it is not conjugated in quite the same way. Note the 2nd person singular form: **leszel**.

(én)	leszek	*I will be*	(mi)	leszünk	*we will be*
(te)	**leszel**	*you will be*	(ti)	lesztek	*you will be*
(maga/ön)	lesz	*you will be*	(maguk/önök)	lesznek	*you will be*
(ő)	lesz	*he/she will be*	(ők)	lesznek	*they will be*

Practice

1   These are famous events in Hungarian history. Write the dates in words.

  a _____ (896): The Hungarians, led by the Chieftain Árpád, conquered the Carpathian Basin.

  b _____ (1000): The first Hungarian king, István (*Stephen*), was crowned.

  c _____ (1526): At the battle of Mohács, the Turkish army defeated the Hungarian army, after which Hungary split into three parts.

  d _____ (1825): István Széchenyi (*pron.* szécsényi) started the Reform Movement by founding the Academy of Sciences.

  e _____ (1848): The March 15 revolution broke out, led by the poet Sándor Petőfi. This led to the war of independence against Austria.

  f _____ (1956): The Hungarian uprising against Soviet rule took place.

2   You are doing some shopping at a zöldség-gyümölcs. You want to buy some fruit, but first you want to find out about prices. What are your questions and what are the shopkeeper's answers? Make up similar dialogues to the example below:

  – Mennyibe kerül egy kiló eper?

  – Egy kiló eper ezerkétszáz forintba kerül.

450 Ft   620 Ft   380 Ft   340 Ft

eper (epret)	*strawberry*
körte ('-t)	*pear*
szilva ('-t)	*plum*
narancs (-ot)	*orange*
banán (-t)	*banana*
szőlő (-t)	*grape*
cseresznye ('-t)	*cherry*

3 The people below, a–e, were in the queue in front of you. What did they ask for and how much did they have to pay? Make up dialogues like the one below. Then act them all out.

    a   – Egy kiló almát és két kiló szőlőt, legyen szíves.
            – Tessék, ezerötszázhatvan forintot kérek.

	alma	körte	szilva	szőlő	barack	eper
a	1 kg			2 kg		
b			1,5 kg			0,5 kg
c		1 kg			1 kg	
d	1,5 kg		0,5 kg			
e		2 kg			0,5 kg	

4 You are on a round-the-world trip and Hungary is your last stop. You go to a bank (*bank*) to change the money that you have left. You have a angol font (*English pound*), b ausztrál dollár (*Australian dollar*), c euró (*euro*) and d amerikai dollár (*American dollar*). Study the exchange rates. What questions will you ask and what answers will you be given? Here is the first one for you:

    a   – Hány forint egy angol font?
            – 288 egész 34 forint* egy angol font.

	angol font	ausztrál dollár	euró	amerikai dollár
vétel	288.34	173.35	254.60	189.19
eladás	312.36	187.79	275.82	204.95

vétel	*buying*
eladás	*selling*

*To read out fractions say **egész** (Lit. *whole*) for 'point'.

5 **There were five tourists queuing behind you in the bank. You overheard the first tourist saying: Száz fontot szeretnék beváltani. And the bank clerk answering: Tessék, huszonnyolcezer-nyolcszázharmincöt* forint. What did the others say and what was the response? Write it down and then act it out from memory.**

a Bruce: 200 ausztrál dollár

b Patrick: 160 euró

c Caroline: 180 amerikai dollár

d Simon: 70 angol font

*As the smallest denomination is 5 forints the figure is rounded up or down.

6 **You are doing some shopping in a közért. Fill in your part of the conversation and then act it out.**

Eladó	Tessék.
a	Say that you want 10 dekagrams of cheese and 15 dekagrams of sausages.
Eladó	Melyik sajtot kéri?
b	*Say: That one, over there.*
Eladó	Tessék. A kolbász tizenhét deka. Jó lesz?
c	*Say that it is O.K.*
Eladó	Még valamit?
d	*Say that you want some ham as well and ask her how much 100 grams costs.*
Eladó	Ötszázhatvan forintba.
e	*Say that it is very cheap and ask for 200 grams. At the same time ask for 100 grams of **téliszalámi** as well.*
Eladó	Téliszalámi sajnos nincsen. Még valamit?
f	*Thank her and say that you do not want anything else.*

Melyik sajtot kéri?   *Which cheese do you want?*

7 **Several people are queuing for some train tickets (vonatjegy** *train ticket***). What are they saying? Follow this example: a Két jegyet kérek Debrecenbe.**

	Hány jegy kell?	Milyen városba?
a	2	Debrecen
b	3	Budapest
c	5	Eger
d	1	Sopron
e	4	Győr

4 Mennyibe kerül? How much does it cost?   **47**

jegy (-et)   *ticket*
Milyen?   *What?*

8 Give the correct form of the verb megy.

   a Én Bécsbe _____

   b És te Párizsba _____?

   c Ti hova _____?

Do you understand?

Marlon D. Johnson is an American businessman. He is on a business trip to Hungary. He has a day off and decides to venture out on his own. First he needs a map of Budapest and a few other things. He enters a **trafik***.

🎧 01.18

Johnson úr	Jó reggelt kívánok!
Eladó	Jó reggelt! Tessék.
Johnson úr	Egy Budapest térképet kérek.
Eladó	Tessék.
Johnson úr	Mennyibe kerül?
Eladó	Ezernyolcszáz forintba. Kéri?
Johnson úr	Igen, kérem. És öt budapesti képeslapot is szeretnék.
Eladó	Tessék. Parancsol még valamit?
Johnson úr	Igen, öt bélyeget is, legyen szíves Amerikába, New Yorkba.
Eladó	Sajnos, itt nincs bélyeg.
Johnson úr	És hol kapok bélyeget Amerikába?
Eladó	A postán.
Johnson úr	Értem. Mennyit fizetek?
Eladó	Kétezer-háromszáz forintot kérek.

Budapest térkép (-et)   *map of Budapest*
bélyeg (-et)   *stamp*
Kéri? [↷]   *Do you want it?* (sing. form.)
Kérem.   *I'll take it.*
budapesti képeslap (-ot)   *postcard of Budapest*
Hol?   *Where?*
kap   *get*
a postán   *at the post office*

*You can buy all sorts of things in a traditional **trafik** or **dohánybolt**: postcards, cigarettes, small souvenirs, sweets and tickets for public transport.

Igaz vagy nem igaz? (*True or false?*) Correct and re-write the false statements.

a Johnson úr Budapest térképet, képeslapot és bélyeget kér.

b Johnson úr kéri a térképet.

c Amerikába nincsen bélyeg a postán.

d Johnson úr kétezer-háromszáz forintot fizet.

? Test yourself – Which is correct?

1 **a** Kétszáz gramm sajtot kérek.

   b Húsz deka sajtot kérek.

2 **a** Hány kiló körte lesz? Két?

   b Hány kiló körte lesz? Kettő?

3 **a** Magyarországba mentek?

   b Magyarországra mentek?

4 **a** Színházba mész?

   b Színházra mész?

5 **a** Prágába is megyünk?

   b Prágára is megyünk?

6 **a** A sonka kilencszáz forint kerül?

   b A sonka kilencszáz forintba kerül?

7 **a** Sajnos most nem van házikolbász.

   b Sajnos most nincs házikolbász.

8 **a** Nyolcszáz forintba kérek.

   b Nyolcszáz forintot kérek.

9 **a** Hány forint egy euró?

   b Hány forint az euróba?

10 **a** Egy budapesti térképet kérek.

   b Egy Budapest térképet kérek.

Hol van a Blaha Lujza tér?

Where's Blaha Lujza square?

In this unit you will learn how to:

▶ *Ask for and give directions*
▶ *Read maps and addresses*
▶ *Ask for help*
▶ *Apologize*
▶ *Respond when somebody apologizes to you*
▶ *Express agreement*
▶ *Deal with some emergency situations*

Dialogue

Janet has decided to pay a surprise visit to her friend in Budapest. But first she wants to send some postcards to her family in York. Unfortunately she has lost her way. She stops a man in the street.

 01.19–20

Janet	Bocsánat, eltévedtem. Tudna segíteni?
Férfi	Hogyne. Hová akar menni?
Janet	Egy pillanat! *(She pulls the address out of her pocket and reads it out.)* Itt a cím: Vas utca három, második emelet négy.
Férfi	A Vas utca nagyon közel van. Talán tíz perc gyalog. Ismeri a Blaha Lujza teret?
Janet	Nem, sajnos nem ismerem. Hol van a Blaha Lujza tér?
Férfi	Menjen egyenesen tovább! A Blaha Lujza tér innen két perc. A Vas utca pedig a harmadik utca balra.
Janet	Tényleg nincs messze. Van itt valahol egy posta? Az ott zárva van.
Férfi	Nem tudom. Én csak a Petőfi Sándor utcában tudok egy postát.
Janet	És hol van a Petőfi Sándor utca?
Férfi	Menjen egyenesen tovább a Rákóczi úton! Az Astoria innen talán húsz-huszonöt perc. A Petőfi Sándor utca pedig onnan a harmadik utca jobbra.

BLAHA LUJZA TÉR

Janet	Hm. Egy kicsit messze van. Lehet metróval is menni?
Férfi	Igen. A metróállomás a Blaha Lujza téren van. Az Astoria az első megálló.
Janet	Nagyon szépen köszönöm.
Férfi	Kérem. Nincs mit.

Bocsánat, eltévedtem.	*Excuse me, I have lost my way.*
Tudna segíteni? [⌣]	*Could you help? (sing. form.)*
férfi (-t)	*man*
Hogyne.	*Of course.*
Hová akar menni?	*Where do you want to go? (sing. form.)*
akar	*want*
Itt a cím.	*Here is the address.*
Vas utca három	*No 3, Vas Street*
második emelet négy	*Flat No 4, second floor*
Közel van.	*It is near here.*
talán	*perhaps*
Tíz perc gyalog.	*10 minutes on foot.*
Ismeri a Blaha Lujza teret? [⌣]	*Do you know Blaha Lujza Square? (sing. form.)*
Nem ismerem.	*I don't know it.*
Hol van …?	*Where is …?*
Menjen (pron. **mennyen**) **egyenesen tovább!**	*Go straight on! (sing. form.)*
innen	*from here*
a harmadik utca (pron. ucca) **balra**	*the third street on the left*
tényleg	*indeed, really*
Nincs messze.	*It isn't far.*
Van itt valahol egy posta? [⌣]	*Is there a post office somewhere here?*
valahol	*somewhere*
Az ott zárva van.	*That one there is closed.*
az	*that, that one*
ott	*there*
tud	*know of*
a Rákóczi úton	*in Rákóczi Road*
onnan	*from there*
jobbra (pron. **jobra**)	*to the right*
Lehet metróval is menni? [⌣]	*Is it possible to go by metro as well?*
metróállomás (-t)	*metro station*
az első megálló (-t)	*the first stop*
Nagyon szépen köszönöm.	*Thank you very much.*
Kérem. / Nincs mit.	*You are welcome.*

QUESTIONS

1 Igaz vagy nem igaz? (*True or false?*) Correct and re-write the false statements.

   a Janet a Vas utcába akar menni.

   b A Vas utca nincs messze.

   c Janet ismeri a Blaha Lujza teret.

   d A posta a Blaha Lujza téren van.

2 Feleljen a kérdésekre! (*Answer the questions*.)

   a Hány perc gyalog a Vas utca?

   b Hányadik utca balra a Vas utca?

   c Hol van egy posta?

   d Hol van a metróállomás?

Hungary and the Hungarians

POSTAL ADDRESSES

Hungarian addresses are written like this:

city / town / village

Budapest

street   *flat*

Kerepesi út 40. IV. emelet 3

block   *floor*

1144

post code

Note that floor levels in blocks of flats are traditionally written in Roman numerals.

Hungarian addresses are read out like this:

Budapest

Kerepesi út negyven, negyedik emelet három ezeregyszáznegyvennégy or tizenegy-negyvennégy.

So use cardinal numbers (i.e. **egy**, **kettő**, etc.) for the number of the house or block of flats and the flat itself, as well as the post code. Use ordinal numbers (i.e. **első**, **második**, etc. – see **Grammar 1** below) for the floor level.

Budapest and a few other big towns are divided into districts (*district* **kerület**). Districts are indicated by ordinal numbers and Roman numerals are used in writing, e.g. **VIII. kerület** (nyolcadik kerület). Districts are often left out in Budapest postal addresses, as the post code includes the district. The first number in a Budapest post code is always 1. The next two numbers indicate the number of the district. So the post code 1144 in the above address tells us that **Kerepesi út** is in the 14th district. Districts in Budapest also have names. People living in the city often refer to them by their names.

The following abbreviations are very common in postal addresses:

em. = emelet   **ker.** = kerület   **u.** = utca

fsz. = földszint   **krt.** = körút

Note that the abbreviated forms are always read out in full.

POST OFFICE

You will need to go to a **posta** (*post office*) if you want to send cards and letters.

Look for the words **levél** (*letter*) or **levelek** (*letters*) either written on a window or on a ticket machine near the entrance. When it is your turn hand over your card or letter to the clerk saying: **Elsőbbségivel, legyen szíves** (*By priority mail, please*). If you just drop your letters in a post box, they might take weeks to arrive as they will go by land.

Here is a list of the names of the countries that you might need when sending your letters.

Nagy-Britannia *Great Britain*

Írország *Ireland*

Egyesült Államok (or just **USA**) *the United States*

Kanada *Canada*

Új-Zéland *New Zealand*

Ausztrália *Australia*

MAKING AN EMERGENCY TELEPHONE CALL

In an emergency, you can dial:

> **104** for **Mentők** (*Ambulance*),
> **105** for **Tűzoltók** (*Fire Brigade*),

and   **107** for **Rendőrség** (*Police*).

PUBLIC TRANSPORT

This is very efficient in Budapest. You do not normally have to wait more than five or 10 minutes (less for the underground).

The **metró** (*underground*) has four lines in Budapest. The **egyes metró** (*line No. 1*) (also called **földalatti**, which literally means *underground*) is marked yellow; the **kettes metró** (*line No. 2*) red; the **hármas metró** (*line No. 3*) blue and the **négyes metró** (*line No. 4*) green. When entering an underground station, validate your ticket in a ticket machine near the entrance (unless you have a travelcard). Your ticket is valid for all four lines for an hour. Underground stations can be recognized by the letter **M** in the street.

The **autóbusz**, or just **busz** (*bus*), is blue. To get on a bus press the button near the door. To get off a bus press the button above or near the door when approaching your stop.

The **trolibusz** or **troli** (*trolley bus*) is red and the **villamos** (*tram*) is yellow. If you want to go to a suburb, you might need to take a **HÉV** (*suburban train*), which is green.

People in Hungary do not queue but form a crowd at the **villamosmegálló** (*tram stop*), **buszmegálló** (*bus stop*), **trolimegálló** (*trolley bus stop*) or **HÉV megálló** (*suburban train stop*).

If you want to travel by public transport, buy a **jegy** (*ticket*). This is valid for all means of transport. Tickets can be bought from slot machines or a **jegypénztár** (*ticket office*) at underground stations. With the exception of the **metró**, tickets have to be validated in a ticket machine on the vehicle. Keep your ticket till the end of your journey in case an **ellenőr** (*ticket inspector*) asks to see it. If you do not have a validated ticket, you will have to pay a **büntetés** (*fine*). If you travel around a lot, you will save money by buying a **24 órás jegy** (*24-hour travelcard*), a **72 órás jegy** (*72 hour travelcard*), a **hetijegy** (*weekly travelcard*), a **kétheti bérlet** (*fortnightly travelcard*) or a **havi bérlet** (*monthly travelcard*).

The **Budapest Kártya** (*Budapest Card*) is available from ticket offices, hotels, Tourist Information Offices or at the airport. It offers an adult with a child aged under 14 not only unlimited travel in Budapest for 48 or 72 hours, but also discounts in museums, restaurants, spas, etc. For more details visit www.budapest-card.com. Children under six and EU citizens aged 65 and over can travel free of charge in Budapest. All you need is some identification showing your age.

OTHER EXPRESSIONS

Zárva: if a shop is closed, a sign on the door will say **zárva** (*closed*). If it is open, the sign will say **nyitva** (*open*).

Astoria (*pron.* asztória) is the name of a hotel in Budapest. It is also the name of a stop on the underground.

Bocsánat means both *I am sorry* and *Excuse me*. So you can use it when apologizing for something, as well as when trying to draw attention to yourself. The expression **Elnézést** has the same meanings. The phrases **Bocsánatot kérek** and **Elnézést kérek** can be used interchangeably.

If someone apologizes to you, your response should be: **Semmi baj** (Lit. *nothing trouble*) or **Nem történt semmi** (Lit. *Nothing happened*).

Tudna segíteni? This is a useful phrase when you want help. In cases of emergency like fire, an accident, etc. shout **Segítség!** (*pron.* segíccség) (*Help!*). Other frequently used emergency words are: **Tűz!** (*Fire!*), **Vigyázat!** (*Watch out!*) and **veszélyes** (*dangerous*).

Ismer, just like **tud**, means *know* in English. **Ismer** is used in the sense of *be acquainted with somebody* (or *something*):

Ismered Jánost? [⌐] (sing. fam.)	*Do you know János?* (i.e. Have you met him before?)
Jól **ismeri** Budapestet? [⌐] (sing. form.)	*Do you know Budapest well?* (i.e. Are you well acquainted with it?)

Tud means *know about somebody* (or *something*), or *have a knowledge of something*:

Hol van a Baross utca?	*Where is Baross Street?*
Sajnos nem **tudom**.	*Unfortunately I don't know.*
Elég jól **tudunk** franciául.	*We know French quite well.*

The verbs **tud** and **ismer** sometimes take an object and then require the use of the **-t** ending.

Note that in most of the examples above, **tud** and **ismer** are conjugated differently from the verbs seen before. This is a different type of conjugation, called the definite conjugation (see Units 11 and 12.). At this stage it is enough for you to learn the definite conjugation of these two words and remember from the above examples when to use them.

(én)	**tudom**	**ismerem**	*I know*
(te)	**tudod**	**ismered**	*you know*
(maga/ön/ő)	**tudja** (*pron.* tuggya)	**ismeri**	*you know*, *he/she knows*
(mi)	**tudjuk** (*pron.* tuggyuk)	**ismerjük**	*we know*
(ti)	**tudjátok** (*pron.* tuggyátok)	**ismeritek**	*you know*
(maguk/önök/ők)	**tudják** (*pron.* tuggyák)	**ismerik**	*you know*, *they know*

Kérem. Nincs mit. Szívesen. All three expressions mean *you are welcome*. When you thank people for giving you information, they will answer **Kérem** or **Nincs mit** or both.

If, however, you thank people for a favour or for food, they will respond with **Szívesen**.

Kérem is often used in polite phrases. In this case it has no standard English equivalent, e.g. **Tessék kérem** instead of just **Tessék**.

Grammar

1 ORDINAL NUMBERS (FIRST, SECOND, ETC.)

első	*first*	**tizenharmadik**	*thirteenth*
második	*second*	**huszadik**	*twentieth*
harmadik	*third*	**harmincadik**	*thirtieth*
negyedik	*fourth*	**negyvenedik**	*fortieth*
ötödik	*fifth*	**ötvenedik**	*fiftieth*
hatodik	*sixth*	**hatvanadik**	*sixtieth*
hetedik	*seventh*	**hetvenedik**	*seventieth*
nyolcadik	*eighth*	**nyolcvanadik**	*eightieth*
kilencedik	*ninth*	**kilencvenedik**	*ninetieth*
tizedik	*tenth*	**századik**	*hundredth*
tizenegyedik	*eleventh*	**ezredik**	*thousandth*
tizenkettedik	*twelfth*		

Ordinal numbers follow the same pattern as cardinal numbers (i.e. add the relevant ending to the cardinal numbers). So for example 24th will be **huszonnegyedik**, 45th **negyvenötödik**, 67th **hatvanhetedik**, and so on.

Ordinal numbers have a full stop after them, e.g. **1.** (*1st*), **2.** (*2nd*).

These numbers answer the question **Hányadik?**

Hányadik kerületben van a Sas utca?	*In which district is Sas Street?*
Az **ötödikben**.	*In the fifth.*

2 VAN *IS*

It is used:

    a when asking or saying *where* somebody or something is:

Közel van a Blaha Lujza tér? [⌐]	*Is Blaha Lujza Square near here?*
Tamás most **Bécsben van**.	*Tamás is in Vienna now.*

    b when asking or stating *how* someone is:

Hogy van Eszter?	*How is Eszter?*
Ildi **rosszul van**.	*Ildi is unwell.*

    c in certain weather expressions:

Hideg van.	*It is cold.*
Meleg van.	*It is hot.*

d in the sense *there is …*:

   Van itt valahol egy posta? [⌄]   *Is there a post office somewhere here?*

e when asking, or stating, if something is available:

   Van gyulai kolbász? [⌄]   *Have you got 'gyulai' sausages?*

   Van.   *Yes, we have.*

3 INNEN *FROM HERE*, ONNAN *FROM THERE*

The English question word *Where?* can be translated in three ways in Hungarian, depending on whether it means *Where at?*, *Where to?* or *Where from?* When answering these questions, **itt** and **ott** will have different forms altogether.

Honnan? *Where from?*	**Hol?** *Where at?*	**Hova/Hová?** *Where to?*
innen	**itt**	**ide**
onnan	**ott**	**oda**

Hol vagytok?	*Where are you?*
Itt!	*Here!*
Hova mész?	*Where are you going?*
Oda.	*There.*
Az Astoria **onnan** az első megálló.	*Astoria is the first stop on from there.*

4 THE '-BAN' AND '-BEN' ENDING

This ending is the equivalent of the preposition *in* and occasionally *at*. Back vowel words take **-ban**, and front vowel words take **-ben**. The final **a** changes to **á**, and the final **e** to **é** before it. The **-ban/-ben** ending is used with the same words as the **-ba/-be** ending. Here are some you have come across:

Mi? *What?*	**Hova/Hová?** *Where to?*	**Hol?** *Where (at)?*
London	London**ba**	London**ban**
Firenze	Firenz**ébe**	Firenz**ében**
mozi	mozi**ba**	mozi**ban**
színház	színház**ba**	színház**ban**
opera	oper**ába**	oper**ában**
bank	bank**ba**	bank**ban**
uszoda	uszod**ába**	uszod**ában**
hotel	hotel**be**	hotel**ben**
utca	utc**ába**	utc**ában**
kerület	kerület**be**	kerület**ben**

Note the question word **Hol?** (*Where (at)?*)

Hol van István?	*Where is István?*
Moziban.	*At the cinema.*
A Vas **utcában** nincs posta.	*There is no post office in Vas Street.*

Remember that there are words which take different endings. At this stage it is best to learn the ones you have already come across.

Mi? *What?*	**Hova/Hová?** *Where to?*	**Hol?** *Where (at)?*
Budapest	Budapest**re**	Budapest**en**
Magyarország	Magyarország**ra**	Magyarország**on**
repülőtér	repülőtér**re**	repülőtér**en**
tér	tér**re**	tér**en**
út	út**ra**	út**on**
körút	körút**ra**	körút**on**

Budapesten sok jó étterem van. *There are many good restaurants in Budapest.*

A Blaha Lujza **téren** van egy metróállomás. *There is a metro station in Blaha Lujza Square.*

Practice

1 **You are at a restaurant with a friend. How do you ask the waiter where the gents' and the ladies' toilets are? You will need to know the following expressions: férfi WC (*pron.* vécé) (*gents'*), női WC (*ladies'*).**

2 **A British and an American tourist are looking for their embassies in Budapest. Read out the addresses for them.**

Brit Nagykövetség	Amerikai Nagykövetség
Budapest	Budapest
Füge u. 5-7.	Szabadság tér 12.
1022	1054

Note the pronunciation of the following words:

nagykövetség (*pron.* natyköveccség) *embassy.* **Szabadság tér** (*pron.* szabaccság tér) *Szabadság Square.*

3 **Here are some famous sights in Budapest. A tourist wants to know where they are. What are his questions and what answers is he given? Here is the first one for you:**
   a Hol van a Halászbástya?   Az első kerületben van, a Várban.

a *Halászbástya* (Fishermen's Bastion) *I. Vár* (Castle)

b *Országház* (Parliament) *V. Kossuth Lajos tér*

c *Mátyás-templom* (Matthias Church)
I. Szentháromság tér

d *Szent István-bazilika* (St Stephen's
Cathedral) *V. Szent István tér*

e *Nemzeti Múzeum* (National Museum) *VIII. Múzeum körút*

f *Király fürdő* (Király baths) *II. Fő utca*

4 **Mr Brown wants to see the Országház in Kossuth tér. He has run out of tickets. He walks to the nearest underground station at Keleti pályaudvar (*Eastern railway station*), where he spots the sign JEGYPÉNZTÁR.**

Brown úr	Jó napot kívánok! Két jegyet, legyen szíves.
Nő	Hatszáznegyven forintot kérek.
Brown úr	Tessék. Hányadik megálló innen a Kossuth tér?
Nő	A negyedik.
Brown úr	Köszönöm.
Nő	Kérem.

a Mennyibe kerül egy jegy?

b Study the underground map of the **földalatti** and then make up similar dialogues using the information given below. Finally, act them all out.

Mexikói út
Széchenyi fürdő
Hősök tere
Bajza utca
Kodály körönd
Vörösmarty utca
Oktogon
Opera
Bajcsy-Zsilinszky út
Deák tér
Vörösmarty tér

M1

Hősök tere ('-t)　　　　　*Heroes' Square*
Széchenyi (*pron.* szécsényi)　　*Széchenyi Baths*
　fürdő (-t)

	Ki?	Hová megy?	Hol van?	Hány jegyet kér?
i	Black úr	Oktogon	Bajza utca	8
ii	Rosalie	Széchenyi fürdő	Hősök tere	4
iii	Gordon	Vörösmarty tér	Opera	5

5 A young American tourist stops a girl in the street. Re-arrange her sentences so that their conversation makes sense. Write down the dialogue and then act it out.

Amerikai turista
　a Elnézést. Eltévedtem. Tudsz segíteni?
　b A Katona József Színházba. Messze van?
　c Egyenesen tovább?
　d Nem jobbra van? A térkép szerint jobbra van.
　e Értem. És van itt valahol egy jó uszoda?
　f És hol van a Széchenyi fürdő?
　g És hol kapok itt metrójegyet?
　h Köszönöm szépen.

Girl
　i Nincs. Talán tíz perc gyalog. Menj egyenesen tovább!
　ii Nem. Balra van.
　iii Nincs. De a Városligetben van a Széchenyi fürdő. Nagyon szép épület és nagyon jó uszoda.
　iv Hová szeretnél menni?

v Igen. A Katona József Színház a második utcában van balra.

vi Ott a metróállomás. A Széchenyi fürdő a hetedik megálló.

vii Nincs mit.

viii Ott, a jegypénztárban.

Városliget (-et)	*City Park*
épület (-et)	*building*
Hová szeretnél menni?	*Where would you like to go?* (sing. fam.)

6 Ticket inspectors often masquerade as passengers. Then they unexpectedly put their armbands on and inspect tickets. They have a reputation for being strict. Can you understand the cartoon below? Translate it into English for a friend. You will need to know the following words: szigor (*strictness*), jegyek (*tickets*), bérletek (*travelcards*), a férjed (*your husband*), BKK (stands for **Budapesti Közlekedési Központ** *Budapest Transport Centre*).

SZIGOR

— Jegyeket, bérleteket!
— De Lujza, én Béla vagyok, a férjed...

Szmodis Imre rajza

7 It is August, and there is a long queue of tourists at the post office, all wanting to send post cards home by priority post. What does each say? Here are the names of the tourists and their nationalities.

a John, angol

b Patrick, ír

c Sheila, ausztrál

d Caroline, amerikai

e Jason, új-zélandi

f Pat, kanadai

8 **Which is the correct alternative?**

   a Ismeritek a **Deák tér/teret?**

   b Hol van az Astoria? Sajnos nem **tudjuk/ismerjük.**

   c Patrick **angol?/angol van?**

   d A Kossuth tér **nem van/nincs közel.**

   e Sanyi **jól./jól van.**

   f A jegypénztár **zárva./zárva van.**

INSIGHT

Remember at this stage you will not always be able to say exactly what you want to say in Hungarian. Try to get round it by using the language creatively. For example you can now say **Szerintem a banán finom** instead of *I love bananas* and **Nem ízlik** instead of *It tastes awful* and **Nem jó** instead of *It is wrong* or *You've made a mistake*, etc. You could also carry on you a small notebook with your key Hungarian phrases.

If you are stuck just say **Egy pillanat!** and look up the phrase that you cannot remember. And if after that you are still lost for words just laugh it off. Most Hungarians will be impressed and pleased with anything you can say.

So if you are going to Hungary now: **Jó utat!** (*Have a nice trip!*)

And to those who would like to be able to say and understand more – welcome to Part two!

Test yourself – Which is correct?

1 **a** Nap utca három egy emelet kettő.

   b Nap utca három első emelet kettő.

2 **a** Nem jól ismerem Budapestet.

   b Nem jól ismerek Budapestet.

3 **a** Ildi nyolc kerületben lakik.

   b Ildi a nyolcadik kerületben lakik.

4 **a** A második kerület nem Pesten van.

   b A második kerület nem Pesten.

5 **a** Kati jól?

   b Kati jól van?

6 **a** A leves hideg van.

   b Hideg van.

7 **a** Hányadik megálló itt az Opera?

   b Hányadik megálló innen az Opera?

8 **a** A Petőfi Sándor utcába nincsen bank.

   b A Petőfi Sándor utcában nincsen bank.

9 **a** Hányadik kerületben van a Brit Nagykövetség?

   b Hányadik kerületbe van a Brit Nagykövetség?

10 **a** Magyarországon most nagyon meleg van.

   b Magyarországban most nagyon meleg van.

6 Mi újság?
How are things?

In this unit you will learn how to:
▶ *Enquire about where someone has been*
▶ *State if you have, or have not, been to a place*
▶ *Give your opinion about something*
▶ *Invite someone for a drink*
▶ *Accept, or refuse, such an invitation*
▶ *Ask about someone's age and state your own*
▶ *Express surprise and uncertainty*

Dialogue

Sanyi and Csaba attend the same French evening class. Sanyi has missed a few lessons as he was working abroad for a while. Now they bump into each other in the street.

 01.21–22

Sanyi	Szia, Csaba!
Csaba	Szia, Sanyi! Mi újság? Régen voltál franciaórán …
Sanyi	Velencében voltam. De ráérsz? Van itt egy jó söröző. Gyere, iszunk egy korsó sört! Jössz?
Csaba	Jó, jövök. Most nem sietek haza. Este franciaóra lesz. *(They sit down at a table.)*
Csaba	Szóval Olaszországban voltál. És milyen volt?
Sanyi	Nagyon érdekes! Sok olasz városban voltam már, de Velencében még nem. Nagyon romantikus város. Sajnos túl sok volt a munka, és csak este voltam szabad. Talán legközelebb többet látok. És te? Jársz még franciára?
Csaba	Persze. Most mindenki tanul.
Sanyi	Hogyhogy? Még te is?
Csaba	Még én is! Egész nap csak ülök az irodában, és ha nincs ott a főnök, tanulok.
Sanyi	Mi történt? Jól vagy?
Csaba	*(laughing)* Jól. Új tanárnő van az iskolában.
Sanyi	Hány éves? Fiatal?
Csaba	Azt hiszem, huszonnégy éves. Nagyon csinos …
Sanyi	Aha! Már értem. Azt hiszem, hogy ma este én is jövök franciaórára!

V **Régen voltál franciaórán.** *It's a long time since you've been to French classes.*

óra   *lesson*

Velence   *Venice*

egy korsó sör (-t)   *a glass of beer* (about a pint)

Jössz? [↗]   *Are you coming?* (sing. fam.)

siet   *hurry*

este   *in the evening*

érdekes   *interesting*

munka   *work*

Talán legközelebb többet   *Perhaps next time I'll see more.*
  látok.

talán   *perhaps*

legközelebb (pron. **lekközelebb**) *next time*

Jársz még franciára?[⌣]   *Are you still going to French classes?*

mindenki   *everybody*

egész nap   *all day*

iroda   *office*

főnök (-öt)   *boss*

Mi történt?   *What has happened?*

iskola   *school*

fiatal   *young*

csinos   *pretty*

Már értem.   *Now I understand.* (Lit. *I already understand.*)

ma este   *this evening* (Lit. *today evening*)

QUESTIONS

1 **Melyik igaz?** (*Which is true?*) **Select the correct expressions to complete the sentences.**

   a Sanyi régen volt franciaórán, mert _____
   - **i** Velencében volt.
   - **ii** ráér.

   b Csaba ráér, mert _____
   - **i** este franciaórára megy.
   - **ii** nagyon siet.

   c Sanyi _____ Velencében.
   - **i** régen volt
   - **ii** még nem volt

   d Csaba franciául tanul az irodában, ha nincs ott _____
   - **i** az igazgató.
   - **ii** a főnök.

   e Az iskolában most mindenki tanul, mert _____
   - **i** az új tanárnő csinos.
   - **ii** a francia nem nehéz nyelv.

mert *because*

2 Feleljen a kérdésekre! (*Answer the questions.*)

  a Miért volt Sanyi régen franciaórán?

  b Hol isznak egy korsó sört?

  c Miért nem siet Csaba haza?

  d Miért csak este volt szabad Sanyi Velencében?

  e Mit csinál Csaba egész nap az irodában, ha nincs ott a főnök?

  f Hány éves az új tanárnő?

  g Miért megy Sanyi ma este franciaórára?

 miért? *why?*
csinál *do*

Hungary and the Hungarians

DIRECTNESS

Hungarians are usually more direct than the English. They are not embarrassed to show what they feel or think. Understatement is hardly ever used in Hungary.

MI ÚJSÁG? *WHAT IS THE NEWS? HOW ARE THINGS?*

A useful greeting inviting the other person to speak. The answer could be **Nincs semmi különös** (*There is nothing in particular*) or a full description of what they have been doing.

NICKNAMES

Sanyi is the diminutive form of **Sándor** (*Alexander*). The diminutive forms of first names are often used within the family or among friends. Sometimes the diminutive ending **-ka/-ke** is used (e.g. Sanyi**ka**). The **-ka/-ke** forms are most frequently used for children, less often for women and almost never for men. For example, at work, a woman called **Mária** might be called **Marika** by her colleagues. Elderly men and women also tend to be addressed by the diminutive form of their names, e.g. **Sanyi bácsi**, **Irénke néni**.

Here is a list of some examples. As it can be difficult to work out the original full name from its diminutive form, the list is worth studying! (Some Hungarian names have no English equivalent.)

Male names		Female names	
Full names	**Diminutives**	**Full names**	**Diminutives**
András *Andrew*	Andris(ka), Bandi	Andrea	Andi
		Anna *Ann*	Panni, Ani,
Béla	Bélus(ka)		Annus(ka)
Ferenc *Francis*	Feri(ke)	Ágnes *Agnes*	Ági(ka)
Gábor *Gabriel*	Gabi(ka)	Erzsébet	Erzsi(ke),
György *George*	Gyuri(ka)	*Elizabeth*	Bözsi(ke)

Gyula *Julius* *Julian*	Gyuszi(ka)	Éva *Eva*	Évi(ke), Vica
		Gabriella	Gabi(ka)
Imre *Emeric*	Imi	Györgyi	Györgyike
István *Stephen*	Pista, Pisti(ke), Pityu	*Georgina*	
		Ildikó	Ildi(ke)
János *John*	Jancsi(ka), Jani	Ilona *Helen,*	Ilonka, Ica,
Jenő *Eugene*	Jenci, Jenőke	*Elaine*	Ilus(ka)
József *Joseph*	Jóska, Józsi(ka)	Irén *Irene*	Irénke
Károly *Charles*	Karcsi(ka)	Judit *Judith*	Jutka
Lajos *Lewis, Louis*	Lali(ka)	Júlia *Julia*	Juli(ka), Julis(ka)
László *Leslie*	Laci(ka)	Katalin *Catherine*	Kati(ka)
Mihály *Michael*	Misi(ke)	Klára *Clare*	Klári(ka)
Miklós *Nicholas*	Miki	Magdolna *Magdalen*	Magdi(ka)
Pál *Paul*	Pali(ka)		
Péter *Peter*	Peti(ke)	Mária *Mary*	Mari(ka)
Tamás *Thomas*	Tomi(ka)	Márta *Martha*	Márti(ka)
Tibor	Tibi(ke)	Sára *Sarah*	Sári(ka)
Zoltán	Zoli(ka)	Terézia *Theresa*	Teri(ke)
		Zsuzsa *Susan*	Zsuzsi(ka)

OTHER EXPRESSIONS

Ráér (*have time*) takes front vowel endings. Note how to negate it:

(én)	**nem érek rá**	(mi)	**nem érünk rá**
(te)	**nem érsz rá**	(ti)	**nem értek rá**
(maga/ön/ő)	**nem ér rá**	(maguk/önök/ők)	**nem érnek rá**

Sajnos most **nem érek rá.** *Unfortunately I don't have time now.*

Gyere! (*Come!*) (sing. fam.) and **Gyertek!** (*Come!*) (pl. fam.) are useful expressions when inviting friends for a drink, etc.

Gyere, iszunk egy pohár sört!	*Come, we'll drink a glass of beer.*
Gyertek, iszunk egy pohár bort!	*Come, we'll drink a glass of wine.*

You can accept the invitation by saying **Jó, jövök.** (*All right, I'm coming.*) and refuse it by saying **Sajnos most nem érek rá.** (*Unfortunately, I don't have time now.*)

Szóval (*so*) This word refers back to, or sums up, what has just been said, e.g. **Szóval** már voltál Párizsban is. *So you have been to Paris as well.*

Jár (*go*) While **megy** expresses a particular action, **jár** is used to express a habitual, frequent action:

Angolra **mész**? [⌄]   *Are you going to English classes?*

Jársz angolra? [⌄]   *Do you take English classes?*

Hogyhogy? (*How come? What do you mean?*) expresses surprise.

Tanárnő To denote the female equivalent of certain jobs and professions, the word **nő** (*woman*) is often added. Here are a few examples:

doktor, doktor**nő**	*doctor* (m), *doctor* (f)
eladó, eladó**nő**	*sales assistant* (m), *sales assistant* (f)
igazgató, igazgató**nő**	*manager/director, manageress*
pincér, pincér**nő**	*waiter, waitress*
szakács, szakács**nő**	*cook* (m), *cook* (f)
titkár, titkár**nő**	*secretary* (m), *secretary* (f)
újságíró, újságíró**nő**	*journalist* (m), *journalist* (f)

Sometimes the word **asszony** meaning a married or a mature woman is used instead, e.g. **üzletember – üzletasszony**.

However, quite often Hungarians use the male version of professions to denote females as well. For example, the phrase **magyartanár vagyok** (*I'm a teacher of Hungarian*), could be said by either a man or a woman.

Azt (*pron*. aszt) **hiszem** (*I think*) This phrase is used when expressing uncertainty. Quite often it is followed by **hogy** (*that*):

Azt hiszem, (hogy) Sanyi az irodában van.   *I think (that) Sanyi is in the office.*

Azt hiszem on its own means *I think so* or *I believe so*:

Sanyi az irodában van? [⌄]   *Is Sanyi in the office?*

Azt hiszem.   *I think so.*

The exclamation mark is used when expressing a command, a wish or a suggestion. It is used more in Hungarian than in English.

Names of countries

In Unit 5, you learnt the names of some English-speaking countries. Here is a list of some major European nationalities and countries:

Nationality		**Country**	
francia	*French*	Franciaország	*France*
lengyel	*Polish*	Lengyelország	*Poland*
német	*German*	Németország	*Germany*
olasz	*Italian*	Olaszország	*Italy*
orosz	*Russian*	Oroszország	*Russia*
osztrák	*Austrian*	Ausztria	*Austria*
spanyol	*Spanish*	Spanyolország	*Spain*

Grammar

1 WORD ORDER

▶ The sequence of words can vary a great deal in a Hungarian sentence. There is only one golden rule to follow here. You often, though not always, want to emphasize one word, or group of words, rather than another. This stressed word or phrase, which carries the most important piece of information within the sentence, is called the focus of the sentence, and it is usually followed by the verb.

	Words before the focus	Focus	Verb	Words after the focus
i		**Angol**	vagyok.	
ii		**Én**	vagyok	angol.
iii	Sanyi	**Velencében**	volt.	
iv		**Sanyi**	volt	Velencében.

The sentences in the table above mean:

i   **I am** *English* **(i.e. not German, etc.).**

ii   *I* **am English (i.e. it is me who is English).**

iii   **Sanyi was in** *Venice* **(i.e. not somewhere else).**

iv   *Sanyi* **was in Venice (i.e. it was Sanyi who was in Venice).**

In English, the same is achieved by just stressing the relevant word or words.

▶ The only two times when the focus is not followed by the verb are:

   a   when there is no verb in the sentence, e.g. **János magyar.** *János is Hungarian.*

   b   when the focus is the verb itself, e.g. **Kérek egy feketét.** *I would like a black coffee.*

▶ In a Hungarian sentence, the focus is highlighted not only by word order, but also by being stressed.

> **INSIGHT**
>
> When in doubt, you can work out what the focus of the sentence is by drawing a contrast: for example, **Sanyi** volt Velencében, **nem Csaba.** *Sanyi, not Csaba, was in Venice.*
>
> In speech, you will not have time to work out what the focus of each sentence is. That is why even people with otherwise very good Hungarian make mistakes here. For this reason learning entire passages by heart is very useful. It helps you to assimilate sentence structure and after a while word order becomes second nature to you.
>
> Here is a useful hint: the question word is always the focus of a question. Therefore, first answer the question word (this word will be the focus of your answer) and then follow the word order of the rest of the question, e.g. **Hol volt Sanyi? Velencében volt Sanyi.** Alternatively, a short answer can be given by just answering the question word, e.g. **Hol volt Sanyi? Velencében.**

2 INTONATION

Now you will understand why in the case of *yes-or-no* questions the intonation varies.

▶ If there are only one or two syllables in and after the focus of the question, your voice will rise on the last syllable. (In the examples below, the focus is in bold.) E.g. Eszter **éhes?** [⤴]
Is Eszter hungry?

▶ If there are three or more syllables in and after the focus of the question, your voice will go up on the penultimate syllable and then come down again.

Eszter **amerikai?** [⤵]	*Is Eszter American?*
Eszter éhes? [⤵]	*Is Eszter hungry?*

> **INSIGHT**
>
> Again, when speaking, there is no time to think about the focus and to count the syllables, so it needs some practice. Listen to and try to imitate native speakers so that after a while you will get it right instinctively.

Note that in question-word questions which do not start with the question word itself, your voice will have to rise sharply on the first syllable of the question-word, e.g.

Szerinted milyen város Velence?

3 MÁR, MÉG *ALREADY, YET, BEFORE*

These words are often used when asking about or stating whether something has been done or has happened.

Már (*already, yet, before*) is used in positive sentences and questions (i.e. in sentences and questions without any negation).

Még (*yet, before*) is used in negative sentences and questions (i.e. where something is negated).

Voltál már Budapesten?	*Have you been to Budapest before?*
Voltam már Budapesten.	*I've been to Budapest before.*
Még nem voltál Budapesten?	*Haven't you been to Budapest yet?*
Még nem voltam Budapesten.	*I haven't been to Budapest yet.*

In these types of questions and statements Hungarian uses the past tense. So far you have come across the past tense of two verbs: **lenni** (*to be*) and **történik** (*happen*). Here is the full conjugation of **lenni**:

(én)	**voltam**	*I was*	(mi)	**voltunk**	*we were*
(te)	**voltál**	*you were*	(ti)	**voltatok**	*you were*
(maga/ön)	**volt**	*you were*	(maguk/önök)	**voltak**	*you were*
(ő)	**volt**	*he/she was*	(ők)	**voltak**	*they were*

Note that **még** means *even* in sentences and questions like:

Még te is? [⤴]	*Even you?*
Igen, **még** én **is**.	*Yes, even me.*

and *still* in sentences like:

Jársz **még** angolra? [⤴]   *Are you still going to English classes?*

4 ÜL *SIT*

This is a standard front vowel verb, yet its conjugation is different from the conjugation of the front vowel verbs you have come across so far. This is due to the **ü** sound. Standard front vowel verbs whose final vowel is **ö**, **ő**, **ü** or **ű** conjugate like **ül**.

Note that the vowel of the ending is **ö** instead of **e** in the first person singular and the second person plural forms.

(én)	ül**ök**	*I sit*	(mi)	ülünk	*we sit*
(te)	ülsz	*you sit*	(ti)	ül**tök**	*you sit*
(maga/ön)	ül	*you sit*	(maguk/önök)	ülnek	*you sit*
(ő)	ül	*he/she sits*	(ők)	ülnek	*they sit*

5 JÖN *COME*

This is an irregular verb, even though it takes the endings with **ö**. Here is its conjugation in full:

(én)	**jövök**	*I come*	(mi)	**jövünk**	*we come*
(te)	**jössz**	*you come*	(ti)	**jöttök**	*you come*
(maga/ön)	**jön**	*you come*	(maguk/önök)	**jönnek**	*you come*
(ő)	**jön**	*he/she comes*	(ők)	**jönnek**	*they come*

6 THE '-T' ENDING

It will now be easy to understand why, in the case of front vowel words, the linking vowel before the **-t** ending can be **e** or **ö**. The **ö** linking vowel is necessary when the final vowel of the word is **ö**, **ő**, **ü**, or **ű**.

Mi?	**Mit?**	**Ki?**	**Kit?**
gyümölcs	gyümölcsöt	főnök	főnököt

There are a few exceptions to this rule, e.g. pörkölt-pörkölt**et**.

7 ISZIK *DRINK*

This is not an easy verb to conjugate. At this stage just learn all its forms by heart and in Unit 7 you will see why it conjugates like this.

(én)	**iszom**	*I drink*	(mi)	**iszunk**	*we drink*
(te)	**iszol**	*you drink*	(ti)	**isztok**	*you drink*
(maga/ön)	**iszik**	*you drink*	(maguk/önök)	**isznak**	*you drink*
(ő)	**iszik**	*he/she drinks*	(ők)	**isznak**	*they drink*

8 TRANSITIVE AND INTRANSITIVE VERBS

The verb **iszik** can also take an object, e.g. **Sanyi sört iszik.** *Sanyi is drinking beer.* The object here is **sör**.

Verbs that can take an object are called transitive verbs, e.g. **kér**: **Kérek egy sört.** *I would like a beer.* Verbs that never take an object are called intransitive verbs, e.g. **megy**: **Moziba megyek.** *I am going to the cinema.* From now on transitive verbs will be shown like this: **kér vmit** (**vmi** is short for **valami** *something*), similarly **vkit** (**vki** being short for **valaki** *somebody*). The **-t** indicates that **kér** is a transitive verb and usually takes an object, which is marked by the **-t** ending.

9 HAZA *HOME*

This word has different forms depending on the question it answers.

Honnan?	Hol?	Hová?
itthonról (*pron.* ithonról)	**itthon** (*pron.* ithon)	**haza**
otthonról (*pron.* othonról)	**otthon** (*pron.* othon)	**haza**
hazulról		

Otthonról jössz? [⌣]	*Are you coming from home?*
Jóska nincs **itthon**.	*Jóska is not at home.*
Hazamegyünk.	*We are going home.*

Note that the forms **itthon** (Lit. *here at home*) and **itthonról** are used when talking about your own, or someone else's home and you are actually there when speaking. The forms **otthon** (Lit. *there at home*) and **otthonról** or **hazulról** are used when you are talking about your own, or someone else's home but you are not there at the time of speaking.

10 HÁNY ÉVES? *HOW OLD IS HE/SHE?*

When asking or answering this question, **van** is not used.

(én)	**huszonöt éves vagyok**
(te)	**huszonöt éves vagy**
(maga/ön/ő)	**huszonöt éves**

Hány éves vagy?	How old are you?
Harmincéves vagyok.	I'm thirty years old.
Hány éves István?	How old is István?
István kétéves.	István is two.
Hány éves?	How old are you? (sing. form.)

Practice

1 **Attila (*pron.* atilla) always gives uncertain answers, never commits himself and speaks in a rather laconic style. He is well travelled. His geography teacher asks him where he has been and what he thinks of the places he has been to. What are the teacher's questions, and what are Attila's answers? Use the information below. The first questions and answers are provided for you.**

    a   **Tanárnő**   Voltál már Párizsban, Attila?

           Attila   Igen, voltam.

           Tanárnő   Szerinted milyen város Párizs?

           Attila   Azt hiszem, hogy nagyon érdekes város.

	város	**volt már**	**még nem volt**	**Milyen?**
a	Párizs	✓		nagyon érdekes
b	Róma	✓		szép, de egy kicsit piszkos
c	Prága	✓		romantikus
d	Varsó	✓		modern, de nem csúnya
e	Berlin	✓		nagyon tiszta
f	Bécs	✓		egy kicsit unalmas
g	London	✓		túl nagy
h	Debrecen		✓	

Ⓥ **Varsó**   *Warsaw*
    de nem csúnya   *but not ugly*
    unalmas   *boring*
    Bécs (-et)   *Vienna*
    piszkos   *dirty*
    nagy   *big*
    szerinted   *in your opinion* (sing. fam.)

2 **Study this entry from Tibor's naptár (*diary*). Then answer this question: Mit csinál ma Tibor? Make up complete sentences and then repeat each aloud. (See below for the new vocabulary.)**

```
NAPTÁR

2010. május 15.

Szombat

korán reggel: futok a parkban      délután: a Király fürdőbe megyek
délelőtt: vásárolok a CBA-ban       este: moziba megyek
délben: ebédelek
```

korán   early
reggel   in the morning
fut   run
délelőtt   in the morning, a.m.
vásárol   do some shopping
délben   at noon
ebédel   have lunch
délután   in the afternoon
este   in the evening

3 It is 2010. Answer these questions.

   a Bori néni 1923-ban született. Hány éves most Bori néni?
   b Karcsi bácsi 1920-ban született. Hány éves most Karcsi bácsi?
   c Jutka 1964-ben született. Hány éves most Jutka?
   d Péter huszonnégy éves. Mikor született Péter?
   e Kerekes Anna negyvenegy éves. Mikor született Kerekes Anna?
   f Peti tizenkét éves. Mikor született Peti?

született   he/she was born, you were born (sing. form.)
Mikor?   When?
születtem   I was born
születtél   you were born (sing. fam.)

4 Is i or ii the correct question in the following situations?

   i Beszélsz angolul? [✓]   **ii** Angolul beszélsz? [✓]

   a A Hungarian boy stops an English tourist in a Budapest street.

   Magyar fiú   Elnézést! Hol van a Baross utca?
   Angol turista   Tessék? Nem értem. Angol vagyok. _____

   b An English girl asks a Hungarian teenager the way in Budapest.

   Angol lány   *Excuse me, can you tell me how to get to the castle?*
   Magyar tinédzser Tessék? _____ Sajnos én csak magyarul tudok.

fiú	boy
lány (-t)	girl
tinédzser (-t)	teenager

5 Which Hungarian sentence has the same meaning as the English sentence? (The emphasized expression is in bold.)

a Were you at your **English** class?

   i Angolórán voltál? [⌣]

   ii Voltál angolórán? [⌣]

b **I have been** to Venice.

   i Velencében voltam.

   ii Voltam Velencében.

c The English class will take place **in the evening**.

   i Este angolóra lesz.

   ii Este lesz az angolóra.

d **I** am twenty-four.

   i Huszonnégy éves vagyok.

   ii Én vagyok huszonnégy éves.

e I'm learning **Hungarian**.

   i Tanulok magyarul.

   ii Magyarul tanulok.

6 Zoltán and Imre are good friends. They have not seen each other for a while and now they bump into each other in the street. Re-arrange Imre's sentences so that their conversation makes sense. Write it all down and then act it out from memory.

Zoltán

a Szia, Imre! Mi újság?

b Nem túl jól.

c Nagyon fáradt vagyok. Túl sok a munka az irodában.

d Még nem. De szeretnék Olaszországba menni, Velencébe. Nagyon romantikus város lehet. De te már voltál Velencében. Szerinted milyen város?

e Kösz. Sietsz? Van itt egy jó söröző. Gyere, iszunk egy korsó sört. Jössz?

f Hogyhogy?

Imre

i Mi történt?

ii Voltál már szabadságon?

iii Jövök. Ma nem sietek. Csak késő este megyek haza.

iv Romantikus, de sajnos egy kicsit piszkos. De azt hiszem, tetszik majd neked. Jó utat!

v Nincs semmi különös. És te? Hogy vagy?

vi Nem tudom, hol van a lakáskulcsom. A feleségem pedig csak este lesz otthon.

szabadságon	on holiday
(*pron.* **szabaccságon**)	
késő este	late in the evening
a lakáskulcsom	the key to my flat
a feleségem	my wife
tetszik (*pron.* **teccik**) **majd neked**	you will like it (sing. fam.)
Nagyon romantikus	I hear it's a very romantic town. (Lit. *It must be a very romantic town.*) **város lehet.**

Do you understand?

Mrs Jones is on a business trip to Budapest. As she is staying over the weekend, her Hungarian colleague, Mrs Tóth, organizes a trip for her to Szentendre.

🎧 01.23

Tóthné	Mit csinál a hétvégén, Mrs Jones?
Mrs Jones	Még nem tudom.
Tóthné	Ráér szombaton?
Mrs Jones	Igen, szombaton szabad vagyok. Miért? Mit javasol?
Tóthné	Volt már Szentendrén?
Mrs Jones	Nem, még nem voltam. Hol van Szentendre?
Tóthné	A Dunakanyarban. Szép régi kisváros, és nincs messze.
Mrs Jones	És mi van Szentendrén?
Tóthné	Sok butik, templom, hangulatos épület, utca és persze sok turista. Itt van a Kovács Margit Múzeum is. Ismeri Kovács Margitot?
Mrs Jones	Nem, nem ismerem.
Tóthné	Kovács Margit híres magyar keramikus és szobrász. *(She picks up a postcard from her desk.)* Tessék, itt van például egy képeslap. Ez egy Kovács Margit kerámia: „Családi fényképalbum." Hogy tetszik?
Mrs Jones	Nagyon eredeti! Jó, akkor szombaton Szentendrére megyünk a Kovács Margit Múzeumba!

a hétvégén	at the weekend
szombaton	on Saturday
javasol (vmit)	suggest (sg)
Dunakanyar (-t)	the Danube Bend
hangulatos	atmospheric
keramikus (-t)	potter
szobrász (-t)	sculptor
családi fényképalbum (-ot)	family photo album
eredeti	original
akkor	then
kisváros (-t)	small town

Igaz vagy nem igaz? (*True or false?*) Correct and re-write the false statements.

a Mrs Jones ráér szombaton.

b Mrs Jones volt már Szentendrén.

c Szentendre kisváros a Dunakanyarban.

d Kovács Margit híres magyar színésznő.

e Mrs Jones szerint a „Családi fényképalbum" eredeti képeslap.

❓ Test yourself – Which is correct?

1 a Hol Sanyi volt?

   b Hol volt Sanyi?

2 a Már nem voltunk Varsóban.

   b Még nem voltunk Varsóban.

3 a Már voltam Párizsban.

   b Még voltam Párizsban.

4 a Voltál már Bécsben?

   b Voltál még Bécsben?

5 a Most itthon ülök.

   b Most itthon ülek.

6 a Jössz haza?

   b Jössz otthon?

7 You are speaking to a friend on the phone and you are asking her:

   a Itthon van a férjed?

   b Otthon van a férjed?

Which is the Hungarian equivalent of these English sentences? The focus is in bold.

8 Kati was in London.

   a Kati Londonban volt.

   b Kati volt Londonban.

9 Kati was in **London**.

   a Londonban volt Kati.

   b Kati volt Londonban.

10 Kati **was** in London.

   a Londonban Kati volt.

   b Volt Kati Londonban.

7 Hétfőn költözünk!

We're moving house on Monday!

In this unit you will learn how to:

▶ *Talk about houses and flats*
▶ *Name the months and the days*
▶ *Introduce some unusual news*
▶ *Express agreement in some other situations*

Dialogue

János and Béla live in the same block of flats on a housing estate in Újpalota (XVth district of Budapest). They meet in the park while Béla is walking his dog.

 01.24–25

Béla	Szervusz, János! Mi újság?
János	Szervusz, Béla! Képzeld, hétfőn költözünk!
Béla	Költöztök? Hová?
János	Egy szép kis családi házba Zuglóba, a tizennegyedik kerületbe. Ez a lakás nagyon kicsi, csak másfél szobás. Túl kicsi a konyha, a fürdőszoba, az előszoba. A feleségem mindig mérges, mert a szomszédban hangos a tévé. Meg aztán én sem vagyok már fiatal. Hatvanöt éves leszek júliusban. Gyakran rossz a lift, mi meg a hatodik emeleten lakunk.
Béla	Mi sem nagyon szeretünk itt lakni. A feleségem mindig panaszkodik, mert piszkos a lépcső és a kapu éjszaka is nyitva van. Este túl sötét van, a folyosón gyakran nem ég a villany. És milyen az új ház?
János	Nagyon szép! Világos, tágas, kétszobás. A kert is szép nagy. Sok gyümölcsfa és virág van benne. Augusztusban nyugdíjba megyek. A feleségem is nyugdíjas. Én majd a kertben dolgozom, ő meg majd napozik és olvas.
Béla	És milyen utcában laktok majd?
János	A Kaffka Margit utcában.
Béla	Nem ismerem.
János	És te hogy vagy?
Béla	Megvagyok. Most új munkahelyen dolgozom, a Mátyás téren.

János	És itt mennyit keresel?
Béla	Háromszázezer forintot kapok egy hónapban. Ez manapság nem rossz pénz!
János	Nem bizony!

költözik	*move house*
lakás (-t)	*flat*
kicsi	*small*
a szomszédban	*next door*
mindig	*always*
mérges	*angry*
szomszéd (-ot)	*neighbour*
hangos	*loud*
tévé	*tv, telly*
Meg aztán (*pron.* asztán) **én sem vagyok már fiatal**.	*I'm not young any more either.*
gyakran	*often*
panaszkodik	*complain*
lépcső	*stairs*
kapu	*door, gate*
éjszaka	*at night*
sötét	*dark*
folyosó	*corridor*
Ég a villany.	*The light is on.*
világos	*light*
tágas	*spacious*
szép nagy	*nice and big*
gyümölcsfa	*fruit tree*
fa	*tree*
virág (-ot)	*flower, plant*
benne	*in it*
nyugdíjba megy	*retire*
dolgozik	*work* (verb)
napozik	*sunbathe*
olvas	*read*
Megvagyok.	*I'm not too bad.*
munkahely (-et)	*workplace*
hónap(-ot)	*month*
manapság	*these days*
pénz (-t)	*money*

QUESTIONS

1 Igaz vagy nem igaz? (*True or false?*) Correct and re-write the false statements.

  a János hamarosan költözik.

  b Zugló a tizenegyedik kerület neve Budapesten.

  c János felesége (*János' wife*) mindig mérges, mert a lakásban nincs telefon.

  d Béla sem szeret itt lakni.

  e Az új ház sötét, tágas, kétszobás.

  f Béla az új munkahelyen háromszázezer forintot keres egy hónapban.

 hamarosan   *soon*

2 Feleljen a kérdésekre! (*Answer the questions*.)

  a Hova költözik János?

  b Milyen ez a lakás?

  c Hány éves János?

  d Miért panaszkodik Béla felesége?

  e Mikor megy János nyugdíjba?

  f Mit csinál majd János és a felesége a kertben?

  g Mennyit keres Béla az új munkahelyen?

Hungary and the Hungarians

HOUSING

Flats, houses and lodgings (**albérlet** *lodging*) are very expensive in Hungary. Hungarians do look after them. The family take off their shoes and put on slippers (**papucs**) when they come home. Guests (**vendég** *guest*) are asked to do the same.

Családi ház literally means a family house. It is a **kertes ház** (*a house with a garden*) usually in a suburb occupied by a family. In inner cities people live in blocks of flats (**bérház** *block of flats*). Many people live in a **panellakás** (*concrete construction flat*) on a **lakótelep** (*housing estate*). These are notorious for their lack of space and for the walls through which all the noises from next door can be heard. However, they all have **központi fűtés** (*central heating*) and constant **meleg víz** (*hot water*).

Ház: in Hungarian this word can mean both a private house for a family or a block of flats. When referring to private houses, people talk about **szint** (*level*) in the house, e.g. **egyszintes ház** (*pron.* etyszintes) *one-storey house*, **kétszintes ház**, etc. Most private houses in Hungary are only **egyszintes**. When they talk about blocks of flats, Hungarians use the word **emelet** (*floor*) to indicate floor-level, e.g. **egyemeletes ház**, **tízemeletes ház** (*one-storey, ten-storey building*).

It is not a tradition in Hungary to have a separate **nappali** (*living-room*). It is often the parents' **hálószoba** (*bedroom*) which doubles as a sitting-room during the day. That is why the **kanapé** or **fotelágy** (*sofa bed*) is so common in Hungary! Hungarians often use the word **szoba** (*room*) to indicate a living and sleeping area as opposed to **konyha** (*kitchen*), **fürdőszoba** (*bathroom*), **vécé** (*toilet*), **előszoba** or **hall** (*hall*). Most flats and houses would not have an **ebédlő** (*dining-room*) or a **dolgozószoba** (*study*) either. Because of this, when referring to the size of their flats and houses, Hungarians do not talk about one or two-bedroom flats or houses. They just use the word **szoba** (*room*), e.g. **egyszobás** (pron. etyszobás) **lakás, kétszobás ház**, etc. A **félszoba** (Lit. *half room*) is a small room usually for children. So a **másfél szobás lakás** (Lit. *one and a half room flat*) would have a big room for the parents and a small one for a child. Similarly **két és fél szobás lakás, egy plusz két fél szobás lakás** (Lit. *two and a half room flat, one plus two half room flat*), etc.

Kert: you will only see a big lawn with flowers at a luxury private home. Gardens have a practical function; they are meant to provide some fruit and vegetables for the family.

OTHER EXPRESSIONS

Lakik, él: these both mean *live*. **Él** is used in a more general sense:

János **jól él**.	*János lives well.*
Anna most **Párizsban él**.	*Anna lives in Paris now.*

The word **lakik** means *reside*. (This is what you do in your **lakás**.)

Egy kis másfél szobás **lakásban laknak**.	*They live in a small flat with two rooms.*
A Vas **utcában lakunk**.	*We live in Vas Street.*

Mennyit keresel? (*How much do you earn?*) Friends and even acquaintances are quite happy to discuss what their salaries are (**fizetés** *salary*). Everybody in a full or part-time job – even manual workers – is paid monthly in Hungary. Hungarians talk about monthly, not yearly pay.

Majd: this means *some time in the future*. It is a useful word to express a future action, using the present tense:

Én **majd** a kertben **dolgozom**.	*I'll work in the garden.*

Meg can be used like **és** or **pedig**. In the latter case it is usually the second expression in the second half of the sentence:

Ica meg Csaba jön.	*Ica and Csaba are coming.*
Én majd a kertben dolgozom,	*I'll work in the garden and my wife*
a feleségem meg majd olvas.	*will read.*

Képzeld (*pron.* kébzeld) means *just imagine* (sing. fam.). It is a good way of introducing some unusual or exciting news. Note the forms:

képzeljétek (*pron.* kébzejjétek) (pl. fam.)

képzelje (*pron.* kébzejje) (sing. form.)

képzeljék (*pron.* kébzejjék) (pl. form.)

Nem bizony: this is a useful phrase to express agreement with a negative statement, e.g. **Ez nem rossz pénz! Nem bizony.** *This is not bad money. It certainly isn't.* If you want to agree with a positive statement, just say **bizony** (*surely*):

Most **nagyon drága** a téliszalámi.	*Téliszalámi is very expensive now.*
Bizony!	*It certainly is!*

Similarly you can agree with a positive statement by saying: **Szerintem is** (*I think so too*) and with a negative statement by saying: **Szerintem sem** (*I don't think so either*):

London **túl nagy. Szerintem is.**	*London's too big. I think so too.*
Szerintem Budapest **nem piszkos. Szerintem sem.**	*I don't think Budapest is dirty.* *I don't think so either.*

Grammar

1 SIBILANT VERBS

If a verb stem ends in **s**, **sz**, **z** or **dz** (these are called sibilants), form the second person singular by adding **-ol** (for back vowel words), **-el** (for front vowel words) and **-öl** (for front vowel words with **ö**, **ő**, **ü** or **ű** as their final vowel). Otherwise these verbs are conjugated just like standard verbs.

(én)	olvasok	*I read*	(mi)	olvasunk	*we read*
(te)	olvas**ol**	*you read*	(ti)	olvastok	*you read*
(maga/ön)	olvas	*you read*	(maguk/önök)	olvasnak	*you read*
(ő)	olvas	*he/she reads*	(ők)	olvasnak	*they read*
(én)	keresek	*I earn*	(mi)	keresünk	*we earn*
(te)	keres**el**	*you earn*	(ti)	kerestek	*you earn*
(maga/ön)	keres	*you earn*	(maguk/önök)	keresnek	*you earn*
(ő)	keres	*he/she earns*	(ők)	keresnek	*they earn*
(én)	főzök	*I cook*	(mi)	főzünk	*we cook*
(te)	főz**öl**	*you cook*	(ti)	főztök	*you cook*
(maga/ön)	főz	*you cook*	(maguk/önök)	főznek	*you cook*
(ő)	főz	*he/she cooks*	(ők)	főznek	*they cook*

2 THE '-IK' VERBS

Verbs whose third person singular form ends in **-ik** are called *-ik verbs*. These are different from standard verbs not only in their third person singular form (**-ik** is added to the verb stem), but also in their first person singular form (**-om** is added for back vowel words, **-em** for front vowel words and **-öm** for front vowel words with **ö**, **ő**, **ü** or **ű** as their final vowel).

(én)	lak**om**	*I live*	(mi)	lakunk	*we live*
(te)	laksz	*you live*	(ti)	laktok	*you live*
(maga/ön)	lak**ik**	*you live*	(maguk/önök)	laknak	*you live*
(ő)	lak**ik**	*he/she lives*	(ők)	laknak	*they live*
(én)	vereked**em**	*I fight*	(mi)	verekedünk	*we fight*
(te)	verekedsz	*you fight*	(ti)	verekedtek	*you fight*
(maga/ön)	vereked**ik**	*you fight*	(maguk/önök)	verekednek	*you fight*
(ő)	vereked**ik**	*he/she fights*	(ők)	verekednek	*they fight*

(én)	öltözköd**öm**	*I dress*	(mi)	öltözködünk	*we dress*
(te)	öltözködsz	*you dress*	(ti)	öltözködtök	*you dress*
(maga/ön)	öltözköd**ik**	*you dress*	(maguk/önök)	öltözködnek	*you dress*
(ő)	öltözköd**ik**	*he/she dresses*	(ők)	öltözködnek	*they dress*

In colloquial Hungarian, some people use the **-ok**, **-ek**, **-ök** endings in the first person singular form, e.g. lak**ok**, vereked**ek**, öltözköd**ök**. With most verbs though, this sounds uneducated. For you it is safer to stick to the 'ik' conjugation.

3 MIXED CATEGORY VERBS

Many verbs belong to more than one category, therefore more than just one rule will have to be applied when conjugating them. For example, some verbs can be both sibilant and *-ik* verbs:

(én)	dolgoz**om**	*I work*	(mi)	dolgozunk	*we work*
(te)	dolgoz**ol**	*you work*	(ti)	dolgoztok	*you work*
(maga/ön)	dolgoz**ik**	*you work*	(maguk/önök)	dolgoznak	*you work*
(ő)	dolgoz**ik**	*he/she works*	(ők)	dolgoznak	*they work*

4 EZ, AZ *THIS, THAT*

▶ When expressing *this is a …*, *that is a …* Hungarian only uses **ez** (*this*) and **az** (*that*):

Ez templom.	*This is a church.*
Az iskola.	*That is a school.*

In colloquial Hungarian, some people would use the indefinite article (i.e. **egy**) in the sentences above: **Ez egy templom. Az egy iskola.**

▶ In English, *this* and *that* can be followed by a noun or a phrase containing a noun. (A noun is the name of a person, a thing or some abstract idea, e.g. girl, pen, happiness.) In Hungarian, the definite article (i.e. **a**, **az**) is needed between **ez** or **az** and the noun:

Ez a lakás túl kicsi.	*This flat is too small.*
Ez az angolóra unalmas.	*This English lesson is boring.*
Az a kert elég nagy.	*That garden is quite big.*
Az az ír lány csinos.	*That Irish girl is pretty.*

5 KIS, KICSI *SMALL*, EGY KICSIT *A BIT*

Both **kis** and **kicsi** mean *little*, or *small*, and answer the question **Milyen?** (*What is it like? / What sort of?*). **Kis** can only be used when immediately followed by a noun. **Kicsi**, however, can also be used on its own:

Magyarország **kis ország.**/ Magyarország **kicsi ország**.	*Hungary is a small country.*
Magyarország **kicsi**.	*Hungary is small.*

Egy kicsit (*a little, a bit*) expresses quantity or degree:

Csak egy kicsit kérek.	*I only want a little.*
Egy kicsit éhes vagyok.	*I am a bit hungry.*

6 SEM *NEITHER, NOT … EITHER*

As with **is**, **sem** always comes straight after the word it refers to:

Most nem kérek feketét.	*I don't want coffee now.*
Én sem.	*Neither do I.*
John sem amerikai? [⌐]	*Is John not American either?*

7 THE '-N' ENDING

This ending corresponds to the preposition *on* in English. For words ending in a vowel just add **-n**. (As usual the final **a** changes to **á**, and the final **e** to **é** before it.)

> ajtó – ajtó**n**   fa – f**án**   Szentendre – Szentendr**én**

If a word ends in a consonant, a linking vowel joins the **-n** ending to the word. In the case of back vowel words, the linking vowel is **o**. After front vowel words the linking vowel is **e** or **ö** (if the final vowel of the word is **ö**, **ő**, **ü** or **ű**).

> asztal – asztal**on**   kép – kép**en**   gyümölcs – gyümölcs**ön**

INSIGHT

Unfortunately, the use of the **-n** and the **-ban/-ben** endings does not always correspond to the use of their English equivalents. So it is best if you simply learn which endings to use with certain words as you come across them. Never translate word-for-word from English into Hungarian. Hungarian often expresses the same ideas differently.

Here are a few examples of the difference:

a megállóban *at the stop*

munkában *at work*

a fán *in the tree*

a képen *in the picture*

8 EXPRESSIONS OF TIME WITH THE '-N', AND THE '-BAN', '-BEN' ENDINGS

These endings are also used when answering the question **Mikor?** (*When?*)

The '-n' ending is used:

a   after names of days

Milyen nap van ma?		Mikor?	
hétfő	*Monday*	hétfő**n**	*on Monday*
kedd	*Tuesday*	kedd**en**	*on Tuesday*
szerda	*Wednesday*	szerd**án**	*on Wednesday*
csütörtök	*Thursday*	csütörtök**ön**	*on Thursday*
péntek	*Friday*	péntek**en**	*on Friday*
szombat	*Saturday*	szombat**on**	*on Saturday*
vasárnap	*Sunday*	vasárnap*	*on Sunday*

***Vasárnap** is an exception.

Note that you can either say **hétfő reggel** or **hétfőn reggel** (*on Monday morning*), **kedd délelőtt** or **kedden délelőtt** (*on Tuesday morning*, i.e. *Tuesday a.m.*), **szerda este** or **szerdán este** (*on Wednesday evening*), etc.

b in expressions like

a hétvégén (*at the weekend*), **a múlt héten** (*last week*),

ezen a héten (*this week*), **a jövő héten** (*next week*), etc.

The '-ban/-ben' ending is used:

a after names of months

Milyen hónap van?		Mikor?	
január	*January*	január**ban**	*in January*
február	*February*	február**ban**	*in February*
március	*March*	március**ban**	*in March*
április	*April*	április**ban**	*in April*
május	*May*	május**ban**	*in May*
június	*June*	június**ban**	*in June*
július	*July*	július**ban**	*in July*
augusztus	*August*	augusztus**ban**	*in August*
szeptember	*September*	szeptember**ben**	*in September*
október	*October*	október**ben**	*in October*
november	*November*	november**ben**	*in November*
december	*December*	december**ben**	*in December*

b in expressions like

a múlt hónapban (*last month*), **ebben a hónapban** (*this month*), **a jövő hónapban** (*next month*), etc.

c when talking about years, e.g. **1967-ben**, **2013-ban**.

Note that the names of days and months are spelt with a small letter.

Practice

1 Which is the correct alternative?
   a Kedden délután **költözöm/költözek**.
   b Tamás Debrecenben **élsz/él**.
   c Lajos bácsi a József körúton **él/lakik**.
   d Miért **panaszkodol/panaszkodsz** mindig?
   e A folyosón gyakran nem **ég/égnek** a villany.
   f A kertben **napozol/napozsz**?

2 **Which is the correct expression in these sentences?**

   i kis   **ii** kicsi   **iii** kicsit

   a Edit néni egy _____ családi házban lakik.

   b Peti nagyon _____.

   c Köszönöm, csak egy _____ kérek.

   d Egy _____ szomjas vagyok.

   e Csak egy _____ pálinkát kérsz? [↴]

   f London nem _____ város.

3 **Put sem in the correct place, so that the Hungarian and English sentences mean the same. The stressed English words are in bold.**

   a Én ismerem Király Dezsőt. *I don't know Király Dezső either.*

   b Vörös bort kérek. *I don't want **red wine** either.*

   c Zsolt tud franciául. ***Zsolt** doesn't speak French either.*

   d Az egri bikavért ismered? [↴] *Don't you know **egri bikavér** either?*

   e Mi májusban költözünk. ***We** aren't moving in May either.*

   f Barack kell. *We don't need **peaches** either.*

4 **Jack is a lazy student of Hungarian. He has made a few mistakes in these sentences. Can you spot them? Put jó after the sentences that he got right, and rossz after the ones that he got wrong. Correct the latter.**

   a Ez ház nem tetszik.

   b Az az iskola szerintem nem jó.

   c Az tokaji? [↴]

   d Ez alma nagyon finom!

   e Ez citrom vagy narancs?

   f Az villamos nem itt jár.

 citrom (-ot)   *lemon*

5 **Karcsi is a bit untidy (see below). Especially when there is something interesting on television, he cannot be bothered to put things away. Where are his belongings? Make up complete sentences, using the vocabulary given. The first sentence is provided for you.**

   a A papucs az ágyon van.

   You will need to know the following words:

ágy (-at)	*bed*
szótár (-t)	*dictionary*
föld (-et)	*floor*
szekrény (-t)	*cupboard, wardrobe*
szék (-et)	*chair*
táska	*bag*
tévé	*TV*
szőnyeg (-et)	*carpet*

6 Answer these questions in complete sentences.

    a Ha ma szerda van, milyen nap volt tegnap?

    b Ha ma szombat van, milyen nap lesz holnap?

    c Ha ma vasárnap van, milyen nap volt tegnapelőtt?

    d Ha ma kedd van, milyen nap lesz holnapután?

tegnap (-ot)	*yesterday*
holnap (-ot)	*tomorrow*
tegnapelőtt (-et)	*the day before yesterday*
holnapután (-t)	*the day after tomorrow*

7 Kati's macska (*cat*) is very restless. She keeps jumping around the kitchen. Where is she? Make up complete sentences following the examples.

    a A macska az ablakban ül (Lit. *The cat is sitting in the window*).

    b A macska a hűtőszekrényen ül.

You will need to know the following words:

ablak (-ot)	*window*
hűtőszekrény (-t)	*refrigerator*
asztal (-t)	*table*
polc (-ot)	*shelf*
mosógép (-et)	*washing machine*
gáztűzhely (-t)	*gas cooker*

8   **Antal Seregi is a busy journalist. Look at his diary for a typical week and make up complete sentences about what he is doing and when. The first sentence is completed for you.**

Seregi Antal hétfőn reggel fut a parkban.

16 Hétfő	*reggel: futok a parkban*
17 Kedd	*délután Szentendrére megyek*
18 Szerda	*korán reggel: a repülőtérre megyek este: főzök*
19 Csütörtök	*este angolórára megyek*
20 Péntek	*uszodába megyek*
21 Szombat	*este: színházba megyek*
22 Vasárnap	*a kertben dolgozom*

9   **Béla has had enough. He is in a bad mood today. After a few drinks he complains to a friend. Write in the missing endings of his monologue below, then imagine that you are Béla and tell his story aloud.**

Nagyon szeretnék a Rózsadombon* lakni egy szép, nagy, kétszintes kertes **a** ház_____.
De sajnos Újpalotán **b** lak_____ egy tipikus másfél szobás **c** panellakás_____.
Újpalota tipikus lakótelep: csúnya és szürke. A lakás egy nyolcemeletes **d** ház_____, a
hetedik **e** emelet_____ van. A lift majdnem mindig rossz. A lakás túl kicsi, a fal túl vékony.
A **f** szomszéd_____ mindig hangos a tévé vagy a rádió. A feleségem mindig mérges és
minden nap **g** panaszkod_____, mert piszkos a lépcső, mert a kapu éjszaka is nyitva van,
mert a **h** folyosó_____ nem ég a villany. Ráadásul a mosógép is rossz, és beteg a kutya.
Nehéz az élet!

tipikus	*typical*
szürke	*grey*
vékony	*thin*
ráadásul	*on top of all that*
beteg	*ill*
kutya	*dog*
élet (-et)	*life*
majdnem	*almost, nearly*

*****Rózsadomb** (*Rose Hill*) is a fashionable, expensive quarter in Buda.

10 Answer these questions about yourself.

a Hol él?

b Albérletben lakik? [↘]

c Milyen házban/lakásban lakik?

d Hány és milyen szoba van a házban/lakásban?

e Van telefon a házban/lakásban? [↘]

f A szomszédban mindig hangos a tévé vagy a CD-lejátszó? [↘]

g Szeret itt lakni? [↘]

 CD-lejátszó (*pron.* cédé lejáccó)   *CD player*
szeret   *like*

INSIGHT

This was a difficult unit with a lot of new grammar introduced. Make sure that you have mastered it all before going on to Unit 8. Remember, what seems hard now will become second nature to you with lots of practice!

❓ Test yourself – Which is correct?

1 a A Kossuth Lajos utcában laktok?

  b A Kossuth Lajos utcában éltek?

2 a Miskolc nem szép város. Szerintem is.

  b Miskolc nem szép város. Szerintem sem.

3 a Mit olvasol?

  b Mit olvassz?

4 a Csak egy kicsit tejet kérek.

  b Csak egy kicsi tejet kérek.

5 a A lakás elég kicsi.

  b A lakás elég kis.

6 a Mi van a képen?

  b Mi van a képben?

7 a Karcsi a fán ül.

  b Karcsi a fában ül.

8 a A múlt hónapon voltam 25 éves.

  b A múlt hónapban voltam 25 éves.

9 a Pisti áprilison született?

  b Pisti áprilisban született?

10 a Vasárnap zárva van a bolt.

  b Vasárnapon nincs nyitva a bolt.

Imádok meccsre járni
I love going to football matches

In this unit you will learn how to:
▶ *Talk about your lifestyle, eating habits, pastimes and what sports you do*
▶ *Express hope*
▶ *Say what you prefer, love or hate doing*

Dialogue

A TV journalist is making a documentary film about the lifestyle of Hungarian teenagers. Zoli Szabó, a 13-year old from Budapest, is one of the children that he interviews.

 01.26–27

Riporter	Mit és hol reggelizel, ebédelsz és vacsorázol?
Zoli	Otthon reggelizem. Reggelire általában vajas kiflit vagy zsemlét eszem, és kakaót vagy tejes kávét iszom. Az iskolában ebédelek. Ebédre mindig van leves. A második fogás pedig főzelék vagy hús, rizs, krumpli, tészta. Este anyu főz vacsorát. De ha későn jön haza, mert sok a munka az irodában, csak hideget eszünk vacsorára.
Riporter	Mit csinálsz délután, iskola után?
Zoli	Hazamegyek és először eszek valamit. Az iskolában elég rosszul főznek, és délután mindig éhes vagyok. Aztán hétfőn és szerdán edzésre, kedden és csütörtökön pedig angolra megyek.
Riporter	Mit sportolsz?
Zoli	Focizok.
Riporter	És mikor tanulsz?
Zoli	Este. De utálok leckét írni. Inkább zenét hallgatok vagy tévét nézek. De anyu mérges, ha túl hangos a CD-lejátszó.
Riporter	Ha nem értesz valamit, a szüleid tudnak segíteni?
Zoli	Nem nagyon érnek rá. Anyu munka után bevásárol, főz. Mindig fáradt és ideges. Apu későn jár haza, mert két munkahelyen dolgozik.
Riporter	Segítesz otthon a házimunkában?
Zoli	Nem nagyon. A szüleim takarítanak. Én újságot veszek, mert apu szeret újságot olvasni, vagy néha segítek bevásárolni.

| Riporter | És mit szeretnél elérni? Mi leszel, ha felnőtt leszel? |
| Zoli | Nem is tudom. Talán állatorvos. Sok pénzt szeretnék, de nem akarok egész nap csak dolgozni. Szeretnék egy jó kocsit és egy nagy házat is. Szeretnék sokat utazni külföldre. Imádok meccsre járni és nagyon szeretnék egyszer Angliában egy focimeccset látni. Remélem, hogy sikerül! De lehet, hogy mindez csak álom … |

reggelizik	*have breakfast*
ebédel	*have lunch*
vacsorázik	*have supper*
vajas kifli	*buttered Hungarian croissant*
zsemle	*roll*
kakaó	*cocoa*
tejes kávé	*white coffee*
a második fogás (-t)	*the second course*
utál (vmit)	*hate* (sg)
rosszul	*badly*
rosszul főznek	*the cooking is bad* (Lit. *they cook badly*)
munka után	*after work*
bevásárol	*do one's shopping*
ideges	*irritable, short-tempered*
házimunka	*housework*
a szüleim	*my parents*
takarít	*do the cleaning*
újság (-ot)	*newspaper*
vesz (vmit)	*buy* (sg)
néha	*sometimes*
szeretnél	*you would like*
elérni	*to achieve*
felnőtt (-et)	*adult*
Nem is tudom.	*I don't really know.*
állatorvos (-t)	*vet*
Edzésre (*pron.* eddzésre) **megyek.**	*I go to training.*
focizik	*play football*
leckét ír	*do homework*
zene	*music*
hallgat (pron. **halgat**) (vmit)	*listen to* (sg)
néz (vmit)	*watch* (sg)
a szüleid	*your parents*
kocsi	*car*
külföldre utazik	*travel abroad*
imád	*adore*
meccs (-et)	*football match*

Remélem, hogy sikerül.	*I hope I'll be able to.* (Lit. *it will succeed.*)
mindez (-t)	*all this*
álom (álmot)	*dream*

QUESTIONS

1 Igaz vagy nem igaz? (*True or false?*) Correct and re-write the false statements.

   a Zoli otthon reggelizik és vacsorázik, de az iskolában ebédel.

   b Este néha hideget eszik, mert az édesanyja (*pron.* édesannya) (*his mother*) nem főz vacsorát.

   c Iskola után Zoli először edzésre megy.

   d Zoli jobban szeret zenét hallgatni, mint TV-t nézni.

   e Zoli egy jó házat és egy nagy kocsit szeretne (*he would like*).

2 Feleljen a kérdésekre! (*Answer the questions.*)

   a Mit eszik Zoli reggelire?

   b Mi a második fogás az iskolában?

   c Miért éhes délután mindig Zoli?

   d Mit és mikor sportol Zoli?

   e Miért jár Zoli édesapja (*Zoli's father*) későn haza?

   f Mit szeretne Zoli Angliában látni?

Hungary and the Hungarians

HUNGARIAN LIFESTYLE

This can be rather unhealthy. Hungarians eat a lot, and their food is heavy and spicy. Many Hungarians smoke and drink but take very little exercise. Quite a few people in Hungary have two jobs in order to make ends meet.

MIT SPORTOLSZ? *WHAT SPORTS DO YOU DO?*

Sport (*sport*) is something that most Hungarians prefer watching rather than doing themselves. **Futball** or **labdarúgás** or **foci** (*football*) is the most popular sport in Hungary. Other popular sports are **úszás** (*swimming*), **kosárlabda** (*basketball*), **röplabda** (*volleyball*), **korcsolyázás** (*skating*), **tenisz** (*tennis*), **kocogás** (*jogging*), **torna** (*gymnastics*) and **síelés** (*skiing*). **Sakkozás** (*playing chess*) probably suits the Hungarian character best, as it requires only mental not physical gymnastics! You might even see a few men playing chess in the hot water spa baths of Budapest. Anglo-Saxon games like **golf** (*golf*), **fallabda** (*squash*) or **rögbi** (*rugby*) have been recently introduced and are becoming popular with young professionals. But **krikett** (*cricket*) still remains a mystery to Hungarians.

OTHER EXPRESSIONS

Anyu, apu: there are several ways of addressing one's parents in Hungarian. **Anyu** or **anya** (*mum*) and **apu** or **apa** (*dad*) are the most common forms. When they talk about their parents, small children use the expression **az anyukám** (*my Mummy*) or **az apukám** (*my Daddy*). Adults refer to their parents as **az anyám** or **az édesanyám** (*my mother*) and **az**

apám or **az édesapám** (*my father*) or just **a szüleim** (*my parents*). **Az édesanyám** and **az édesapám** are more respectful and affectionate.

Inkább (*would rather*): this expresses preference in a particular situation:

Nem szeretek olvasni.	*I don't like reading.*
Inkább tévét nézek.	*I'd rather watch TV.*
Inkább sajtot kérek, mint sonkát.	*I'd rather have cheese than ham.*

You can express general preferences by using the expression **jobban szeretek …, mint …** (Lit. *I better like … than …*):

A vízben **jobban szeretek úszni, mint sakkozni**.	*I prefer swimming to playing chess in the water.*
Zoli sokkal **jobban szeret focizni, mint angolra járni**.	*Zoli much prefers playing football to going to English classes.*

Egyszer (*pron.* etyszer) has two meanings in English. It means *once* when talking about a past event, and *one day* when talking about the future:

Egyszer Rómában **voltam** és …	*Once I was in Rome and …*
Nagyon **szeretnék egyszer** Angliában egy focimeccset látni.	*One day I would love to see a football match in England.*

Remélem (*I hope*): as in English, **hogy** (*that*) is often used after this verb, e.g. **Remélem, hogy az édesanyád már jól van.** *I hope that your mother is recovered by now.*

On its own, it means *I hope so*, e.g. **Anna jön holnap?** [⤴] **Remélem.** *Is Anna coming tomorrow? I hope so.*

Későn, késő: both these words mean *late* in English. **Későn** is used in answer to the question **Mikor?** *When?*, e.g. **Apu későn jön haza.** *Dad comes home late.* **Késő** is used in expressions like **késő van** (*it is late*), **késő este** (*late in the evening*), and so on.

Grammar

1 TWO CONSONANT AND '-ÍT' VERBS

If a verb stem ends in **-ít**, or two consonants, a linking vowel is needed before endings starting with a consonant.

Back vowel verbs

(én)	takarítok	*I clean*
(te)	takarít**asz**	*you clean*
(maga/ön)	takarít	*you clean*
(ő)	takarít	*he/she cleans*
(mi)	takarítunk	*we clean*
(ti)	takarít**otok**	*you clean*

| (maguk/önök) | takarít**anak** | *you clean* |
| (ők) | takarít**anak** | *they clean* |

Front vowel verbs

(én)	értek	*I understand*
(te)	ért**esz**	*you understand*
(maga/ön)	ért	*you understand*
(ő)	ért	*he/she understands*
(mi)	értünk	*we understand*
(ti)	ért**etek**	*you understand*
(maguk/önök)	ért**enek**	*you understand*
(ők)	ért**enek**	*they understand*

Front vowel verbs with '-ö', '-ő', '-ü' or '-ű' as their final vowel

(én)	töltök	*I spend (time)*
(te)	tölt**esz**	*you spend*
(maga/ön)	tölt	*you spend*
(ő)	tölt	*he/she spends*
(mi)	töltünk	*we spend*
(ti)	töltötök/tölt**etek***	*you spend*
(maguk/önök)	töltenek	*you spend*
(ők)	tölt**enek**	*they spend*

*These two forms are interchangeable. Note the form **takarítotok**.

Note also that the verb **áll** (*stand*) is conjugated like a standard verb (i.e. without a linking vowel).

> **INSIGHT**
>
> Seeing the logic or remembering the rules is not enough. If you want to speak the language fluently you will need to learn to conjugate examples of groups of verbs by heart.

2 ÍR *WRITE*

Some words, like **ír** or **iszik** containing only **i** and/or **í**, take back vowel endings.

(én) ír**ok** *I write*	(mi) ír**unk** *we write*
(te) írsz *you write*	(ti) ír**tok** *you write*
(maga/ön) ír *you write*	(maguk/önök) ír**nak** *you write*
(ő) ír *he/she writes*	(ők) ír**nak** *they write*

3 THE INFINITIVE

The infinitive is the 'to' form of the verb (e.g. to cook, to live). The equivalent of *to* is the **-ni** ending in Hungarian.

a With most verbs it is joined straight to the verb stem.

főz *cook* – **főzni** *to cook*	**lakik** *live* – **lakni** *to live*

b Two consonant and **'-ít'** verbs take the **a** or the **e** linking vowel before the infinitive ending.

takarít – takarítani	**ért – érteni**	**tölt – tölteni**

c There is a group of seven verbs (all of whose stems end in the sibilant **sz**) which have irregular infinitives. These are:

lesz	**lenni**	*to become*
vesz	**venni**	*to buy*
hisz	**hinni**	*to believe, to think*
visz	**vinni**	*to take/to carry*
tesz	**tenni**	*to put*
eszik	**enni**	*to eat*
iszik	**inni**	*to drink*

> **INSIGHT**
>
> It is worth remembering these seven verbs as they form a separate group in all tenses.

d Here are some other common irregular verbs:

megy	**menni**	*to go*
alszik	**aludni**	*to sleep*
van	**lenni**	*to be*
fekszik	**feküdni**	*to lie*

The infinitive is often used with conjugated verbs.

Szeretek étterembe **járni**.	*I like to go/going to restaurants.*
Bori néni **utál főzni**.	*Bori néni hates to cook/cooking.*

4 TUD *CAN, BE ABLE TO*

Tud means not only *know*, but also *can*, *be able to*.

Tudsz paprikás csirkét főzni? [↴]	*Can you cook paprika chicken?*
Nem **tudok** aludni.	*I can't sleep.*

Note that you do not use **tud** with the verbs **lát** (*see*), **hall** (*hear*), **ért** (*understand*):

Egy házat **látok**.	*I can see a house.*
Jól **hallasz?** [◠┘]	*Can you hear well?*
Nem **értem**.	*I can't understand it.*

5 THE '-RA' AND '-RE' ENDING

▶ Words taking the ending **-n** in answer to the question **Hol?** (*Where?*) take the ending **-ra** (for back vowel words) and **-re** (for front vowel words) in answer to the question **Hova?** (*Where to?*). As usual the final **a** changes to **á** and the final **e** to **é** before it.

Hol?	**Hova?**
asztal**on**	asztal**ra**
repülőtér**en**	repülőtér**re**
ór**án**	ór**ára**
a Hősök ter**én**	a Hősök ter**é**re

Az **asztalon** van a naptár.	*The calendar is on the table.*
Az **asztalra** is teszek egy naptárt.	*I'm going to put a calendar on the table as well.*
A **repülőtéren** mindig sok taxi van.	*There are always a lot of taxis at the airport.*
Sietek **a repülőtérre**.	*I'm hurrying to the airport.*

▶ The **-ra/-re** ending can also mean *for* or *to* in sentences like:

Zoli minden délután **edzésre** jár.	*Zoli goes to training every afternoon.*
Jársz **angolra?** [◠┘]	*Do you go to English classes?*
Mi van **reggelire/ebédre/vacsorára?**	*What is for breakfast/lunch/supper?*

Note that the latter could also be put like this: **Mi a reggeli / az ebéd / a vacsora?**

6 THE '-I' ENDING

The **-i** ending is attached to many words to make adjectives. (An adjective is used to describe someone or something, e.g. *good*, *nice*, *big*, etc.)

ma – **mai**:	mai újság	*today's paper*
közel – **közeli**:	közeli rokon	*close relative*
család – **családi**:	családi ház	*a house for a family*

Here are a few groups of words that take the **-i** ending:

▶ time expressions
  a the names of the days of the week,
     hétfő – **hétfői**, kedd – **keddi**, etc.
     Hol van a **keddi újság?**   *Where's the Tuesday paper?*

b the names of the months,

január – **januári**, február – **februári**, etc.

A **januári hidegben** nem szeretek kocogni.   *I don't like jogging in the January cold.*

c the names of the parts of the day,

reggel – **reggeli**, délelőtt – **délelőtti**, etc.

A **reggeli posta** még nincs itt.   *The morning post isn't here yet.*

d words like **ma, tegnap, tegnapelőtt, holnap, holnapután – mai, tegnapi,** etc.

A **tegnapi óra** nem volt érdekes.   *Yesterday's lesson wasn't interesting.*

▶ place names

Budapest – **budapesti**, London – **londoni**, etc.

Te is **budapesti** vagy? [⌐]   *Are you also from Budapest?*

A **londoni metró** elég piszkos.   *The London underground is quite dirty.*

Note that the place names with the **-i** ending are spelt with a small letter in Hungarian. However, the **-i** ending is not always required, e.g. **Budapest térkép** but **budapesti képeslap**.

▶ the four points of the compass

nyugat (*west*) – **nyugati** (*western*)

kelet (*east*) – **keleti** (*eastern*)

észak (*north*) – **északi** (*northern*)

dél (*south*) – **déli** (*southern*)

Erős **északi szél** fúj. *There is a strong north wind blowing.*

Note also the following irregularities:

hét *week* – **heti** *weekly*

messze *far* – **messzi** *far away*

hónap *month* – **havi** *monthly*

este *evening* – **esti** *evening*

7 ÉS AND

When listing things in English, *and* is always used before the last item. In Hungarian, this is optional. Both of the following are correct.

Andrea munka után **bevásárol és főz**.   *Andrea does the shopping **and** the cooking after work.*

Andrea munka után **bevásárol, főz**.

Practice

1 Which is the correct alternative?

a Milyen levest **ajánlsz/ajánlasz**?

b Hány dollárt szeretne **beváltni/beváltani**?

c Miért **álltok/állatok** az ajtóban (*in the doorway*)?

d Tudsz **segítni/segíteni**?

e Te sem **értesz/értel** angolul?

f Milyen nyelvet **tanítnak/tanítanak** itt?

g Ti mikor **takarítotok/takaríttok**: szombaton vagy vasárnap?

h Mit **írtek/írtok**?

2 **Zsófi is a sporty girl. The table below tells you what sports she likes, hates, etc. doing. Make up complete sentences about her. The first one is provided for you:**

Zsófi szeret síelni.

	szeret	tud	utál	nem szeret	imád	nem tud
síel	✓					
korcsolyázik						✓
teniszezik					✓	
kocog			✓			
kosárlabdázik		✓				
röplabdázik				✓		
úszik		✓				
tornázik	✓					
sakkozik			✓			

síel	*ski* (verb)
korcsolyázik	*skate* (verb)
teniszezik	*play tennis*
kocog	*jog*
kosárlabdázik	*play basketball*
röplabdázik	*play volleyball*
úszik	*swim* (verb)
tornázik	*do gymnastics*
sakkozik	*play chess*

3 **A sociological survey has been carried out to find out what people prefer doing in their spare time. What does it reveal about each person? Write complete sentences like the one done for you:**

a Király Ferenc jobban szeret koncertre járni, mint sétálni.

	Ki?	**szeret**	**nem szeret**
a	Király Ferenc	koncertre jár	sétál
b	Asztalos Gizi	DVD-t néz	moziba jár
c	Sípos Kati	operába megy	úszik
d	Polgár Géza	sörözik	színházba jár
e	Tordai Judit	eszik	sportol
f	Balázs Kinga	könyvet olvas	tévét néz
g	Fekete László	rádiót hallgat	újságot olvas

koncert (-et)	*concert*
sétál	*walk, stroll* (verb)
DVD (*pron*. dévédé)	*DVD*
sörözik	*drink beer*
könyv (-et)	*book*
hallgat (*pron*. halgat) (vmit)	*listen to* (sg)

4 Add the correct ending, where necessary, to the word in bold in each sentence below.

 a **Ma** –––––– nem akarok tanulni.

 b Hol a **ma** –––––– újság, Géza?

 c A **január** –––––– hidegben nem szeretek úszni.

 d **Január** –––––– mentek Kanadába?

 e A **január** –––––– mindig hideg hónap Magyarországon.

 f **Szeged** –––––– szép város a Tisza mellett (*by the Tisza*).

 g **Szeged** –––––– vagy te is?

 h Még nem voltam **Szeged** ––––––.

 i Mikor mentek **Szeged** ––––––?

 j Egy **szeged** –––––– képeslapot kérek.

5 After work everybody rushes off from the office. Who hurries where, and why? Make up complete sentences like this one (kórház (-at) *hospital*):

 a Ági munka után a repülőtérre siet, mert jön Juliska néni.

a	Ági	repülőtér	jön Juliska néni
b	Kati	közért	este vacsorát főz
c	Zsuzsa	uszoda	imád úszni
d	Eszter	Pest	az édesanyja kórházban van
e	Ica	otthon	jó film lesz a tévében

6 Tihamér Szabó is being interviewed. First read the following passage about him, then supply his answers to the reporter's questions. Finally act it all out from memory.

Szabó Tihamér negyvenhat éves. Budán dolgozik egy irodában. Mérnök. Elég jól keres, így csak egy munkahelyen dolgozik. Az V. kerületben lakik a Petőfi Sándor utcában. A lakás egy régi házban, a negyedik emeleten van. Lift nincs. Ezért munka után ő vásárol minden nap. Este is segít a házimunkában. Nem iszik és nem dohányzik. Szabó Tihamér nem tipikus magyar férfi. Szabóné boldog asszony.

így	*so*
minden nap	*every day*
dohányzik	*smoke* (verb)
boldog	*happy*

 a Szabó úr, ön hány munkahelyen dolgozik?

 b Segít otthon a házimunkában? [ᴧ]

 c Miért ön vásárol minden nap?

d Máskor is segít a házimunkában? [⌣]

e Mit gondol, ön tipikus magyar férfi? [⌣]

máskor   *on other occasions*

gondol   *think*

7 **Now try to look at yourself through someone else's eyes. Make up a similar passage, introducing yourself, using the third person singular form.**

8 **Read this dialogue and then answer the question that follows.**

Sanyi bácsi	Hány éves vagy, Peti?
Peti	Öt leszek. Májusban lesz a születésnapom.
Sanyi bácsi	És mit kérsz a születésnapodra?
Peti	Egy BMW-t!

Miért modern gyerek Peti?

a születésnapom   *my birthday*

a születésnapod   *your birthday*

a születésnapja   *his/her birthday*

modern gyerek (-et)   *modern child*

BMW (*pron.* béemvé)   *BMW car*

9 **Answer these questions about yourself.**

  a Mit és hol ebédel?

  b Mit főz ma vacsorára?

  c Rendszeresen sportol? [⌣]

  d Mit szeret este otthon csinálni?

  e Mit utál csinálni?

  f Mit tud jól csinálni?

  g Mit szeret jobban: tévét nézni vagy moziba menni?

rendszeresen (*pron.* rentszeresen)   *regularly*

Do you understand?

🎧 01.28

Read or listen to this passage about eating habits in Hungary. Then answer the questions that follow.

A magyarok nagyon szeretnek enni. Magyarországon reggelire az emberek vajas kenyeret és szalámit, sajtot, kolbászt vagy sonkát esznek. Utána kávét vagy citromos teát isznak. Sokan csak egy kávét isznak reggel, és sietnek dolgozni. Délben a legtöbb ember főtt ételt eszik. Egy tipikus magyar ebéd levessel kezdődik. A második fogás lehet főzelék (bab-, borsó-, tök-, vagy krumplifőzelék), hús krumplival, rizzsel vagy tészta. Magyarországon kevés ember vegetáriánus. A magyarok sok húst esznek. Gyakran van harmadik fogás is: általában valamilyen sütemény. És persze egy jó erős kávé! A magyar ebéd után nehéz felállni. A tipikus magyar vacsora olyan, mint az ebéd. Nem sokan esznek hideget vacsorára.

A magyarok tradicionálisan nem olajjal, hanem zsírral főznek és sok pirospaprikát használnak. Az átlagember Magyarországon jobban szeret enni és inni, mint sportolni.

Most már érti, hogy miért van olyan sok kövér ember Magyarországon!

utána	*after then*
citromos tea	*lemon tea*
sokan	*a lot of people*
a legtöbb ember (-t)	*most people*
főtt étel (-t)	*cooked food*
levessel kezdődik	*starts with soup*
tök (-öt)	*marrow*
krumplival	*with potatoes*
rizzsel	*with rice*
olyan, mint	*is like*
tradicionálisan	*traditionally*
olajjal	*with oil*
hanem	*but*
zsírral	*with lard*
az átlagember (-t)	*the average person*
kövér	*fat*

Melyik igaz? (*Which is true?*)

a Sokan csak egy _____ isznak reggel és sietnek dolgozni.
   i kávét
   ii kólát

b A tipikus magyar ebéd nem _____.
   i főtt étel
   ii szendvics

c Az átlagember _____.
   i vegetáriánus
   ii sok húst eszik

d A magyar ebéd után nehéz _____.
   i futni
   ii fizetni

e Magyarországon sok kövér ember van, mert a magyarok _____.
   i sokat isznak
   ii sokat esznek

❓ Test yourself – Which is correct?

1 a Most jobban szeretek zenét hallgatni, mint takarítani.

  b Most inkább zenét hallgatok, mint takarítok.

2 a Anyu kedden késő jön haza.

  b Anyu kedden későn jön haza.

3 a Már késő van.

  b Már későn van.

4 a Mikor takaríttok otthon?

  b Mikor takarítotok otthon?

5 a Egy e-mail-t írok.

  b Egy e-mail-t írek.

6 a Szeretsz munka után főzöl?

  b Szeretsz munka után főzni?

7 a A repülőtérbe mindig taxival (*by taxi*) megyek.

  b A repülőtérre mindig taxival megyek.

8 a Az estei tv műsor (*TV programme*) unalmas.

  b Az esti tv műsor unalmas.

9 a A holnap nap nehéz lesz.

  b A holnapi nap nehéz lesz.

10 a Nem tudom érteni.

  b Nem értem.

Nem tetszik fázni?

Are you cold?

In this unit you will learn:
▶ *A third way to address people*
▶ *How to talk about the weather*
▶ *How to express surprise, indignation, curiosity and prohibition*

Dialogue

Mariska néni lives in the country. She has come up to Budapest to visit her niece and is feeling under the weather.

 01.29–30

Erzsi	Csókolom, Mariska néni! Hogy tetszik lenni?
Mariska néni	Szervusz, Erzsi! Nem túl jól. Fáj a hátam meg a lábam. Öreg vagyok én már!
Erzsi	Öreg? Hiszen még csak hatvanhárom éves tetszik lenni! Ez ma már nem kor.
Mariska néni	Dehogynem! Szalad az idő … Itt az öregség meg a reuma. Már az orvosság sem segít.
Erzsi	Sikerült taxit találni a pályaudvaron?
Mariska néni	Taxit? A taxi túl drága! És ez a város! Szép, de mindenki mindig rohan … a sok autó az utcán, a zaj, a piszok, a tömeg … Hogy tudtok itt élni? És micsoda szeptember ez? Fúj a szél, esik az eső, hideg van. A fejem is kezd fájni …
Erzsi	A rádió szerint ma csak kilenc-tíz fok lesz. De hát nemsokára október lesz, Mariska néni. Jön a tél. Nem tetszik fázni? Még nincs fűtés a lakásban.
Mariska néni	Bizony nincs melegem! Jaj, a reumám …
Erzsi	Nem tetszik kérni egy kávét? Hamarosan kész az ebéd és ebédelünk.
Mariska néni	Hm. Konyak nincsen?
Erzsi	De van. De Mariska néni, ha gyógyszert tetszik szedni, nem szabad alkoholt inni!
Mariska néni	Ugyan! Nem orvosság, hanem konyak kell, amikor kint hideg van! Egyedül különben sem iszom, de ha ketten vagyunk, az más! Örülök, hogy jól vagytok. Egészségedre, Erzsi!
Erzsi	Egészségére, Mariska néni!

öreg	*old*
kor (-t)	*age*
szalad	*run* (verb)
öregség	*old age*
orvosság (-ot)	*medicine*
mindenki	*everybody*
rohan	*rush about, hurry*
zaj (-t)	*noise*
tömeg (-et)	*crowd*
Fúj a szél.	*It's windy. / The wind is blowing.*
Esik az eső.	*It's raining.*
kezd	*start* (verb)
nemsokára	*soon*
tél (telet)	*winter*
fűtés (-t)	*heating*
Jaj, a reumám!	*Oh, my rheumatism!*
gyógyszert szed	*take medicine*
egyedül	*on one's own*
ha ketten vagyunk	*if there's someone else* (Lit. if there are the two of us)
az más	*that's different*
örül	*be glad*

QUESTIONS

1 Igaz vagy nem igaz? (*True or false?*) Correct and re-write the false statements.

  a Mariska néni reumás.

  b Mariska néni szerint Budapest szép, de zajos és piszkos város.

  c Kint süt a nap.

  d Mariska néni fázik a lakásban.

  e Mariska néni jobban szereti a kávét, mint a konyakot.

reumás	*has rheumatism*
zajos	*noisy*
Süt a nap.	*It's sunny, the sun is shining.*

2 Feleljen a kérdésekre! (*Answer the questions.*)

  a Erzsi szerint Mariska néni öreg? [↷]

  b Milyen idő van kint?

  c Hány fok lesz ma?

  d Miért nincs meleg a lakásban?

  e Mikor nem iszik Mariska néni?

> **INSIGHT**
>
> Learning phrases and entire passages by heart not only improves your fluency but it can also help you when you cannot think what to say.

Hungary and the Hungarians

THE COURTESY ADDRESS

So far you have learnt two ways of addressing people. First, the formal address (i.e. when using **maga**, **maguk**, or **ön**, **önök**) and second, the familiar address (i.e. when using **te** and **ti**).

The courtesy address is used by children when speaking to adults or elderly people; by adults when speaking to elderly people; and by some men (usually middle-aged) when speaking to women.

In the latter two cases, the use of the courtesy address is a matter of personal taste. Some adults (usually educated professionals) prefer using the formal address in these situations.

There is no equivalent of **te**, **ti**, **maga**, **maguk** or **ön**, **önök** in this address. Children address adult women as **néni** and adult men as **bácsi**. The same applies when talking to elderly people. (See Unit 1.) Men, however, would never address a woman as **néni**, unless she was much older. They would simply use the woman's first name.

In the courtesy address the words **tetszik** (*pron.* teccik) (sing.) and **tetszenek** (*pron.* teccenek) (pl.) + infinitive are used:

Tetszik kérni egy kávét? [⤷]	*Would you like a coffee?* (*Lit.* Does it please you to have a coffee?)
Tetszenek kérni teát? [⤷]	*Would you like some tea?*

In this form of address **Csókolom!** (*I kiss you*) and **Kezét csókolom!** (pronounced sometimes as **kezit csókolom** or **keziccsókolom**) (*I kiss your hand*) are used both as greetings and as a way of saying farewell at any time of the day. However, an adult woman would rarely greet or say goodbye to an old man using **Csókolom!** and never **Kezét csókolom!** She would probably use **Jó reggelt kívánok!**

As people in Hungary might use the courtesy address when talking to you, it is equally important to know how to respond. With children the familiar address is used all the time. A woman would use the formal address when talking to a man who speaks to her in the courtesy address. Elderly people might, however, use either address when speaking to other adults. They would probably use the familiar address with members of the family, and the formal address with acquaintances.

In some expressions, since there is no equivalent in the courtesy address, the formal form is used instead, e.g. **Egészségére, Mariska néni!** *To your health, Mariska néni.*

Note that the words **néni** and **bácsi** are used within the family as well. But they are never used when talking about, or addressing one's own parents or grandparents.

> **INSIGHT**
>
> Finding the right form of address can be a minefield as you may unintentionally offend someone. If in doubt wait for the other person to address you first and then act accordingly.

DISTRICT HEATING

Erzsi said **Még nincs fűtés a lakásban**, which means *There's no heating in the flat yet*. On most Hungarian housing estates there is still district heating. This means that in blocks of flats the heating is centrally turned on in autumn, and turned off in spring.

TALKING ABOUT THE WEATHER

In Hungary, unlike in England, traditionally people do not talk much about the weather. Therefore it does not provide a matter-of-course topic for social chit-chat. So beware! You will be considered a bore if you talk about it at length! One of the reasons for this might be that the weather used to be more predictable in Hungary. Though the seasons – **ősz** (*autumn*), **tél** (*winter*), **tavasz** (*spring*), **nyár** (*summer*) – still have their distinctive characters, with global warming the weather has become more changeable.

TEMPERATURE

Like everywhere else on the Continent, **Celsius** (*pron.* celziusz) **fok** (*centigrade degree*) and not Fahrenheit is used when talking about the temperature, e.g. **Ma 30°C lesz.** or **Ma 30 fok lesz.** (*Today it will be 30 degrees centigrade*.) (In both cases read: **harminc fok**.)

Note also the use of **plusz** (*plus*) and **mínusz** (*minus*).

Tegnap **mínusz két fok** volt.	*Yesterday it was minus two degrees centigrade.*
Ma **plusz egy fok** van.	*Today it's plus one degree centigrade.*

Idő means both *time* and *weather*.

Szalad/Rohan az **idő**.	*Time flies.*
Szép **idő** van.	*The weather is nice.*

Note that you can say either:

Szép idő van. or **Szép az idő.**	*The weather is beautiful.*
Rossz idő van. or **Rossz az idő.**	*The weather is bad.*
Csúnya idő van. or **Csúnya az idő.**	*The weather is nasty.*
Hideg idő van. or **Hideg az idő.**	*The weather is cold.*
Meleg idő van. or **Meleg az idő.**	*The weather is hot.*

Nincs melegem: take care to remember these forms properly:

Melegem van.	*I'm hot.*
Nincs melegem.	*I'm not hot.*
Meleged van.	*You're hot.*
Nincs meleged.	*You aren't hot.* (sing. fam.)
Melege van.	*You're hot.* (sing. form) or *He/she is hot.*
Nincs melege.	*You aren't hot* (sing. form.) or *He/she isn't hot.*

Note that there is a separate verb **fázik** to express *be cold*.

Fázol? [⤳]	*Are you cold?*
Nem **fázom**.	*I'm not cold.*

The word **hideg** (*cold*) is used to describe something:

Hideg a leves.   *The soup is cold.*
Hideg van.   *It's cold.*

OTHER EXPRESSIONS

Öreg, **régi**: both these words mean *old* in English. **Öreg** is used when talking about people and living things, while **régi** is used when talking about inanimate things:

Mariska néni még nem **öreg**.   *Mariska néni isn't old yet.*
Egy **régi kertes házban** lakunk.   *We live in an old house with a garden.*

Fáj a lábam: to express that some part of one's body aches or hurts, Hungarian uses the verb **fáj** (*ache, hurt*), followed by the part of the body in question. The ending indicates whose foot, etc. you are talking about.

Fáj a lábam.   *My foot/leg hurts.*
Fáj a lábad.   *Your foot/leg hurts.* (sing. fam.)
Fáj a lába.   *Your* (sing. form.)/*his/her foot/leg hurts.*

Here are a few more things that can hurt:

a hátam *my back* **a hátad** *your back* (sing. fam.)

a háta *your* (sing. form.)/*his/her back*

a fejem *my head* **a fejed** *your head* (sing. fam.)

a feje *your* (sing. form.)/*his/her head*

a fogam *my tooth* **a fogad** *your tooth* (sing. fam.)

a foga *your tooth* (sing. form.)/*his/her tooth*

Note the expression: **Fáj mindenem.** *I'm aching all over.*

Hiszen (*why, surely, but*) expresses surprise:

Öreg vagyok én már!   *I'm old.*
Hiszen még csak hatvanhárom   *Why, you are still only 63!*
  éves tetszik lenni!

Sikerült (*succeeded, managed to*) is followed by the infinitive. As it is an impersonal form it can be used in all three addresses, singular or plural, e.g. **Sikerült bevásárolni?** [◅] *Did you manage to do the shopping?*

Utcában, utcán: when talking about where someone lives or where something can be found, the form **utcában** is used.

Milyen **utcában laktok?**   *What street do you live in?*
A Kossuth Lajos **utcában van**   *The museum is in Kossuth Lajos*
  a múzeum.   *Street.*

To talk about something happening in the street, use the form **utcán**, e.g. **Két férfi megy az utcán**. *Two men are walking in the street.*

Micsoda …?, (*What …? What sort of …?*): apart from being a synonym of **Mi?**, it is used to express surprise, indignation or curiosity:

Nem sikerült taxit találni. **Micsoda?**   *I didn't manage to find a taxi. What?*
Micsoda zaj ez?   *What sort of noise is this?*

Kicsoda? is used similarly when referring to people:

Ő sem volt ott. **Kicsoda?**   *He/she wasn't there either. Who?*
Hát ez **kicsoda?**   *And who is this?*

Kész, készen: both words mean finished or ready, e.g. **Kész vagy?** [⌐] or **Készen vagy?** [⌐]
Have you finished? Are you ready?

Note that you can say either: **kész van az ebéd; készen van az ebéd;** or **kész az ebéd.**

Szabad (*allowed*) expresses permission. **Nem szabad** (*not allowed*) and **tilos** (*forbidden*) express prohibition. They are usually followed by the infinitive:

Itt **nem szabad parkolni**.   *Parking is not allowed here.*
Szabad itt parkolni? [⌐]   *Can one park here?*
Itt **tilos dohányozni**.   *Smoking is forbidden here.*

Note that **lehet** (*possible*) is used similarly to **szabad**, e.g. **Lehet itt parkolni?** [⌐] *Is it possible to park here?* (i.e. *Can I park here?*)

Ugyan, **ugyan már** (*nonsense, rubbish*) express indignation, impatience or protest:

Ha gyógyszert tetszik szedni,   *If you take medication, you mustn't*
   nem szabad alkoholt inni!   *drink alcohol.*
Ugyan!   *Nonsense!*

Kint (*outside, out of doors*) has another form: **kinn**. Similarly you can either say **bent** or **benn** (*inside, indoors*), **fent** or **fenn** (*up*) and **lent** or **lenn** (*down, below*):

Ki van **benn** a konyhában?   *Who is inside the kitchen?*
Karcsi szeret **kint** focizni.   *Karcsi likes playing football outside.*
Lenn, a földszinten lakik Sári néni.   *Sári néni lives down on the ground floor.*
Fent a hegyen sok turista van.   *There are a lot of tourists up on the mountain.*

Különben sem (*moreover, besides, anyway, for that matter*) is used in negative statements, and **különben is** in positive ones:

Nem megyek, **különben is késő van**.   *I'm not going. It's late anyway.*
Egyedül **különben sem iszom**.   *I don't drink on my own anyway.*

Grammar

1 NEGATIVE QUESTIONS

Negative questions are more common in Hungarian than in English, especially when people are offering food and drink. In English, they usually suggest surprise. In Hungarian, they mostly mean the same as positive questions.

Positive answers to negative questions always begin with **de**, e.g. **Nem kérsz egy kávét?** [⌐]
De igen, kérek. / De igen. / De kérek. *Would you like a coffee? Yes, please.*

However, when a negative question or statement does suggest surprise or some kind of emotional undertone, a positive, contradicting answer to it would start with **dehogynem** (*but of course*), e.g. **Nem jössz? Dehogynem! / Dehogynem jövök!** *Aren't you coming? But of course. / Of course I'm coming.*

2 OTHER USES OF *MÁR* AND *MÉG*

Már and **még** can also be used with the present tense. **Még** means *still*, **még nem** means *not yet*, **már** means *already* and **már nem** means *not any more*:

Még ágyban **vagy?** [⌐]	*Are you still in bed?*
Még nem **vagyok** kész.	*I'm not ready yet.*
Őt **már ismerem**.	*I know him/her already.*
Kovács Margit **már nem él**.	*Margit Kovács isn't alive any more.*
Már az orvosság **sem segít**.	*Even medicine doesn't help any more.*

These are only the main guidelines though, as **még** and **már** can have other meanings as well.

3 HANEM, DE *BUT*

They both mean *but*. **Hanem** is used when contradicting or correcting a negative phrase, e.g. **Fritz nem német, hanem osztrák.** *Fritz is not German, but Austrian.* **De** not so much contradicts a previous phrase, as enlarges on what has previously been said (whether it was positive or negative):

Egy kicsit fúj a szél, **de** süt a nap.	*It's a bit windy, but sunny.*
A magyar nem könnyű nyelv,	*Hungarian is not an easy language,*
de érdekes.	*but it's interesting.*

4 HÁNYAN? *HOW MANY PEOPLE? / HOW MANY OF …?*

Numbers with the **-an/-en** ending express the number of people present or doing something. Note the highlighted irregular forms.

egyedül	**heten**	**tizenketten**	hatvanan
ketten	nyolcan	húszan (*pron.*	hetvenen
hárman	kilencen	huszan)	nyolcvanan
négyen	tízen (*pron.* tizen)	harmincan	kilencvenen
öten	tizenegyen (*pron.*	negyvenen	százan
hatan	tizeneggyen)	ötvenen	**ezren**

Négyen vagyunk a családban.	*There are four of us in the family.*
Egyedül voltam otthon.	*I was at home on my own.*
Hatan kérnek sört és **heten** bort.	*Six of them want beer and seven want wine.*

Note also the forms **sokan**, **kevesen**, **néhányan** and **páran**. These always take the third person plural, while **sok** (*a lot of, many*), **kevés** (*a few, some*), **néhány** (*a few, some*) and **pár** (*a couple of*) are followed by the third person singular form of the verb:

Sokan nem **szeretnek** futni.	*A lot of people don't like running.*
Sok ember nem **szeret** futni.	
Kevesen sportolnak Magyarországon.	*Few people do sports in Hungary.*
Kevés ember sportol Magyarországon.	
Csak **néhányan voltunk**.	*There were only a few of us.*
Csak **néhány** ember **volt** ott.	*Only a few people were there.*

5 MINDEN *EVERY*

Minden is followed by the third person singular form of the verb, e.g. **Minden gyerek szeret tévét nézni.** *Every child likes watching TV.*

Note some other expressions containing **minden**:

Mindenki nagy házat akar.	*Everybody wants a big house.*
Ma **mindenhol** hideg van.	*It's cold everywhere today.*
Mindenhová gyalog jársz? [⌐]	*Do you walk everywhere?*
Mindenhonnan ide jönnek tanulni.	*They come from everywhere to study here.*

6 AMIKOR *WHEN*

Unlike **Mikor?** (*When?*), this is not a question word.

Mikor leszel otthon?	*When will you be at home?*
Amikor én otthon voltam, Sanyi az irodában volt.	*When I was at home, Sanyi was at the office.*
Amikor János dolgozik, te mit csinálsz?	*When János is at work, what do you do?*

Look at these other pairs:

Ki? *(Who?)*	**aki** *(who)*
Mi? *(What?)*	**ami** *(what)*
Hol? *(Where?)*	**ahol** *(where)*
Hova/Hová? *(Where to?)*	**ahova/ahová** *(where to)*
Honnan? *(Where from?)*	**ahonnan** *(from where)*, etc.

Péter, **aki** jól tud angolul, még nem volt Angliában.	*Péter, who knows English well, hasn't been to England yet.*

Practice

1 Select the correct responses.

a	Sajnos nem vagyok már fiatal.	**i**	Ez ma már nem kor!
		ii	Szép idő van!
		iii	Dehogynem!
b	Csókolom, Gizike!	**i**	Szervusz, Géza!
		ii	Jó napot, Géza!
		iii	Csókolom!
c	Nem tetszik kérni egy konyakot? [↘]	**i**	Hogy szalad az idő!
		ii	De igen.
		iii	Köszönöm, kérek.
d	Zoltán alkoholista (*alcoholic*).	**i**	Micsoda?
		ii	Nem szabad!
		iii	Hiszen sok sört iszik.
e	Nem fázol? [↘]	**i**	Bizony, nincs hideg.
		ii	Nem vagyok hideg.
		iii	Bizony, nincs melegem.

2 Study the map below. Then describe the weather in the European capitals marked. You might need the phrase: Esik a hó. (*It is snowing*.)

3 The pictures and captions below tell you about what the weather is like in autumn, etc. in Hungary. Study them and then make complete sentences about the seasons in your own country.

a *Ősszel már elég hűvös van a parkban.*

b *Télen nagy hó van a Mátrában*. Lehet síelni.*

c *Tavasszal süt a nap és elég meleg van.*

d *Nyáron kánikula van. Jó a strandon lenni!*

ősszel	*in (the) autumn*
hűvös	*chilly*
park (-ot)	*park* (noun)
télen	*in (the) winter*
tavasszal	*in (the) spring*
kirándul	*hike* (verb)
nyáron	*in (the) summer*
kánikula	*hot spell*
strand (-ot)	*lido*

***Mátra**, in the north of the country, is Hungary's highest mountain.

4   **Hány fok lesz ma az országban? Joan loves the sun. She wants to go to the hottest place in Hungary. Help her choose the right place! Study the figures below and make complete sentences. The first one is completed for you: Siófokon ma huszonnégy fok lesz.**

Siófok	24°C	**Miskolc**	21°C
Debrecen	25°C	**Pécs**	27°C
Tihany	23°C		

5 Which is the correct alternative?

   a **i** Nem bab-, **hanem/de** borsófőzeléket kérek.

         ii Fúj a szél, **hanem/de** nincs hideg.

         iii Esik a hó, **hanem/de** nem fázom.

         iv Irma nem szép, **hanem/de** érdekes lány.

         v Mónika nem oroszul, **hanem/de** spanyolul tanul.

   b **i** **Már/még** nem vagy fiatal.

         ii **Már/még** nem vagyok kész.

         iii **Már/még** ősz van, de már nagyon hideg van.

         iv **Már/még** nem él az édesanyád? [↴]

         v **Már/még** péntek van? Hogy szalad az idő!

6 Bori néni is interviewed for a senior citizens' programme. Study the following passage about her and then supply the reporter's questions using the courtesy address. Finally, act it all out from memory.

Bori néni hatvannyolc éves. Egyedül él Debrecenben. Egy kis házban lakik a József Attila utcában. Bori néni nyugdíjas. Sajnos a nyugdíj elég kevés; csak kilencvenezer forint egy hónapban. Pedig manapság minden nagyon drága: az élelmiszer, a ruha, a villany, a gáz. Télen általában esik a hó és hideg van. A fűtés is sokba kerül. De Bori néni nem él rosszul. Jól tud kötni, és pulóver, sapka, sál mindig kell.

villany (-t)	*electricity*
élelmiszer (-t)	*food*
ruha	*clothes*
gáz (-t)	*gas*
köt	*knit* (verb)
pulóver (-t)	*pullover*
sapka	*woolly hat, cap*
sál (-a)	*scarf*

   a Hatvannyolc éves vagyok.

   b Debrecenben, a József Attila utcában.

   c Már nem dolgozom. Nyugdíjas vagyok.

   d Sajnos elég kevés. Csak kilencvenezer forint egy hónapban.

   e Nem elég, mert manapság minden nagyon drága.

   f Nem élek rosszul. Szeretek kötni, és pulóver, sapka, sál mindig kell.

7 Pista wants to invite his friend András to play football with him. He finds his friend's mother, Irma néni at home. Re-arrange Irma néni's lines, so that their conversation makes sense. Write it all down and then act it out.

Pista

   a Kezét csókolom, Irma néni! Itthon van András? [↴]

   b És nem tetszik tudni, hogy mikor jön haza? [↴]

   c Hm. Sajnos, akkor már késő van. Holnapra sok a lecke.

   d Jól, csak a matek nehéz.

e Igen, de ő nem ér rá segíteni, mert minden este tanít. És nem tetszik tudni, hogy holnap délután mit csinál András? [◞�]

f Köszönöm. Csókolom!

Irma néni

i Hiszen az édesapád matematikatanár!

ii Szervusz, Pista!

iii De igen, holnap egész délután itthon lesz.

iv Nincs. Németórán van.

v **Két óra múlva.**

vi Hogy megy az iskola?

matematika	*mathematics*
két óra múlva	*in two hours*
matek (-ot)	*maths*
tanít (vkit, vmit)	*teach* (sy, sg)

8   Answer these questions about yourself.

a Hányan vannak a családban?

b Nem kér egy jó hideg sört? [◞People]

c Milyen idő van most kinn?

d Az időjárásjelentés szerint ma hány fok lesz?

e Nem fázik? [◞People]

időjárásjelentés (-t)	*weather forecast*
jó hideg ...	*nice cold ...*

Test yourself – Which is correct?

1 **a** Mit kérsz, Kati néni?

    b Mit tetszik kérni, Kati néni?

2 **a** Meleged van, Lajos bácsi?

    b Melege van, Lajos bácsi?

3 **a** Hideged van?

    b Fázol?

4 **a** Egy régi fa van a kertben.

    b Egy öreg fa van a kertben.

5 **a** Milyen utcában laktok?

    b Milyen utcán laktok?

6 **a** Nem jössz?

      – De jövök.

    b Nem jössz?

      – Igen, jövök.

7 **a** Kovács Margit már nem él.

    b Kovács Margit még nem él.

8 **a** Éva nem angol, de beszél angolul.

    b Éva nem angol, hanem beszél angolul.

9 **a** Tamás nem Olaszországban, hanem Kanadában volt.

    b Tamás nem Olaszországban, de Kanadában volt.

10 **a** Hányan volt ott?

    b Hányan voltak ott?

10 Hétkor ott leszek
I'll be there at seven

In this unit you will learn how to:

▶ *Tell the time*
▶ *Make arrangements on the telephone*
▶ *Find out if someone would like to do something*
▶ *Express enthusiasm*

Dialogue

Gábor Takács is Márta Kis's boyfriend. He is ringing to invite her to the cinema.

 01.31–32

Gábor	Halló! Te vagy az, Márti?
női hang	Nem kérem, ez az Állatkert.
Gábor	Bocsánat! Téves.
	(He is dialling again.)
Kisné	Tessék!
Gábor	Jó napot kívánok! Kis lakás?
Kisné	Nem, elég nagy.
Gábor	*(laughing)* Csókolom! Gábor vagyok. Mártával szeretnék beszélni.
Kisné	Szervusz, Gábor! Egy pillanat! Márta! Telefon!
Márta	Halló!
Gábor	Szia, Márti! Én vagyok az, Gábor.
Márta	Szia, Gábor! Mi van?
Gábor	Nincs kedved este moziba jönni?
Márta	De igen. Milyen film megy a moziban?
Gábor	Egy régi magyar film. Szerelmesfilm a címe. Ismered?
Márta	Ez nem egy Szabó István-film?
Gábor	De igen.
Márta	De jó! Vali szerint nagyon jó film. Hánykor és hol találkozunk?
Gábor	Hétkor, az Uránia mozi előtt. A film negyed nyolckor kezdődik. Sajnos hét előtt nem tudunk találkozni, mert Sári néni influenzás és most a gyógyszertárba megyek. A Moszkva térről jövök a négyes villamossal, de hétkor ott leszek. Ugye pontos leszel?
Márta	Persze. Akkor hétkor várlak a mozi előtt. Szia!
Gábor	Szia!

V	Te vagy az, Márti?	Is that you, Márti?
	női hang (-ot)	female voice
	állatkert (-et)	zoo
	Téves.	Wrong number.
	Mártával szeretnék beszélni.	I would like to speak to Márta.
	Én vagyok az, Gábor.	It's me, Gábor.
	Mi van?	What's up?
	Milyen film megy a moziban?	What film is on at the cinema?
	… a címe	It is called … (Lit. its title)
	Hánykor?	At what time?
	találkozik	meet
	előtt	outside
	gyógyszertár	chemist's
	A Moszkva térről jövök.	I'll be coming from Moscow Square.
	Ugye pontos leszel?	You will be on time, won't you?
	akkor	then
	várlak (Lit.)	I wait for you

QUESTIONS

1 Igaz vagy nem igaz? (*True or false?*) Correct and re-write the false statements.

   a Először az Állatkertben cseng a telefon.

   b Gábor este színházba szeretne menni.

   c Egy új magyar szerelmes film megy a moziban.

   d Gábor és Márta negyed nyolckor találkoznak a Blaha Lujza téren.

   e Gábor a Moszkva térről jön villamossal.

V **Cseng a telefon.**   *The telephone is ringing.*

2 Feleljen a kérdésekre! (*Answer the questions.*)

   a Melyik hívás (*call*) téves: az első vagy a második?

   b Kivel szeretne Gábor beszélni?

   c Mi a Szabó István-film címe?

   d Mikor kezdődik a film?

   e Hányas villamossal megy Gábor a moziba?

Hungary and the Hungarians

MAKING TELEPHONE CALLS

When making a phone call, it is polite first to say who you are, e.g. **Jónapot kívánok! John Smith vagyok**. *This is John Smith speaking.* If you do not know or recognize who you are speaking to, ask **Kivel beszélek?** *Who am I speaking to?* or **Ki beszél?** *Who is speaking?* To find out if someone is at home, ask **Gábor otthon van?** [⌣] *Is Gábor there?* To be put through to a **mellék** (*extension*), say **A huszonhatos melléket, legyen szíves** *Extension 26, please.*

To ask for the person you want to speak to, say: **Németh Lászlóval szeretnék beszélni** / *would like to speak to László Németh*. To leave a message, say **Szeretnék üzenetet hagyni** / *would like to leave a message*. Your message could be **Majd később visszahívom** *I'll call him/her back later* or **Hívjon fel a … -s számon** *Could he/she ring me on …*

Before putting down the receiver, say **Viszonthallásra!** (Lit. *until I hear from you again*), unless you are speaking to people you know. In that case you can say goodbye as you would normally, e.g. **Szia!, Csókolom!**, etc. However, you can only say **Viszontlátásra!** if you really will see them before you next ring them.

Telephone numbers

Landlines (**vezetékes telefon** *landline*) are six or seven figures in two groups, e.g. 983–645 or 174–3652. They are read out as follows:

kilenc-nyolcvanhárom-hat-negyvenöt
száznetvennégy-harminchat-ötvenkettő.

Mobiles (**mobil telefon** *mobile phone*) are widespread in Hungary. Most people have them now.

To ask for someone's telephone number, say: **Mennyi a telefonszámod?** (sing. fam.) or **Mennyi a telefonszáma?** (sing. form.) (*What's your telephone number?*)

Other contact details might be someone's **e-mail cím** (*e-mail address*) or **weblap** or **weboldal** or **honlap** (*web page*). This is how an e-mail address is given: **Az e-mail címem info@nagy.hu** (*pron.* info kukac nagy pont hu).

OTHER EXPRESSIONS

Nincs kedved…? (*Do you feel like …?*) is a good way of introducing suggestions or inviting someone somewhere. It is followed by the infinitive:

Nincs kedved mozia **jönni**? [↵]   *Do you feel like going to the cinema?*

You can also put the same question in the positive form with **van**, e.g. **Van kedved** mozia **jönni**? [↵]

Note all these forms:

Van/nincs kedved …? (sing. fam.)
Van/nincs kedve …? (sing. form.)
Van/nincs kedvetek …? (pl. fam.)
Van/nincs kedvük …? (pl. form.)

The latter two forms would be used in the courtesy address as well:

Van/nincs kedve sétálni, Lajos bácsi?   *Do you feel like a walk, Lajos bácsi?*

Note that the **nincs** version is a negative question, therefore a positive answer to it requires **de**:

Nincs kedved este filmet nézni?   *Do you feel like watching a film tonight?*
[↵] **De** igen.   *Yes, I do.*

De jó! (*Great! Lovely!*) expresses enthusiasm. **Nagyszerű !**

Fantasztikus! are other expressions that can convey the same thing.

Jön, **megy**, **jár**: the use of these words does not always correspond to their English equivalents.

Jön expresses a movement towards the speaker, e.g. **Jön** a busz. *The bus is coming*. It can also mean *go with* or *to the same place as* the speaker:

Nincs kedved este moziba **jönni?**   *Do you feel like going to the cinema this evening?*

Megy expresses a movement away from the speaker, e.g. Holnap színházba **megyünk**. *Tomorrow we're going to the theatre.*

Note that in answer to the question **Jössz**? [↗] (*Are you coming?*) both **Jövök** (*I'm coming*) and **Megyek** (Lit. *I'm going*) are used.

Jár expresses a frequent, habitual action whether *towards* or *away from* the speaker:

Mostanában későn **jársz** haza.   *Nowadays you come home late.*
Rendszeresen **járok** úszni.   *I go swimming regularly.*

Grammar

1 TELLING THE TIME

▶ In official time, the day is split into 24 hours, e.g. **Tizennégy óra húsz perc van**. *It's 14.20.* This is used on television and radio as well as in train timetables, etc.

▶ In everyday Hungarian, when answering the question **Hány óra van?** or **Hány óra?** or **Mennyi idő van?** or **Mennyi az idő?** (*What's the time?*), the 12-hour system is used just as in English.

It is easy to say it's five, six, seven, etc. o'clock, e.g. **Öt óra van**. *It's five o'clock.*

To say a quarter past five, half past five or a quarter to six in Hungarian, you have to think of the following hour (i.e. six). Imagine, for example, six o'clock as a full circle like a traditional watch. Quarter past five will be a quarter of the circle, half past five – half of the circle – and a quarter to six – three quarters of the circle.

Negyed hat van.   *It's 5.15.* (Lit. *It's a quarter of six.*)
Fél hat van.   *It's 5.30.* (Lit. *It's half of six.*)
Háromnegyed hat van.   *It's 5.45.* (Lit. *It's three quarters of six.*)

In writing, the above times would usually be put like this: ¼ **6 van**, ½ **6 van** and ¾ **6 van**.

> **INSIGHT**
> This might seem an alien way of thinking and therefore it is not easy to get used to. But if you understand the logic behind it, it will become easier and with practice you will feel more comfortable with it.

To say it's 10 past five, etc., use the 24-hour clock for the time being, e.g. **Öt óra tíz perc van**.

▶ To answer the question **Hány órakor?** or **Hánykor?** (*At what time?*) or **Mikor?** (*When?*) use the **-kor** ending.

Öt órakor (or just **ötkor**) találkozunk.   *We're meeting at five o'clock.*

Negyed hatkor lesz a meccs.   *The football match will be at a quarter past five.*

Fél tizenegykor jó film lesz a TV-ben.   *At half past ten there will be a good film on television.*

Apa **háromnegyed nyolckor** jön haza.   *Father is coming home at a quarter to eight.*

Again, in writing, people often use numbers, e.g. **5-kor**, ¼ **6-kor**, ½ **11-kor**, ¾ **8-kor**.

Note that the **a** does not change to **á** before the **-kor** ending.

2 POSTPOSITIONS

In English, there are **pre**positions, as these words come in front of the words they refer to, like *under*, *above* and *outside*. In Hungarian, the equivalents of these words are called **post**positions as they come after the word they refer to. There are three main groups:

   a   postpositions used in 'place' expressions

előtt	*in front of, outside*
mögött	*behind*
alatt	*under*
felett, fölött	*above, over*
körül	*around*
mellett	*next to, beside*
után	*after*
között	*between, among*

A **ház előtt** egy magas fa van.	*There is a tall tree in front of the house.*
A **ház mögött** van a garázs.	*The garage is behind the house.*
A **szék alatt** ül a kutya.	*The dog is sitting under the chair.*
Az **épület felett** egy repülőgép repül.	*An aeroplane is flying over the building.*
Az **asztal körül** öten ülnek.	*Five people are sitting around the table.*
A **hűtőszekrény mellett** van a gáztűzhely.	*Next to the fridge is the gas cooker.*
Egy férfi szalad a **nő után**.	*A man is running after the woman.*
A Lánchíd volt az első híd **Pest és Buda között**.	*The Chain Bridge was the first bridge between Pest and Buda.*

   b   postpositions used in 'time' expressions

előtt	*before*
után	*after*
alatt	*in, during*
közben	*during*
között	*between*
körül	*about, at about*
fele, felé	*about, at about*
óta	*since*
múlva	*in … time*

Nyolc óra előtt nincs nyitva a CBA. *The CBA food shop is not open before 8 o'clock.*
Ebéd után pihenek. *After lunch I have a rest.*
Egy-két nap alatt kész lesz a tévé. *The TV will be ready in a day or two.*
A múzeum csak péntek délután **15 és 18 óra** *The museum is only open between 3 pm and*
  között van nyitva. *6 pm on Friday afternoon.*
Nyolc óra körül jön a postás. *The postman comes at about 8 o'clock.*
Kilenc óra óta várlak. *I've been waiting for you since 9 o'clock.*
Két óra múlva otthon leszek. *I'll be home in two hours' time.*

c postpositions expressing more abstract ideas

V **nélkül** *without*
miatt *because of*
helyett *instead of*
szerint *according to*
ellen *against*

Cukor nélkül kérsz teát? [↵] *Do you want tea without sugar?*
Mindig **Ági miatt** késtek. *You're always late because of Ági.*
Cukor helyett mézet kérek. *I'll have honey instead of sugar.*
Mari szerint itt nagyon hideg van. *Mari thinks that it's very cold here.*

3 THE '-VAL' AND '-VEL' ENDING

This ending is the equivalent of *with* and, sometimes, *by* in English.

a It is attached to words ending in a vowel. (As usual the final **a** changes to **á** and the final **e** to **é** before it.)

Back vowel words	Front vowel words
autó *car* – autó**val** *by car*	ki? *who?* – ki**vel**? *with whom?*
Anna – Ann**ával** *with Anna*	Imre – Imr**ével** *with Imre*

Annával találkozom. *I'm seeing (Lit. meeting with) Anna.*
Autóval mentek? [↵] *Are you going by car?*

b After words ending in a consonant, the **v** in **-val/-vel** changes and becomes the same as the last consonant of the word.

Back vowel words	Front vowel words
cukor *sugar* – cukor**ral** *with sugar*	tej *milk* – tejj**el** *with milk*

Tejjel és **cukorral** kértek teát? [↵] *Do you want tea with milk and sugar?*

c In the case of two-letter consonants (like **sz**, **gy**, etc.), only the first letter is doubled in writing.

busz *bus* – bu**sszal** *by bus*
Balázs – Balá**zzsal** *with Balázs*

Busszal jársz dolgozni? [↵] *Do you go to work by bus?*

4 HÁNYAS? *WHAT NUMBER?*

Here is how to form the numbers given in answer to this question:

Hány?	Hányas?	Hány?	Hányas?
egy	egy**es**	húsz	húsz**as**
két/kettő	**kettes**	harminc	harminc**as**
három	**hármas**	negyven	negyven**es**
négy	négy**es**	ötven	ötven**es**
öt	öt**ös**	hatvan	hatvan**as**
hat	hat**os**	hetven	hetven**es**
hét	**hetes**	nyolcvan	nyolcvan**as**
nyolc	nyolc**as**	kilencven	kilencven**es**
kilenc	kilenc**es**	száz	száz**as**
tíz	tíz**es** (*pron.* tizes)	ezer	ezr**es**

You can work out the rest easily, e.g. **tizenegyes, huszonkettes, harminchármas, ötszázas** and so on.

These forms are most frequently used when talking about:

a public transport:

Hányas busz jár a József körúton?   *What number bus goes along József boulevard?*

A hetes villamossal járok munkába.   *I go to work by tram No. 7.*

b coins and banknotes:

coins: **ötforintos, tízforintos** or **tízes** (*pron.* tizes), **húszforintos** or **húszas** (*pron.* huszas), **ötvenforintos** or **ötvenes** and **százforintos** or **százas, kétszázforintos** or **kétszázas**; *banknotes:* **ötszázas, ezres, kétezres, ötezres, tízezres** and **húszezres**.

Anyu, tudsz adni egy **ötezrest**? [↵]   *Mum, can you give me 5,000 forints (Lit. a five thousand forint note)?*

c telephone extensions:

A negyvenhatos melléket, legyen szíves.   *Extension number 46, please.*

d flat numbers:

A Tóth család a második emeleten lakik **a négyes lakásban**.   *The Tóth family lives on the second floor, in flat number 4.*

5 THE '-LAK' AND '-LEK' ENDING

▶ The **-lak/-lek** ending is used when **I** is the subject (i.e. the doer of the action) and **you** is the object of the sentence, e.g. *I can see you*. This ending can only be used in the familiar address and with transitive verbs.

▶ With most verbs it is attached to the verb stem.

Back vowel verbs	Front vowel verbs
lát**lak** *I can see you*	szeret**lek** *I love you*

After verbs ending in **-ít** or two consonants, a linking vowel (**a** or **e**) is required.

Back vowel verbs	Front vowel verbs
tanít**alak** / *teach you*	ért**elek** / *understand you*

▶ When **you** is the object of the sentence, it is translated as **téged** (sing. fam.) and **benneteket** or **titeket** (pl. fam.) in Hungarian.

Téged is usually left out unless you want to emphasize who you are talking about, e.g. **Téged** várlak, nem Pétert. *I'm waiting for you, and not for Péter.*

To avoid misunderstanding, keep **titeket** or **benneteket**. (A verb with the **-lak/-lek** ending will automatically suggest a second person singular object unless these are used.) E.g. **Látlak benneteket** *I can see you* (pl. fam.). **Szeretlek titeket** *I love you* (pl. fam.).

Note that the **-lak/-lek** form of the verb **hall** (*hear*) is **hallak** (*I can hear you*).

6 MOZI *CINEMA*, SZÍNHÁZ *THEATRE*

These words are always preceded by the definite article (i.e. *the*) in English. Their Hungarian equivalents only take the definite article if a particular cinema or theatre is meant:

Este **moziba** megyünk.　　　　　*We're going to the cinema tonight.*
Szeretsz **színházba** járni? [↵]　　*Do you like going to the theatre?*

Note however, that the definite article is always used in the phrase: **Mi megy a moziban?** *What's on at the cinema?*; or **Mi megy a színházban?** *What's on at the theatre?*

Practice

1　**Éva has left her watch at home. All day she has to ask people the time. What are her questions, and what are the answers she gets? Convert the 'official' time to 'colloquial' time:**
　　a 8.45　　　　**b** 10.30　　　　**c** 12.15　　　　**d** 13.00　　　　**e** 17.30

2　**Look at the time and answer the questions below.**
　　a Mikor megy János dolgozni?　　　　**b** Hánykor vásárol Jenő bácsi a CBA-ban?

　　c Mikor főz anya vacsorát?　　　　**d** Hány órakor segít Gabi a házimunkában?

e Mikor kezdődik a film?

f Hánykor van a magyaróra?

g Hány órakor jön ma haza István?

h Hánykor van a meccs a TV-ben?

3 Gyuri is very enthusiastic. He keeps coming up with suggestions about what to do on Saturday. But Kriszta, his girlfriend, is rather moody. What are Gyuri's questions, and what does Kriszta say? The first one is provided for you.

a Gyuri Van/nincs kedved úszni? [⌄]

Kriszta Most nincs kedvem úszni.

Mit javasol Gyuri?	igen	nem
a úszni		✓
b kirándulni		✓
c koncertre menni		✓
d teniszezni		✓
e színházba menni		✓
f itthon maradni	✓	

 itthon marad   *stay at home*

4 Under the letter 'B', Zita has the following names and telephone numbers in her address book. Can you say them?

a Balogh Zoli: 179–8365

b Béres Klára: 184–2573

c Békés Zsófi: 243–6891

d Bukta Balázs: 960–0810

5 Hol van az elefánt? Make up complete sentences.

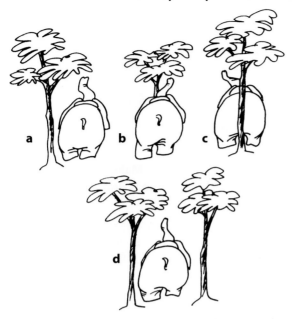

6 Write in the correct postposition, taking one from the list:
előtt, körül, helyett, nélkül, után, között, miatt, alatt.

a A magyarok nem tejjel, hanem tej ––––––– isznak teát.

b A rossz idő ––––––– ma is késik a vonat.

c Ebéd ––––––– nem szabad csokit enni!

d Vacsora ––––––– nincs kedvem a parkban futni.

e Két hét ––––––– nem lehet megtanulni magyarul.

f A gyerekek az asztal ––––––– ülnek.

g Az iskolában egy és két óra ––––––– van ebéd.

h Krumpli ––––––– rizst (*pron.* rist) kérek.

 megtanul magyarul   *master Hungarian*

7 Write the answers to these questions, using the information in brackets.

a Hányas villamos jár a Hotel InterContinental előtt? (**2**)

b Hányas busz jár a Rákóczi úton? (**7**)

c Hányas trolival lehet a Városligetbe menni? (**74A**)

d Hányas busszal lehet a Várba menni? (**16A**)

e Hányas melléken vagy? (**43**)

8 Mivel, kivel, mikor és hova utazik Márta? Make up complete sentences. The first one is done for you:

a Márta reggel a hetes busszal megy iskolába.

	Mikor?	Mivel?/Kivel?	Hova?
a	reggel	a 7-es busz	iskola
b	iskola után	autó, Gábor	haza
c	délután	metró	Belváros
d	6-kor	trolibusz	vásárolni
e	este	a 6-os villamos	mozi

9 Sándor likes variety. Who does he go out with and where? Make up complete sentences using the information given below. The first one is done for you:

b Sándor Kingával jár uszodába.

	Kivel?	Hova?
a	Kinga	uszoda
b	Kati	sétálni a Duna-partra (*Danube bank*)
c	Irénke	diszkó
d	Edit	mozi
e	Aranka	sörözni
f	Anett	angolóra

10 Riddles. In your answers, with the exception of e, use the -lak/-lek ending!

a What does a passionate young man say to his girlfriend when he is madly in love?

b What does this passionate young man say a minute later when his girlfriend won't kiss him and love turns to hatred?

c What does the bemused girlfriend say to this young man who keeps blowing hot and cold?

d What does the girlfriend say to the repentant young man when he implores her to listen to his explanation?

e When will they meet again?

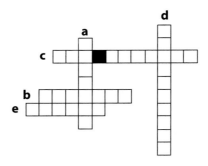

11 **Márta is about to leave for her date. Her mother wants to know where she is going. Supply Márta's side of their conversation. (Use the present tense.) Then act it out.**

a	*Ask her if she can give you 2000 Fts.*
Kisné	Hová mész, Márti?
b	*Tell her that you are meeting Gábor at 7 o'clock and that you are going to the cinema.*
Kisné	Mivel mész? Busszal?
c	*Tell her that you are – by the No 7.*
Kisné	Melyik moziba mentek és mit néztek meg?
d	*Tell her that you are going to the Uránia cinema and you are going to see an old Hungarian film called Szerelmesfilm.*
Kisné	Hánykor kezdődik a film?
e	*Tell her that it starts at 7.15.*
Kisné	Én is az Urániába megyek.
f	*Ask her 'you?! and with whom?'*
Kisné	Rezsővel. Még nem ismered. De már ¾ 7 van. Siessünk!

Mit néztek meg?	*What are you going to see?*
Siessünk!	*Let's hurry!*

12 **Answer these questions about yourself.**

    a Mivel jár dolgozni?
    b Londonban lehet biciklivel munkába menni? [⌣]
    c Mivel szeret írni: tollal vagy ceruzával?
    d Nincs kedve most napozni? [⌣]
    e Mennyi a telefonszáma?
    f Milyen jó film megy most a moziban?
    g Hánykor kezdődik?
    h Mit csinál minden nap egy és két óra között?

bicikli	*bicycle, bike*
toll (-at)	*pen*
ceruza	*pencil*

> **INSIGHT**
>
> This was a particularly dense unit full of new structures. Before going on to the next one, make sure you have mastered them all i.e. you can use the structures fluently in sentences of your own. Generally, this might be a good time to stop and consolidate before you tackle yet more grammar. Make sure you can conjugate all verb types learned so far as in the next unit you will be introduced to a different type of conjugation.

Test yourself – Which is correct?

1 **a** Holnap mész iskolába?

  b Holnap jársz iskolába?

2 **a** Előtt a ház van a kocsi.

  b A ház előtt van a kocsi.

3 **a** Sok tejjel kérek kávét.

  b Sok tejvel kérek kávét.

4 **a** Buszal megyünk?

  b Busszal megyünk?

5 **a** Hány lakásban laktok?

  b Hányas lakásban laktok?

6 **a** A négyes metró már kész van?

  b A metró négyes már kész van?

7 **a** Sajnos nem értlek.

  b Sajnos nem értelek.

8 **a** Bocsánat. Rossz telefonszám.

  b Bocsánat. Téves.

9 **a** Milyen film megy a moziban?

  b Milyen film van a moziban?

10 **a** Mi a film címe?

  b Mi a film neve?

Hányas méretben kéri?

What size do you want it in?

In this unit you will learn how to:

▶ *Buy clothes and souvenirs*
▶ *Give advice*
▶ *Ask for reassurance*
▶ *Express likes and dislikes*
▶ *Express uncertainty and surprise*

Dialogue

Géza Kormos is taking his son Gyuszi to school in the morning.

 02.01–02

Gyuszi	Apu, ugye tudod, hogy ma van Irén nap?
Kormos G.	Persze, hogy tudom.
Gyuszi	Én egy Liszt CD-t adok anyunak. Imádja Liszt Ferencet. Mindig mondja, hogy kiváló zeneszerző. És te mit veszel neki? Virágot és konyakosmeggyet?
Kormos G.	*(laughing)* Honnan tudod?
Gyuszi	Nem nehéz kitalálni. Minden évben ugyanazt veszed. Azt hiszem, már egy kicsit unja. Szerintem jobban teszed, ha idén valami mást adsz neki.
Kormos G.	Tudom, csak viccelek. Idén majd valami eredeti ajándékot kap.
Gyuszi	Tényleg? Mit?
Kormos G.	Titok! Majd meglátod.

After work Géza Kormos goes to a fashionable boutique in Teréz körút.

Eladó	Tessék uram, mit parancsol?
Kormos G.	A feleségemnek szeretnék ajándékot venni.
Eladó	Mit parancsol? Blúzt? Szoknyát? Ruhát? Táskát? Esetleg egy szép kendőt?
Kormos G.	Hm. Nem is tudom. Talán egy pulóvert. Az a piros pulóver nagyon szép. Szerintem jól áll majd Irénnek.
Eladó	Melyiket mondja?
Kormos G.	*(pointing at it)* Azt, ott. A sárga sál mellett.
Eladó	Hányas méretben kéri?

Kormos G.	Nem is tudom. *(The shop assistant shows him some.)* Hm. Ez szerintem kicsi lesz. Ez meg túl bő. Az pedig biztosan szűk. Különben is sok pulóvere van. Talán inkább egy cipőt veszek neki. Nagyon szeretne egy új cipőt. És tudom, hogy harmincnyolcas lába van.
Eladó	Milyen színű cipőt parancsol? Barnát? Feketét? Sötétkéket?
Kormos G.	Hm. Nehéz kérdés. A feleségem elég válogatós. Nem vagyok benne biztos, hogy jó ötlet cipőt venni. Hátha nem tetszik majd neki?
Eladó	Akkor talán egy szép szoknyát parancsol? Ez a zöld szoknya most nagyon divatos.
Kormos G.	Igen, de túl hosszú. Irén csak a rövid szoknyát szereti. *(with an air of resignation)* Azt hiszem, legjobb lesz, ha egy csokor virágot és egy doboz konyakosmeggyet veszek neki. Hiszen minden nő örül a virágnak és szereti a csokoládét, nem?

V		
CD (*pron.* cédé)		*CD*
mond		*say*
kiváló		*outstanding*
zeneszerző		*composer*
Honnan tudod?		*How do you know?*
Nem nehéz kitalálni.		*It is not difficult to tell.*
ugyanaz (-t)		*the same thing*
un (vmit)		*be bored with* (sg)
ad		*give*
viccel		*joke* (verb)
idén		*this year*

valami eredeti ajándék	*some original present*
titok (titkot)	*secret*
Majd meglátod.	*You will see.*
Tessék uram, mit parancsol?	*What can I do for you, sir?*
a feleségemnek	*for my wife*
blúz (-t)	*blouse*
szoknya	*skirt*
ruha	*dress, clothes*
esetleg	*possibly, perhaps*
kendő	*scarf, shawl*
Jól áll majd Irénnek.	*It will suit Irén.*
bő	*loose*
szűk	*tight*
Sok pulóvere van.	*She has a lot of pullovers.*
cipő	*shoes*
válogatós	*choosy*
hátha	*what if, suppose*
jó ötlet (-et)	*good idea*
divatos	*fashionable*
hosszú	*long*
rövid	*short*

QUESTIONS

1 Igaz vagy nem igaz? (*True or false?*) Correct and re-write the false statements.

    a Kormosné imádja a konyakosmeggyet.

    b Kormos Géza minden évben eredeti ajándékot vásárol Kormosnénak.

    c A piros pulóver Kormos úr szerint jól áll Kormosnénak.

    d Kormos úr nem pulóvert vesz, mert nem tudja, hányas méret kell.

    e Végül Kormos úr idén is ugyanazt veszi, mint tavaly.

végül	*in the end*
tavaly	*last year*

2 Feleljen a kérdésekre! (*Answer the questions.*)

    a Mit vesz Kormos úr Kormosnénak minden évben?

    b Miért akar idén Kormos úr eredeti ajándékot venni?

    c Miért nem cipőt vesz Kormos úr?

    d Mi a baj a szoknyával?

    e Miért vesz Kormos úr virágot és konyakosmeggyet?

 Mi a baj (vmivel)?   *What's the matter with (sg)?*

Hungary and the Hungarians

NAMEDAYS

People in Hungary not only have a **születésnap** (*birthday*), but a **névnap** (*nameday*) as well. Birthdays are usually celebrated within the immediate family. Namedays are printed in calendars and are known to everybody, so it is a good excuse to have a bit of a celebration at work as well. Traditionally, people pull the person's ear and recite an amusing couplet:

Isten éltessen sokáig, a füled érjen bokáig!	*May God grant you a long life, and may your ears reach your ankles!*

Most often it is just shortened to **Isten éltessen!** (sing. fam.) or **Isten éltesse!** (sing. form.)

AJÁNDÉK *GIFT, PRESENT*

Typical Hungarian souvenirs include delicious Hungarian chocolates filled with morello cherries and brandy called **konyakosmeggy, tokaji**, the famous '*king of wines and wine of kings*', **pirospaprika**, which is ground red paprika for cooking, **kerámia** *pottery* and **hímzett** (*embroidered*) items of clothes. Hungarian embroidery has a unique style. Every region has its own, unmistakable pattern. Items of folk art might make a good present when you are visiting Hungary. So watch out for the sign **Népművészeti bolt** (*folk art shop*).

CLOTHES AND SHOES

Numbers answering the question **Hányas?** are used when talking about the size of clothes and shoes, e.g. **Negyvenes lábam van.** *I take size 40 in shoes.*

Clothes and shoes have different sizes (**méret** *size*) in Hungary from those in Britain and America. Hungarians talk, not about shoe size, but foot size. Note the various forms:

Hányas lábad van? or
Hányas a lábad? (sing. fam.)
Hányas lába van? or
Hányas a lába? (sing. form.)
} *What size shoes do you take?*

Items of clothing which consist of two parts, or which are plural in English, are always singular in Hungarian. Here are a few examples:

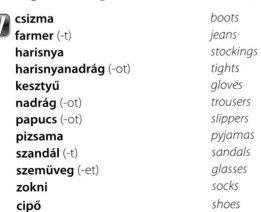

csizma	*boots*
farmer (-t)	*jeans*
harisnya	*stockings*
harisnyanadrág (-ot)	*tights*
kesztyű	*gloves*
nadrág (-ot)	*trousers*
papucs (-ot)	*slippers*
pizsama	*pyjamas*
szandál (-t)	*sandals*
szemüveg (-et)	*glasses*
zokni	*socks*
cipő	*shoes*

OTHER EXPRESSIONS

Uram 'monsieur' (Lit. *my sir*) is a polite way of addressing a male customer. A young man would probably be addressed as **fiatalember** *(young man)*. A woman of any age could be addressed as **hölgyem** *(my lady)*. Married or middle-aged women are often addressed as **asszonyom** *(madam)*.

Jobban teszed, ha … *(you had better …)* (Lit. *you will do better if …*) is a good way of giving advice. Note the other forms:

jobban teszitek, ha (pl. fam.)
jobban teszi, ha (sing. form.)
jobban teszik, ha (pl. form.)

Another phrase that can be used when giving advice using any form of address is **jobb, ha** … *(it is better if …)* or **jobb lesz, ha …** *(it will be better if …)* or **legjobb lesz, ha** … *(it will be best if …)*,

Szerintem **jobb, ha** most nem iszol alkoholt.	*I think it's better if you don't drink alcohol now.*
Jobb lesz, **ha** most hazamegy.	*It will be better if you go home now.*

Tényleg? *Really?* expresses surprise, e.g. **Afrikában születtem. Tényleg?** *I was born in Africa. Really?*

I'm not sure that …

Nem vagyok benne biztos (*pron.* bisztos**), hogy …** *(I'm not sure that …)* expresses uncertainty, e.g. **Nem vagyok benne biztos, hogy ez jó ötlet. Hátha nem tetszik neki?** *I'm not sure that this is a good idea. What if he/she doesn't like it?*

Milyen színű…? *What colour …?*

The most common colours are:

barna	*brown*
bordó	*maroon*
drapp	*beige*
fehér	*white*
fekete	*black*
kék	*blue*
lila	*purple, lilac*
narancssárga	*orange*
piros	*red*
rózsaszín	*pink*
sárga	*yellow*
szürke	*grey*
zöld	*green*

With most colours you can use the words **sötét** *(dark)* and **világos** *(light)* like this: **világosbarna** *(light brown)*, **sötétkék** *(dark blue, navy)*, etc.

Piros, vörös: both these words mean *red*. **Piros** is much more common and is safer to use. **Vörös** is used when talking about wine, the colour of someone's hair and in a few other cases.

Grammar

1 THE DEFINITE CONJUGATION: PRESENT TENSE I

There are only three tenses in Hungarian: present, past and future. But in all three tenses there are two types of conjugation: the *indefinite* and the *definite* conjugation.

You have by now come across all the different types of the indefinite conjugation in the present tense. Only the few irregular verbs do not follow the rules given in Units 2, 3, 6, 7 and 8.

Present tense: definite conjugation

	Back vowel verbs	Front vowel verbs	Front vowel verbs with ö, ő, ü, or ű as their final vowel
(én)	tud**om**	kér**em**	köszön**öm**
(te)	tud**od**	kér**ed**	köszön**öd**
(maga/ön/ő)	tud**ja**	kér**i**	köszön**i**
(mi)	tud**juk**	kér**jük**	köszön**jük**
(ti)	tud**játok**	kér**itek**	köszön**itek**
(maguk/önök/ők)	tud**ják**	kér**ik**	köszön**ik**

All verb types conjugate like this except for sibilant verbs (see Unit 12).

When pronouncing the words above **dj** is pronounced as **ggy** and **nj** as **nny**, e.g. **tudjuk** (*pron.* tuggyuk), **köszönjük** (*pron.* köszönnyük). (Remember to stress the first syllable!)

There is no equivalent of the definite conjugation in English. The verb itself will mean the same in English regardless of whether it is the indefinite or the definite conjugation in Hungarian:

| Szeretek **úszni**. | *I like swimming.* (indefinite conj.) |
| Szeretem **a banánt**. | *I like bananas.* (definite conj.) |

So simply learn when to use which conjugation.

▶ The **indefinite conjugation** is used with all intransitive verbs as well as transitive verbs which take an indefinite object or no object at all:

| Moziba **megyünk**. | *We're going to the cinema.* |
| Mit **csinálsz**? **Várok**. | *What are you doing? I'm waiting.* |

▶ The **definite conjugation** is used with transitive verbs which take a definite object.

| A kávét **kérem**. | *I want the coffee.* |

An object is indefinite if:

    a it is preceded by the indefinite article (i.e. **egy**), e.g. Anikó **egy pulóvert** vesz. *Anikó is buying a pullover*;

    b **it is not preceded by either the indefinite or the definite article (i.e. a, az)**, and it is not the name of a particular person or thing, like for example Kati or Budapest, e.g. **Kávét** kérsz? [↘] *Is it coffee that you want?*;

    c **it is expressed by the infinitive, e.g. Nem szeretek sportolni**. *I don't like doing sports.*

An object is definite if:

    a it is preceded by the definite article, e.g. Szereted **a szőlőt**? [↘] *Do you like grapes?*;

    b it is the name of a particular person or thing, e.g. Jól ismerem **Sopront**. *I know Sopron well*;

    c it is expressed by **ez** or **az**, e.g. **Ezt** (*pron.* eszt) kérem. *I want this.* **Azt** (*pron.* aszt) nem szeretem. *I don't like that.*

▶ The question words **kit**, **mit**, **hány**, **hányat**, **milyen** and **milyent** require the indefinite conjugation:

Kit nézel?	*Who are you watching?*
Mit parancsol, uram?	*What would you like, sir?*
Hányat akarsz?	*How many do you want?*
Milyen házat **vesztek**?	*What sort of house are you buying?*

▶ The question words **melyik**, **melyiket**, **hányadik** and **hányadikat** (i.e. those containing **-ik**) require the definite conjugation:

Melyik kenyeret **kéri?**	*Which bread do you want?*
Melyiket parancsolja?	*Which one do you want?*
Hányadik almát **eszi** Pisti?	*Which apple is Pisti eating?*
Hányadikat mondod?	*Which one are you saying?*

▶ The definite conjugation is also required when a third person object is implied but not stated:

Ismered Jánost? [↘]	*Do you know János? Yes,*
Ismerem.	*I know **him**.*

▶ The verb **köszön** is intransitive when it means *greet* or *say goodbye to someone* and it is transitive when meaning *thank* someone for something:

Laci, miért nem **köszönsz**?	*Laci, why don't you say 'hello'?*
Köszönjük a vacsorát.	*Thank you for the supper.*

> **INSIGHT**
>
> The definite conjugation is an unusual and difficult feature of Hungarian. But do not get discouraged: all you need is plenty of practice! After a while it will come instinctively.

2 VERBS REQUIRING THE USE OF ENDINGS

A lot of Hungarian verbs require a certain ending to be used with them. For example, the verbs **kezdődik** (*start*) and **beszél** (*speak*) require the **-val/-vel** ending. The same in English is expressed by prepositions (*start with* (sg), *speak to* (sy)):

Magyarországon az ebéd **levessel kezdődik**.	*In Hungary lunch starts with soup.*
Milyen nyelven **beszélsz Jánossal**?	*What language do you speak to János in?*

In dictionaries the ending to be taken is shown like this: **kezdődik** (**vmivel**) (i.e. valami**vel**) or **beszél** (**vkivel**) i.e. (valaki**vel**).

Very often the ending used in Hungarian does not correspond to the equivalent preposition used in English, i.e. **beszél** takes the **-val/-vel** ending in Hungarian, but usually the preposition *to*, not *with*, in English.

Sometimes verbs do not require the use of an ending, e.g. A film nyolckor **kezdődik**. *The film starts at eight.*

Sometimes a verb might require different endings to express different things, e.g. **hisz** (vmit) *believe* (sg), **hisz** (vmiben, vkiben) (*believe in*) (sg), (sy).

Ezt nem **hiszem**!	*I don't believe this.*
Hiszek Istenben.	*I believe in God.*

> **INSIGHT**
>
> From now onwards learn the full dictionary form of every new verb i.e. with the endings it requires. Then practise them in simple sentences of your own.

3 THE DATIVE ENDING (-NAK/-NEK)

As with most endings the final **a** changes to **á**, and the final **e** to **é** before the dative ending.

Back vowel words	Front vowel words
Tamás – Tamás**nak**	Ki? – Ki**nek**?
kutya – kuty**ának**	Imre – Imr**ének**

The '-nak/-nek' forms of the personal pronouns

Ki?	Kinek?	Kik?	Kiknek?
én	nekem	mi	nekünk
te	neked	ti	nektek
maga	magának	maguk	maguknak
ön	önnek	önök	önöknek
ő	neki	ők	nekik

The dative ending is used:

a When there is an object in the sentence, the person receiving this object takes the **-nak/-nek** ending, e.g. Adok **Katinak** egy barackot. *I give Kati a peach.*

Here is a list of some very common verbs that you have come across belonging to this group (vkinek = valakinek):

ad (vkinek) (vmit) *give* (sy) (sg)

visz (vkinek) (vmit) *take* (sy) (sg)

köt (vkinek) (vmit) *knit* (sy) (sg)

ír (vkinek) (vmit) *write* (sy) (sg)

mond (vkinek) (vmit) *say* (sy) (sg)

vesz (vkinek) (vmit) *buy* (sy) (sg)

fizet (vkinek) (vmit) *pay* (sy) (sg)

felel (vkinek) (vmit) *answer* (sy) (sg)

főz (vkinek) (vmit) *cook* (sy) (sg)

ajándékoz (vkinek) (vmit) *give* (sy) (sg) *as a gift*

válaszol (vkinek) (vmit) *answer* (sy) (sg)

hoz (vkinek) (vmit) *bring* (sy) (sg)

olvas (vkinek) (vmit) *read* (sy) (sg)

Egy Liszt CD-t adok **anyunak**.	*I'm giving a Liszt CD to Mum.*
Viszek **Katinak** virágot.	*I'm taking flowers to Kati.*
Apunak új sálat veszek.	*I'm buying a new scarf for Dad.*
Anyu pulóvert köt **nekünk**.	*Mum is knitting pullovers for us.*
Fizetek **neked** egy sört.	*I will stand you a beer.* (Lit. *I'm paying you a beer.*)

In this case **-nak/-nek** can be expressed by *for* or *to* in English.

b After certain verbs.

> **INSIGHT**
>
> There is no logic as to why these verbs require the dative ending. All you can do is memorize them and after a while it will seem perfectly natural.

Here is a list of some very common verbs taking the **-nak/-nek** ending:

köszön (vkinek) *greet* **(sy)**

telefonál (vkinek) *telephone* **(sy)**

(vkinek) ízlik (vmi) *someone likes* **(sg)**

(vkinek) jól/rosszul áll (vmi) **(sg)** *suits/does not suit* **(sy)**

megy (vkinek) (vmi) *somebody is doing well in* **(sg)**

(vkinek) tetszik (vki) (vmi) *somebody likes* **(sy) (sg)**

örül (vminek) (vkinek) *someone is glad about* **(sg) (sy)**

segít (vkinek) *help* **(sy)**

(vkinek) fáj (vmi) **(sg)** *hurts* **(sy)**

(vkinek) hívnak (vkit) (sy) *is called* **(sg)**

Minden reggel köszönök a **portásnak**.	*I greet the doorman every morning.*
Nekem nagyon tetszik a rövid szoknya.	*I like short skirts very much.*
Segítesz **anyunak**? [⌐]	*Do you help Mum?*
Minden este telefonálok **Bori néninek**.	*I telephone Bori néni every evening.*

Lajos bácsinak fáj a feje.   *Lajos bácsi has a headache.*

Hogy hívnak? **Zsuzsának**.   *What is your name? Zsuzsa.*

4 QUESTION TAGS *(UGYE, NEM)*

A statement can be turned into a question by putting **ugye** or **nem** after it. While **ugye** can come after both positive and negative sentences, **nem** can only follow positive statements. **Ugye** and **nem** have a rising intonation, e.g.

Ti is szeretitek a halászlét, **ugye**?

You also like fish soup, don't you?

Ti sem szeretitek a tejet, **ugye**?

You don't like milk either, do you?

Hiszen minden nő örül a virágnak, **nem**?

After all, every woman likes flowers, doesn't she?

When responding to a statement turned into a question with **nem**, **de** is used to give a positive answer, e.g. Szereted a kakaót, **nem**? **De** igen. *You like cocoa, don't you? Yes, I do.*

Ugye can come at the very beginning of a question as well. In this case the question is asking for reassurance. Note the intonation in this type of question.

Ugye tudod, hogy ma van Irén nap?

You know that it is Irén's nameday today, don't you?

5 THE DEFINITE ARTICLE (*A, AZ*)

With a few exceptions, the definite article is used just as in English. However, in Hungarian it is also used:

a   before abstract nouns (like happiness, life, death, etc.):

Nehéz **az élet**!   *Life is difficult.*

Az idő pénz.   *Time is money.*

b   before street names, e.g. **A Baross utcában** lakunk. *We live in Baross Street.*

c   before names of meals, e.g. **A reggeli** 7 órakor lesz. *Breakfast will be at 7 o'clock.*

d   in some general statements before singular nouns, where English uses the plural:

Irén csak **a** rövid szoknyát szereti.   *Irén likes only short skirts.*

Nem szeretem **a banánt**.   *I don't like bananas.*

6 LEAVING OUT THE SUBJECT

When you are talking about the same person as in the previous sentence, there is no need to repeat the word or use a personal pronoun instead. It is clear from the context who you are talking about:

Én egy Liszt CD-t adok **anyunak**.   *I'm giving Mum a Liszt CD.*
  Imádja Liszt Ferencet.   *She adores Franz Liszt.*

7 EXPRESSIONS OF QUANTITY

There is no equivalent of *of* in the following Hungarian expressions:

egy csokor virág	*a bunch of flowers*
egy doboz csokoládé/csoki	*a box of chocolates*
egy doboz cigaretta	*a box of cigarettes*
egy doboz gyufa	*a box of matches*
egy pohár víz	*a glass of water*
egy korsó sör	*a glass of beer*
egy üveg bor	*a bottle of wine*

Practice

1 **Can you make complete sentences from the words which follow? Make the necessary changes.**

  a eszik, a, szeret, sokat, magyarok

  b is, imád, az, én, eper

  c mit, kávé, tea, vagy, (te) kér?

  d egy, bicikli, vesz, apu, új, szép, Peti

  e vacsora, finom, (mi) köszön!, a

  f (ti) ismer, Bartók Béla, ugye, zeneszerző, a, híres, magyar?

2 **On a lazy afternoon, you switch on Petőfi Rádió and then m2* to find out what's on. What do the announcers say? Here is how they start. Can you go on? Do it aloud.**

Petőfi Rádió:	Kedves hallgatóink! A pontos idő tizenhárom óra. Most ismertetem a Petőfi Rádió műsorát. Tizenhárom óra három perckor: Hogy tetszik lenni?
m2:	Kedves nézőink! Most ismertetem az em kettő műsorát.

kedves	*dear*
hallgatóink	*our listeners*
A pontos idő tizenhárom óra.	*The time is one o'clock precisely.*
a Petőfi Rádió műsora	*the Radio Petőfi programme*
nézőink	*our viewers*

Most ismertetem az m2.	*These are the programmes on m2.*
	(Lit. *I'm acquainting you with the programme of m2.*) **műsorát.**
műsor	(-t) *programme*

*There are three main radio stations in Hungary. They are called **Petőfi Rádió, Kossuth Rádió** and **Bartók Rádió**. Hungarian television has several commercial as well as public service channels.

Petőfi Rádió

a 13.03 Hogy tetszik lenni?

b 14.00 Hírek

c 14.05 Új magyar zene a Rádióban

d 15.10 Hol a boldogság mostanában?

e 15.40 Szabó család*

f 16.05 Harminc perc alatt a Föld körül

g 16.35 Ön mit ajánl?

h 17.20 Orosz Júlia énekel

m2

a 18.45 Mit olvasnak a mai gyerekek?

b 19.35 Esti mese

c 20.00 Híradó

d 20.30 A férfiak szeretik a kövér nőket

e 22.40 Ismeri Vivaldit?

f 23.40 Sport

hírek (-et)	*news*
boldogság (-ot)	*happiness*
mostanában	*nowadays*
Föld (-et)	*Earth*
énekel	*sing*
esti mese	*bedtime story*
Híradó	*TV news*
férfiak (-at)	*men*
nők (-et)	*women*

***Szabó család** was a famous **szappanopera** (*soap opera*) about a typical Hungarian family. It ran for decades on Hungarian radio. This would be a repeat of the series.

3 Christmas is approaching. István is hopeless when it comes to choosing presents. Tell him what people prefer, in your opinion, and help him to select the best presents for them. The first sentence is provided for you.

a Szerintem Jenő bácsi jobban szereti az elegáns ruhát, mint a pálinkát. Jobb lesz, ha Jenő bácsinak egy kalapot ajándékozol/veszel/adsz.

		István szerint	**Ön szerint**
a	Jenő bácsi	pálinka	elegáns ruha
b	Zsófi néni	virág	édesség
c	Dénes	zenét hallgat	olvas
d	Feri	külföldi cigaretta	alkohol
e	Mónika	rágógumi	állatok
f	Anna	parfüm	zene

elegáns   *elegant*
rágógumi   *chewing-gum*
állatok (-at)   *animals*
parfüm (-öt)   *perfume*
kalap (-ot)   *hat*
édesség (-et)   *sweets*

4 **Gyuszi Kormos thought for a while about his mother's nameday before reminding his father. Follow his train of thought and write in the correct verb with the correct form. Then imagine that you are Gyuszi and say his thoughts out loud.**

tud, ad, un, szeret, áll, mond, ért, örül, imád, vesz, hallgat, utál, vásárol

Ma van Irén nap! Azt hiszem, idén egy CD lemezt **a** _____ anyunak. De milyen lemezt? Kit **b** _____? Minden este Lisztet **c** _____. Azt **d** _____, hogy Liszt kiváló zeneszerző. Nem **e** _____. Én **f** _____ a komolyzenét. De ez jó ötlet! Persze, apu megint valami unalmasat **g** _____ majd neki. Virágot és egy doboz konyakosmeggyet! Szerinte minden nő **h** _____ a virágnak és az édességnek. Lehet, de szerintem anyu már nagyon **i** _____ _. Anyu **j** _____ a szép, divatos ruhát. Nem **k** _____, miért nem ajándékoz apu neki egy szép blúzt, szoknyát vagy cipőt. Anyunak könnyű ajándékot **l** _____, mert minden jól **m** _____ neki. Igaz, elég válogatós. Hm. Mégiscsak nehéz a nőknek ajándékot venni!

 komolyzene   *classical music*
megint   *again* (Lit. *serious music*)

5 **Answer these questions.**

  a Milyen színű a citrom?
  b Milyen színű a narancs?
  c Milyen színű az elefánt?
  d Milyen színű a magyar zászló *(flag)*?
  e Milyen színű volt régen a Duna?

6 **Péter Földvári is taking part in a phone-in radio competition. First he is asked to introduce himself briefly to the listeners. Unfortunately, the line is very bad and you can't hear the end of some of his words. What did he originally say?**

Földvári **a** Péter _____ hívnak. Tizenhétéves pécsi diák vagyok. **b** Szeret _____ sportolni és utazni. Idegenvezető **c** szeret _____ lenni. De nem vagyok **d** ben _____ biztos, hogy sikerül, mert sajnos az angol elég rosszul megy **e** nek _____.

 idegenvezető   _tourist guide_

7 Can you turn these statements into questions?

a Dezső nem szereti a sajtot.

b Te utálod a margarint.

c Éva néni nem tud paprikás csirkét **fő**zni.

d Ismeritek az angol reggelit.

e Apa a híreket hallgatja (_pron._ hallgattya).

f Zsolt egy francia krimit néz.

 margarin (-t)   _margarine_
krimi   _detective story_

8 Mr Kormos's birthday is coming up. Mrs Kormos thinks that her husband dresses rather unimaginatively, so she decides to brighten up his wardrobe. She enters Skála áruház (_Skála department store_). Match her lines with the shop assistants', so that their conversation makes sense. Write it all down and then act it out.

Első eladó

a Melyik osztályt keresi, hölgyem?

b A negyediken. Tessék, ott van balra a mozgólépcső.

Második eladó

c Tessék parancsolni!

d Mit parancsol? Inget? Nadrágot? Öltönyt? Nyakkendőt? Kabátot? Esetleg egy pizsamát?

e Tessék, ez az esőkabát nagyon jó minőségű, divatos és nem túl drága. Ugye szép?

f Ez a kabát van még sötétkékben és drappban. Milyen méretben parancsolja?

g Tessék! Jó lesz?

h Akkor tessék a pénztárhoz fáradni!

Kormosné

i Hm. Nem is tudom. Jön az ősz. Talán egy divatos esőkabátot veszek neki. Igen, egy esőkabátnak biztosan örül majd Géza.

ii Köszönöm. Viszontlátásra!

iii A férfiruha osztályt. Hányadik emeleten van?

iv Egy hét múlva lesz a férjem ötven éves. Valami szép ajándékot szeretnék neki venni.

v **Köszönöm.**

vi Igen, nagyon tetszik. De más színben kérem. Gézának nem áll jól a barna, és nekem sem tetszik.

vii Negyvennyolcasban. És sötétkékben, legyen szíves.

viii Jó.

osztály (-t)	*department*
keres (vmit)	*look for* (sg)
mozgólépcső	*escalator*
ing (-et)	*shirt*
öltöny (-t)	*suit* (noun)
nyakkendő	*tie* (noun)
kabát (-ot)	*coat*
esőkabát (-ot)	*raincoat*
jó minőségű	*good quality*
Akkor tessék a pénztárhoz fáradni!	*Then please go to the cash-desk!*

Do you understand?

Mrs Scott has been on a business trip to Hungary. Before going home she wants to buy some presents for her family. She enters a **Népm űvészeti bolt** (*folk-art shop*).

02.03

Eladó	Tessék hölgyem, mit parancsol?
Mrs Scott	Néhány tipikus magyar ajándékot szeretnék vásárolni a családomnak. Lehet itt pólót kapni? A fiam tizenhárom éves, és mindig csak pólót, farmert hord. Szeretnék egy budapesti pólót venni neki.
Eladó	Sajnos pólót nem árulunk. Itt csak hímzett terítőt, blúzt, dobozt, zsebkendőt, herendi porcelánt* és kerámiát lehet kapni.
Mrs Scott	Értem. Tudja, nehéz a fiamnak ajándékot venni. Tipikus tinédzser és nagyon válogatós. De mi ez? Nem fényképalbum?
Eladó	De igen.
Mrs Scott	Hímzett fényképalbum?! Nagyon eredeti! Tudja, én imádok fényképezni. Tudna mutatni egy hímzett blúzt is?
Eladó	Hogyne! Hányas méretet parancsol?
Mrs Scott	Negyvennégyeset. Ez gyönyörű! Hétezer-hatszáz forint. Nem drága. De nem is tudom, nem lesz ez nekem egy kicsit szűk? Szeretném felpróbálni. Hol van a próbafülke?
Eladó	Sajnos itt nincs próbafülke. De ha nem jó a méret, kicseréljük.
Mrs Scott	Hát jó! Akkor kérem a fényképalbumot, a hímzett blúzt *(pointing at an embroidered box)* és azt a szép piros hímzett dobozt. A fiamnak majd valahol veszek egy budapesti pólót. A férjem egy üveg tokajit kap. A lányomnak egy doboz konyakosmeggyet veszek, mert imádja az édességet, anyunak pedig pirospaprikát, mert szeret főzni. Nagyszerű bolt ez! Mindenkinek sikerült ajándékot találni!

V	
póló	*T-shirt*
a fiam	*my son*
terítő	*table cloth*
porcelán (-t)	*porcelain*
fénykép (-et)	*photo*
gyönyörű	*gorgeous*
Szeretném felpróbálni.	*I would like to try it on.*
próbafülke	*fitting room*
a lányom	*my daughter*

***Herend** is world famous for its hand-painted porcelain.

Feleljen a kérdésekre! (*Answer the questions.*)

   a Mit árulnak a Népművészeti boltban?

   b Milyen ajándékot szeretne Mrs Scott vásárolni?

   c Miért nehéz Mrs Scott fiának (*Mrs Scott's son*) ajándékot venni?

   d Kinek veszi Mrs Scott a hímzett fényképalbumot, blúzt (*pron.* blúszt) és dobozt (*pron.* doboszt)?

   e Mi történik, ha a blúz egy kicsit szűk?

   f Miért nagyszerű bolt ez Mrs Scott szerint?

INSIGHT

At this point you might feel overwhelmed by Hungarian grammar. In spite of all your efforts language learning can sometimes be an up and down experience. Don't give up. Go over the difficult points again and again. Memorize the examples given and keep saying them out loud. You will soon leave the plateau and will be on the rise again.

? Test yourself – Which is correct?

1 **a** Jobb teszed, ha hímzett terítőt veszel Eszternek.

    b Jobban teszed, ha hímzett terítőt veszel Eszternek.

2 **a** Jobb lesz, ha egy csokor virágot viszünk Annának.

    b Jobban lesz, ha egy csokor virágot viszünk Annának.

3 **a** Szeretitek a piros bort?

    b Szeretitek a vörös bort?

4 **a** Nem szeretünk áruházban vásárolni.

    b Nem szeretjük áruházban vásárolni.

5 **a** Felpróbálod a szoknyát?

    b Felpróbálsz a szoknyát?

6 **a** Sajnos nem jól ismerünk Szegedet.

    b Sajnos nem jól ismerjük Szegedet.

7 **a** Hány banánt kér, asszonyom?

    b Hány banánt kéri, asszonyom?

8 **a** Imrével nem ízlik a hamburger.

    b Imrének nem ízlik a hamburger.

9 **a** A magyar tokaji kiváló.

    b Magyar tokaji kiváló.

10 **a** Rákóczi úton laknak.

    b A Rákóczi úton laknak.

12 Hány éjszakára?
How long are you staying?

In this unit you will learn how to:
▶ *Book a room and a table*
▶ *Rent a car*
▶ *Complain at a restaurant*
▶ *Express willingness and probability*
▶ *Suggest alternative arrangements*
▶ *Make polite requests*

Dialogue

Jóska and his wife Klára are spending their summer holiday touring round Lake Balaton. They arrive at Tihany, and on the hillside they see the sign **szoba kiadó** (*room to let*). They ring the bell, and an elderly lady comes to the door.

 02.04

Jóska	Jó napot kívánok! Látom, itt van kiadó szoba.
Juliska néni	Tessék? Nem hallom! Sajnos egy kicsit süket vagyok.
Jóska	*(raising his voice)* Tessék mondani, van szabad szoba?
Juliska néni	Igen, két üres szoba is van. Az egyik egyágyas, a másik pedig kétágyas. Hány személyre kellene?
Jóska	Két személyre. Ketten vagyunk a feleségemmel.
Juliska néni	Értem. Akkor nyilván a második szobát kérik. Hány éjszakára kellene?
Jóska	Valószínűleg két vagy három éjszakára, de még nem tudjuk biztosan. Egy csendes szobát keresünk szép kilátással.
Juliska néni	A kilátás nagyon szép. Az egyik ablak a tóra néz, a másik a kertre.
Klára	A fürdőszoba közös a családdal?
Juliska néni	Mit mond? Nem hallom!
Klára	*(raising her voice)* Közös a fürdőszoba a családdal?
Juliska néni	Igen.
Klára	És mennyibe kerül a szoba egy éjszakára?
Juliska néni	Hétezer forintba.

A felirat a falon: **SZOBA KIADÓ**

Jóska	Nem is drága. Az árban benne van a reggeli is?
Juliska néni	Nincsen. De ha kérnek reggelit, szívesen készítek. A reggeli hét órakor van a teraszon és plusz ezerötszáz forintba kerül.
Jóska	Nem lehetne nyolckor reggelizni? Most szabadságon vagyunk és nem akarunk korán kelni.
Juliska néni	Hogyne lehetne!
Jóska	*(looking around cheerfully)* Nagyon szép helyen tetszenek lakni! És ha megunjuk Tihanyt, közel van Balatonfüred. Nem tetszik tudni, milyen gyakran indul hajó Tihanyból Balatonfüredre?
Juliska néni	Úgy tudom, minden fél órában.
Jóska	Nagyszerű! De még nem is mutatkoztunk be: engem Jóskának hívnak, a feleségemet pedig Klárának hívják.
Juliska néni	Én pedig Juliska néni vagyok. Tessenek befáradni! Megmutatom a szobát. *(She leads the way.)* Erre tessenek!
Jóska	Jó, megnézzük! *(They enter a room.)*
Klára	Erkély is van?! Milyen gyönyörű az erkélyről a kilátás! *(Suddenly a loud snore comes through the thin wall from the adjoining room. Klára and Jóska look startled.)*
Klára	Tessék mondani, mi ez a zaj?
Juliska néni	Zaj?! Ja! A férjem minden délután alszik ebéd után. De alig lehet hallani.
Jóska	Köszönjük szépen, de nem egészen ilyen szobát keresünk. *(They leave hastily.)*
Juliska néni	*(bewildered)* Nem értem! Mindig ezt mondják …

süket	*deaf*
Hány személyre kellene?	*How many people would it be for?*
nyilván	*obviously*
Hány éjszakára? (Lit.)	*For how many nights?*
valószínűleg	*probably*
csendes	*quiet*
kilátás (-t)	*view*
tó (tavat)	*lake*
néz (vmire)	*look (on to sg)*
közös (vkivel) (vmivel)	*shared with (sy) (sg)*
Az árban benne van a reggeli is? [⌐]	*Is breakfast also included in the price?*
reggelit készít	*make breakfast*
korán kel	*get up early*
megun (vkit) (vmit)	*get tired of (sy) (sg)*
Milyen gyakran?	*How often?*

indul	*leave* (verb)
hajó	*ship, boat*
Úgy tudom …	*As far as I know …*
De még nem is mutatkoztunk (*pron.* mutatkosztunk) **be.**	*But we haven't even introduced ourselves yet.*
Tessenek befáradni!	*Please come in* (pl.).
megmutat (vkinek) (vmit)	*show* (sy) (sg)
megnéz (vmit)	*see, look at* (sg)
erkély (-t)	*balcony*
Alig lehet hallani.	*One can hardly hear it.*
Nem egészen ilyen szobát keresünk.	*This is not quite what we're looking for.* (Lit. *This is not quite the sort of room we're looking for.*)

QUESTIONS

1 **Igaz vagy nem igaz? (*True or false?*) Correct and re-write the false statements.**

  a Juliska néni rosszul hall.

  b Jóska és Klára valószínűleg egy éjszakára maradnak.

  c A hétezer forintban benne van a reggeli is.

  d Jóska nem akar hétkor reggelizni, mert most nem kell korán kelni.

  e Jóska és Klári nem kérik a szobát, mert Juliska néni férje a szomszéd szobában horkol.

rosszul hall	*be hard of hearing*
a szomszéd szobában	*in the neighbouring room*
horkol	*snore* (verb)

2 **Feleljen a kérdésekre! (***Answer the questions***.)**

  a Miért nem hallja (*pron.* hajja) Juliska néni, mit mond Jóska?

  b Milyen szobát keres Jóska és Klára?

  c Hova néz a két ablak?

  d Honnan indul minden fél órában hajó Balatonfüredre?

  e Miért nem ilyen szobát keres Jóska és Klára?

Hungary and the Hungarians

SZOBA KIADÓ *ROOM TO LET*

When on a visit to Hungary, you can book your accommodation in advance at a **hotel**, **szálloda** or **szálló**. (All these words mean *hotel*.) Hotels can be **négy csillagos** (*four star*), **öt csillagos** (*five star*), etc. If you decide to tour the country, but you do not want to commit yourself in advance, you can rent an **IBUSZ szoba** through an IBUSZ travel agency when you arrive at a place, go to a **kemping** (*camp-site*) or a **panzió** (*pension*) or look for the sign **szoba kiadó** outside private houses. Here you will probably have to share the bathroom with the family, and they hardly ever provide breakfast.

A REGGELI HÉTKOR VAN *BREAKFAST IS AT 7*

Things tend to start early in Hungary. Factory workers start work at 6 am, office workers and school children at 8 am. Meals are therefore earlier and people go to bed earlier. It is inconsiderate to telephone someone after 10 pm.

OTHER EXPRESSIONS

Nem lehetne ...? (*Would it be possible ...?*) suggests a change of plan. The answer could be: **Sajnos nem lehet** (*Unfortunately, it isn't possible*) or **Hogyne lehetne** (*Of course it's possible*).

Szívesen (*happily*) + conjugated verb expresses willingness:

Szívesen készítek reggelit.	*I'll be happy to make breakfast.*
Szívesen neki **adom** a könyvet.	*I'll be happy to give him the book.*

Milyen (*how*, *what*) is used in exclamations:

Milyen gyönyörű az erkélyről a kilátás!	*How lovely the view is from the balcony!*
Milyen szép ház!	*What a lovely house!*

De can also be used: **De gyönyörű** az erkélyről a kilátás! **De szép** ház!

Grammar

1 THE OBJECT FORMS OF THE PERSONAL PRONOUNS

Ki?	Kit?	Kik?	Kiket?
én	engem	mi	bennünket/minket
te	téged	ti	benneteket/titeket
maga	magát	maguk	magukat
ön	önt	önök	önöket
ő	őt	ők	őket

The first and second person plural have two forms: **minket**, **bennünket** and **titeket**, **benneteket**. The forms **bennünket** and **benneteket** are more commonly used:

Szeretsz **engem**? [⤴]	*Do you love me?*
Bennünket keresnek?! [⤴]	*Are you/they looking for us?*
Téged hogy hívnak?	*What is your name?*
Majd felhívlak **benneteket**.	*I'll phone you.*
Magát nem ismerem.	*I don't know you.*
Majd bemutatom **önt** a feleségemnek.	*I will introduce you to my wife.*
Őt még nem ismered.	*You don't know her yet.*

2 THE DEFINITE CONJUGATION: PRESENT TENSE II

A few more things you need to know about the definite conjugation:

a The verb is always in the definite conjugation in expressions such as:

Azt mondja (*pron.* monggya), **hogy ...** *He/she says that ...*
Remélem, hogy ... *I hope that ...*
Azt hiszem, hogy ... *I think that ...*
Úgy tudom, hogy ... *As far as I know ...*

Azt mondják (*pron.* monggyák), **hogy** Tihany nagyon szép. *They say that Tihany is very beautiful.*

b The object pronouns **őt, magát, önt, őket, magukat** and **önöket** require the definite conjugation even if they are only implied. For example, in the question **Hogy hívják?** (*What's your/his/her name?*), there is an implied **önt** or **magát** or **őt**. **Látod őket?** [↰] *Can you see them?*

c The object pronouns **engem, téged, minket, bennünket, titeket** and **benneteket**, whether stated or implied, always require the indefinite conjugation:

Hogy **hívnak?** *What's your name?*
Engem Jóskának **hívnak**. *I'm called Jóska.*
Nem **hallanak bennünket**. *They can't hear us.*

> **INSIGHT**
>
> Points b and c are particularly hard to master. In situations like this the best way forward is to learn the examples you encounter by heart, say them out loud several times and use them in sentences of your own. The more you do this, the easier they will roll off your tongue.

d Cardinal numbers take the indefinite conjugation, and ordinal numbers take the definite conjugation:

Csak **egy** cukrot **kérek**. *I only want one sugar.*
A másodikat kéred? [↰] *Do you want the second one?*

e The courtesy address remains the same whether the object is definite or indefinite:

A híradót tetszik nézni? [↰] *Are you watching the news?*
Egy filmet tetszik nézni? [↰] *Are you watching a film?*

f With sibilant verbs the **j** of the ending changes to the sibilant.

s + j = ss
z + j = zz
sz + j = ssz
dz + j = ddz

Here is the conjugation of some of those verbs in full:

	olvas	tesz	főz
(én)	olvasom	teszem	főzöm
(te)	olvasod	teszed	főzöd
(maga/ön/ő)	olvas**sa**	teszi	főzi
(mi)	olvas**suk**	tes**szük**	fő**zzük**
(ti)	olvas**sátok**	teszitek	főzitek
(maguk/önök/ők)	olvas**sák**	teszik	főzik

As you can see from the table above, this affects back vowel verbs more than front vowel verbs.

g When you are pronouncing verbs in the definite conjugation, note the following changes:

spelling	pronunciation	example of spelling	example of pronunciation
d + j	ggy	adják	(aggyák)
t + j	tty	látjátok	(láttyátok)
l + j	jj	tanuljátok	(tanujjátok)
n + j	nny	köszönjük	(köszönnyük)

These will not be difficult to remember as they make pronunciation easier.

3 THE '-RÓL' AND '-RŐL' ENDING

Words taking the ending **-n** in answer to the question **Hol**?, and **-ra/-re** in answer to the question **Hova**?, take the ending **-ról** (for back vowel words) and **-rő**l (for front vowel words) in answer to the question **Honnan**?

Hol? *(Where at?)*	Hová? *(Where to?)*	Honnan? *(Where from?)*
erkély**en**	erkély**re**	erkély**ről**
asztal**on**	asztal**ra**	asztal**ról**

A macska az **asztalról** a székre ugrik. *The cat jumps from the table to the chair.*

4 THE '-BÓL' AND 'BŐL' ENDING

Words taking the ending **-ban/-ben** in answer to the question **Hol**?, and -ba/-be in answer to the question **Hova**?, take the ending **-ból** (for back vowel words) and **-bő**l (for front vowel words) in answer to the question **Honnan**?

Hol? *(Where at?)*	Hová? *(Where to?)*	Honnan? *(Where from?)*
Tihany**ban**	Tihany**ba**	Tihany**ból**
szekrény**ben**	szekrény**be**	szekrény**ből**

Tihanyból minden fél órában   *There is a boat from Tihany*
indul hajó Balatonfüredre.   *to Balatonfüred every 30 minutes.*
Kiveszem a ruhát a **szekrényből**. *I'm taking the dress out of the wardrobe.*

5 COMPOUND WORDS

These are made up of two separate words. For example, **Balatonfüred** (a town at Lake Balaton) is made up of the words **Balaton** and **Füred**.

If the second element contains only front vowels, the word will take front vowel endings. In the example above, **Füred** is a front vowel word, so the whole word will take front vowel endings, e.g. **Balatonfüredről Tihanyba megyünk hajóval**. (*From Balatonfüred we'll go by boat to Tihany.*) All the names of professions where the word **nő** is added to denote the female equivalent are in this group, e.g. titkár**nő** (Lit. *secretary woman*).

In the **Hungarian–English** and **English–Hungarian vocabularies** at the end of the book you will find that compound words in this group are marked '(*c*)'.

6 POLITE REQUESTS

Tessék (sing.) and **tessenek** (pl.) followed by the infinitive are used to express a polite request, e.g. **Tessék befáradni!** (*Please come in*) and **Erre tessenek!** (*This way, please*).

These words are mostly used when talking to customers or those people with whom one uses the courtesy address.

Note that the following expressions are used similarly:

legyen szíves (sing. form.)   **legyenek szívesek** (pl. form.)
légy szíves (sing. fam.)   **legyetek szívesek** (pl. fam.)

Legyen szíves befáradni. Erre **légy szíves**.

7 AZ EGYIK ..., A MÁSIK ... *THE ONE ..., THE OTHER ...*

This phrase is like the English *one ..., the other ...:*

Két szoba kiadó: **az egyik** az első,   *There are two rooms to let. One is on*
  a másik a harmadik emeleten van.   *the first, the other is on the third floor.*
Az egyik szülő orvos, **a másik** tanár.   *One parent is a doctor, the other*
                                                is a teacher.

Practice

1   **You are in Debrecen with a group of friends. You are going to celebrate a friend's birthday tonight at the famous Aranybika Szálloda** (*Golden Bull Hotel*)**. As you are the only Hungarian speaker in the group, you have to book the table. Supply your part of the conversation. Then act it out from memory.**

Pincér	Halló, Aranybika Szálloda.
a	*Greet him and tell him that you would like to book* (**foglal**) *a table for tonight* (**ma este**).
Pincér	Hány órára?
b	*Tell him that you want it for 8 o'clock.*
Pincér	És hány személyre parancsolja?
c	*Tell him that you want it for five people.*
Pincér	Szabad a nevét?
d	*Tell him your name.*
Pincér	Bocsánat. Nem értem.

e	*Repeat your name and then spell it for him.*
Pincér	Köszönöm. Akkor nyolc órakor várjuk önöket.
	A viszonthallásra!
f	*Say goodbye.*

2 You go to a vendéglő with a group of friends.

a First you find that the table cloth is dirty and the table is not laid properly. You have to ask for the items listed below. How do you do it? Use the expression **legyen szíves**.

két kanál	egy tányér
egy villa	két szalvéta
három kés	

kanál (kanalat)	*spoon*
villa	*fork*
kés (-t)	*knife*
tányér (-t)	*plate*
szalvéta	*napkin*

b When the dishes arrive your friends start complaining. Again, you do the talking. Tell the waiter what is wrong and ask for salt and black pepper (**bors** -ot).

Mi?	Milyen?
bableves	sótlan (*not enough salt in it*)
töltött paprika	sós (*salty*)
pezsgő	túl édes
saláta	túl savanyú (*vinegary*)
káposztás kocka	keserű (*bitter*)

c When you ask for the bill you notice that you do not have enough forints on you. Ask the waiter if you can pay by credit card (**hitelkártya**), traveller's cheque (**utazási csekk**) or foreign currency (**valuta**).

3 Sam is at Keleti pályaudvar waiting to catch a train to Sopron. He is queuing for about 10 minutes to find out which platform his train leaves from.

a While he is waiting for his turn he hears some announcements over the loudspeaker. What are the announcements? Study the table overleaf. The first one has been completed for you.

i Figyelem! Figyelem! Az első vágányra Győrből személyvonat érkezik. Kérjük, a vágány mellett tessék vigyázni!

	Hányadik vágányra?	Honnan?	Milyen vonat érkezik?
i	1	Győr	személyvonat
ii	3	Pécs	gyorsvonat
iii	5	Szeged	gyorsvonat
iv	6	Miskolc	személyvonat
v	2	Debrecen	személyvonat

V vágány (-t)	platform, track
érkezik	arrive
személyvonat (-ot)	slow train
gyorsvonat (-ot)	fast train
figyelem (figyelmet)	attention
vigyáz	watch out

b He also overhears what his fellow passengers want to know and the answers they get. What were they? Here is the first one:

   i – Hányadik vágányról indul Győrbe a vonat?

     – A nyolcadikról.

	Hányadik vágányról?	**Hova?**
i	8	Győr
ii	7	Pécs
iii	10	Siófok
iv	15	Eger
v	4	Sopron

4 Alex is a real eccentric. He's a plane spotter. Even while he is in Hungary, he can't resist the temptation to go spotting, so he goes out to Ferihegy Airport. To practise the language, he jots down the planes and their times of arrival in Hungarian. Study this page from his notebook, and then write sentences like this: a Párizsból fél hatkor érkezik a repülőgép (*aeroplane*).

	Honnan?	**Hánykor?**
a	Párizs	5.30
b	London	4.45
c	Bécs	5.15
d	Helsinki	5.00
e	Róma	6.15

5 Which are the correct alternatives?

  a **i** **Otthonról/otthonból** jössz?

      ii Az **uszodáról/uszodából** moziba megyünk.

      iii **Magyarországról/Magyarországból** jöttök?

      iv **Szegedről/Szegedből** hánykor indul a vonat?

      v A **repülőtérről/repülőtérből** taxival jövünk haza.

  b **i** Péter a mai újságot **olvas/olvassa**.

      ii Ma este a tv-t **nézünk/nézzük**.

      iii Azt **hiszek/hiszem**, ma szerda van.

      iv Mariska néni a pálinkát **iszik/issza**.

      v **Viszünk/visszük** a kutyát is.

6 **Mr Brown is checking in at the Gellért Hotel in Buda. Match his lines with the receptionist's so that their conversation makes sense. Write it all down and then say it out loud from memory.**

Portás

   a Jó napot kívánok! Tessék parancsolni.

   b A harmadik emeleten van egy szoba. Az erkélyről nagyon szép a kilátás.

   c Természetesen! Hány éjszakára parancsolja?

   d Száz euróba.

   e Nincsen. A reggeli nyolc és tizenegy óra között van az étteremben, és ott is kell fizetni. Akkor megfelel a szoba, uram?

   f Igen. A szoba száma negyvennyolc. Szabad a nevét?

   g A londiner majd megmutatja önnek a szobát.

Mr Brown

   i   Van telefon és internet a szobában?

   ii A reggeli is benne van az árban?

   iii Igen, de először szeretném megnézni. Lehet itt hitelkártyával fizetni?

   iv Egy egyágyas szobát szeretnék szép kilátással a Dunára és Pestre.

   v George Brown.

   vi Még nem tudom biztosan. Valószínűleg négy-öt éjszakára. Mennyibe kerül a szoba egy éjszakára?

   vii Köszönöm.

Ott is kell fizetni.	*And you have to pay there.*
Megfelel. (*pron.* mekfelel)	*It will do. It suits me.*
londiner	*hotel porter*
színes televízió	*colour television*
természetesen	*of course*

7 **Tamás and his wife Gizi decide to visit Pécs. They want to stay at the camp-site to save money. Gizi is a worrier. Follow her train of thought and give the correct form of each verb listed below. Then say aloud what she is thinking.**

    él,   tud,   mond,   remél,   aggaszt,   megy,
              mond,   kerül,   aggaszt

a _____, hogy lesz hely a pécsi kempingben. Manapság minden nagyon drága és mindenki kempingbe **b** _____. Kíváncsi vagyok, mennyibe **c** _____ sátorral és kocsival két személyre egy éjszakára a kemping. Úgy **d** _____, hogy csak a kocsi ezerkétszáz forint lesz. Tamás mindig azt **e** _____, hogy nem kell aggódni. Könnyű ezt **f** _____! Őt semmi sem **g** _____, engem meg mindig minden **h** _____. Tamás csak a jelen pillanatban **i** _____. A családban mindig nekem kell előre tervezni!

(vkit) **aggaszt** (vmi) (sg)   *worries (sy)*
kemping (-et)   *camp-site*
sátor (sátrat)   *tent*
aggódik   *worry (verb)*
a jelen pillanatban   *at the present moment*
nekem kell tervezni   *I have to plan*
előre   *ahead*

8 **Answer these questions about yourself.**

   a Hogy hívják?
   b Szívesen főz? [↵]
   c Mikor lesz legközelebb szabadságon?
   d Kit ismer, aki horkol?
   e Szeret korán kelni? [↵]
   f Gyakran megy hat csillagos szállodába? [↵]

Do you understand?

Tim is having a fortnight's holiday in Hungary. After seeing the sights of Budapest, he decides to rent a car to see some of the countryside.

02.05

Fiatal nő	Jó reggelt kívánok! Tessék parancsolni!
Tim	Egy olcsó autót szeretnék bérelni néhány napra.
Fiatal nő	Akkor a Fiatot ajánlom.
Tim	Mennyibe kerül egy napra?
Fiatal nő	Nyolcezer forintba.
Tim	A nyolcezer forintban benne van a biztosítás is?
Fiatal nő	Igen. A benzint természetesen ön veszi. Az autót tele tankkal kapja és tele tankkal kérjük visszahozni.
Tim	Értem. Hm. Elég drága itt kocsit bérelni. Előre kell fizetni, ugye?
Fiatal nő	Természetesen, uram.
Tim	Lehet angol fonttal is fizetni?
Fiatal nő	Hogyne, uram. Hány napra parancsolja a Fiatot?
Tim	Három napra. Mit ajánl? Mit érdemes megnézni?
Fiatal nő	*(getting a map of Hungary out and showing him where to go)* Sopront. Gyönyörű, régi város. Sopronból könnyű a Balatonra menni, Keszthelyre vagy Hévízre. Persze Tihanyt és Balatonfüredet sem lehet kihagyni. Tihanyból nagyon szép a kilátás a tóra. Innen érdemes Pécsre menni. Pécs nagyon szép város. És persze itt van a Csontváry Múzeum* is. Pécsről Szegedre, Szegedről Debrecenbe menjen. Szeged csodálatos város a Tisza mellett, és a szegedi halászlé nagyon finom!

	Debrecen az Alföld fővárosa. Sok híres épület van itt: a Nagytemplom, a kollégium, az Aranybika Szálloda. És közel van a Hortobágy, a magyar puszta! Debrecenből Egerbe menjen. Biztosan ismeri az Egri bikavért, nem? Egerben nemcsak sok szép épület, hanem sok borpince is van. De legjobb lesz, ha oda nem autóval megy, mert akkor tényleg kell majd a biztosítás!** Egerből pedig könnyű visszajönni Pestre***.
Tim	Jó, legközelebb egy hónapra jövök Magyarországra, de sajnos már csak három napom van.
Fiatal nő	Az útlevelét és a jogosítványát, legyen szíves!
Tim	*(with a little chuckle)* Mondja, maga másodállásban nem idegenvezető véletlenül?

autót bérel	*rent a car*
biztosítás (-t) (*pron.* bisztosítás)	*insurance*
benzin (-t)	*petrol*
tele tank (-ot)	*full tank*
visszahoz (vmit)	*bring back* (sg)
kihagy (vmit)	*miss* (sg)
az Alföld fővárosa	*the capital of the Great Plain*
borpince	*wine cellar*
Már csak három napom van.	*I have only three days left.*
jogosítvány (-t)	*driving licence*
másodállás (-t)	*second job*
véletlenül	*by any chance*
Mit érdemes megnézni?	*What is worth seeing?*

*Csontváry is a great 19th/20th-century Hungarian painter. His style is unique.

**It is illegal to drive after drinking any alcohol in Hungary.

***Budapest is often just called Pest.

Feleljen a kérdésekre! (*Answer the questions.*)

  a A biztosítás is benne van a kocsi árában (*in the price of the car*)? [⌐]
  b Mikor kell fizetni?
  c Hogyan kell az autót visszahozni?
  d Milyen valutával akar Tim fizetni?
  e Mi történik (*happen*), ha Tim túl sok bort iszik Egerben?

> **INSIGHT**
>
> Are you sure you can fluently and accurately use the definite conjugation in sentences of your own? If the answer is no, you need to spend more time going over these last two units. Conjugating out loud verbs learnt before and making up sentences with them is also good practice. You might be surprised to find just how much you can now say in Hungarian!

❓ Test yourself – Which is correct?

1 **a** Úgy tudok, hogy a Csontváry Múzeum Pécsen van.

   b Úgy tudom, hogy a Csontváry Múzeum Pécsen van.

2 **a** Önt keresik.

   b Önt keresnek.

3 **a** Ismertek bennünket?

   b Ismeritek minket?

4 **a** Csak hármat veszem.

   b Csak hármat veszek.

5 **a** Miki már a második fogást eszik.

   b Miki már a második fogást eszi.

6 **a** Csak egyszer egy héten nézzük a tévét.

   b Csak egyszer egy héten nézjük a tévét.

7 **a** Pécsről hová megyünk?

   b Pécsből hová megyünk?

8 **a** Kiveszi az öltönyt a szekrényről.

   b Kiveszi az öltönyt a szekrényből.

9 **a** Két jó film megy a moziban: az egyik francia, a második pedig amerikai.

   b Két jó film megy a moziban: az egyik francia, a másik pedig amerikai.

10 **a** Az új tanárnőnak egy csokor virágot viszek.

   b Az új tanárnőnek egy csokor virágot viszek.

13 Én horgászni fogok apával

I'll be fishing with Dad

In this unit you will learn how to:

▶ *Talk about future plans, events and actions*
▶ *Say you agree or do not agree with someone*

Dialogue

It is Thursday evening. The Balogh family is having dinner. (János Balogh is the father, Baloghné the mother, Feri their son and Andrea their daughter.)

 02.06–07

Feri	Apu, te voltál már Szentendrén?
B. János	Voltam, de nagyon régen. Miért?
Feri	Pista szombaton ott volt a szüleivel. Azt mondja, hogy Szentendrénél a Dunában sok halat lehet fogni.
B. János	Tényleg? Hm … Régen voltunk már horgászni …
Baloghné	Csak a múlt szombaton …
Andrea	Anyu, a Tóth Vali is volt Szentendrén. Azt mondja, hogy sok jó butik van a városban. Nagyon szeretnék egy divatos, sötétkék miniszoknyát a ballagásra. Vali is ott fog venni egyet. Holnapután szombat lesz. Nem megyünk Szentendrére?
B. János	Ti nők mindig csak a pénzt költitek!
Baloghné	Emlékszel, János? Szentendrén van a Kovács Margit Múzeum. És milyen romantikus volt a Duna-parton sétálni … Holnapután elmegyünk a múzeumba és aztán sétálunk a városban.
Feri	De én nem akarok múzeumba menni! Utálok múzeumba járni! Én horgászni fogok apával. Jó, apa?
B. János	Jó! Vasárnap délben halászlét eszünk.
Andrea	Én nem fogok veletek egész nap a Duna-parton ülni! Ti mindig csak horgászni akartok. Nincs is még olyan jó idő!
Feri	Nem baj! Mi nem fázunk. Ti majd a Kovács Margit Múzeumba mentek és sétáltok a városban. Mi pedig horgászni fogunk. Ti is szeretitek a halászlét, nem?
Andrea	De igen. Feltéve persze, ha fogtok halat. Anyu, azt hiszem jobb lesz, ha holnap bevásárolunk.
Baloghné	Igazad van, Andrea. Biztos, ami biztos. Holnap veszünk babot, hátha csak bablevest eszünk vasárnap ebédre.

a szülei	*his/her parents*
halat fog	*catch a fish*
horgászik	*fish* (verb)
a múlt szombaton	*last Saturday*
nők	*women*
pénzt (*pron.* pénszt) **költ**	*spend money*
Ti mindig csak a pénzt költetik.	*You're always spending money.*
	(Lit. *You are always only spending money.*)
emlékszik	*remember*
Duna-part (-ot)	*bank of the Danube*
elmegy	*go*
Nincs is még olyan jó idő!	*The weather is not even nice yet!*
Nem baj!	*It doesn't matter!*
feltéve ha	*provided that, as long as*
Biztos (*pron.* bisztos)**, ami biztos.**	*To be on the safe side …*
hátha	*in case*

QUESTIONS

1 Igaz vagy nem igaz? (*True or false?*) Correct and re-write the false statements.

> **INSIGHT**
>
> Remember to answer questions in full sentences. It is no good being laconic here. You need all the practice you can give yourself to become proficient in the language.

a Balogh János nagyon szeret a feleségével (*with his wife*) horgászni.
b Szentendrén sok jó üzlet van.
c Feri szerint a nők sok pénzt költenek.
d Baloghné szerint régen a Duna-parton romantikus volt kocogni.
e Most tavasz vagy kora nyár van.

| **üzlet** (-et) | *shop* |
| **kora nyár** | *early summer* |

2 Feleljen a kérdésekre! (*Answer the questions.*)

a Pista szerint hol lehet a Dunában sok halat fogni?
b Mit fog Andrea vásárolni Szentendrén?
c Miért nem fog Andrea egész szombaton a Duna-parton ülni?
d Mindenki szereti a családban a halászlét? [⌐]
e Miért fog pénteken Andrea és Baloghné bevásárolni?

Hungary and the Hungarians

SCHOOL LEAVERS' FAREWELL CEREMONY

This is called **ballagás** and it is an old tradition in Hungarian secondary schools. It usually takes place in May before the final exams. The whole school, and especially the school leavers' classrooms, are decorated with flowers. School leavers are given a small embroidered bag with a symbolic **pogácsa** (*Hungarian savoury scone*) and a small coin inside the bag. This is how the 'alma mater' (i.e. *nourishing mother*) sends her children on to the road of life. School leavers form a line, each with his or her hand on the shoulder of the person in front. They walk around the school slowly, while singing traditional songs, symbolically saying goodbye to their school and their childhood. Parents, relatives, friends, teachers and younger pupils line the corridors and classrooms and hand them flowers as they pass.

OTHER EXPRESSIONS

Bevásárol: there are three words in Hungarian used in connection with shopping. **Bevásárol** means *do all one's shopping*. It is an intransitive verb. **Vásárol** and **vesz** are transitive verbs. While **vásárol** can be used without an object, meaning *do some shopping*, **vesz** can only be used with an object, meaning *buy something*:

Holnap **bevásárolunk**.	*Tomorrow we'll do the shopping.*
Mit csinálsz itt? **Vásárolok**.	*What are you doing here?*
	I'm doing some shopping.
Andreának **veszünk** majd egy **miniszoknyát**.	*We'll get a mini-skirt for Andrea.*

Igazad van (*you are right*) (sing. fam.) expresses agreement, and **nincs igazad** (*you are wrong*) (sing. fam.) expresses disagreement. The other forms are:

Igazam van / nincs igazam.	*I'm right / wrong.*
Igaza van / nincs igaza.	*You're* (sing. form.) */ he / she's right / wrong.*
Igazunk van / nincs igazunk.	*We're right / wrong.*
Igazatok van / nincs igazatok.	*You're right / wrong* (pl. fam.).
Igazuk van / nincs igazuk.	*You're* (pl. form.) */ they're right / wrong.*

Grammar

1 THE FUTURE

A future action or event can be expressed by:

▶ the present tense

This is the most common way of expressing future actions and events. To avoid ambiguity, time expressions indicating the future are often used. Here is a list of some very common examples:

V	majd	*some time in the future*
	rögtön (*pron.* röktön)	*right away*
	azonnal	*straightaway*
	nemsokára	*soon*
	mindjárt (*pron.* mingyárt)	*straightaway*
	ma délután	*this afternoon*
	holnap	*tomorrow*
	holnap este	*tomorrow evening*
	holnapután	*the day after tomorrow*
	nyolc óra után	*after 8 o'clock*
	most vasárnap	*this Sunday*
	a hétvégén	*at the weekend*
	ezen a héten	*this week*
	a jövő héten	*next week*
	a jövő szerdán	*next Wednesday*
	két hét múlva	*in two weeks' time*
	ebben a hónapban	*this month*
	a jövő hónapban	*next month*
	az ősszel	*this autumn*
	a télen	*this winter*
	a tavasszal	*this spring*
	a nyáron	*this summer*
	az idén or **ebben az évben**	*this year*
	a jövő évben or **jövőre**	*next year*

Holnap moziba **megyünk.** — *Tomorrow we'll go to the cinema.*
Majd felhívlak. — *I'll give you a ring.*
Rögtön jövök. — *I'll be back soon.*
Sajnos **az idén** nem **tudunk** külföldre menni. — *Unfortunately, we can't go abroad this year.*
Fél nyolckor majd megnézzük a híreket. — *At 7.30, we'll watch the news.*

▶ the future tense

This is made up of the present tense of the word **fog** plus the infinitive. Here for example is the full conjugation of the expression *will cook*:

	Indefinite conjugation	**Definite conjugation**	
(én)	**fogok főzni**	**fogom főzni**	*I will cook*
(te)	**fogsz főzni**	**fogod főzni**	*you will cook*
(maga/ön/ő)	**fog főzni**	**fogja főzni**	*you/he/she will cook*
(mi)	**fogunk főzni**	**fogjuk főzni**	*we will cook*
(ti)	**fogtok főzni**	**fogjátok főzni**	*you will cook*
(maguk/önök/ők)	**fognak főzni**	**fogják főzni**	*you/they will cook*

Holnap én **fogok** vacsorát **főzni**.　　　*Tomorrow I'll cook dinner.*
Holnap én **fogom főzni** a vacsorát.　　*Tomorrow I'll cook the dinner.*

The future tense is usually used to express intention or certainty:

Nem fogok verekedni.　　　　　*I won't fight.*
Holnap **esni fog** az eső.　　　　　*It's going to rain tomorrow.*

Note the form **foglak**, e.g. **Nem foglak szeretni**, ha mindig mérges vagy! *I won't love you if you are always angry.*

Everything that *will*, or *will not*, happen in the future is expressed by either the present or the future tense in Hungarian. So they can express quite a few tenses in English (e.g. expressions like *I'm buying, I'm going to buy, I'll buy, I'll be buying*).

2 THE '-NÁL' AND '-NÉL' *(AT, BY)* ENDING

This ending is used in answer to the question **Hol**?

a to indicate something happening or being at or by a certain place:

A folyónál találkozunk.　　　　*We'll meet at the river.*

b with shops named after the person running them:

A **hentesnél** most lehet　　　　*One can buy 'téliszalámi' at the*
téliszalámit kapni.　　　　　　　*butcher's now.*
A **zöldségesnél** (*pron.*　　　　*I'll buy strawberries at the*
zölcségesnél) veszek epret.　　　　*greengrocer's.*
A **péknél** ma nem volt friss　　　*There was no fresh bread at the*
kenyér.　　　　　　　　　　　*baker's today.*

c when talking about something taking place at someone's place: **Eszternél** lesz a buli. *The party will be at Eszter's place.*

d Note that **-nál/-nél** is also used to mean *on somebody*:

Kinél van a könyv? **Zsoltnál?**　*Who has got the book on them? Is it Zsolt?*

and for when talking about somebody working for a company:

Egy nagy pécsi **vállalatnál** dolgozom.　　*I work for a big company in Pécs.*

The '-nál/-nél' forms of the personal pronouns

Ki?	Kinél?	Kik?	Kiknél?
én	nálam	mi	nálunk
te	nálad	ti	nálatok
maga	magánál	maguk	maguknál
ön	önnél	önök	önöknél
ő	nála	ők	náluk

Nálunk mindig friss a tojás, uram.   *Eggs are always fresh in our shop, sir.*
Kinél lesz a születésnapi buli?   *Where is the birthday party*
Nálatok? [⌐]   *going to take place? At your place?*
Sajnos nincs **nálam** elég pénz.   *Unfortunately I haven't got enough*
  money on me.

3 THE '-VAL' AND '-VEL' FORMS OF THE PERSONAL PRONOUNS

Ki?	Kivel?	Kik?	Kikkel?
én	velem	mi	velünk
te	veled	ti	veletek
maga	magával	maguk	magukkal
ön	önnel	önök	önökkel
ő	vele	ők	velük

Akarsz **velem** táncolni? [⌐]   *Do you want to dance with me?*
Beszélsz **vele**? [⌐]   *Are you going to talk to him/her?*

4 ILYEN, OLYAN *SUCH, LIKE THIS, LIKE THAT*

Ilyen (*this, like this, like that, such, such a*) points to something nearby, or refers to something that was just said:

Ez a szoknya 11.000 Ft!   *This skirt costs 11,000 forints.*
  Most nem akarok **ilyen sok**   *I don't want to spend that*
  pénzt költeni.   *much money now.*
De szép ez a blúz! Én is **ilyent**   *What a beautiful blouse! I'd like*
  szeretnék!   *to have one like this, too.*
Ilyen az élet!   *Such is life.*

Olyan (*that, like that, such, such a, so*) points to something further away, or refers back to something said by someone else:

Olyan kocsit veszek.   *I'm going to buy a car like that.*
Holnap hatkor indulunk.   *We'll leave at 6 tomorrow.*
  Miért **olyan korán**?   *Why so early?*
Péter **olyan kedves** fiú!   *Peter is such a nice boy!*
Olyan szép idő van!   *The weather is so nice!*

Note that both these words require the indefinite conjugation.

5 SOME VERBS USED DIFFERENTLY FROM THEIR ENGLISH EQUIVALENTS

Ért (*understand*), **lát** (*see*), **talál** (*find*), **emlékszik** (*remember*) and **hall** (*hear*) do not take **tud** (*can*) in Hungarian.

Nem **hallom** a tévét.   *I can't hear the telly.*
Nem **értelek**, Jóska.   *I can't understand you, Jóska.*
Látod őket? [⌐]   *Can you see them?*
Nem **találom** a tollat.   *I can't find the pen.*
Nem **emlékszem**.   *I can't remember.*

Practice

1 **Before falling asleep, Andrea thinks about the coming Saturday. Follow her train of thought and write in the missing words. Then imagine that you are Andrea, and speak her thoughts aloud.**

De jó! Akkor szombaton Szentendrére **a** _____ menni. Nekem is lesz divatos sötétkék miniszoknyám a **b** _____. Én is Szentendrén **c** _____ venni egyet, mint Vali. Apu szerint mi nők mindig csak a pénzt **d** _____. Nincs **e** _____. Hiszen nincs minden nap ballagás! Aztán majd anyuval **f** _____ a Kovács Margit Múzeumot. Apu és Feri megint horgászni **g** _____. Persze, ez nem jelenti azt, hogy halat is **h** _____ fogni. Majd meglátjuk! Holnap anyuval **i** _____. Biztos, ami biztos. **j** _____ majd babot is, hátha csak bableves lesz vasárnap ebédre!

Nekem is lesz miniszoknyám.	*I'll have a mini-skirt too.*
mint	*like, as*
Ez nem jelenti azt, hogy …	*This doesn't mean that …*
Majd meglátjuk (*pron.* megláttyuk).	*We shall see.*

2 **It is Saturday and the Balogh family is at Szentendre. Andrea is looking in a shop window. Mrs Balogh is trying to get her to visit the museum first. Re-arrange their lines so that their conversation makes sense. Write it all down, and then act it out from memory.**

a Baloghné	Nincs messze. A harmadik utca jobbra. Látod azt a sok japán turistát? Biztos ott van.
b Andrea	Rögtön jövök. Olyan jó ez a szokna, nem, anyu?
c Baloghné	Na jó. Gyere, majd a múzeum után vissza-jövünk és megnézzük!
d Andrea	Messze van a múzeum?
e Baloghné	Melyiket mondod?
f Andrea	De anyu, Pesten is ilyen sokba kerül egy jó szoknya!
g Baloghné	Andrea, gyere!
h Andrea	Azt, ott. Nekem nagyon tetszik.
i Baloghné	Tizenegyezer forint! Ez nagyon drága, Andrea! Apu nem fog örülni, ha ilyen sok pénzt költünk. Talán nincs is nálam most ennyi pénz.

japán	*Japanese*
Na jó.	*All right then.*
visszajön	*come back*
ennyi	*this/that much*

3 **Late in the afternoon Baloghné and Andrea walk down to the Danube. Andrea is wearing her new mini-skirt. Which are the correct alternatives? Write their conversation down, and then act it out.**

Andrea	Ott vannak, anyu! **Látsz/Látod** őket? Apu! Feri! Hahó!
Baloghné	Hiába **kiabálsz/fogsz kiabálni**, Andrea. Nem **látják/látnak** és nem **hallják/hallanak** bennünket. Csak a halakat **figyelnek/figyelik**.
Andrea	Sziasztok! Milyen a szoknyám?
Feri	Pszt! Ott egy hal!
Andrea	Hal? Hol? Én nem látok egyetlen halat sem. Azt **hiszem/hiszek**, holnap megint bablevest **eszünk/esszük** majd ebédre.

Hahó!	*Hello there!*
hiába (Lit.)	*in vain*
kiabál	*shout*
figyel (vmit)	*watch* (sg) *closely*
szoknyám	*my skirt*
Pszt!	*Hush!*
Én nem látok egyetlen halat sem.	*I can't see a single fish.*

4 **Frigyes has finished his working week. On Friday evening he is thinking about what to do with his weekend. Write in the correct expressions. Then imagine you are Frigyes and act it out from memory.**

Hosszú hét volt ez! Szerencsére vége. Holnap **a** _____. Először **b** _____. Azután **c** _____. Anya biztos **d** _____ valami finomat. Délután talán **e** _____ egy kicsit. Aztán esetleg **f** _____ a Széchenyi fürdőben. **g** _____ Icát, hátha ő is **h** _____. Holnap este pedig buliba **i** _____. Kinél is lesz? Nem **j** _____. Karcsinál vagy Tamásnál? Hol a naptárom? Nem **k** _____. Nem baj. Ica majd biztosan **l** _____. Hú, már nyolc óra van! A fiúk már biztosan **m** _____ a sörözőben.

majd felhívom	nem fogok korán kelni
fogja tudni	takarítani fogok
megyünk	ebédelek
főz majd	emlékszem
várnak	jön
úszni fogok	alszom majd
találom	

hosszú	*long*
szerencsére	*luckily*
Vége.	*It's over.*
a naptárom	*my diary*

5 **Mit fog csinálni a hétvégén? Write a similar passage about yourself, and then say it out loud as if you were telling a friend.**

6 **Which is the correct alternative?**
    a Szombaton **nálunk/velünk** lesz a buli.
    b A **péknél/pékkel** mindig friss a kenyér.

c **Nálatok/veletek** megyek én is!

d **Veled/nálad** nem lehet viccelni? [⌐4]

e **Eszterrel/Eszternél** nehéz beszélni.

7 Answer these questions about yourself.

a Mit fog a nyáron csinálni?

b Hol vásárol húst: a hentesnél vagy a szupermarketben?

c Mindig igaza van?

d Szeret horgászni?

Do you understand?

Ildi and Tünde are good friends at school. Their final exam is coming up.

 02.08

Ildi	Tünde, olyan sápadt vagy! Biztosan éjjel-nappal tanulsz. Mit fogsz csinálni vasárnap?
Tünde	Otthon leszek. Feltéve, ha nincs jobb ötleted.
Ildi	Gyere, kimegyünk a strandra!* Úszunk, napozunk. Voltál már az idén strandon?
Tünde	Még nem.
Ildi	Na látod! Gyere velem! Egy kis napsütés jót fog neked tenni.
Tünde	De még nincs is olyan jó idő!
Ildi	Dehogy nincsen. Az időjárásjelentés szerint a hétvégén huszonhét-huszonnyolc fok lesz. Már a tv-t sem nézed?
Tünde	Nem szeretnék leégni.
Ildi	Nem fogsz leégni. Ismered a sárgarépa napolajat?
Tünde	Micsodát?
Ildi	A Mammutban** lehet kapni. Állítólag nagyon jó fehér bőrre.
Tünde	Na jó. De tudod, hogy én nem nagyon szeretek napozni. Hamar megunom.
Ildi	Nem baj. Majd akkor úszol, vagy ha nagyon akarsz, ott is tudsz tanulni. De legalább kint leszünk a friss levegőn.
Tünde	Lehet, hogy igazad van. Melyik strandra akarsz menni?
Ildi	A Rómaira. Ott nincs olyan óriási tömeg. Fű is van, tiszta a víz. Akkor a Batthyány téren a HÉV-nél foglak várni tízkor. Jó?
Tünde	Jó. Csak az a baj, hogy nincs fürdőruhám!
Ildi	Nekem is kell egy napszemüveg. A Kálvin térnél tudok egy jó butikot. Gyere, veszünk fürdőruhát is, napszemüveget is.
Tünde	Azt hiszem, nincs nálam elég pénz.
Ildi	Nem baj, én majd adok kölcsön. Nálam van egy húszezres. Majd vasárnap megadod.

sápadt (pron. sápatt) — *pale*

éjjel-nappal — *morning, noon and night (Lit. at night and in the day-time)*

Feltéve, ha nincs jobb ötleted. — *Unless you have a better idea.*

strand (-ot) — *lido*

jót tesz (vkinek) (vmi) (sg) — *does (sy) good*

leég — *get sunburnt*

sárgarépa — *carrot*

bőr (-t) — *skin*

levegő — *air*

fű (füvet) — *grass*

fürdőruha — *swimsuit*

… is, … is — *both … and …*

kölcsön ad (vkinek) (vmit) — *lend (sy) (sg)*

megad (vkinek) (vmit) — *return (sg) to (sy)*

*Lidos are very popular with city people in the hot summer months.

**Mammut is one of the many big shopping centres in Budapest.

Melyik igaz? (*Which is true?*)

a Tünde nagyon sápadt, mert …
- **i** nem használ sárgarépa napolajat.
- **ii** túl sokat tanul.

b Tünde nem nagyon szeret napozni, mert …
- **i** a napozás szerinte elég unalmas.
- **ii** fehér a bőre (*her skin*), és hamar leég.

c A sárgarépa napolaj jó, mert …
- **i** ha valaki használja, nem fog leégni.
- **ii** A Mammutban lehet kapni.

d Ildi a Rómaira szeretne menni, mert …
- **i** máshol nincs fű és piszkos a víz.
- **ii** ott nincsenek túl sokan.

e Napszemüveget és fürdőruhát …
- **i** most nem tudnak venni, mert Ildinél nincs elég pénz.
- **ii** a Kálvin térnél vesznek majd.

napozás (-t)   *sunbathing*
máshol   *elsewhere*

> **INSIGHT**
>
> You've come a long way now and should be proud of your ability in the Hungarian language. Units 14–21 will be more demanding. Just make sure you spend sufficient time on each unit before going on to the next one.

❓ Test yourself – Which is correct?

1 **a** A hétvégén veszünk a szupermarketben.

   b A hétvégén bevásárolunk a szupermarketben.

2 **a** Nem igazatok van.

   b Nincs igazatok.

3 **a** Nem foglak hallani, mert túl hangos a tévé.

   b Nem fogok téged hallani, mert túl hangos a tévé.

4 **a** Most mit fogsz csinálni?

   b Most mit fogod csinálni?

5 **a** A zöldségesben nem volt gomba.

   b A zöldségesnél nem volt gomba.

6 **a** Egy német vállalatnál dolgozom.

   b Egy német vállalatnak dolgozom.

7 **a** Van nálad pénz?

   b Van neked pénz?

8 **a** Nem fogok nálatok horgászni.

   b Nem fogok veletek horgászni.

9 **a** Olyan az élet!

   b Ilyen az élet!

10 **a** Sajnos nem találom a kulcsot.

   b Sajnos nem tudom találni a kulcsot.

És hol tanult táncolni?
And where did you learn to dance?

In this unit you will learn how to:
▶ *Talk about past actions and events*
▶ *Say whether something is or is not possible*

Dialogue

Mária is looking for a job. She has spotted this advertisement in the newspaper. The following is part of her interview with Pál Kardos, the director of the school.

> **JAZZ-BALETT**
> tanárt keresünk heti
> 15 órára.
> Duna Tánciskola.
>
> Tel: 173–4528

 02.09–10

Kardos P.	Azt hiszem, én már mindent elmondtam az állásról. Most maga következik. Először is néhány személyi adatot szeretnék tudni. Mikor és hol született?
Mária	1983. február 4-én születtem Egerben. De a szüleim 1987-ben Budapestre költöztek, és én itt Pesten jártam iskolába a Horváth Mihály téren.
Kardos P.	Szóval maga a híres Fazekas Mihály Gimnáziumba járt?
Mária	Gimnáziumba sajnos nem ide jártam, csak általános iskolába. Tanulni soha sem szerettem.
Kardos P.	Értem. És hol tanult táncolni?
Mária	Mindig is imádtam balettozni. Már az általános iskolában is különórára jártam Kocsis Márta nénihez. Híres, kiváló tanár és csodálatos ember volt. Szegény tavaly meghalt. Nem ismerte véletlenül?
Kardos P.	Dehogynem! Márta nénit mindenki ismerte. És hogy ment a balett?
Mária	Nagyon jól. Szerencsés voltam, mert Márta néni mindenkivel nagyon türelmes és kedves volt. Később ő küldött jazz-balettra is. De sajnos nem lehettem balett-táncos, mert sokáig beteg voltam.
Kardos P.	Szóval többé nem táncol?

Mária		Sajnos nem. Csak táncházba járok a szabadidőmben. Ez a hobbim.
Kardos P.		És tanított már jazz-balettot?
Mária		Igen, a Balett Intézetben. A második évben jártak hozzám a gyerekek.
Kardos P.		Ilyen jó állást otthagyott?
Mária		Hát, muszáj volt. Két évvel ezelőtt férjhez mentem, és tavaly szültem. Most szeretnék visszamenni, de sajnos ott már más tanít. Nagyon szeretnék újra tanítani, és persze a pénz is jól jön.
Kardos P.		Értem. Azt hiszem, mindent megbeszéltünk. Vagy esetleg szeretne még valamit kérdezni?
Mária		Igen, csak egy utolsó kérdést. Megkapom az állást?

V

állás (-t)	*job*
következik (Lit.)	*follow, is sy's turn*
először is	*first of all*
személyi adat (-ot) (Lit.)	*personal datum*
gimnázium (-ot)	*secondary school*
általános iskola	*primary school*
különóra	*private lesson*
csodálatos	*wonderful*
ember (-t)	*person*
szegény (-t)	*poor, poor thing*
meghal	*die*
szerencsés	*lucky*
türelmes	*patient* (adjective)
kedves	*kind, nice*
jazz (-t) (*pron.* dzsessz)	*jazz*
sokáig	*for a long time*
többé nem	*no longer, not any more*
a szabadidőmben	*in my free time*
Balett Intézet (-et)	*Ballet Institute*
otthagy (vmit)	*leave* (sg)
szül	*give birth, have a baby*
muszáj	*must, have to, necessary*
muszáj volt	*had to, it was necessary*
(vmi) **jól jön** (vkinek)	*come in handy*
megbeszél (vkivel) (vmit)	*discuss* (sg) *with* (sy)
utolsó kérdés (-t)	*last question*
Megkapom az állást? [⌐]	*Have I got the job?* (Lit. *Will I get the job?*)

1 Igaz vagy nem igaz? (*True or false?*) Correct and re-write the false statements.

> **INSIGHT**
>
> Remember to say the answers out loud. It is much more effective than just silently thinking them.

   a Mária nem Egerben, hanem Pesten járt iskolába, mert a szülei 1987-ben a fővárosba költöztek.

   b Mária egy híres balett-tanárhoz járt különórára.

   c Kardos Pál nem ismerte Márta nénit.

   d Mária a táncházban tanított jazz-balettot.

   e Mária egy évvel ezelőtt szült.

2 Feleljen a kérdésekre! (*Answer the questions.*)

   a Mikor és hol született Mária?

   b Miért nem a Fazekas Gimnáziumba járt Mária?

   c Kihez járt különórára Mária?

   d Miért nem lehetett balett-táncos Mária?

   e Kihez jártak a második évben a gyerekek jazz-balettot tanulni?

Hungary and the Hungarians

FAZEKAS MIHÁLY

Fazekas Mihály was an 18th-century Hungarian poet. A lot of streets, schools and institutions are named after famous people in Hungary. There is a strong literary tradition in the country. Poets and writers have always played an important role in public life as the 'conscience of the nation'. Culture and education is important to Hungarians, and well-read and well-educated people enjoy high esteem. Someone talking about a serious topic at length is not considered a bore or pretentious. Hungarians are less keen on lengthy social chit-chat, and prefer to come straight to the point.

Márta nénit mindenki ismerte. (*Everybody knew Márta néni.*) Hungary is a small country. Many people know each other especially in professional circles.

TÁNCHÁZ *DANCE HOUSE*

This used to be the place where young people in villages went dancing. The **táncház** movement started in the 1970s and has become very popular with young people in big cities. Here they learn real folk dances, and dance to original folk music. It all started in a Transylvanian village called **Szék**, where people have retained a traditional lifestyle up to the present day.

OTHER EXPRESSIONS

Férjhez megy (*get married*): this expression is only used about women, e.g. **Erzsi** tavaly **férjhez ment**. *Erzsi got married last year.* To say who she married, use the ending **-hoz/-hez/-höz**, e.g. Erzsi **Tamáshoz ment férjhez**. *Erzsi married Tamás.*

The equivalent for a man is **megnősül**, e.g. **Megnősült** már **János**? *Has János got married?* To include the name of the wife, the expression **feleségül vesz** (vkit) is used, e.g. János **feleségül vette Icát**. *János married Ica.*

The word **összeházasodik** is used about two people getting married, e.g. A múlt vasárnap **Miklós és Anna összeházasodtak**. *Last Sunday Miklós and Anna got married.*

Állás (*job*), **munka** (*work*): these words are used as in English.

Végre kaptam egy jó **állást**!	*At last I've got a good job!*
Tegnap nagyon sok volt a **munka** az irodában.	*Yesterday there was a lot of work to do at the office.*

Note that both words are correct in the expression **munkát keres** or **állást keres** (*look for a job*).

Grammar

1 PAST TENSE: INDEFINITE CONJUGATION

The past tense is formed by an ending which has a short form (**-t**) and a long form (**-tt**). The short form comes directly after the verb stem, while the long form is preceded by a linking vowel (**o** for back vowel words, **e** for front vowel words and **ö** for front vowel words with **ö**, **ő**, **ü** or **ű** as their final vowel.) This form is then followed by the definite or indefinite personal endings. Here are two examples of how to form the indefinite past tense:

Verb stem	-t/-ott -ett/-ött	Indefinite personal ending	Verb in the past tense	English equivalent
vár	-t	-ál	vártál	*you waited*
segít	-ett	-él	segítettél	*you helped*

Whether to use the short or the long form depends on the stem. There are three possibilities:

a the long form (**-ott/-ett/-ött**) is taken in all persons by
   verbs ending in two consonants, e.g. **ért – értett**,
   verbs ending in **-ít**, e.g. **tanít – tanított**,
   one-syllable verbs ending in **-t**, e.g. **köt – kötött**.

b the short form (**-t**) is taken in all persons by
   verbs ending in **-ny, -r, -l, -j, -n, -ly**, e.g. **beszél – beszélt, vár – várt, fáj – fájt, köszön – köszönt**,

verbs of more than one syllable ending in **-ad** or **-ed**, e.g. **marad** – **maradt**.

Note that the words **áll** (*stand*) and **száll** (*fly*) are also in this group.

    c the short form (**-t**) is taken in all persons except for the 3rd person singular form of the indefinite conjugation. This takes the long form (**-ott/-ett/-ött**).

All the verbs not mentioned in groups **a** or **b** belong to this group.

Note that the verbs **lát**, **mond**, **küld** and **kezd** are also in this group.

The same personal endings are used whether the verb is in group **a**, **b** or **c**. But, as usual, they have different forms for back and for front vowel words. In the tables opposite are examples of the indefinite personal endings in the past tense for each type of verb.

Back vowel verbs

	Group a	Group b	Group c
(én)	tanított**am**	várt**am**	adt**am**
(te)	tanított**ál**	várt**ál**	adt**ál**
(maga/ön/ő)	tanított	várt	adott
(mi)	tanított**unk**	várt**unk**	adt**unk**
(ti)	tanított**atok**	várt**atok**	adt**atok**
(maguk/önök/ők)	tanított**ak**	várt**ak**	adt**ak**

Front vowel verbs

	Group a	Group b	Group c
(én)	kötött**em**	kért**em**	nézt**em**
(te)	kötött**él**	kért**él**	nézt**él**
(maga/ön/ő)	kötött	kért	nézett
(mi)	kötött**ünk**	kért**ünk**	nézt**ünk**
(ti)	kötött**etek**	kért**etek**	nézt**etek**
(maguk/önök/ők)	kötött**ek**	kért**ek**	nézt**ek**

Note that the 3rd person singular form has no personal ending.

The following verbs are ir regular:

Verb	Full indefinite conjugation in the past tense					
megy	mentem	mentél	ment	mentünk	mentetek	mentek
jön	jöttem	jöttél	jött	jöttünk	jöttetek	jöttek
eszik	ettem	ettél	evett	ettünk	ettetek	ettek
iszik	ittam	ittál	ivott	ittunk	ittatok	ittak
tesz	tettem	tettél	tett	tettünk	tettetek	tettek
vesz	vettem	vettél	vett	vettünk	vettetek	vettek
hisz	hittem	hittél	hitt	hittünk	hittetek	hittek
visz	vittem	vittél	vitt	vittünk	vittetek	vittek
lesz*	lettem	lettél	lett	lettünk	lettetek	lettek
fekszik	feküdtem	feküdtél	feküdt	feküdtünk	feküdtetek	feküdtek
alszik	aludtam	aludtál	aludt	aludtunk	aludtatok	aludtak
emlékszik	emlékeztem	emlékeztél	emlékezett	emlékeztünk	emlékeztetek	emlékeztek
***Lesz** here means *become*.						

The past tense is often used with time expressions like:

tegnap	*yesterday*
tegnapelőtt	*the day before yesterday*
a múlt héten	*last week*
a múlt szombaton	*last Saturday*
a múlt hónapban	*last month*
a múlt évben or **tavaly**	*last year*
a nyáron	*last summer*
a télen	*last winter*
az ősszel	*last autumn*
a tavasszal	*last spring*
a múltkor	*last time*
tavaly szeptemberben	*last September*
két perccel / órával / nappal / héttel / hónappal / évvel ezelőtt	*two minutes / hours / days / weeks / months / years ago, etc.*

Everything that happened or did not happen before the present moment is expressed with the past tense in Hungarian. So it expresses quite a few tenses in English (e.g. expressions like *has gone, went, was going, had gone, had been going*):

Éppen most **reggeliztem**.	*I've just had breakfast.*
Olvastam a könyvet, de nem emlékszem miről szól.	*I've read the book, but I can't remember what it's about.*
Láttad az új francia filmet? [◡]	*Have you seen the new French film?*
Aludtál már sátorban? [◡]	*Have you slept in a tent before?*
Még nem **jártam** Budán.	*I haven't been to Buda before.*

14 *És hol tanult táncolni? And where did you learn to dance?*   **189**

Tegnap tv-t **néztünk**.	*Yesterday we watched television.*
Amikor **megérkeztem**, András éppen **olvasott**.	*When I arrived András was reading a book.*
Mire **megérkeztem**, Eszter már **elment**.	*By the time I arrived Eszter had already left.*
Még csak nyolc óra volt, de Anna már órák óta **dolgozott**.	*It was only 8 o'clock, but Anna had been working for hours.*

> **INSIGHT**
>
> The past tense is a rather complicated feature of Hungarian. So you need lots of practice! Learn the examples and the irregular verbs by heart. Then conjugate a few verbs aloud. (It might help if you do it in writing as well.)

2 THE '-HOZ', '-HEZ' AND '-HÖZ' *TO* ENDING

Words taking the ending **-nál/-nél** in answer to the question **Hol?** take the ending **-hoz/-hez/-höz** in answer to the question **Hova?**:

Este a **folyóhoz** mentünk.	*In the evening we went to the river.*
Először a **pékhez** mentem, azután a **zöldségeshez**.	*First I went to the baker's and then to the greengrocer's.*
Eszterhez mész? [↵]	*Are you going to Eszter's?*

The -hoz, -hez and -höz forms of the personal pronouns

Ki?	Kihez?	Kik?	Kikhez?
én	hozzám	mi	hozzánk
te	hozzád	ti	hozzátok
maga	magához	maguk	magukhoz
ön	önhöz	önök	önökhöz
ő	hozzá	ők	hozzájuk

Először **hozzánk** jöttök? [↵]   *Are you coming to our place first?*

Not only verbs, but also some expressions require the use of endings. Often there is no logical reason for which ending to use. You just have to learn them, e.g. (vki) férjhez megy vki**hez**: Ági egy **külföldihez ment férjhez**. *Ági married a foreigner.*

3 THE '-RÓL' AND '-RŐL' ENDING

This ending can also mean *about*:

Kiről írt István?	*Who did István write about?*
Miről szólt a film?	*What was the film about?*

4 THE DATE

▶ In answer to the question **Hányadika van?** (*What's the date?*), ordinal numbers are used with the **-a/-e** ending, e.g. **január másodika** (*January 2*), **február harmadika** (*February 3*), **március negyedike** (*March 4*), etc.

Note the only irregular form: **elseje** (*the first of*).

When writing the date in numbers, a full stop is needed after the year and the day, e.g. **1993. március 24**.

The names of the months are often abbreviated: **jan.**, **feb.**, **márc.**, **ápr.**, **máj.**, **jún.**, **júl.**, **aug.**, **szept.**, **okt.**, **nov.**, **dec.**, e.g. **1993. márc. 24**. Alternatively, they can be written in Roman numerals, e.g. **1993. III. 24**. (It is read out like this: **harmadik hó huszonnegyedike.**) The form **1993. 03. 24.** is also used.

Hungarian date order is the opposite of British English; first comes the year, followed by the month and then the day.

▶ In answer to the question **Hányadikán?** (*On which day of the month?*) the **-n** ending is used, e.g. **február negyedikén** (*on February 4*).

Note the absence of a full stop after days, e.g. **február 4-én**, **április 6-án**, etc. The only irregular form is **1-jén**.

5 NEM *NOT*

Nem comes directly before the word it negates. Together they are the focus of the sentence, so they are usually followed by the verb:

Nem vagyok balett-táncos.	***I'm not*** *a ballet dancer.*
Nem balett-táncos vagyok, hanem operaénekes.	*I'm **not a ballet dancer**, but an opera singer.*
Nem mentünk Rómába.	*We **didn't** go to Rome.*
Nem Rómába mentünk, hanem Firenzébe.	*We didn't go to **Rome**, but to Florence.*

6 SOHA *NEVER* REQUIRING A NEGATIVE

The words **soha** (*never*), **senki** (*nobody*), **semmi** (*nothing*), **sehol** (*nowhere*), **sehova** (*to nowhere*), **sehonnan** (*from nowhere*) always require a negative expression like **nem** or **sem**. (Either of these can be used.)

Soha nem mondasz igazat!	*You never tell the truth!*
Senki nincs otthon.	*Nobody is at home.*
Semmit nem akarsz enni? [⌄]	*Don't you want to eat anything?*
Sehol sem kaptam téliszalámit.	*I couldn't get 'téliszalámi' anywhere.*
A hétvégén **sehova nem** mentünk.	*We didn't go anywhere at the weekend.*
Sehonnan sem kaptam levelet.	*I didn't get any letters from anywhere.*

Note that **senki** and **semmi** can take endings:

Senkivel sem találkoztál? [⌐]   *Didn't you meet anybody?*

Béla már **semmiben** sem hisz.   *Béla doesn't believe in anything any more.*

7 LEHET *BE POSSIBLE, CAN BE, MAY BE*

This word can be conjugated in Hungarian:

30 éves **lehetett**.   *He might've been 30 years old.*

Sajnos nem **lehettem**   *Unfortunately I couldn't become a ballet*
  balett-táncos, mert sokáig beteg voltam.   *dancer because I was ill for a long time.*

8 MÁS *OTHER*

This word can refer both to people and things. It can take a number of endings, or can be joined to other words. So it can mean a lot of things. Here are a few examples:

Köszönöm **mást** nem kérek.   *That's all, thank you.*

Sajnos most vasárnap nem tudunk jönni.   *Unfortunately we can't come this Sunday.*
  Talán majd **máskor**.   *Perhaps another time.*

Próbáltál már **máshol** is szobát   *Have you also tried looking for a room*
  keresni? [⌐]   *elsewhere?*

Mással nem akarok moziba   *I don't want to go to the cinema with*
  menni, csak veled!   *someone else, only with you!*

Practice

1   Klára Lehoczky spotted this advertisement in the paper:

> Energikus, fiatal asszisztenst
> keres egy budapesti
> nagyvállalat. Az angol
> nyelv ismerete előny.
> Jó kereseti lehetőség!
> Tel: 137–8429

V
energikus	*energetic*
asszisztens (-t)	*assistant*
Az angol nyelv ismerete előny.	*Knowledge of English is an advantage.*
jó kereseti lehetőség	*good salary prospects*

She liked it and decided to apply for the job. This is a summary of her CV. Study it carefully and then supply her answers to the interviewer's questions.

1986. április 23-án születtem Szegeden. Itt jártam általános iskolába, majd gimnáziumba is. A gimnáziumban kezdtem angolul tanulni. 2006-ban Angliába,

Oxfordba utaztam egy rövid nyelvtanfolyamra. 2007-ben Budapestre költöztem. Először a Duna utcai cipőgyárban dolgoztam a XIV. kerületben. Az igazgató mellett voltam asszisztens. Közben este nyelvtanfolyamon tanultam angolul. 2008-ban férjhez mentem. 2009-ben született a fiam, Márton, 2010-ben pedig a lányom, Anikó. A férjem újságíró és elég jól keres. Így én otthon maradtam a gyerekekkel. Folyékonyan beszélek angolul és tudok egy kicsit franciául is. Nagyon szeretnék ismét dolgozni.

kezd	*start* (verb)
nyelvtanfolyam (-ot)	*language course*
gyár (-at)	*factory*
az igazgató mellett	*for the manager (Lit. next to the manager)*
a fiam	*my son*
a lányom	*my daughter*
folyékonyan	*fluently*
ismét	*again*

a Először is néhány személyi adatot szeretnék tudni. Mikor és hol született?
b Értem. Itt járt iskolába is? [⌄]
c És mikor költözött a fővárosba?
d Hol dolgozott Pesten?
e Hol tanult angolul?
f Jelenleg miért nem dolgozik?

jelenleg	*at present*
főváros (-t)	*capital (city)*

2 Turn Klára Lehoczky's CV into a short biography. Write it all down in the 3rd person singular form, and then say it aloud. You will need the phrases: a fia (*her son*), a lánya (*her daughter*).

3 Write a summary of your CV in Hungarian. Then say it out loud from memory.

4 Over a glass of beer János is talking about his life to his new friend, Ervin. What is the correct past tense form of the verbs in brackets? Imagine that you are János and tell your story to Ervin.

Tudod, Ervin, nehéz az élet! A lányom a múlt szombaton (**megy**) _____ férjhez. Egyedül (**marad**) _____. A feleségem két évvel ezelőtt (**meghal**) _____. Nagyon (**szeret**) _____ szegényt. Még csak 47 éves volt. Akkor nagyon sokat (**iszik**) _____. Nem (**hisz**) _____, hogy még egyszer normális ember leszek. Csak otthon (**fekszik**) _____ vagy a kocsmába (**jár**) _____. Alig (**eszik**) _____. Szerencsére velem (**lakik**) _____ a lányom. Ő nagyon sokat (**segít**) _____: (**főz**) _____, (**mos**) _____, (**takarít**) _____ és (**küld**) _____ munkát keresni. Ugyanis tavaly munkanélküli (**lesz**) _____. Én nem (**akar**) _____ dolgozni. De a lányom (**talál**) _____ nekem egy jó állást. Fél évvel ezelőtt újra dolgozni (**kezd**) _____. De mi lesz most velem a lányom nélkül?

egyedül marad	*be left on one's own*
még egyszer	*once more, again*
normális	*normal*
mos	*wash clothes*
munkanélküli	*unemployed*
ugyanis	*for*

5 Which are the correct alternatives?

  a A **mozinál/a mozihoz** találkozunk.

  b A múlt pénteken **Andráshoz/Andrásnál** mentetek buliba? [⌐]

  c Kati nem egy **amerikainál/amerikaihoz** ment férjhez? [⌐]

  d Tavaly is **a Balatonnál/a Balatonhoz** mentél nyaralni? [⌐]

  e **Nálad/Hozzád** a nyáron is jöttek gyerekek tanulni? [⌐]

  f Dávid 1992-ben egy pécsi **nagyvállalatnál/nagyvállalathoz** dolgozott.

 nyaral   *be on summer holiday*

6 Sándor is looking back on his life. He has put the following dates and events in his diary. What dates are important in his life, and why? Write complete sentences using the information given below. Here is the first one:

  a Ezerkilencszázötvenkilenc június hatodika azért fontos, mert akkor született Sándor.

Mikor?	**Mi történt?**
a 1959. jún. 6	születtem
b 1982. szept. 10.	dolgozni kezdtem
c 1987. dec. 19.	megnősültem
d 1990. szept. 20.	fiam született
e 1991. okt. 31.	lányom született
f 1992. aug. 1.	vezérigazgató lettem

vezérigazgató	*managing director*
… azért fontos, mert	*… is important because*

7 When were these famous Hungarians born? Write complete sentences.

  a Balassi Bálint, költő (**1554. okt. 20.**)

  b Arany János, költő (**1817. márc. 2.**)

  c Petőfi Sándor, költő (**1823. jan. 1.**)

  d Ady Endre, költő (**1877. nov. 22.**)

  e Móricz Zsigmond, író (**1879. jún. 29.**)

költő	*poet*
író	*writer*

8 Play around with these two sentences. What can you negate, and where can you put nem? Write down all the possibilities.

  a János bácsi friss húst vett ma a hentesnél.

  b Peti három palacsintát evett tegnap ebédre.

9 Our lazy Jack still makes mistakes. Put **jó** after the sentences he got right, and **rossz** after the ones he got wrong and correct them.

   a Még soha jártam Párizsban.

   b Külföldön senki ismeri Balassi Bálintot.

   c Jolán, miért mentél mással moziba?

   d Muszáj volt a zöldségeshez menni, mert nem volt itthon paradicsom a pörkölthöz.

   e János megnősült Eszterrel.

10 Answer these questions about yourself.

   a Látott már fehér elefántot? []

   b Jó iskolába járt? []

   c Lehet még balett-táncos? []

   d Evett már igazi gulyáslevest? []

   e Mikor vett utoljára fürdőruhát vagy fürdőnadrágot?

utoljára	*last time*
fürdőnadrág (-ot)	*bathing trunks*

Do you understand?

02.11

This is a short biography of Count István Széchenyi (*pron.* szécsényi), who is known as 'the greatest Hungarian'.

Gróf Széchenyi István: országépítő, politikus és író 1791. szeptember 21-én született Bécsben. A Széchenyi-család igen gazdag, híres magyar arisztokrata család volt. Széchenyi István édesapja, Széchényi Ferenc alapította a Nemzeti Múzeumot. 1809-ben a fiatal Széchenyi katonatiszt lett. Részt vett a lipcsei csatában Napóleon ellen, és 1814-ben ott volt a bécsi kongresszuson is. 1815-ben járt először Angliában. Később is sokat utazott. Járt Olaszországban, Törökországban, Görögországban, Franciaországban és Németországban is. De Anglia maradt a szerelme: igazi anglomán volt. Angliában sok mindent megfigyelt és tanult. Magyarország ekkor, a XIX. század elején igen elmaradott, feudális ország volt. Széchenyi modern, polgári társadalmat akart építeni; a semmiből próbált országot teremteni. „Sokan azt gondolják: Magyarország volt; én azt szeretem hinni: lesz!" – írta.

Széchenyi István nemcsak álmodott, tenni is tudott. Az országgyűlésen ő beszélt a latin helyett először magyarul. 1825-ben tudományos akadémiát alapított. Később lóversenyt szervezett, az angol klubok mintájára kaszinót alapított és egy angol mérnökkel, William Tierney Clarkkal hidat épített. A Lánchíd volt az első állandó híd Pest és Buda között. (Tierney Clark építette a londoni Hammersmith-hidat is!) Széchenyi szabályozta a Dunát és a Tiszát, a Balatonon ő indította el a gőzhajózást, vasutat épített, és közben néhány könyvet írt az ország átalakításáról. 1848-ban miniszter lett az első magyar kormányban.

A „legnagyobb magyar" igen gazdag életet élt. Rendkívül bonyolult és érdekes ember volt. 1860. április 7-én halt meg Döblingben.*

országépítő** (Lit.)	country builder
igen	very
gazdag	rich
alapít	found (e.g. found a society)
katonatiszt (-et)	army officer
részt vesz (vmiben)	take part in (sg)
a lipcsei csata	the battle of Leipzig
Törökország (-ot)	Turkey
Görögország (-ot)	Greece
a szerelme	his love
anglomán	Anglophile
sok minden (-t)	a lot of things
megfigyel	observe
a XIX. század elején	at the beginning of the 19th century
elmaradott	backward
polgári társadalom	(társadalmat) bourgeois society
épít (vmit)	build (sg)
teremt (vmit)	create (sg)
próbál	try
álmodik	dream (verb)
tesz	do, act (verb)
országgyűlés (-t)	national assembly
tudományos akadémia	academy of sciences
lóverseny (-t)	horse race
szervez (vmit)	organize (sg)
az angol klubok mintájára	on the model of English clubs
állandó	permanent
szabályoz (vmit)	regulate (sg)
Ő indította el a gőzhajózást.	He started steamboat services.
vasút (vasutat)	railway
az ország átalakítása	the transformation of the country
kormány (-t)	government
rendkívül	extremely
bonyolult	complicated

*Döbling is a suburb of Vienna today.

**Note that this is not a word that you would find in a dictionary. Hungarian writers sometimes make up their own words, for example in newspaper articles and essays.

Igaz vagy nem igaz? (*True or false?*) Correct and re-write the false statements.

   a Széchenyi István alapította a Nemzeti Múzeumot.

   b Széchenyi sok országban járt, de Anglia maradt a szerelme.

   c Magyarország a XIX. század elején elég fejlett ország volt.

   d A legnagyobb magyar nemcsak álmodni, hanem tenni is tudott.

   e Széchenyi 1860. szeptember 21-én halt meg Bécs mellett.

fejlett	developed

❓ Test yourself – Which is correct?

1 a Lajos és Irén összeházasodtak.

b Lajos összeházasodott.

2 a 5 órakor kezdettem főzni.

b Öt órakor kezdtem főzni.

3 a Milyen nyelven beszéltetek velük?

b Milyen nyelven beszélettetek velük?

4 a Tavaly megytél autóval Londonba?

b Tavaly mentél autóval Londonba?

5 a Egész éjszaka nem aludtunk.

b Egész éjszaka nem alszottunk.

6 a Mikor mentetek hozzák?

b Mikor mentetek hozzájuk?

7 a A film egy furcsa emberhez szól. (**furcsa** *strange*)

b A film egy furcsa emberről szól.

8 a Pénteken lesz május elseje?

b Pénteken lesz május egyedike?

9 a Soha voltam még Japánban. (**Japán** (-t) *Japan*)

b Soha nem voltam még Japánban.

10 a 10 éves lehetett, amikor meghalt az édesapja.

b 10 éves lehett, amikor meghalt az édesapja.

15 Kedves Rita!
Dear Rita

In this unit you will learn how to:
▶ *Write cards, formal and informal letters*
▶ *Express congratulations and condolences*

Dialogue

Rita, Bea and Sári are good friends and they all study at Szeged University. Sári has gone to Budapest to do some interpreting during the holidays. Rita and Bea meet at a café.

 02.12–13

Bea	Régen írt már Sári. Mi lehet vele? Tudod, milyen. Vele mindig történik valami.
Rita	Éppen ma reggel kaptam to″le levelet. Várj csak, itt van! *(She pulls it out of her handbag and reads it out to Bea.)* „Kedves Rita! Ne haragudj, hogy olyan sokáig nem írtam. Nem felejtettelek el benneteket, de rengeteg minden történt velem. Képzeld, megismerkedtem egy érdekes angol fiúval."
Bea	Ez jól kezdo″dik! Kíváncsi vagyok, kivel találkozott megint… Emlékszel, amikor azt a skót szoknyás fiút bemutatta?
Rita	És emlékszel az amerikai baseball-játékosra? *(Both of them laugh.)*
Bea	Folytasd! Mit ír?
Rita	„Pár nappal ezelo″tt egy vendéglo″be mentem ebédelni a József körúton. Elég késo″ volt, délután fél négy fele lehetett. Nem volt nagy választék: már csak csirke és pörkölt maradt. Egy másik asztalnál egy 22 év körüli fiú ült az ablak mellett. Gondoltam, hogy turista lehet, mert egy hátizsák feküdt mellette a földön. A fiú odahívta a pincért, és a csirkét kérte. A pincér nem értette. A fiú lassan, hangosan megismételte: csérke. A pincér még mindig nem értette, mit akar. A fiú ekkor felugrott és elkezdett hadonászni a karjával, mint egy tyúk, amikor a szárnyát csapkodja és most már kiabálta: csérke!!! A pincér ijedt arccal hátrált. Mindenki nevetett.

„Azt hiszem, csirkét kér." – mondtam a pincérnek. „Á, csirke." – ismételte a pincér. „Most már értem!" „De hát én is ezt mondtam!" – mondta a fiú. Elmagyaráztam neki, hogy a kiejtése nem volt tökéletes.

Együtt ebédeltünk. Sok mindenről beszélgettünk. Képzeld, este 8-ig ott ültünk az étteremben! Alig várom a vasárnapot. A hét húszas vonattal érkezem. A többit majd szóban elmondom. Beát is üdvözlöm.

Sok puszi:
Sári"

(Rita puts down the letter.)

Bea Tudtam, hogy Sári nem fog Pesten unatkozni!

V

Mi lehet vele?	*What's happened to her? (Lit. What can be with her?)*
Tudod, milyen.	*You know what she's like.*
levél (levelet)	*letter*
Várj csak!	*Wait!*
Ne haragudj	*(pron. haraguggy)*, *(Lit. Don't be angry) I'm sorry that …*
hogy …	
hangosan	*loudly, aloud*
megismétel (vmit)	*repeat (sg)*
felugrik	*spring to one's feet*
elkezd	*start (verb)*
hadonászik a karjával	*fling one's arms about*
kar (-t)	*arm*
sokáig	*for a long time*
elfelejt (vmit) (vkit)	*forget (sg) (sy)*
Nem felejtettelek el benneteket.	*I haven't forgotten you.*
rengeteg minden (-t)	*a lot of things*
skót szoknyás	*in a Scottish kilt*
bemutat (vkit) (vkinek)	*introduce (sy) to (sy)*
Folytasd!	*Go on!*
választék (-ot)	*choice, selection*
egy másik (-at)	*another*
22 év körüli fiú	*a young man of about 22*
hátizsák (-ot)	*rucksack*
mellette	*next to him, near him*
lassan	*slowly*
a szárnyát csapkodja	*is flapping its wings*
szárny (-at)	*wing*
ijedt *(pron. ijett)*	*scared*
arc (-ot)	*face*

hátrál	*back* (verb)
elmagyaráz	(vkinek) (vmit) *explain* (sg) *to* (sy)
a kiejtése	*his pronunciation*
tökéletes	*perfect*
együtt	*together*
beszélget	(vkivel) (vmiről) (vkiről) *talk to* (sy) *about* (sg) (sy)
este 8-ig	(*pron.* nyolcig) *until 8 o'clock in the evening*
a többi	*the rest*
szó	*word*
unatkozik	*be bored*

QUESTIONS

1 Igaz vagy nem igaz? (*True or false?*) Correct and re-write the false statements.

    a Rita ma reggel kapott Sáritól levelet.

    b Sári nemrég írt.

    c A vendéglő kicsi volt és ezért a választék sem volt nagy.

    d A pincér nem értette a fiút, mert külföldi turista volt, és akcentussal beszélt magyarul.

    e Sári segített a fiúnak.

nemrég	*not long ago*
akcentus (-t)	*accent*

2 Feleljen a kérdésekre! (*Answer the questions.*)

    a Miért nem írt Sári sokáig?

    b Honnan tudta Sári, hogy a fiú turista?

    c Miért nem értette a pincér a fiút?

    d Meddig ült Sári a fiúval az étteremben?

    e Melyik vonattal érkezik Sári Budapestről Szegedre?

Honnan tudta …?	*How did she know …?*
Meddig?	*How long?*

Hungary and the Hungarians

WRITING LETTERS

How you address people in a letter, and how you end it depends on whether the letter is formal or informal. Here are the most common examples:

Informal letters

Addressing people

Kedves Kati!	*Dear Kati*
Drága Anyu!	*Dear/Darling Mum* (This is for people who are very close)
Szia Gyuri!	*Hello Gyuri* (This is often preferred by young people)

Closing lines

Szeretettel:	*With love,*
Sok szeretettel:	*With much love,*
Üdvözlettel:	(Lit.) *with regards,* equivalent to *Regards,*
Üdv.:	*short for Üdvözlettel*
Minden jót!	*All the best!*
Szia!	*Bye!* (This is often used by young people)
Puszi:	(Lit.) *a kiss*
Sok puszi:	(Lit.) *lots of kisses*

These last two expressions are usually used by women when writing to close friends or relatives.

Formal letters

Addressing people

Here the word **tisztelt** (Lit. *respected*) is used.

Tisztelt Igazgató Úr!	(Lit.) *Respected Mr Director,* (Use this form if you know the person's title)
Tisztelt Uram!	*Dear Sir,*
Tisztelt Asszonyom!	*Dear Madam,*
Tisztelt Nagy Úr!	*Dear Mr Nagy,*
Tisztelt Nagy József!	*Dear József Nagy,*
Tisztelt Kovács Júlia!	*Dear Júlia Kovács,*
Tisztelt Nagy Józsefné!	*Dear Mrs József Nagy,*

Closing lines:

Tisztelettel:	(Lit.) *with respect,* equivalent to *Yours sincerely* or *Yours faithfully.*

When signing, use your full name.

The format for letters in Hungarian is shown in Sári's letter in the **Dialogue**.

▶ When addressing people, all words begin with a capital letter, followed by an exclamation mark. Write it in the middle of the page.

▶ Write the closing line on the right hand side, followed by a colon and your signature underneath.

▶ The date can be written in the top right hand corner, or after the closing line on the left hand side. Usually it is preceded by the name of the place where the letter was written from, and is followed by a comma, e.g. **Budapest, 2009. december 7**. (Budapest is often shortened to Bp.)

▶ In letters, to show respect, some people like to spell the personal pronouns **te**, **ti**, **maga**, **ön**, **maguk** and **önök** with a capital letter.

▶ The address of the **feladó** (*sender*) is traditionally written on the envelope either in the top left hand corner or on the back, but not on the letter itself.

WRITING CARDS

People send each other a **karácsonyi lap** (*Christmas card*) saying **Kellemes karácsonyi ünnepeket és boldog új évet kívánok!** (Lit. *I wish pleasant Xmas holidays and a happy New Year*). **Boldog új évet kívánok!** is often shortened to **B.Ú.É.K.** (read out in one word: buék). It is customary to send a **húsvéti lap** (*Easter card*) as well, saying **Kellemes húsvéti ünnepeket kívánok!** (Lit. *I wish pleasant Easter holidays*).

Humorous birthday cards have been recently introduced to Hungary. Traditionally on birthday and nameday cards people express what they wish for others, e.g. **Boldog születésnapot kívánok!** (Lit. *I wish a happy birthday*). On occasions such as a wedding, the birth of a baby or when someone dies, people might send a **dísztávirat**. This is a card-like telegram with a picture on the front. The phrases used on these occasions might be:

Gratulálok!	*Congratulations!*
Sok boldogságot kívánok!	*I wish lots of happiness!*
Őszinte részvétem.	*My heartfelt condolences.*

OTHER EXPRESSIONS

Megismerkedik, találkozik (vkivel): both these mean *meet somebody*. **Megismerkedik** is used when meeting someone for the first time:

A vonaton **megismerkedtem** egy furcsa lánnyal.	*On the train I met a strange girl.*

Találkozik means *meet up with* or *bump into* somebody you already know:

A pályaudvar előtt **találkoztunk**.	*We met outside the railway station.*
Képzeld, tegnap **találkoztam** Ferivel!	*Just imagine, yesterday I met Feri.*

Fiú (*boy*): this word can be used in Hungarian for a young man in his twenties, e.g. **Egy 22 év körüli fiú ült az ablak mellett**. *A young man of about 22 was sitting near the window.*

Vár: this word can mean:

  a wait for somebody or something, e.g. Mit csinálsz itt?
  What are you doing here? **Marit várom**. *I'm waiting for Mari.*

  b expect somebody or something, e.g. **Levelet vársz?** [⌄]
  Are you expecting a letter?

  c look forward to something, e.g. Már nagyon **várom a nyarat**.
  I'm very much looking forward to the summer.

Grammar

1 THE PAST TENSE: DEFINITE CONJUGATION

Back vowel verbs

	Group a	Group b	Group c
(én)	tanított**am**	várt**am**	adt**am**
(te)	tanított**ad**	várt**ad**	adt**ad**
(maga/ön/ő)	tanított**a**	várt**a**	adt**a**
(mi)	tanított**uk**	várt**uk**	adt**uk**
(ti)	tanított**átok**	várt**átok**	adt**átok**
(maguk/önök/ők)	tanított**ák**	várt**ák**	adt**ák**

Front vowel verbs

	Group a	Group b	Group c
(én)	kötött**em**	kért**em**	nézt**em**
(te)	kötött**ed**	kért**ed**	nézt**ed**
(maga/ön/ő)	kötött**e**	kért**e**	nézt**e**
(mi)	kötött**ük**	kért**ük**	nézt**ük**
(ti)	kötött**étek**	kért**étek**	nézt**étek**
(maguk/önök/ők)	kötött**ék**	kért**ék**	nézt**ék**

The first person singular definite and indefinite personal endings are identical in the past tense (see below for indefinite personal endings in the past tense).

Note the **-alak/-elek** form:

Tegnap sokáig **vártalak**.   *Yesterday I was waiting for you for a long time.*

Nem **felejtettelek** el benneteket.   *I didn't forget you.*

The following verbs are irregular:

Verb	Full definite conjugation in the past tense					
eszik	ettem	etted	ette	ettük	ettétek	ették
iszik	ittam	ittad	itta	ittuk	ittátok	itták
tesz	tettem	tetted	tette	tettük	tettétek	tették
vesz	vettem	vetted	vette	vettük	vettétek	vették
hisz	hittem	hitted	hitte	hittük	hittétek	hitték
visz	vittem	vitted	vitte	vittük	vittétek	vitték

Unlike in English a Hungarian sentence might start in the past tense and continue in the present or future:

Azt **hittem**, hogy **szereted** a csirkét.   *I thought you liked chicken.*
Tudtam, hogy nem fogsz **unatkozni**.   *I knew you wouldn't be bored.*

The past tense in the second half of the sentence is only necessary if the action or event expressed there happened before the one expressed in the first half of the sentence:

A pincér nem **értette**, hogy mit   *The waiter didn't understand*
  akar a fiú.   *what the young man wanted.*
A pincér nem **értette**, hogy mit   *The waiter didn't understand*
  akart a fiú.   *what the young man had*
                                          wanted.

2 THE '-TÓL' AND '-TŐL' *FROM ENDING*

Words taking the ending **-nál/-nél** in answer to the question **Hol**?, and the ending **-hoz/-hez/-höz** in answer to the question **Hova**?, take the **-tól/-től** ending in answer to the question **Honnan**?

Hol? *Where?*	**Hová?** *Where to?*	**Honnan?** *Where from?*
folyó**nál**	folyó**hoz**	folyó**tól**
pék**nél**	pék**hez**	pék**től**
Ági**nál**	Ági**hoz**	Ági**tól**

Anna a **zöldségestől** a pékhez   *Anna went to the baker's from*
  ment.   *the greengrocer's.*
Az utolsó **háztól** lehet látni   *One can see the river from the*
  a folyót.   *last house.*
Mártától jössz? [⌣]   *Are you coming from Márta's?*

The '-tól/-től' forms of the personal pronouns

Ki?	Kitől?	Kik?	Kiktől?
én	tőlem	mi	tőlünk
te	tőled	ti	tőletek
maga	magától	maguk	maguktól
ön	öntől	önök	önöktől
ő	tőle	ők	tőlük

Tőlünk egyenesen a sörözőbe mentek? [⌣] *Are you going from here* (Lit. from our place) *straight to the pub?*

3 THE '-IG' *TO, AS FAR AS, UP TO, TILL, UNTIL ENDING*

This ending has only one form. It is used in expressions of place and time. In both cases it is often used together with the **-tól/-től** ending:

Meddig jöttök?   *How far are you coming?*
Egészen a **kapuig**.   *Right up to the gate.*
Londontól Budapestig két óra az út. *The flight from London to Budapest takes two hours.*
Mettől meddig maradtatok náluk?   *How long did you stay at their place?*
Reggel héttől este hétig dolgoztam. *I worked from 7 in the morning till 7 in the evening.*

Note the irregular form **estig**, e.g. Reggeltől **estig** szólt a tévé. *The telly was on from morning till night.*

The **-ig** ending can also express a duration of time. Here it means *for* in English, e.g. **Három évig** nem láttuk Tóni bácsit. *We didn't see Tóni bácsi for three years.*

4 THE ENDINGS TAKEN BY 'EZ' AND 'AZ'

When a noun after **ez a/ez az, az a/az az** takes an ending, **ez** and **az** also have to take the same ending. Here is a list of the endings learnt so far, as combined with **ez** and **az**.

ending	ez + ending	az + ending
-t	**ezt** (*pron.* eszt)	**azt** (*pron.* aszt)
-ba/-be	ebbe	abba
-ban/-ben	ebben	abban
-ból/-ből	ebből	abból
-n	**ezen**	**azon**
-ra/-re	erre	arra
-ról/-ről	erről	arról
-nál/-nél	ennél	annál
-hoz/-hez/-höz	ehhez	ahhoz
-tól/-től	ettől	attól
-val/-vel	**ezzel***	**azzal***
-nak/-nek	ennek	annak
-ig	**eddig**	**addig**

*The forms **evvel** and **avval** can also be heard.

Note that with the four exceptions highlighted the **-z** in **ez** and **az** changes to the first consonant of the ending. Here are some examples:

Ezt a kabátot vettem tegnap.	*This is the coat I bought yesterday.*
Abba az iskolába jártál? [⌐]	*Did you go to that school?*
Régen **ebben a házban** laktunk.	*A long time ago we lived in this house.*
Erre a székre nem lehet ülni.	*One can't sit on this chair.*
Arról a filmről sokat hallottam.	*I heard a lot about that film.*
Ebből a fiókból vetted ki a ceruzát? [⌐]	*Did you take the pencil out of this drawer?*
Ehhez a pékhez jártunk.	*We used to go to this baker's.*
Melyik szekrényben van a piros pulóverem?	*In which wardrobe is my red pullover?*
Ebben.	*In this one.*
Melyik blúzt kéri, asszonyom?	*Which blouse do you want, madam?*
Azt.	*That one.*

Note that **ez** and **az** can also take endings on their own.

Note that '*one*' has no Hungarian equivalent in sentences of this type.

5 TIME EXPRESSIONS

Unlike in English, time expressions in Hungarian go from the general to the particular:

Délután négy óra fele lehetett.   *It was about 4 o'clock in the afternoon.*
Vasárnap este 11-kor érkeztünk   *We arrived at Lake Balaton at*
a Balatonhoz.   *11 o'clock on Sunday evening.*

> **INSIGHT**
>
> A lot of things tend to be the other way round in Hungarian. You have already seen this in dates and postal addresses; surnames come first followed by 'first' names; Hungarian uses endings and postpositions instead of prepositions; commas are used instead of decimal points and dots instead of commas in numbers after the thousands to mention just a few examples. So quite often you will have to go against your English instincts.

6 GIVING SOMEBODY ONE'S REGARDS

Üdvözöl (**vkit**) is an irregular verb meaning 'give somebody one's regards'. In the present tense the final vowel is sometimes dropped. Here is its conjugation in full:

	Indefinite conjugation	Definite conjugation
(én)	**üdvözlök**	**üdvözlöm**
(te)	üdvözölsz	**üdvözlöd**
(maga/ön/ő)	üdvözöl	**üdvözli**
(mi)	**üdvözlünk**	üdvözöljük
(ti)	üdvözöltök	**üdvözlitek**
(maguk/önök/ők)	üdvözölnek	**üdvözlik**

Üdvözlöm Pétert.   *Give my regards to Péter.*
Üdvözöllek.   *Regards.*

Practice

1   **The young man whom Sári met in Budapest has met a Hungarian friend of his and has told him of the incident. Write in the correct past tense form of the verbs listed below. Then imagine that you are the young man and tell his story aloud.**

ért	lát	mond	néz
történik	ért	jár	talál
tetszik	kér	megismétel	lehet
segít		megismerkedik	

Képzeld, mi **a** _____ velem! **b** _____ egy csinos magyar lánnyal. A múlt csütörtökön délelőtt a budai Várban **c** _____. **d** _____ a Nemzeti Galériát, a Mátyás-templomot, a Halászbástyát. Minden nagyon **e** _____. Már 4 fele **f** _____, amikor a József körúton **g** _____ egy kis éttermet. Csirkét **h** _____. A pincér elég buta volt, nem **i** _____.

Többször is **j** _____ neki: csirke. De csak **k** _____. Végül egy lány **l** _____. Őt **m** _____ a pincér, pedig ő is ugyanazt **n** _____, mint én. A magyarok nehezen értik a külföldieket!

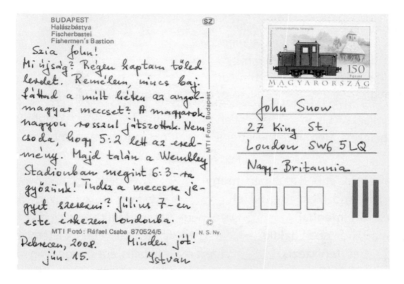

buta	stupid, dumb
többször (_pron._ töpször)	_several times_
nehezen	_with difficulty_
külföldiek	_foreigners_

2 In 2008, István wrote this card to his friend John to let him know when he would be arriving in London.

5:2 is spoken **'öt kettő'**. In 1953, the famous Hungarian _'golden team'_ was the first ever to beat England at Wembley. The score was 6–3. Hungarians still proudly remember this momentous event.

játszik (_pron._ jáccik)	_play_ (verb)
Nem csoda, hogy …	_No wonder that …_
eredmény (-t)	_score_ (noun)
stadion (-t)	_stadium_
győz	_win_
jegyet szerez (vmire)	_get, obtain a ticket/tickets for_ (sg)

The following year John visited István in Debrecen. Write his card to István using the information given below:

John wrote a letter to István a month ago, but he hasn't yet received an answer. He hopes that nothing is wrong. He tells István that he will be arriving in Debrecen on the 6.45 train on Saturday, August 9. He is really looking forward to August. His card is dated 16 July 2009.

3 **Károly Pozsonyi is lonely. He placed this advertisement in the paper.**

> **FELESÉGET KERES**
>
> Idős, viszonylag egészséges
> nyugdíjas vagyok. Fiatalos,
> nyugdíjas partnert keresek,
> aki szeret főzni és aki belvárosi
> lakásomban szívesen velem
> ebédel. Biztosan nem bánja meg!

V

idős	*old, elderly*
viszonylag	*relatively*
egészséges (*pron.* egésséges)	*healthy*
fiatalos	*youthful*
partner (-t)	*partner*
lakásomban	*in my flat*
Nem bánja meg.	*You won't regret it.* (sing. form.)

Gizike Somlai saw his advertisement and wrote him a letter. Give the right forms of the verbs in brackets. Memorize the letter and say it out loud from memory:

Kedves Uram!

Somlai Gizella vagyok, ebben az évben (**megy**) _____ nyugdíjba. Egy nagyvállalatnál voltam 25 évig titkárnő. Most egyedül (**él**) _____ a kutyámmal. Özvegy vagyok, a férjem három évvel ezelőtt (**meghal**) _____. Öntől nem messze (**lakik**) _____ a VI. kerületben. De régen én is a Belvárosban (**lakik**) _____ a Galamb utcában. Egész életemben sokat (**sportol**) _____ és (**teniszezik**) _____. Ezért ma is fiatalos, egészséges vagyok. Most pedig minden nap (**sétál**) _____ a kutyámmal a parkban. Mindig is (**szeret**) _____ főzni, a paprikás csirke a kedvencem.

És maga? Csak enni (**szeret**) _____? Én (**csodál**) _____ azt a férfit, aki főzni is tud!

(**Vár**) _____ válaszát!

Tisztelettel:

Somlai Gizella

Bp., 2007. nov. 9.

V

a kutyámmal	*with my dog*
özvegy (-et)	*widow*
galamb (-ot)	*pigeon*
egész életemben	*all my life*
mindig is	*always*
a kedvencem	*my favourite*
csodál (vkit)	*admire* (sy)
válaszát	*your answer* (sing. form.)

4 Which are the correct alternatives?

a i **Tőletek/Nálatok** a borozóba mentünk.

ii **Kitől/Kihez** kaptad a levelet?

iii Ágit is **üdvözlöm/üdvözlök**.

iv A **mozitól/mozihoz** egészen hazáig gyalog mentünk.

v János minden nap 5-**tól/-től** 6-ig a kertben dolgozott.

b i Nem téged **kérdeztelek/kérdeztem**!

ii **Láttátok/Láttatok** azt a sárga kocsit?

iii Pistit minden reggel óvodába **vitték/vittek** a szülei.

iv Pár héttel ezelőtt még nem **tudtunk/tudtuk**, ki volt Széchenyi István.

v Hogy **hívták/hívtak** az édesapád?

hazáig	*to one's home*
az édesapád	*your father*
óvoda	*nursery school*

5 You are in Budapest for a holiday and you have a free evening. Your Hungarian friend has given you a Pesti Műsor* and has circled for you the four events overleaf. Study them and then answer the questions that follow.

vége	*it finishes*
du.	(is short for **délután**)
kb. (*pron.* kábé)	(is short for **körülbelül**) *approximately*
Mária evangéliuma	*the gospel according to Mary*
rész (-t)	*part*
szín.	(is short for **színes**) *colour* (adj.)
f8	(is short for **fél nyolc**)
művelődési központ (-ot)	*cultural centre*
együttes (-t)	*band*
jegypénztárnyitás	(Lit. *the box office opening*) *the box office opens*

*****Pesti Műsor** (Lit. *Pest Programme*) is the weekly entertainment guide of Budapest.

a Hánytól hányig van nyitva az Éden discó (*pron.* diszkó) bár?

b Mettől meddig tart az Új Színházban az új magyar rockopera?

c Hánykor kezdődik a „Rosalie vásárolni megy" című színes német film a Toldi moziban?

d Mettől meddig tart a görög táncház?

V **Mettől meddig tart …?**   *How long is …?*

… című film   *a film called …*

6 Supply the correct endings, making the necessary changes.

a A régi fekete-fehér tv-t (**ez az**) _____ asztalra tettük.

b Már megint (**az a**) _____ rossz gyerekkel játszol?

c (**Ez a**) _____ városban sok uszoda, fürdő és strand van.

d Nem akartam (**az a**) _____ trafikba menni, mert a trafikos mindig mérges.

e (**Ez a**) _____ héten még nem volt időm újságot olvasni.

f Én is (**az a**) _____ hónapban születtem.

g (**Ez a**) _____ férfiről beszéltél?

h (**Az a**) _____ zöldségesnél kaptam a múltkor rohadt almát.

V **Nem volt időm.**   *I didn't have time.*

rohadt (*pron.* rohatt)   *rotten*

7 Answer these questions about yourself.

a Kitől kapott utoljára levelet vagy képeslapot?

b Mit szeret jobban: levelet írni vagy kapni?

c Tökéletes a kiejtése vagy akcentussal beszél magyarul?

d Várja a karácsonyt? [↵]

e Mettől meddig dolgozik?

f Írt már húsvéti lapot valakinek? [↵] Ha igen, kinek és mikor?

g Volt már nyaralni ebben az évben? [↵] Ha igen, mikor?

INSIGHT

Your sense of rapid progress might be a thing of the past now. There is no such thing as constant, consistent progress. Give yourself a morale booster by going back to earlier units and see how easy they seem to you now. It will be the same with this one if you keep going at it.

⏯ Test yourself – Which is correct?

1 a A repülőtéren István várt Pétert.

  b A repülőtéren István várta Pétert.

2 a Nem téged néztelek.

  b Nem téged néztlek.

3 a Reméltük, hogy ti is ott lesztek.

  b Reméltük, hogy ti is ott voltatok.

4 a A hentesből a pékhez mentél?

  b A hentestől a pékhez mentél?

5 a Tőletek hová mentetek?

  b Nálatok hová mentetek?

6 a Reggeltől estig takarítottunk.

  b Reggeltől estéig takarítottunk.

7 a Az az ablakból szép a kilátás a Dunára.

  b Abból az ablakból szép a kilátás a Dunára.

8 a 9-kor pénteken várlak a mozi előtt.

  b Pénteken 9-kor várlak a mozi előtt.

9 a Mindenkit szeretettel üdvözlök.

  b Mindenkit szeretettel üdvözölök.

10 a Sok mindent beszélgettünk.

  b Sok mindenről beszélgettünk.

16 Nagyon jól éreztem magam
I had a very good time

In this unit you will learn how to:
▶ *Talk about past and present habits and some holiday activities*
▶ *Express regret*

Dialogue

Edit has just come back from Lake Balaton, where she was looking after children in a summer camp. She is talking to her brother András about it.

 02.14–15

András	De szép barna vagy! Úgy látszik, jó idő volt.
Edit	Igen, végig nagyon jó idő volt, igazi kánikula. Sokat fürödtünk, napoztunk. Igaz, sokat kellett dolgozni: reggel 8-tól délután 4-ig voltam szolgálatban. Elég fárasztó 11–14 éves gyerekekre vigyázni, programokat szervezni nekik. De 4-től szabad voltam. Nagyon jól éreztem magam.
András	És milyenek voltak a többiek?
Edit	Elég szimpatikusak.
András	És mit tudtatok este csinálni? Hova jártatok szórakozni?
Edit	Eleinte a diszkóba, de azt hamar meguntuk. Fonyódon van egy kertmozi, ott többször is voltunk. Minden este más film ment. Viszonylag jó filmeket játszottak. A hétvégeken vagy a szabadnapokon sokféle program volt: koncertek, kiállítások. Egyszer hajókirándulásra mentünk a gyerekekkel. Kár, hogy nem voltál ott! Lehetett vitorlázni, csónakázni, szörfözni.
András	Tudod, hogy engem nem ér dekelnek a gyerekek, főleg nem a Balatonnál!
Edit	Lusta vagy András, az a baj!
András	Én? Lusta? Ki szokta a kutyát minden nap kétszer levinni sétálni? Talán te? A Balaton már különben sem a régi: túl nagy a tömeg. És az árak! Azokról jobb nem is beszélni! Már a lángos is egy vagyonba kerül. Emlékszel, amikor gyerekek voltunk? Hogy imádtunk ott lenni! Egész nap a vízben játszottunk. Soha nem unatkoztunk. És a főtt kolbász, a sült hal, a sok finom palacsinta …

V	szép barna	*nice and brown*
	úgy látszik (*pron.* láccik)	*it seems*
	végig (Lit.)	*to the end*
	sokat dolgozik	*work hard* (Lit. *work a lot*)
	szolgálatban van	*is on duty*
	fárasztó	*tiring*
	vigyáz (vkire)	*look after* (sy)
	szervez (vmit)	*organize* (sg)
	a többiek (-et)	*the others*
	szimpatikus	*likeable*
	szórakozni jár	*go out*
	eleinte	*at first*
	megun (vmit) (vkit)	*get bored with* (sg) (sy)
	kertmozi	*open-air cinema* (Lit. *garden cinema*)
	kiállítás (-t)	*exhibition*
	kirándulás (-t)	*outing, trip*
	Kár, hogy …	*It's a pity that …*
	vitorlázik	*sail* (verb)
	csónakázik	*go boating*
	főleg	*especially*
	lusta	*lazy*
	levisz (vkit) (vmit)	**sétálni** *take* (sy) (sg) *down for a walk*
	Azokról jobb nem is beszélni.	*It's better not even to talk about those.*
	lángos* (-t)	*fried dough*
	vagyon (-t)	*fortune*
	unatkozik	*be bored*
	A sok finom palacsinta …	*All those delicious pancakes …* (Lit. *the many delicious pancakes …*)

*****Lángos** is perhaps the most popular Hungarian fast food. It comes with lots of different toppings and it is very filling.

QUESTIONS

1 Igaz vagy nem igaz? (*True or false?*) **Correct and re-write the false statements.**

    a Edit szerint fárasztó 8-tól 4-ig dolgozni.

    b Edit minden este a diszkóba járt szórakozni.

    c Edit többször is volt a fonyódi kertmoziban, mert jó filmeket játszottak.

    d A Balatonnál lehet vitorlázni és csónakázni.

    e Amikor gyerekek voltak, András és Edit imádtak a Balatonnál nyaralni.

2 Feleljen a kérdésekre! (*Answer the questions.*)

    a Mitől szép barna Edit?

    b Milyen programok voltak a hétvégeken?

    c Miért nem ment András Edittel a Balatonhoz?

    d Mit csinál András minden nap kétszer?

    e Milyen finom ételeket lehet a Balatonnál kapni?

Hungary and the Hungarians

BALATON

A magyar tenger (*the Hungarian Sea*), as Balaton is also called, is the biggest lake in Central Europe. Being only an hour's drive from Budapest, it is the country's main holiday resort. Its water has a special, soft quality and its colour is green-silver. Balaton is a shallow lake, and its water is very warm, therefore the holiday season around it starts in late spring and goes on until early autumn. There are more resorts on the sandy, shallower southern shore.

The towns around Lake Balaton have a lot to offer for those who are interested in museums and cultural events. The lake is famous for its sudden, unexpected storms. So watch out for the red rocket signals! When you see them, leave the water straight away. In the winter the lake is frozen over and it is used for winter sports, like skating and tobogganing. There is a variety of fish in Balaton. The most famous one is **fogas** (*pikeperch*), which is exclusive to the lake.

OTHER EXPRESSIONS

Kell has two meanings:

    a It means *is needed*, *is necessary* when used with nouns:

        Mi kell még?   *What else is needed?*
        Kell egy kiló **krumpli** is.   *We also need a kilogram of potatoes.*

Note that the dative ending is used when stating who needs something, e.g. **Pistának** új cipő kell. *Pista needs new shoes.*

    b When used with the infinitive it means *have to*, *must*. This is an impersonal form and usually means *one has to / must*, e.g. Hétfőn sokat **kellett dolgozni**. *One / we had to work hard on Monday.*

Főtt, sült: the word **főtt** (*boiled, cooked*) is used with food that has to be boiled, e.g. **főtt étel** (*cooked food*), **főtt kolbász** (*boiled sausage*). The verb to use here is **főz** (*cook*), e.g. Mit **főztél** ebédre? *What have you cooked for lunch?* The word **sült** (*fried, baked*) means baked in the oven or fried in oil or cooking fat, e.g. **sült kolbász** (*fried sausage*), **sült krumpli** (*fried potatoes*). The verb to use here is **süt** (*fry, bake*) e.g. A születésnapodra tortát **sütöttem**. *I baked a cake for your birthday.*

Grammar

1 EXPRESSING HABITUAL ACTIONS

The verb **szokott** is conjugated only in the past tense, but it is mainly used to express present habits. It is followed by the infinitive. Here is its conjugation in full:

	Indefinite conjugation	Definite conjugation
(én)	**szoktam**	**szoktam**
(te)	**szoktál**	**szoktad**
(maga/ön/ő)	**szokott**	**szokta**
(mi)	**szoktunk**	**szoktuk**
(ti)	**szoktatok**	**szoktátok**
(maguk/önök/ők)	**szoktak**	**szokták**

Ebben a közértben **szoktunk vásárolni**.   *We do our shopping in this supermarket.*
A cukrot ide **szoktam** tenni.   *I usually put the sugar here.*

To express a past habit, use **szokott** with a time expression, e.g.
Régen itt **szoktam** vásárolni.   *I used to shop here.*

2 THE PLURAL OF NOUNS

▶ The plural of nouns is formed with the **-k** ending.

Just add **-k** to words ending in a vowel. (As usual, before it, **a** changes to **á**, and **e** to **é**.)

Ki?	Kik?	Mi?	Mik?
nő	nő**k**	autó	autó**k**
anya	any**ák**	lecke	leck**ék**

Nouns ending in a consonant take the same linking vowel before the plural ending as before the object ending.

Ki?/Mi?	Kit?/Mit?	Kik?/Mik?
étlap	étlap**ot**	étlap**ok**
ház	ház**at**	ház**ak**
gyerek	gyerek**et**	gyerek**ek**
gyümölcs	gyümölcs**öt**	gyümölcs**ök**

The same irregularities also occur before the plural, as before the object ending, e.g.

| **étterem** | éttermet | éttermek | **tó** | tavat | tavak |
| **híd** | hidat | hidak | **levél** | levelet | levelek |

Words which do not need a linking vowel before the object ending, need one before the plural ending. (When choosing the linking vowel, apply vowel harmony.)

Ki?/Mi?	Kit?/Mit?	Kik?/Mik?
asztal	asztal**t**	asztal**ok**
ember	ember**t**	ember**ek**
sör	sör**t**	sör**ök**

Note that the plural for **férfi** is **férfiak** and for **szó** it is **szavak**, e.g. A **férfiak** otthon maradtak. *The men stayed at home.*

▶ In Hungarian, nouns are not always singular or plural when they are in English.

With numbers and words expressing quantity like **sok**, **kevés**, **pár**, etc. always use the singular:

Két körtefa van a kertben.   *There are two pear trees in the garden.*
Kevés ember olvas irodalmat.   *Few people read literature.*

Names of fruits are always singular in Hungarian, e.g. Szereted a **narancsot**? [⤴] *Do you like oranges?*

Use the singular when talking about something in connection with several people, e.g. **Kevesen** vesznek luxus **autót** Magyarországon. *Few people buy luxury cars in Hungary.* If you used the plural here (**Kevesen** vesznek luxus **autókat** Magyarországon), that would imply that each person buys more than one car.

Similarly, Anyu karácsonyra **pulóvert** kötött nekünk. *Mum knitted pullovers for us for Christmas* (i.e. one pullover each) and Anyu karácsonyra **pulóvereket** kötött nekünk (i.e. two or more pullovers each).

▶ Note that the definite article is required before indefinite plural nouns in Hungarian:
A **gyerekek** nem tudnak sokáig koncentrálni.   *Children can't concentrate for long.*
Jóska nem szereti **az állatokat**.   *Jóska doesn't like animals.*

3 THE PLURAL OF ADJECTIVES

▶ Just add the **-k** ending to most adjectives ending in a vowel. (As usual, **a** changes to **á**, and **e** to **é** before it.)

However, back vowel adjectives ending in **ú** or **i** take an **a**, and front vowel adjectives ending in **ű** or **i** take an **e** linking vowel before the plural ending.

Milyen?	Milyenek?
jó	jó**k**
buta	but**ák**
fekete	feket**ék**

Milyen?	Milyenek?
lassú	lassú**ak**
igazi	igazi**ak**
gyönyörű	gyönyörű**ek**
eredeti	eredeti**ek**

Note that the plural of **kicsi** is **kicsik**.

Back vowel adjectives ending in a consonant take the linking vowel **a** before the plural ending.

Milyen?	Milyenek?
piros	piros**ak**

Note that a few back vowel adjectives take the **o** linking vowel. Here is a list of some:

boldog – boldog**ok**   fiatal – fiatal**ok**   gazdag – gazdag**ok**

nagy – nagy**ok**   olyan – olyan**ok**

Names of nationalities are also in this group, e.g. **angol – angolok**.

Front vowel adjectives ending in a consonant, almost without exception, take the **e** linking vowel.

Milyen?	Milyenek?
kedves	kedves**ek**
zöld	zöld**ek**

Note that the plural of **nehéz** is **nehezek**, and that of **kevés** is **kevesek**.

▶ Adjectives only take the plural ending if they do not precede a noun i.e. they are used on their own:

Ezek **drága cipők**.   *These are expensive shoes.*
Ezek a cipők **drágák**.   *These shoes are expensive.*

▶ To say *the old, the young, the English*, etc. in Hungarian, use the plural form of the adjective:
az öregek, a fiatalok, az angolok:

Az **öregek** gyakran türelmetlenek.   *The old are often impatient.*
A mai **fiatalok** túl sokat nézik a   *The young today watch too*
televíziót.   *much television.*

Note the difference in meaning between these two questions:

Milyen programok voltak?   *What programmes were on?*
Milyenek voltak a programok? *What were the programmes like?*

4 EZEK *THESE,* AZOK *THOSE*

These forms are used with plural nouns:

Ezek a lányok elég csinosak.   *These girls are quite pretty.*
Ezek az ablakok piszkosak.   *These windows are dirty.*
Azok a férfiak nagyon jóképűek.   *Those men are very handsome.*
Azok az asztalok a másik   *Those tables are normally in the*
szobában szoktak lenni.   *other room.*

From now onwards you will find in brackets the plural form of words ending in a consonant whenever they occur, as well as in the **Hungarian–English** and **English–Hungarian** vocabularies at the end of the book.

5 PLURAL FORMS FOLLOWED BY OTHER ENDINGS

The plural forms of words can be followed by almost all the endings learnt so far. Here is an example for each:

Ending	Front vowel words	Back vowel words
-t	kert**eket**	ház**akat**
-ba/-be	kert**ekbe**	ház**akba**
-ban/-ben	kert**ekben**	ház**akban**
-ból/-ből	kert**ekből**	ház**akból**
-ra/-re	szék**ekre**	asztal**okra**
-n	szék**eken**	asztal**okon**
-ról/-ről	szék**ekről**	asztal**okról**
-hoz/-hez/-höz	gyerek**ekhez**	lány**okhoz**
-nál/-nél	gyerek**eknél**	lány**oknál**
-tól/-től	gyerek**ektől**	lány**októl**
-val/-vel	gyerek**ekkel**	lány**okkal**
-nak/-nek	gyerek**eknek**	lány**oknak**
-ig	kert**ekig**	ház**akig**

Miért nem szeretsz **gyerekekre** vigyázni?	*Why don't you like looking after children?*
Ezekről a filmekről nem érdemes beszélni.	*It's not worth talking about these films.*
Sajnos **nevekre** sohasem emlékszem.	*Unfortunately I never remember names.*

Note that after plural back vowel words, the linking vowel is always **a**, and after plural front vowel words it is always **e** before the object ending, e.g. asztalok**at**, gyümölcsök**et**, etc.

6 THE '-SZOR', '-SZER' AND '-SZÖR' *TIMES* ENDING

This ending is added straight to the word stem. (Apply vowel harmony, when choosing the right form.) It is used with three groups of words:

a after cardinal numbers

Hányszor? *How many times?*

egyszer, kétszer, háromszor, négyszer, ötször, etc.

In pronunciation the **t** and **sz** change to **cc**, e.g. ké**tsz**er (*pron.* ké**cc**er) and the **gy** to **ty** before the **sz**, e.g. e**gys**zer (*pron.* e**tysz**er).

Note the expressions **egyszer egy héten**, or **egy héten egyszer** (*once a week*), **kétszer egy hónapban**, or **egy hónapban kétszer** (*twice a month*), etc. E.g. **Egyszer egy héten** szoktam járni úszni. *I go swimming once a week.*

b after ordinal numbers without **-ik**

Hányadszor? *How many times?*

először, másodszor, harmadszor, negyedszer, ötödször etc.

In pronunciation the **d** and **sz** change to **cc**, e.g. máso**dsz**or (*pron.* máso**cc**or).

Note the only exception: **először** *for the first time.*

Most vagyok **először** Magyarországon. *This is the first time I've been to Hungary.*

   c after certain words

Here are some very common examples:

néhányszor	*a few times*
párszor	*a couple of times*
sokszor	*a lot of times*
számtalanszor	*countless times*
többször	*several times*

Ezt már **sokszor** hallottam. *I've heard this many times before.*

7 THE '-FÉLE' AND '-FAJTA' *SORTS OF, KINDS OF* ENDINGS

These can be used interchangeably after numbers and certain words, e.g. **kétféle** (*two kinds of*), **többféle** (*several kinds of*), **mindenfajta** (*all sorts of*), **különféle** (*various kinds of*), **sokfajta** (*many kinds of*).

Régen csak **kétféle** kenyeret
  lehetett kapni.

*In the old days one could only get two
  kinds of bread.*

Mindenfajta emberrel találkoztam már.   *I've met all sorts of people.*

8 MAGAM *MYSELF*

Here are the other forms of this word:

magam	*myself*	**magunk**	*ourselves*
magad	*yourself* (fam.)	**magatok**	*yourselves* (fam.)
maga	*yourself* (form.)	**maguk**	*yourselves* (form.)
maga	*himself/herself*	**maguk**	*themselves*

These words are used in the same way as in English.

They can take endings if required by a verb:

Vettem magamnak egy szép blúzt.   *I bought myself a beautiful blouse.*

Györgyi mindig csak **magáról beszél!**   *Györgyi always talks only about herself!*

Szegény Tóni bácsi **magában beszél.**   *Poor Tóni bácsi talks to himself.*

The expressions **jól érzem magam** and **rosszul érzem magam** can mean *I have a good/ bad time* or *I feel well/unwell.* **Érez** (Lit. *feel*) is an irregular verb in the present tense. Here is its conjugation in full:

(én) **jól érzem magam (at)**	(mi) **jól érezzük magunkat**
(te) **jól érzed magad (at)**	(ti) **jól érzitek magatokat**
(maga/ön/ő) **jól érzi magát**	(maguk/önök/ők) **jól érzik magukat**

Note that **maga** requires the definite conjugation. In the 1st and 2nd person singular, the object ending can be left out.

Hogy **érzitek magatokat?**   *How are you?*

A Balatonnál nagyon jól
  éreztük magunkat.

*We had a very good time at
  Lake Balaton.*

Rosszul **érzem magam.**   *I'm feeling unwell.*

Note that **maga** is sometimes used where English uses a personal pronoun, e.g. Engem is **magaddal viszel**? [⌐] *Are you taking me with you as well?*

9 ÉRDEKEL *BE INTERESTED IN*

(Vkit) **érdekel** (vmi) (vki) means (something or somebody) *interests* (somebody). In some persons it takes the definite, and in others the indefinite conjugation.

(engem)	**érdekel**	**érdekelnek**
(téged)	**érdekel**	**érdekelnek**
(magát/önt/őt)	**érdekli**	**érdeklik**
(minket)	**érdekel**	**érdekelnek**
(titeket/benneteket)	**érdekel**	**érdekelnek**
(magukat/önöket/őket)	**érdekli**	**érdeklik**

Engem érdekel a magyar népzene.   *Hungarian folk music interests me.*
Pistát még nem **érdeklik a lányok**.   *Girls don't interest Pista yet.*

10 FÜRDIK *HAVE A BATH, BATHE*

The conjugation of this verb is irregular in the past tense.

(én) **fürödtem**	(mi) **fürödtünk**
(te) **fürödtél**	(ti) **fürödtetek**
(maga/ön/ő) **fürdött**	(maguk/önök/ők) **fürödtek**

Practice

1 Cili is talking about what her family usually does at the weekend. Write in the correct forms of szokott. Imagine that you are Cili and tell her story aloud. (Mi in brackets indicates which person to use.)

Szombaton általában takarítani **a** (mi) _____. Anyu **b** _____ bevásárolni. Néha én is **c** _____ neki segíteni. Apu utálja a házimunkát, ezért mindig **ő d** _____ levinni a kutyát sétálni. Vasárnap délelőtt anyu az ebédet **e** _____ főzni, apu pedig az újságot **f** _____ olvasni. Én leckét **g** _____ írni. Ebéd után a szüleim pihenni **h** _____. Délután sétálni **i** (mi) _____, este pedig tévét **j** (mi) _____ nézni. Szórakozni csak ritkán **k** (mi) _____ járni, mert apu szerint manapság minden egy vagyonba kerül.

V ritkán   *rarely*

2 Ági is notorious for sweeping generalizations. Here are a few of her gems. Write in the plural forms of the words in brackets. (You might need other endings as well!)

a A (**férfi**) _____ csak a csinos (**nő**) _____ érdeklik.
b A (**rendőr**)* _____ mindig (**buta**) _____.
c A mai (**fiatal**) _____ dolgozni nem, csak szórakozni akarnak.
d A (**politikus**) _____ mindig hazudnak.
e A (**kínai**) _____ nagyon (**kicsi**) _____.
f Az idős (**asszony**) _____ nagyon (**kíváncsi**) _____.

*In Hungarian jokes, policemen are always thick.

szórakozik	*have fun*
kínai	*Chinese*
hazudik	*tell a lie*

3 Do you know your clichés? Pair the nationalities below with their supposed characteristics, and then make up complete sentences like this one:

a A magyarok nagyon okosak.

	nemzetiség	**tulajdonság**
a	magyar	szenvedélyes
b	francia	mindig pontos
c	angol	kulturált
d	olasz	hidegvérű
e	német	nagyon okos
f	skót	fukar

szenvedélyes	*passionate*
kulturált	*civilized, cultured*
hidegvérű	*cold blooded*
okos	*clever*
fukar	*mean*
nemzetiség	*nationality*
tulajdonság	*characteristic*

4 What follows what? Pair the sentences a–e with sentences i–v.

a Mihály szereti a régi könyveket,

b Jóska bácsi nem szereti az állatokat,

c Szilvia imádja a francia borokat,

d Nóra utálja a modern festményeket,

e Gábort nem érdeklik a virágok,

i tehát nem szokott a kutyákról és a macskákról olvasni.

ii tehát csak francia éttermekbe szokott járni.

iii tehát nem ír cikkeket a tavaszi virágokról.

iv tehát gyakran jár antikváriumokba.

v tehát ritkán jár kiállításokra.

tehát	*so, therefore*
cikk (-et, -ek)	*article*
festmény (-t, -ek)	*painting*
antikvárium (-ot, -ok)	*second-hand bookshop*

5 Erzsi is very house-proud. Her house is always clean and tidy. How often does she do what? Study the information below and then make up complete sentences about her. Here is the first one for you:

a Erzsi egy héten háromszor szokott mosni.

	Milyen gyakran?	Hányszor?	Mit szokott csinálni?
a	egy héten	3	mos
b	egy nap	sok	mosogat
c	egy nap	1	vasal
d	egy héten	2	porszívózik
e	egy hónapban	1	ablakot tisztít

mosogat	*wash up*
vasal	*iron* (verb)
porszívózik	*vacuum clean* (verb)
ablakot tisztít	*clean the windows*

6 **Our lazy Jack is incorrigible. Put jó after the sentences that he got right, and rossz after the ones that he got wrong. Correct the latter.**

    a Engem már csak az okos nők érdekel.

    b Juliska rosszul érezte magát, mert túl sok epret evett.

    c Úgy látszik, néha szoktad hazudni.

    d Kár, hogy nem szereted a lovakat.

    e Most voltál egyszer külföldön?

    f Az ablakból csak a házak lehet látni.

7 **Csilla and Tünde work in the same office. Tünde has just come back from a holiday with her husband and friends at Ráckeve on the Danube. Re-arrange Tünde's answers to Csilla's questions in order to make sense of their conversation. Then act it all out from memory.**

Csilla	De szép barna vagy! Hol nyaraltatok?
a Tünde	Általában két-három hétig. Attól függ, hogy milyen az idő. Most nagy melegek voltak. Sokat napoztunk és fürödtünk a Dunában. Imádunk kinn lenni a friss levegőn. Itt Pesten az ember egész nap csak az irodában ül, aztán meg rohan bevásárolni, főzni … Jól jött egy kis kikapcsolódás.
Csilla	De szerencsések vagytok! És mennyi ideig szoktatok ott lenni?
b Tünde	Ők is jól érezték magukat. Mind a ketten szenvedélyes horgászok. Őket napközben csak a halak érdeklik. Képesek kora reggeltől késő estig csak a halakat figyelni. Sokféle halat fogtak már – legtöbbször persze pontyot.
Csilla	És a férfiak mit csináltak egész nap?
c Tünde	Ráckevén. Egy évben legalább egyszer le szoktunk menni, mert ott van a barátnőm nyaralója.
Csilla	És mit csináltok azzal a rengeteg hallal?
d Tünde	Minden este halászlét szoktunk főzni vagy halat sütünk. Szerencsére mindannyian szeretjük a halat. De egy idő után megunjuk, és egyszer – kétszer egy kis közeli vendéglőbe szoktunk menni vacsorázni.

Attól függ, hogy …	*It depends on …*
Nagy melegek voltak.	*It was very hot.*
az ember (-t)	*one, you*
kikapcsolódás (-t)	*rest (noun) (Lit. switching off)*
mind a ketten	*both of them/us/you*
horgász (-t, -ok)	*angler*
napközben	*during the day*
képes (vmit) **csinálni**	*capable of doing (sg)*
kora reggeltől késő estig	*from early morning till late at night*
legtöbbször	*most often*
ponty (-ot, -ok)	*carp*
le szoktunk menni	*we go down*
nyaraló	*weekend/summer cottage*
a barátnőm nyaralója	*my girlfriend's summer cottage*
mindannyian	*all of us/you/them*
egy idő után	*after a while*

8 Answer these questions about yourself.

   a Hová szokott szórakozni járni?

   b Mi érdekli jobban: a sport vagy az irodalom?

   c Az angol söröket vagy borokat szereti jobban?

   d Egy nap hányszor szokott mosogatni?

   e Hogy érezte magát, amikor utoljára nyaralni volt?

   f Hányfajta magyar levest ismer?

   g Lusta ember? [⌐]

| **irodalom** (irodalmat) | *literature* |

> **INSIGHT**
>
> Try to avoid thinking in English first and then translating your thoughts into Hungarian. It rarely works and it will only leave you frustrated. Develop the habit of thinking in Hungarian using the structures and vocabulary you already know. For example, in answer to question **e** below you would not be able to say 'I felt miserable. It was raining all the time and it was cold. I was frozen most of the time.' But you can say 'Nem éreztem jól magam. Mindig esett az eső és hideg volt. Gyakran nagyon fáztam.' Although it is not exactly what you wanted to say you have managed to put your message across.

Do you understand?

Jeremy and his wife are on holiday at Lake Balaton. Their room has been broken into. The police have come to investigate.

Rendőr	Tehát önök éppen a diszkóban voltak, amikor betörtek a szobába. Mennyi ideig tartózkodtak a diszkóban?
Jeremy	Éjfélig tartott a diszkó, utána jöttünk haza. Minden este 8 óra körül szoktunk vacsorázni, aztán általában valahova szórakozni megyünk. Tegnap éjjel 1 fele értünk vissza.
Rendőr	És hogyan találták a szobát, amikor hazaértek?
Jeremy	A tolvajok betörték az ablakot, és azon keresztül másztak be. A bőröndöket kinyitották, a ruhákat a földre dobálták. A fiókokból és a szekrényekből is kiszórtak mindent.
Rendőr	És mit vittek el?
Jeremy	Egy arany nyakláncot, egy pár fülbevalót, egy Olympos fényképezőgépet és ruhákat.
Rendőr	Hol szokták tartani a fényképezőgépet és az ékszereket?
Jeremy	Sajnos a fényképezőgépet tegnap este elfelejtettük magunkkal vinni. Pedig akárhová megyünk, a fényképezőgép mindig velünk van. Az ékszereket általában itt szoktuk hagyni a fiókban.
Rendőr	Hm. Kár, hogy nem adták át a recepción megőrzésre. Nem kerül egy vagyonba, érdemes …
Jeremy	Igaza van, egy kicsit felelőtlenek voltunk, de most már késő.
Rendőr	És pénzt nem vittek el?
Jeremy	De igen. De csak kb. 20 fontot. Szerencsére nem szoktunk magunknál készpénzt tartani. Ahol csak lehet hitelkártyával fizetünk.

 Önök éppen a diszkóban voltak.   *You happened to be at the disco.*

betör	*break in*
éjfél	*midnight*
visszaér	*get back*
tolvaj (-t, -ok)	*thief*
(vmin) **keresztül**	*through (sg)*
bemászik	*climb in*
bőrönd (-öt, -ök)	*suitcase*
dobál (vmit)	*throw* (sg) *about*
fiók (-ot, -ok)	*drawer*
kiszór (vmit)	*throw* (sg) *out*
arany (-at)	*gold*
nyaklánc (-ot, -ok)	*necklace*

fülbevaló	*earrings*
ékszer (-t, -ek)	*jewel*
ahol csak lehet	*wherever possible*
átad (vmit) **megőrzésre**	*hand over* (sg) *for safe-keeping*
felelőtlen	*irresponsible*
tartózkodik	(vhol) *be, stay* (somewhere)

Feleljen a kérdésekre! (*Answer the questions.*)

    a Hogy szokta Jeremy az estét tölteni a feleségével (*with his wife*)?

    b Hogyan sikerült a tolvajoknak bejutni a szobába?

    c Mit vittek el?

    d Miért maradt a fényképezőgép tegnap este a szobában?

    e Miért csak 20 fontot vittek el a betörők?

bejut	*get in, into*
betörő	*burglar*

? Test yourself – Which is correct?

1 **a** Főztem egy levest.

  b Sütöttem egy levest.

2 **a** A budapesti hidak nagyon szépek.

  b A budapesti hidak nagyon szép.

3 **a** Nem sokan mennek sétálni egy vasárnapi ebéd után.

  b Nem sokan megy sétálni egy vasárnapi ebéd után.

4 **a** A magyar vonatok nagyon lassúak.

  b A magyar vonatok nagyon lassúk.

5 **a** A fiatalok nem értik az öregeket.

  b A fiatalak nem értik az öregeket.

6 **a** Most vagy egyedszer Budapesten?

  b Most vagy először Budapesten?

7 **a** Sok ember mindig csak magáról beszél.

  b Sok emberek mindig csak magukról beszélnek.

8 **a** Jól érzitek itt magatok?

  b Jól érzitek itt magatokat?

9 **a** Engem nagyon érdeklik a magyar filmek.

  b Engem nagyon érdekelnek a magyar filmek.

10 **a** Jancsi is fürdött már?

  b Jancsi is fürödt már?

17 Mi a panasza?
What's wrong with you?

In this unit you will learn:
▶ *What to say when visiting a doctor*
▶ *How to write a get-well card*
▶ *How to promise something*
▶ *How to express indifference*

Dialogue

Tivadar Márkus is visiting his doctor.

 02.17–18

Orvos	Tessék, Márkus úr. Mi a panasza?
Márkus úr	Nagyon beteg vagyok, doktor úr. Mindenem fáj: a torkom, a hasam. Erősen köhögök, és náthás is vagyok.
Orvos	Lázas?
Márkus úr	Lehet, de nem tudtam megmérni a lázam, mert nincs otthon lázmérőm.
Orvos	Tessék, itt van egy. *(After taking Mr Márkus's temperature.)* Lássuk csak! Hm. Elég magas, 39 fokos láza van. És tud rendesen enni? Van étvágya?
Márkus úr	Nem nagyon. Tegnap egész nap alig ettem valamit. Elfelejtettem mondani, hogy szédülök is.
Orvos	Nyissa ki a száját! Megnézem a torkát. Egy kicsit piros. De meg fog gyógyulni, Márkus úr. Nem kell félni. Csak influenzája van. Felírok magának egy gyógyszert. Naponta háromszor kell beszedni étkezés után. Tessék ágyban maradni egy hétig. A jövő héten délután rendelek. Csütörtökön majd újra megvizsgálom. Tessék, itt a recept.
Márkus úr	Köszönöm. Ha már itt vagyok, doktor úr, van még valami. Szörnyen fáj a derekam meg a vállam. Tudja, a reumám … Nem tud valamit ajánlani?
Orvos	Már a múltkor is akartam magát gyógyfürdőbe küldeni, de nem nagyon lelkesedett … Pedig tudja jól, hogy jót tesz magának. Itt vagyunk a gyógyfürdők hazájában, és maga nem akarja kihasználni ezt a páratlan lehetőséget.
Márkus úr	Ígérem, doktor úr, most megfogadom a tanácsát.
Orvos	Hova szeretne menni? Hévízre vagy Gyulára?
Márkus úr	Nekem teljesen mindegy. Hévíz is, Gyula is rettenetesen drága lett. De egy hetet kibírok. Hátha segít …

Mi a panasza? (Lit.)	*What's your complaint?*
köhög	*cough* (verb)
náthás	*have a cold* (adj.)
lázas	*have a temperature* (adj.)
láz (-at)	*high temperature, fever*
megméri a lázát	*take one's temperature*
Lássuk csak!	*Let's see.*
rendesen eszik	*eat properly*
szédül	*feel giddy*
Nyissa ki a száját!	*Open your mouth* (sing. form.).
megnéz	(vmit) *examine* (sg)
Meg fog gyógyulni.	*You will recover* (sing. form.).
fél	*be afraid*
felír gyógyszert	*prescribe a medicine*
derék	*the lower part of one's back*
a derekam	*the lower part of my back*
gyógyszert beszed	*take medicine*
étkezés után	*after meals*
rendel	*receive patients*
megvizsgál (vkit)	*examine* (sy)
recept (-et, -ek)	*prescription*
Ha már itt vagyok …	*Since I'm here …*
Szörnyen fáj.	*It hurts a lot* (Lit. *It terribly hurts*).
lelkesedik*	*be enthusiastic*
a gyógyfürdők hazája	*the home of medicinal baths*
kihasznál (vmit)	*take advantage of* (sg)
páratlan	*unique*
lehetőség (-et, -ek)	*opportunity*
megfogad* tanácsot	*take advice*
rettenetes	*terrible*
kibír (vmit)	*stand, afford* (sg)
torok (torka)	*throat (your/his/her throat)*

*Please note that these are group c verbs in the past tense.

QUESTIONS

1 Igaz vagy nem igaz? (*True or false?*) Correct and re-write the false statements.

   a Márkus Tivadar nagyon rosszul érzi magát.

   b Márkus Tivadar nem tudta otthon megmérni a lázát, mert nincs hőmérője.

   c Márkus úrnak nincs jó étvágya.

   d Márkus úr halálos beteg.

| **hőmérő** | thermometer |
| **halálos beteg** | terminally ill |

2 Feleljen a kérdésekre! (*Answer the questions.*)

   a Miért ment Márkus úr orvoshoz?
   b Milyen magas Márkus úr láza?
   c Milyen gyakran kell a gyógyszert beszedni?
   d Mi tesz jót az orvos szerint Márkus úrnak?
   e Miért mindegy Márkus úrnak, hogy melyik gyógyfürdőbe megy?

Hungary and the Hungarians

GYÓGYFÜRDŐK *MEDICINAL BATHS*

Hungary is very rich in natural hot spring water. These world famous thermal waters contain a lot of minerals which cure a number of diseases. So if you have an ailment check out one of the country's excellent medicinal baths.

OTHER EXPRESSIONS

Beteg means both *ill* and *patient*:

| **Beteg** vagyok. | *I am ill.* |
| Az orvos megvizsgálta a **betegeket**. | *The doctor examined the patients.* |

Naponta háromszor means *three times a day*. Note other similar expressions, like **hetente, havonta, évente**:

| **Hetente kétszer** járok edzésre. | *I go to training twice a week.* |
| **Évente kétszer** megnézek egy focimeccset. | *I watch a football match twice a year.* |

Lázmérő (*thermometer*) is used for taking someone's temperature. If you want to know the temperature outside, you will need a **hőmérő** (also *thermometer* in English).

Nekem teljesen mindegy (*it's all the same to me*) or **nekem mindegy** or just **mindegy** express indifference, e.g. Hová akarsz menni ma este? **Nekem mindegy**. *Where do you want to go tonight? I don't mind.*

PARTS OF THE BODY

In Unit 9 you learnt some parts of the body. Here is an additional list with the singular possessive endings they take:

váll (*shoulder*)	**a vállam** *my shoulder*
	a vállad *your shoulder* (fam.)
	a válla *your* (form.)/*his/her shoulder*

has (*stomach*)	**a hasam** *my stomach*
	a hasad *your stomach* (fam.)
	a hasa *your* (form.)/*his/her stomach*

gyomor (*stomach*)	**a gyomrom** *my stomach*
	a gyomrod *your stomach* (fam.)
	a gyomra *your* (form.)/*his/her stomach*

kéz (*hand*)	**a kezem** *my hand*
	a kezed *your hand* (fam.)
	a keze *your* (form.)/*his/her hand*

kar (*arm*)	**a karom** *my arm*
	a karod *your arm* (fam.)
	a karja *your* (form.)/*his/her arm*

szem (*eye*)	**a szemem** *my eyes*
	a szemed *your eyes* (fam.)
	a szeme *your* (form.)/*his/her eyes*

száj (*mouth*)	**a szám** *my mouth*
	a szád *your mouth* (fam.)
	a szája *your* (form.)/*his/her mouth*

arc (*face*)	**az arcom** *my face*
	az arcod *your face* (fam.)
	az arca *your* (form.)/*his/her face*

Note that parts of the body of which there are two are mostly expressed in the singular in Hungarian, e.g. Györgyinek kék **szeme** van. *Györgyi has blue eyes.*

Hungarian uses the singular when talking about more than one person's face, mouth, etc. E.g. Szerintem a **szájuk** túl nagy. *I think their mouths are too big.*

Grammar

1 POSSESSIVE ENDINGS

The English words *my, your, his, her*, etc. in Hungarian are expressed by possessive endings.

▶ Just add the ending to words ending in a vowel. (As usual, before them, the final **a** and **e** change to **á** and **é**.)

Back vowel words ending in a vowel

Singular		Plural	
autó**m**	*my car*	autó**nk**	*our car*
autó**d**	*your car* (fam.)	autó**tok**	*your car* (fam.)
autó**ja**	*your car* (form.)	autó**juk**	*your car* (form.)
autó**ja**	*his/her car*	autó**juk**	*their car*

Singular		Plural	
kuty**ám**	*my dog*	kuty**ánk**	*our dog*
kuty**ád**	*your dog* (fam.)	kuty**átok**	*your dog* (fam.)
kuty**ája**	*your dog* (form.)	kuty**ájuk**	*your dog* (form.)
kuty**ája**	*his/her dog*	kuty**ájuk**	*their dog*

Front vowel words ending in a vowel

Singular		Plural	
cipő**m**	*my shoes*	cipő**nk**	*our shoes*
cipő**d**	*your shoes* (fam.)	cipő**tök**	*your shoes* (fam.)
cipő**je**	*your shoes* (form.)	cipő**jük**	*your shoes* (form.)
cipő**je**	*his/her shoes*	cipő**jük**	*their shoes*

Singular		Plural	
zseml**ém**	*my roll*	zseml**énk**	*our roll*
zseml**éd**	*your roll* (fam.)	zseml**étek**	*your roll* (fam.)
zseml**éje**	*your roll* (form.)	zseml**éjük**	*your roll* (form.)
zseml**éje**	*his/her roll*	zseml**éjük**	*their roll*

Note that in the second person plural **-tök** is needed instead of **-tek** after words whose final vowel is **ö, ő, ü** or **ű**.

Words ending in a consonant take the same linking vowel before possessive endings starting with a consonant, as before the plural ending.

Back vowel words ending in a consonant

Singular		Plural	
barát**om**	*my friend*	barát**unk**	*our friend*
barát**od**	*your friend* (fam.)	barát**otok**	*your friend* (fam.)
barát**ja**	*your friend* (form.)	barát**juk**	*your friend* (form.)
barát**ja**	*his/her friend*	barát**juk**	*their friend*

Singular		Plural	
ház**am**	*my house*	ház**unk**	*our house*
ház**ad**	*your house* (fam.)	ház**atok**	*your house* (fam.)
ház**a**	*your house* (form.)	ház**uk**	*your house* (form.)
ház**a**	*his/her house*	ház**uk**	*their house*

Front vowel words ending in a consonant

Singular		Plural	
kert**em**	*my garden*	kert**ünk**	*our garden*
kert**ed**	*your garden* (fam.)	kert**etek**	*your garden* (fam.)
kert**je**	*your garden* (form.)	kert**jük**	*your garden* (form.)
kert**je**	*his/her garden*	kert**jük**	*their garden*

Singular		Plural	
sör**öm**	*my beer*	sör**ünk**	*our beer*
sör**öd**	*your beer* (fam.)	sör**ötök**	*your beer* (fam.)
sör**e**	*your beer* (form.)	sör**ük**	*your beer* (form.)
sör**e**	*his/her beer*	sör**ük**	*their beer*

Note that **t** + **j** is pronounced as **tty** between two vowels, and **ty** after a consonant, e.g. barátja (*pron.* bará**tty**a), kertje (*pron.* ker**ty**e).

▶ In the third person singular and plural, the possessive ending after a consonant can be either **-ja/-a**, **-juk/-uk** or **-je/-e**, **-jük/-ük**. Unfortunately there is no rule as to when to use the ending with or without the **j**. So you must simply learn which endings to use with each word. There is one consolation: if a word takes **-ja** or **-je** in the 3rd person singular, it will take **-juk** or **-jük** in the 3rd person plural, e.g. barát**ja** – barát**juk**, kert**je** – kert**jük**. The same goes for **-a/-uk** and **-e/-ük**, e.g. háza – ház**uk**, söre – sör**ük**.

From now onwards you will find in brackets the 3rd person singular possessive ending for words that end in a consonant both as you come across them, and in the **Hungarian–English** and **English–Hungarian vocabularies**.

▶ The same irregularities occur before the possessive endings as before the plural and object endings, e.g. **név – nevet – nevek – nevem**, **neved**, **neve**, **nevünk**, **nevetek** and **nevük**.

▶ You usually need the definite article before a possessive form, e.g. A **barátom** még nem evett kivit. *My friend hasn't eaten a kiwi fruit yet.*

> **INSIGHT**
>
> When learning the possessive forms of words, say them aloud with the definite article (e.g. **a** cipőm, **a** cipőd, etc). This will help you to remember to use the definite article when talking.

However, the indefinite article can also be used, e.g. **Egy barátom** mondta, hogy itt laksz. *A friend of mine told me that you lived here.* Similarly the expression **az egyik** (*one of*) can be used, e.g. **Az egyik barátom** mondta, hogy itt laksz. *One of my friends told me that you lived here.*

▶ Words with possessive endings when used as objects always require the use of the definite conjugation, e.g. **A feleségemet várom**. *I'm waiting for my wife.*

Note that the words **ajtó** (*door*) and **idő** (*time, weather*) have irregular 3rd person singular and plural forms:

> ajtóm, ajtód, **ajtaja**, ajtónk, ajtótok, **ajtajuk**
> időm, időd, **ideje**, időnk, időtök, **idejük**

2 POSSESSIVE FORMS FOLLOWED BY OTHER ENDINGS

The possessive forms can be followed by all the endings learnt so far (except for **-kor**):

Hová tetted a könyv**emet**?	*Where have you put my book?*
Mariska néni gyakran ül a kert**jében**.	*Mariska néni often sits in her garden.*
A barátnő**ddel** voltál moziban? [⌄]	*Did you go to the cinema with your girlfriend?*

The final **a** and **e** of the possessive endings in the 3rd person singular form change to **á** and **é** respectively before the other endings, e.g. ágy**ában** *in your/his/her bed*, kertj**ében** *in your/his/ her garden*.

Note what a difference an accent makes in expressions like:

Látom a házat.	*I can see the house.*
Látom a házát.	*I can see your/his/her house.*

Before the object ending, the linking vowel is always **a** for back vowel words and **e** for front vowel words, e.g. barátom**at**, barátnőd**et**.

The object ending is often left out after the 1st and 2nd person singular possessive forms:

Nem találom a **fésűmet**. or	*I can't find my comb.*
Nem találom a **fésűm**.	
Hozod a **kabátodat?** or Hozod a	*Are you bringing your coat?*
kabátod? [⌄]	

> **INSIGHT**
>
> To make an alien structure familiar you need lots of repetition. With plenty of practice you will start to develop an instinct for what works in Hungarian.

3 HOW TO SAY 'PÉTER'S FATHER' OR 'THE DOOR OF THE CAR'

In Hungarian the possessor is always followed by the thing possessed. To mark the possession, the thing possessed takes the third person singular possessive ending: Péter édesap**ja** *Péter's father*; a kocsi ajta**ja** *the door of the car*.

Péter édesapja most jött haza Londonból.	*Péter's father has just got back from London.*
A kocsi ajtaja nyitva van.	*The door of the car is open.*

The possessor can also take possessive endings in expressions like: az édesapá**m** neve *(my father's name)*; a barátnő**d** lakása *(your friend's flat)*.

Az édesapám neve nem tipikus magyar férfinév.	*My father's name is not a typical Hungarian male name.*
Hol a **barátnőd lakása?**	*Where is your girlfriend's flat?*

4 'I HAVE' (POSSESSION)

This phrase is expressed by the word **van** (in positive questions and statements) or **nincs** (in negative questions and statements), followed by the thing possessed. The thing possessed takes the possessive ending of the possessor.

van/nincs kalapom	I have/haven't a hat
van/nincs kalapod	you have/haven't a hat (sing. fam.)
van/nincs kalapja	you have/haven't a hat (sing. form.)
van/nincs kalapja	he/she has/hasn't a hat
van/nincs kalapunk	we have/haven't a hat
van/nincs kalapotok	you have/haven't a hat (pl. fam.)
van/nincs kalapjuk	you have/haven't a hat (pl. form.)
van/nincs kalapjuk	they have/haven't a hat

Új **esernyőm van**. — *I have a new umbrella.*
Nincs kutyánk. — *We haven't a dog.*
Nagy **házatok van?** [↳] — *Have you got a big house?*

Note how to give short answers:
Van egy tollad? [↳] **Van**. — *Have you got a pen? Yes, I have.*
Van autótok? [↳] **Nincs**. — *Have you got a car? No, we haven't.*
Nincs kabátotok? [↳] **De van**. — *Haven't you got a coat? Yes, we have.*
Nincs egy százasod? [↳] **Nincs**. — *Have you got 100 forints? No, I haven't.*

When naming the possessor, use the dative ending:
Péternek nincs új barátnője. — *Péter hasn't got a new girlfriend.*
A háznak fehér ajtaja van. — *The house has a white door.*
A gyerekeknek új angol tanáruk van. — *The children have a new teacher of English.*
Jóska feleségének jó állása van. — *Jóska's wife has a good job.*
A szomszédunk fiának megint új kocsija van. — *Our neighbour's son has a new car again.*

Note the use of the dative ending in questions like: **Kinek van** egy cigarettája? *Who has got a cigarette?*

In the past, use **volt/nem volt**, and in the future **lesz/nem lesz**:
Sajnos **nem volt kertünk**. — *Unfortunately, we didn't have a garden.*
Nemsokára nekünk is **lesz kutyánk**. — *Soon we'll also have a dog.*

5 ADVERBS OF MANNER

Adverbs of manner answer the question **Hogy?** or **Hogyan?** (*How?*). They are formed from adjectives by adding the **-n** ending.

Just add the **-n** ending to most adjectives ending in a vowel (the **a** changes to **á**, and the **e** to **é** before it). However, just as before the plural ending, back vowel adjectives ending in **ú** or **i** take the linking vowel **a**, and front vowel adjectives ending in **ű** or **i** take the linking vowel **e** before it.

Milyen?		Hogyan?	
olcsó	*cheap*	olcsó**n**	*cheaply*
drága	*expensive*	drág**án**	*expensively*
gyenge	*weak*	gyeng**én**	*weakly*
szomorú	*sad*	szomorú**an**	*sadly*
kíváncsi	*curious*	kíváncsi**an**	*curiously*
gyönyörű	*gorgeous*	gyönyörű**en**	*gorgeously*
eredeti	*original*	eredeti**en**	*in an original way*

However, there are a few exceptions to this rule. Here are some:

lassú *slow* – **lassan** *slowly*

könnyű *easy* – **könnyen** *easily*

szörnyű *horrible* – **szörnyen** *horribly*

rossz *bad* – **rosszul** *badly*

jó *good* – **jól** *well*

kiváló *outstanding* – **kiválóan** *outstandingly*

kitűnő *excellent* – **kitűnően** *excellently*

felelőtlen *irresponsible* – **felelőtlenül** *irresponsibly*

hosszú *long* – **hosszan** *for a long time, at length*

Back vowel adjectives ending in a consonant take the a linking vowel, and front vowel adjectives ending in a consonant take the **e** linking vowel before the **-n** ending.

Milyen?		Hogyan?	
komoly	*serious*	komoly**an**	*seriously*
kedves	*kind*	kedves**en**	*kindly*

But again, there are a few exceptions. Here are some:

nagy *big* – **nagyon** *very*

szabad *free* – **szabadon** *freely*

gazdag *rich* – **gazdagon** *richly*

vastag *thick* – **vastagon** *thickly*

fiatal *young* – **fiatalon** *young*

bátor *brave* – **bátran** *bravely*

nehéz *difficult* – **nehezen** *with difficulty*

A vállalat igazgatója **hosszan** beszélt a tervekről.	*The manager of the company talked about the plans for a long time.*
A titkárnő **kedvesen** mosolygott.	*The secretary smiled kindly.*
Petőfi Sándor **nagyon** fiatalon halt meg.	*Sándor Petőfi died very young.*

6 BOTH, EITHER, NEITHER

a **… is és … is** or **… is, … is** means *both … and …*. Unlike in English, both words come after, not before the words they refer to, e.g.

> Mari **szép is és okos is.**
> *or* Mari **szép is, okos is.**   *Mari is both beautiful and clever.*

b **nem is … és nem is …** or **nem is …, nem is …** or **se nem …, se nem …** means *neither … nor …* in English:

> Edit **nem is szép és nem is okos**.   *Edit is neither beautiful*
> *or* Edit **nem is szép, nem is okos**.   *nor clever.*
> *or* Edit **se nem szép, se nem okos**.

Note that instead of **se**, **sem** can be used, e.g. **Sem a zöld**, **sem a kék** kalap nem tetszett. *I didn't like either the green or the blue hat.*

c **Vagy …, vagy …** means *either … or …*, e.g. **Vagy színházba, vagy moziba** megyünk. *We'll either go to the theatre or to the cinema.*

Practice

1 **There are five people waiting in the orvosi rendelő (*surgery*) for their turn. What do they answer when the doctor asks them: Mi a panasza? Look at the list below, and make up complete sentences like the one provided for you: a Fáj a fülem.**

a fül (*ear*)	**d** kar
b torok	**e** derék
c has	**f** kéz

2 **Zsolt has come to see the dentist. Re-arrange the dentist's lines so that their conversation makes sense. Then act it out.**

Zsolt	Doktor úr, nagyon fáj a fogam! Már se aludni, se enni nem tudok.
a Fogorvos	Hát persze, hogy érdemes. Először adok magának egy injekciót. *(after giving him the injection)* Tessék kinn egy kicsit leülni.
Zsolt	*(pointing at it)* Ez.
b Fogorvos	Hm. Lyukas a foga. Bizony elég csúnya. De nem akarom kihúzni. Megpróbálom betömni.
Zsolt	Gondolja, hogy érdemes?
c Fogorvos	Kérem nyissa ki a száját! Melyik foga fáj?

fogorvos (-t, -ok, -a)	*dentist*
injekció (*pron.* inyekció)	*injection*
lyukas fog (-at, -ak, -a)	*tooth cavity* (Lit. *holey tooth*)
kihúz (vmit)	*pull* (sg) *out*
megpróbál (vmit)	*try* (sg)
betöm (fogat)	*fill* (tooth)

3 You are on holiday at Lake Velencei and you are feeling unwell. You go to see a doctor. Supply your own lines. Then act it out from memory.

Orvos	Tessék befáradni! Mi a panasza?
a	*Tell him that you have a sore throat.*
Orvos	Nyissa ki a száját! Megnézem a torkát. Hm. Nagyon piros. A feje is fáj?
b	*Tell him that you had a bad headache yesterday, but today you haven't.*
Orvos	Megmérte a lázát?
c	*Tell him that you have, and it's quite high: 38°C.*
Orvos	Étvágya van?
d	*Tell him that you haven't got an appetite and that you hardly ate anything yesterday.*
Orvos	Nincs komoly baja. Torokgyulladása van. Felírok magának egy tablettát. Naponta háromszor kell beszedni étkezés előtt. Pénteken délelőtt rendelek. Akkor majd újra megvizsgálom.

Nincs komoly baja.   *It's nothing serious.* (sing. form.)
torokgyulladás (-t, -a)   *laryngitis*
tabletta   *pill*

4 This is a get-well card from Zsófi to her friend Márti, who has had an accident. Study it and then write a similar one using the information given overleaf.

Szia Márti!

Nagyon megijedtem, amikor megtudtam, hogy autóbaleseted volt. Szerencsére nincs komoly baj, csak a karod törted el. Mikor tudlak a kórházban meglátogatni? Remélem, hamarosan hazaengednek.

Mielőbbi gyógyulást kívánok szeretettel:

Zsófi

megtud (vmit)   *get to know* (sg), *learn* (sg)
autóbaleset (-et, -ek, -e)   *car accident*
Csak a karod törted el.   *You have only broken your arm.*
megijed   *get frightened*
meglátogat (vkit)   *visit* (sy)
hazaenged (vkit)   *discharge* (sy)
Mielőbbi gyógyulást kívánok.   *I wish you a speedy recovery.*

Csaba, your Hungarian friend, has had an accident. He has broken his leg. Ask him if he was driving too fast, and how the accident happened. Tell him that you'll visit him in the hospital on Friday afternoon. Wish him a speedy recovery. You will need the word **vezet** (*drive*) (verb).

5 This is an extract from a letter sent by Szilvia to her friend Mónika. First study it, and then supply Szilvia's answers to the doctor's questions.

> „Sajnos már az első nap elrontottam a gyomrom. Nem tudom, mit ettem. Talán a hal nem volt friss. Két napig hánytam is és hasmenésem is volt. Az idegenvezetőnk felesége is rosszul volt, de ő hamar meggyógyult. Én sajnos allergiás vagyok a gyógyszerre, amit az orvos felírt. Ráadásul, mint tudod, cukorbeteg is vagyok, így muszáj volt valamit enni. De most már sokkal jobban vagyok és már nincs lázam."

elrontja a gyomrát	*upset one's stomach*
hány	*be sick, vomit*
hasmenés (-t, -e)	*diarrhoea*
allergiás (vmire)	*allergic to* (sg)
mint tudod	*as you know*
cukorbeteg(-et, -ek)	*diabetic*
Sokkal jobban vagyok.	*I'm much better.*

   a Mi a panasza?
   b Mit evett?
   c Hányt?
   d Hány napig volt hasmenése?
   e Más is elrontotta a gyomrát?

6 Who is whose favourite? Study the table below, and then make up complete sentences like this one: a Bálint kedvenc írója Mikszáth Kálmán.

	Kinek a kedvence?	**Ki?**	**foglalkozása**
a	Bálint	Mikszáth Kálmán	író
b	Andrea	Radnóti Miklós	költő
c	Anita	Huszárik Zoltán	filmrendező
d	Attila	Csontváry Kosztka Tivadar	festő
e	Árpád	Bartók Béla	zeneszerző
f	Mariann	Latinovits Zoltán	színész

kedvenc	*favourite*
festő	*painter*
filmrendező	*film director*

7 Match the Hungarian sentences a–f below with their English equivalents i–vi.
   a A barátnőm férje cukorbeteg.
   b A férjem barátnője cukorbeteg.
   c János sokáig nézte a lovat.
   d János sokáig nézte a lovát.
   e Az ablakunkból jól lehet látni az Országházat.
   f Az ablakukból jól lehet látni az Országházat.

i *János watched the horse for a long time.*

ii *From our window the Parliament building can easily be seen.*

iii *My friend's husband is a diabetic.*

iv *János watched his horse for a long time.*

v *From their window the Parliament building can easily be seen.*

vi *My husband's friend is a diabetic.*

8 **Feri is talking about how he almost missed a great chance to travel to London. Turn the words in brackets into adverbs of manner. Then tell his story aloud.**

(**Nagy**) _____ készültem erre az útra. Sikerült olcsó repülőjegyet szerezni a hétvégére az interneten. (**Kíváncsi**) _____ vártam, milyen lesz London. Anyu szerint (**bátor**) _____ viselkedtem, hiszen addig még se repülőgépen nem ültem, se külföldön nem jártam. De szerintem (**fiatal**) _____ mindent ki lehet próbálni. Az utazás előtti napok (**lassú**) _____ múltak. (**Izgatott**) _____ vártam a nagy napot. Sajnos két nappal az indulás előtt nagyon megfáztam, (**csúnya**) _____ köhögtem, és elég magas lázam volt. Az orvos hallani sem akart a londoni utamról. Én (**hosszú**) _____ magyaráztam neki, hogy páratlan lehetőségről van szó, amit nem szabad kihagyni. Végül (**nehéz**) _____, de beleegyezett.

készül (vmire)	*look forward to* (sg)
ugyanis	*as, the thing is*
viselkedik	*behave*
külföldön	*abroad*
utazás (-t, -ok, -a)	*journey, travelling*
múlik	*pass* (time)
izgatott	*excited*
megfázik	*catch cold*
két nappal az indulás előtt	*two days before departure*
indulás (-t, -a)	*departure*
magyaráz (vkinek) (vmit)	*explain* (sg) *to* (sy)
nem szabad	*one shouldn't*
kihagy lehetőséget	*miss opportunity*
beleegyezik (vmibe)	*agree to* (sg)

? Test yourself – Which is correct?

1 a Neked mindig fáj a gyomorod?

   b Neked mindig fáj a gyomrod?

2 a Hol a kulcsom?

   b Hol a kulcsam?

3 a Márkus úrnak nem volt lehetősége gyógyfürdőbe menni.

   b Márkus úrnak nem volt lehetőségje gyógyfürdőbe menni.

4 a A barátnőmet keresek.

   b A barátnőmet keresem.

5 a Katinak nem volt ideje bevásárolni.

   b Katinak nem volt idője bevásárolni.

6 a Ismered a barátunk?

   b Ismered a barátunkat?

7 a Karcsi a kutyaját az állatorvoshoz vitte.

   b Karcsi a kutyáját az állatorvoshoz vitte.

8 a A kutya szomorún nézett.

   b A kutya szomorúan nézett.

9 a Legyen szíves lassan beszélni!

   b Legyen szíves lassúan beszélni!

10 a Nóra kedves és szép is.

   b Nóra kedves is és szép is.

 állatorvos (-t, -ok, -a)　　　　　*vet*

18 Milyen emberek voltak a szülei?

What were your parents like?

In this unit you will learn how to:

▶ *Talk about your family and marital status*
▶ *Describe people's appearance and character*
▶ *Talk about religion and politics*

Dialogue

Katalin Almási, a famous actress is being interviewed on a chat show about her childhood and family.

 02.19

Riporter	Hogyan emlékszik a gyerekkorára?
Almási K.	Nagyon boldog gyerekkorom volt. Öten voltunk testvérek. A szüleinkkel egy nagy, romos házban éltünk Szekszárdon. Sajnos soha nem volt elég pénzünk a házat teljesen rendbe hozni. De talán éppen ezért volt olyan romantikus! A házunk mögött volt egy óriási kert. Tavasztól őszig itt szoktunk játszani a testvéreimmel.
Riporter	Milyen emberek voltak a szülei?
Almási K.	Anyám magas, karcsú, világosbarna hajú, kék szemű lány volt. Imádott olvasni, színházba járni. Biztosan tőle örököltem a színház szeretetét. Mindig vidám, kedves, igen vallásos ember volt; katolikus. Apámmal jól kiegészítették egymást. Ő ugyanis csendes, komoly ember volt, bár szerencsére volt humorérzéke is. Apám jóképű, nagy bajuszos, fekete hajú férfi volt. Kálvinista volt, de anyám hite erősebb volt, mint apámé. Így katolikus templomban volt az esküvőjük, és minket is ebben a hitben neveltek. Minden vasárnap jártunk misére. A szüleim életük végéig nagyon szerették egymást. Ritkán veszekedtek, de akkor is hamar kibékültek.
Riporter	Mindez nagyon idillikusan hangzik. Milyenek voltak a rokonai?
Almási K.	Nagy család volt a miénk. Anyámék hatan voltak testvérek, apámék pedig hárman. Így sok nagynéni, nagybácsi, unokatestvér volt mindig nálunk. Vidám,

zajos család voltunk. Különösen Jakab bácsira emlékszem, anyám nővérének a férjére. Ő volt az egyetlen liberális a mi konzervatív családunkban. Igazi különc volt, de imádtuk. Emlékszem mindig cukorral, csokoládéval érkezett. Nem csoda, hogy olyan rosszak a fogaim!

Riporter	Úgy tudom, egyedül a húga folytatta a családi hagyományt: neki öt gyereke van.
Almási K.	Igen, a másik három testvéremnek nincs családja, és sajnos nekem sincsenek gyerekeim. Igaz, az öcsém még elég fiatal, nőtlen. Ő is, a menyasszonya is imádják a gyerekeket. Talán nemsokára újra nagynéni leszek …

V

gyerekkor (-t, -a)	*childhood*
romos	*partly ruined*
teljesen	*entirely*
rendbe hoz (vmit)	*restore* (sg)
éppen ezért	*for this very reason*
magas	*tall*
karcsú	*slim, slender*
világosbarna hajú	*with light brown hair, light brown-haired*
kék szemű	*with blue eyes, blue-eyed*
örököl (vmit) (vkitől)	*inherit* (sg) *from* (sy)
vidám	*cheerful*
vallásos	*religious*
Apámmal jól kiegészítették egymást.	*She and my father complemented each other well.* (Lit. *With my father they complemented …*)
kiegészít (vkit)	*complement* (sy)
humorérzék (-et, -e)	*sense of humour*
hit (-et, -e)	*faith*
erősebb, mint	*stronger than*
nevel (vkit)	*bring up* (sy)
mise	*mass*
vég (-et, -e)	*end*
veszekedik (vkivel)	*quarrel with* (sy)
kibékül (vkivel)	*make peace with* (sy)
rokon (-t, -ok, -a)	*relative*
idillikus	*idyllic*
hangzik	*sound* (verb)
idillikusan hangzik	*sounds idyllic*
nagynéni	*aunt*
nagybácsi (nagybátyja)	(*pron.* nagybáttya) *uncle*
unokatestvér (-t, -ek, -e)	*cousin*
különösen	*especially, particularly*
különc (-öt, -ök)	*eccentric*
hagyomány (-t, -ok, -a)	*tradition*

1 Igaz vagy nem igaz? (*True or false?*) Correct and re-write the false statements.

  a Almási Katalin gyerekkorában egy nagy, romos, kertes házban élt a szüleivel és öt testvérével.

  b Almási Katalin édesanyja is színésznő volt, és Katalin tőle örökölte a színház szeretetét.

  c Almási Katalin szülei jól kiegészítették egymást.

  d Almási Katalint kálvinistának nevelték.

  e Jakab bácsi Almási Katalin különc nagybátyja volt.

2 Feleljen a kérdésekre! (*Answer the questions.*)

  a Hol szokott Almási Katalin a gyerekkorában játszani a testvéreivel?

  b Milyen ember volt az édesanyja?

  c Milyen férfi volt az édesapja?

  d Ki volt Jakab bácsi?

  e Vannak Almási Katalinnak gyerekei? [⌐]

Hungary and the Hungarians

VALLÁS *RELIGION*

There are a number of **keresztény** (*Christian*) denominations in Hungary. Most religious people are **katolikus** (*Catholic*) or **protestáns** (*Protestant*) (mostly **református**, Reformed/Calvinist or **evangélikus**, Evangelical/Lutheran). The **zsidó** (*Jewish*) community is quite strong as well. A lot of people are **ateista** (*atheist*). Hungary is dedicated to the Virgin Mary, 'Our Lady of Hungary'. **Esztergom**, a small town on the Danube Bend, is the Catholic capital of the country. Its ecclesiastical collection is supposed to be second only to the Vatican's.

CSALÁD *FAMILY*

The ideal of the traditional family is still very strong in Hungary. Most people see their happiness in having a close family with one or two children. Extended families living nearby and helping each other out is still very common. However, with the collapse of communism (or **szocializmus** *socialism* as they call this period of history in Hungary) and the joining of the EU western lifestyles are coming into the country thick and fast. More young people remain single and birth rates are very low.

ESKÜVŐ *WEDDING*

This means the wedding ceremony itself. Only family and close friends are invited to the reception afterwards. Weddings can still be more traditional in villages. A **lakodalom** (*a country wedding*) used to last for three days, with lots of eating, drinking, dancing and merry-making. Traditionally, a gypsy band is hired. The most famous event is the **menyasszonytánc** (*the bride's dance*). Anybody wanting a dance with the bride, has to put money in a hat. The money will be used by the young couple later to build or furnish their home. After this dance, the young men try to steal the bride. If they succeed, the bridegroom has to buy them a round of drinks to get her back.

Szeretet: while the verb **szeret** can mean *love, like* or *be fond of* (sy), the noun **szeretet** only refers to love without any sexual attraction. **Szerelem** is the word used for love between a man and a woman.

Marital status: nőtlen means *single man*. If a man marries, he becomes **nős** (*married*). If a woman is single, use the expression **nincs férjnél**, and if she is married **férjnél van**. **Elvált** is *divorced*, **özvegy** is *widower* and **özvegyasszony** is *widow*.

OTHER EXPRESSIONS

Testvér means *sibling*, i.e. either a brother or a sister. Hungarian uses separate words for a brother or a sister older or younger than the person referred to e.g. **az öcsém** *my younger brother* is my brother who is younger than me, and **a bátyám** *my elder brother* is my brother who is older than me. Here is a list of words for relatives, together with their 1st and 3rd person singular possessive endings and other irregular forms:

öcs	*younger brother*	öcsém, öcséd, öccse, öcsénk, öcsétek, öccsük
báty	*elder brother*	bátyám, bátyád, bátyja (*pron.* báttya), bátyánk, bátyátok, bátyjuk (*pron.* báttyuk)
húg	*younger sister*	húgom (*pron.* hugom), húga (*pron.* huga)
nővér	*elder sister*	nővérem, nővére
szülők	*parents*	szüleim, szüleid, szülei, szüleink, szüleitek, szüleik
fiú	*son*	fiam, fiad, fia, fiunk, fiatok, fiuk
lány	*daughter*	lányom, lánya
anya	*mother*	anyám, anyja (*pron.* annya)
apa	*father*	apám, apja
feleség	*wife*	feleségem, felesége
férj	*husband*	férjem, férje

Appearance

Here is an additional list of words describing people's appearance or character:

agresszív	*aggressive*	**középkorú**	*middle aged*
alacsony	*short*	**ősz**	*grey*
becstelen	*dishonest*	**sovány**	*thin*
becsületes	*honest*	**szőke**	*blonde*
durva	*rude*	**szomorú**	*sad*
intelligens	*intelligent*	**udvarias**	*polite*
kopasz	*bald*	**udvariatlan**	*impolite*

Bajusz (*moustache*)**:** traditionally, big droopy moustaches are very popular with Hungarian men. You can either say **Pistának bajusza van** or **Pista bajuszos**. *Pista has a moustache.*

Politika *politics*

Here are a few words to describe political inclinations:

konzervatív *conservative*

kereszténydemokrata *Christian democrat*

liberális *liberal*

szociáldemokrata *social democrat*

szocialista *socialist*

kommunista *communist*

jobboldali *right wing*

baloldali *left wing*

párt *party*

Grammar

1 DOUBLE POSSESSION

This means that there are two possessions expressed by one phrase, e.g. **Péter feleségének a barátnője**. *Péter's wife's friend.*

In this phrase the two possessions are: **Péter felesége** *Péter's wife* and **a feleség barátnője** *the wife's friend*. The two possessions are joined by the dative ending (**-nak/-nek**). It comes after the second noun. The third noun is usually preceded by the definite article, and it can take a number of endings:

Különösen **anyám nővérének a férjére** emlékszem jól.	*I remember my mother's sister's husband particularly well.*
A barátom édesanyjának a kocsijával jöttünk haza.	*We came home in my friend's mother's car.*
Mi **Erzsi főnökének** a neve?	*What is Erzsi's boss's name?*

2 PLURAL POSSESSIVE

This is used when there is more than one thing possessed, e.g. **autóim** (*my cars*). The plural possessive is formed with the **-i** ending. With the exception of the 3rd person singular and plural, this form is then followed by the possessive endings learnt in Unit 17.

    a With words ending in a vowel, simply add the **-i** ending. (Note the usual changes: **a** to **á** and **e** to **é** before it.)

Back vowel words ending in a vowel

Singular		Plural	
autó**im**	*my cars*	autó**ink**	*our cars*
autó**id**	*your cars* (fam.)	autó**itok**	*your cars* (fam.)
autó**i**	*your cars* (form.)	autó**ik**	*your cars* (form.)
autó**i**	*his/her cars*	autó**ik**	*their cars*

Singular		Plural	
kuty**áim**	*my dogs*	kuty**áink**	*our dogs*
kuty**áid**	*your dogs* (fam.)	kuty**áitok**	*your dogs* (fam.)
kuty**ái**	*your dogs* (form.)	kuty**áik**	*your dogs* (form.)
kuty**ái**	*his/her dogs*	kuty**áik**	*their dogs*

Front vowel words ending in a vowel

Singular		Plural	
cipő**im**	*my shoes*	cipő**ink**	*our shoes*
cipő**id**	*your shoes* (fam.)	cipő**itek**	*your shoes* (fam.)
cipő**i**	*your shoes* (form.)	cipő**ik**	*your shoes* (form.)
cipő**i**	*his/her shoes*	cipő**ik**	*their shoes*

Note that **cipőm** means *my pair of shoes*, while **cipőim** means *my pairs of shoes*.

Singular		Plural	
zseml**éim**	*my rolls*	zseml**éink**	*our rolls*
zseml**éid**	*your rolls* (fam.)	zseml**éitek**	*your rolls* (fam.)
zseml**éi**	*your rolls* (form.)	zseml**éik**	*your rolls* (form.)
zseml**éi**	*his/her rolls*	zseml**éik**	*their rolls*

b With words ending in a consonant, the **-i** ending comes after the 3rd person singular possessive form, e.g. **háza, kalapja, füle, kertje**.

Back vowel words ending in a consonant

Singular		Plural	
ház**aim**	*my houses*	ház**aink**	*our houses*
ház**aid**	*your houses* (fam.)	ház**aitok**	*your houses* (fam.)
ház**ai**	*your houses* (form.)	ház**aik**	*your houses* (form.)
ház**ai**	*his/her houses*	ház**aik**	*their houses*

Singular		Plural	
kalap**jaim**	*my hats*	kalap**jaink**	*our hats*
kalap**jaid**	*your hats* (fam.)	kalap**jaitok**	*your hats* (fam.)
kalap**jai**	*your hats* (form.)	kalap**jaik**	*your hats* (form.)
kalap**jai**	*his/her hats*	kalap**jaik**	*their hats*

Front vowel words ending in a consonant

Singular		Plural	
fül**eim**	*my ears*	fül**eink**	*our ears*
fül**eid**	*your ears* (fam.)	fül**eitek**	*your ears* (fam.)
fül**ei**	*your ears* (form.)	fül**eik**	*your ears* (form.)
fül**ei**	*his/her ears*	fül**eik**	*their ears*

Singular		Plural	
kert**jeim**	*my gardens*	kert**jeink**	*our gardens*
kert**jeid**	*your gardens* (fam.)	kert**jeitek**	*your gardens* (fam.)
kert**jei**	*your gardens* (form.)	kert**jeik**	*your gardens* (form.)
kert**jei**	*his/her gardens*	kert**jeik**	*their gardens*

Make sure you pronounce the **i** distinctly. Don't run it together with the previous vowel.

Note that two common words have irregular forms: barát – **barátaim**, etc., szomszéd – **szomszédaim**, etc.

    c The same irregularities occur here as before the object, the plural and the other possessive endings, e.g. **név – nevet – nevek – nevem – neveim**.

    d A plural possessive form can also be followed by other endings, e.g. Már nem a **szüleimmel** járok nyaralni. *I don't go on holiday with my parents any more.*

3 THE '-É' ENDING

This ending is used when the thing possessed has already been mentioned, and there is no need to repeat it, e.g. Ki**é** ez a toll? (*Whose is this pen?*) Karcsi**é**. (*It's Karcsi's.*) It can also come after plural forms and nouns with possessive endings. (Note the usual changes: **a** to **á** and **e** to **é**.)

Ki?	Kié?	(Whose?)	Kik?	Kiké?	(Whose?)
Anikó	Anikó**é**	*Anikó's*	gyerekek	gyerekek**é**	*children's*
Anna	Anná**é**	*Anna's*	szüleink	szüleink**é**	*our parents'*
Imre	Imr**éé**	*Imre's*			
Péter	Péter**é**	*Péter's*			
apám	apám**é**	*my father's*			

Anyám családja vidéken él, **apámé**   *My mother's family lives in the country, and*
  pedig a fővárosban.   *my father's in the capital.*
Anna fia ötéves, **Katié** három.   *Anna's son is five years old, Kati's is three.*

    a The **-é** ending can also be followed by the **-i** ending to denote a plural possessive, e.g. Péter gyerekei még nagyon kicsik, **Imrééi** már felnőttek. *Péter's children are still very young, Imre's are already grown-up.*

Make sure you pronounce the two or three vowels at the end of words distinctly, e.g. Kat**ié**, Imr**ééi**, etc.

    b Instead of nouns with the **-é** ending, possessive pronouns can be used. (When two forms are given either is correct.)

Single possession		Plural possession	
enyém	*mine*	**enyéim**	*mine*
tied/tiéd	*yours* (sing. fam.)	**tieid/tiéid**	*yours* (sing. fam.)
magáé, **öné**	*yours* (sing. form.)	**magáéi, önéi**	*yours* (sing. form.)
övé	*his/hers*	**övéi**	*his/hers*
mienk/miénk	*ours*	**mieink/miéink**	*ours*
tietek/tiétek	*yours* (pl. fam.)	**tieitek/tiéitek**	*yours* (pl. fam.)
maguké, önöké	*yours* (pl. form.)	**magukéi, önökéi**	*yours* (pl. form.)
övék	*theirs*	**övéik**	*theirs*

c The possessive pronouns are usually preceded by the definite article:

Kié ez az esernyő? **Az enyém**.   *Whose is this umbrella? It's mine.*
A tiéd ez a könyv? [◞◞]   *Is this book yours?*

Again, when learning the possessive pronouns, say them aloud with the definite article, e.g. **az enyé**m, **a tied**, etc.

d All these forms can be followed by other endings:

Zsiga új házát már láttuk, de **Tamásét** még nem.   *We've seen Zsiga's new house, but we haven't seen Tamás's yet.*
A mi kocsink nem akart elindulni, így **a szüleinkével** mentünk le a Balatonhoz.   *Our car wouldn't start, so we went down to Lake Balaton in our parents' car.*
A ti utcátokban van közért? [◞◞]   *Is there a small supermarket in your street? There are two in ours.*
A miénkben kettő is van.

Note also that you can either ask: **Kinek a kutyája ez?** or **Kié ez a kutya?** (*Whose is this dog?*).

4 THE '-ÉK' ENDING

It is used to denote a group of people, e.g. **Péterék** means *Péter and his family or friends*, and **Szabóék** means *the Szabós*. The **-ék** ending is added to the word stem. (Note the usual changes: **a** to **á** and **e** to **é** before it.) It can be followed by other endings:

Annáékkal voltunk moziban.   *We were at the cinema with Anna and her friends/family.*

Feketééknek még nincs komputerük.   *The Feketes haven't got a computer yet.*
A barátodék is Erdélybe mennek nyaralni? [◞◞]   *Are your friend and his family/friends also going on holiday to Transylvania?*

5 SINCS, SINCSENEK *ISN'T / AREN'T / HAVEN'T … EITHER*

Use these words to express 'nincs is' and 'nincsenek is', which do not exist.

Bálint még nincs itt és Eszter **sincs**.   *Bálint is not here yet, and neither is Eszter.*
Nekem nincsenek angol ismerőseim. Neked **sincsenek?** [◞◞]   *I haven't any English acquaintances, haven't you any either?*

6 EGYMÁS *EACH OTHER, ONE ANOTHER*

When used with a transitive verb, this word always requires the definite conjugation, e.g. A szüleim nagyon **szerették egymást**. *My parents loved each other very much.*

7 PERSONAL PRONOUNS USED FOR EMPHASIS

Personal pronouns are often used for emphasis or when drawing a contrast:

Énvelem *senki sem akar ma beszélni?* [◞◞]   *Does nobody want to talk to me today?*
A mi szüleink nem szeretik, ha későn járunk haza. És a tieitek?   *Our parents don't like us coming home late. And what about yours?*

Practice

1 **Ki kicsoda?** (*Who is who?*) **Can you work it out? You will need to know these new words:**

   a nagyapám (*my grandfather*), **a nagynéném** (*my aunt*), **a vejem** (*my son-in-law*).

    a Milyen rokonom az édesanyám lányának az öccse?

    b Milyen rokonom az édesapám édesanyjának a férje?

    c Milyen rokonom a nagynéném férjének a felesége?

    d Milyen rokonom az édesapám nővérének a fia?

    e Milyen rokonom a lányom anyósának a fia?

2 **Read this passage on Dénes Újhelyi. Then write a similar one on Zoltán Kerekes using the information given below. Finally, say them both out loud.**

    Újhelyi Dénes alacsony, középkorú, kissé pocakos férfi. A haja és a szeme barna, a fülei kissé elállóak. Egy kicsit kopaszodik. Nagy bajusza van, de szakálla nincsen. Olvasáshoz általában szemüveget visel. Újhelyi Dénes elég intelligens ember, egy nagyvállalat igazgatója. Az ügyfeleivel mindig udvariasan viselkedik, de ha rossz napja van, a titkárnőjével egy kicsit ingerült. Tavaly elvált a feleségétől. Két fiukat a felesége neveli.

pocakos	*pot-bellied*
haj (-at, -a)	*hair*
kissé elálló	*slightly protuberant*
kopaszodik	*go bald*
szakáll (-at, -a)	*beard*
olvasáshoz	*for reading*
visel (vmit)	*wear* (sg)
ügyfél (ügyfelet, ügyfelek, ügyfele)	*client*
ingerült	*irritable*
elválik (vkitől)	*divorce* (sy)

Zoltán Kerekes: quite tall, young, thin, no moustache, blue eyes, black hair, small ears, wears glasses, taxi driver, not married, polite to everybody, intelligent, very religious, goes to church every Sunday.

    You will need to know the word **taxisofőr** (-t, -ök) *taxi driver*.

3 **Now write a similar passage about yourself using the 1st person singular form. Then say it aloud from memory.**

4 **Make up the second half of the sentences below, using the information given in brackets. Here is the first one: a Az öcsém neve Gyula, a bátyámé Ferenc.**

    a Az öcsém neve Gyula, (**bátyám, Ferenc**).

    b A szüleim háza kétszintes, (**nagyszüleim, csak egyszintes**).

    c Imre kutyájának Bodri a neve, (**Anna, Ügyes**).

    d A nagybátyám menyasszonyát már ismered, (**unokaöcsém, még nem**).

    e Vargáék fiai már felnőttek, (**Keresztesék, még gyerekek**).

    f Ildikóék esküvőjén cigányzenekar játszott (**miénk, jazz-zenekar**).

V	**zenekar** (-t, -ok, -a)	band
	unokaöcs	cousin (younger male)
	cigány (-t, ok)	gypsy
	nagyszülők (nagyszüleim, etc.)	grandparents

5 **Beáta is remembering the long summer holidays she spent in her childhood with her grandparents in a little village. Write in the correct forms of the words in brackets. Then tell her story.**

A mi (**nagyszülők**) _____ egy kis faluban laktak Veszprém megyében. A (**nagyapám**) _____ sok (**állat**) _____ volt: tehenek, lovak, csirkék, disznók. A (**nagypapa**) _____ különösen a (**lovak**) _____ szerette. Kora reggel indult a (**lovak**) _____ a földekre dolgozni. A (**nagymama**) _____ közben otthon volt; főzött, mosott, takarított. A ház körül mindig sok (**munka**) _____ volt. Mi, gyerekek egész nap kinn játszottunk a (**szomszédok**) _____ (**gyerekek**) _____. Csak akkor mentünk haza, ha éhesek lettünk. Este a hosszú, fárasztó nap után a felnőttek a (**házak**) _____ előtt ültek és beszélgettek, mi pedig tovább játszottunk.

V	**nagyapa**	grandfather
	nagymama	grandmother
	falu	village
	megye	county
	tehén (tehenet, tehenek, tehene)	cow
	disznó	pig
	kora reggel	early in the morning
	föld (-et, -ek, -je)	land
	tovább játszik	carry on playing

6 **Give the correct form of the words in brackets.**

   a A mi családunkban senki sem dohányzik. És a (**ti**) _____?
   b Az én anyósommal nem szabad politikáról beszélni. És a (**te**) _____?
   c A mi kocsinkkal nem lehet hosszú útra menni. És az (**ő**) _____?
   d Veszélyes a kutyád? Az (**én**) _____ nagyon félnek a betörők.
   e A ti kertetekben egyetlen virág sincs? A (**mi**) _____ rengeteg van.

V	**veszélyes**	dangerous

7 **This is Csilla Szeles's account of her life at home, recorded by a social worker. Study it, and then write the social worker's report on her. Use the 3rd person singular. Finally, say the report aloud.**

   Sajnos a szüleim sokat veszekednek egymással. Apám minden este részegen jár haza. Anyám állandóan fáradt és ingerült. Néha verekednek és kiabálnak. A testvéreimmel a szomszédokhoz vagy a térre menekülünk.

V	**részeg**	drunk (adj. or noun)
	tér (teret, terek, tere)	playground
	menekül	escape

8 Answer these questions about yourself.

a A szüleinek sok testvére van? [↲]

b Milyen emberek a szülei?

c Az édesapja és az édesanyja jól kiegészítik egymást? [↲]

d Milyen gyerekkora volt?

e Vallásos? [↲] Ha igen, milyen vallású?

f Rosszak a fogai? [↲]

 Milyen vallású? — *What is your religion? (sing. form.)*

Do you understand?

An eye-witness is being interviewed on the radio about the murder of a young taxi-driver in Szolnok.

 02.20

Riporter	Kedves hallgatóink! Mint ismeretes, április ötödikén este 7 óra fele ismeretlen tettesek megölték Kozma Sándor 25 éves szolnoki taxisofőrt. Az esetnek több szemtanúja is volt. Ön hol tartózkodott a gyilkosság elkövetésének idején?
Szemtanú	Én a tizenkettes busz megállójában vártam a buszra a Béke Szállóval szemben.
Riporter	Kérem, mondja el, mit látott.
Szemtanú	Fél hét felé egy üres taxi közeledett a megállóhoz. A taxit két 20 év körüli fiatalember megállította, és beszálltak.
Riporter	Tudna személyleírást adni a két fiatalemberről?
Szemtanú	Hogyne. Egyikük kissé kövér, bajuszos férfi volt. Magassága 165–170 cm lehetett. Göndör, fekete haja a válláig ért. Farmeröltönyt és edzőcipőt viselt. A másik szemüveges, vékony fiatalember volt. Magassága körülbelül 175–180 cm volt. Világosbarna, rövid, egyenes haja és kissé elálló fülei voltak. Ő világosszürke kabátot, sötét nadrágot és cipőt viselt. Durva, agresszív arca volt.
Riporter	Úgy tudom, egyiküknél nagy, fekete bőrtáskát láttak.
Szemtanú	Igen, úgy emlékszem a táska a farmeröltönyös fiatalemberé volt. Mindenesetre nála láttam. Azt hiszem, üres lehetett.
Riporter	Talán később ebbe rakták a taxisofőr DVD-lejátszóját. Amikor beszálltak a kocsiba, ön hallott is valamit.
Szemtanú	Igen. A farmeröltönyös azt mondta a másiknak: „Kalmáréknál ma jó buli lesz. Jössz?"
Riporter	Ha hallgatóink közül a személyleírás alapján bárki felismeri a két fiatalembert, vagy esetleg tudja, kik lehetnek Kalmárék, jelentkezzen a Szolnok Megyei Rendőrfőkapitányság 62–745–ös telefonszámán. Segítségüket előre is köszönjük.

V **mint ismeretes**	*as is known*	
ismeretlen	*unknown*	
tettes (-t, -ek)	*offender*	
megöl (vkit)	*kill (sy)*	
eset (-et, -ek, -e)	*case, incident*	
szemtanú	*eye-witness*	
gyilkosság (-ot, -ok, -a)	*murder* (noun)	
elkövetés	*commission*	
Mondja (*pron.* monggya) **el, mit látott.**	*Tell us what you saw.*	
közeledik	*approach* (verb)	
megállít (vkit)	*stop* (sy)	
beszáll (vmibe)	*get into* (sg)	
személyleírás (-t, -ok, -a) **ad** (vkiről)	*give a description of* (sy)	
egyikük	*one of them*	
magasság (-ot, -a)	*height*	
centiméter (cm)	*centimetre*	
göndör	*curly*	
farmeröltöny (-t, -ök, -e)	*denim suit*	
farmeröltönyös fiatalember	*a young man in a denim suit*	
mindenesetre	*in any case, anyway*	
rak (vmit)	*put* (sg)	
DVD-lejátszó (*pron.* dévédé lejáccó)	*DVD player*	
hallgatóink közül	*from among our listeners*	
alap (-ot, -ok, -ja)	*basis*	
bárki	*anybody*	
felismer (vkit)	*recognize* (sy)	
jelentkezzen	*contact* (sing. form.)	
jelentkezik	*come forward, contact*	

Feleljen a kérdésekre! (*Answer the questions.*)

  a Mi történt április 5-én este?
  b Milyen haja volt az első fiatalembernek?
  c Milyen fülei voltak a második férfinak?
  d Kié volt a fekete bőrtáska?
  e Hol volt este a buli?
  f Mit kell tenni, ha valaki felismeri a tetteseket?

> **INSIGHT**
>
> This has been yet another demanding unit. To assimilate it all make the most of the exercises. Learn the correct answers. Then re-do the exercises and see if you can now do them without making mistakes.

Test yourself – Which is correct?

1 **a** Tamás feleségnél van.

  b Tamás nős.

2 **a** A húgom férje neve Laci.

  b A húgom férjének a neve Laci.

3 **a** A barátaid nem jönnek az esküvőre?

  b A barátjaid nem jönnek az esküvőre?

4 **a** Andrea öccse orvos, Annáé mérnök.

  b Andrea öccse orvos, Annának mérnök.

5 **a** A gyerekeim gimnáziumba járnak. És a tied?

  b A gyerekeim gimnáziumba járnak. És a tieid?

6 **a** Kovácséval mentek horgászni?

  b Kovácsékkal mentek horgászni?

7 **a** A bátyám most nincs otthon és a nővérem is nincs.

  b A bátyám most nincs otthon és a nővérem sincs.

8 **a** Szerintem jól kiegészítjük egymást a férjemmel.

  b Szerintem jól kiegészítünk egymást a férjemmel.

9 **a** Juli fiai már nagyok, Gabié még nem.

  b Juli fiai már nagyok, Gabiéi még nem.

10 **a** A bátyám az anyám testvérének a fia.

  b A bátyám az anyám fiának a testvére.

19 Sokkal jobban tetszik
I much prefer it

In this unit you will learn how to:
▸ *Make comparisons*
▸ *Talk about your job*
▸ *Wish someone well*

Dialogue

Antal and Tibor are friends. They meet unexpectedly at a bus stop.

 02.21–22

Antal	Szevasz, Tibor! Ezer éve nem láttalak! Mi van veled, öregem?
Tibor	Már két hónapja új vállalatnál dolgozom.
Antal	Emlékszem, hogy a régi munkahelyeden nem érezted jól magad.
Tibor	Igen, szükségem volt a változásra.
Antal	És itt milyen?
Tibor	Sokkal jobban tetszik. Nemcsak érdekesebb a munkám, hanem többet is keresek. Az idő is gyorsabban telik, ha az ember nem unatkozik. Saját irodám, titkárnőm van. Igaz, kicsit korábban kell kelnem, mert most valamivel messzebb dolgozom. De megéri, mert hamarabb is végzek. Az óvodába is odaérek minden nap ötre. Ritkán kell túlóráznom, de azt is jól megfizetik.
Antal	Jól hangzik!
Tibor	Ráadásul gyakran járok külföldre is. Legutóbb Londonba küldtek pár napra tárgyalni és egy szerződést aláírni. Jólesett, hogy ilyen hamar megbíztak bennem. Azt mondják, én folyékonyabban beszélek angolul, mint a tolmács. Azt hiszem, hamarosan vegyes vállalat leszünk. Az egyik legnagyobb brit gépipari vállalattal folytatunk tárgyalásokat. Akkor pedig még nagyobb lesz a felelősségem.
Antal	Jön a tizenhetes. Felszállsz erre a buszra?
Tibor	Fel, mert sietek. De majd a héten felhívlak.
Antal	További sok sikert!
Tibor	Kösz! Szevasz!

öregem	*old chap*
(vkinek) **szüksége van** (vmire) (sy)	*needs* (sg)
Az idő is gyorsabban telik.	*Even time passes more quickly.*
Saját irodám van.	*I have an office of my own.*
saját (-ot, -ja)	*own*
Megéri.	*It's worth it.*
odaér	*get there*
ritkán	*rarely*
túlórázik	*work overtime*
Jól megfizetik.	*It's well paid.*
legutóbb	*last time*
tárgyal	*negotiate*
szerződés (-t, -ek, -e)	*contract*
aláír (vmit)	*sign* (sg)
(vkinek) **jólesik** (vmi) (sg)	*pleases* (sy)
megbízik (vkiben)	*trust* (sy)
tolmács (-ot, -ok, -a)	*interpreter*
vegyes vállalat	*joint venture*
gépipari vállalat	*engineering company*
vállalat (-ot, -ok, -a)	*company*
felelősség (-et, -e)	*responsibility*

QUESTIONS

1 Melyik igaz? (*Which is true?*)

a i Antal kétezer éve nem látta Tibort.

  ii Antal régen látta Tibort.

b i Tibor nem szeretett a régi helyén dolgozni.

  ii Tibornak szüksége volt egy titkárnőre.

c i Az új helyen Tibornak érdekesebb a munkája és jobb a fizetése.

  ii A régi helyen Tibornak korábban kellett kelnie.

d i Tibor többé nem túlórázik, mert nem fizetik meg.

  ii Tibor nem bánja, hogy az új helyen néha túlórázni kell, mert jól megfizetik.

e i Tibor vállalata angol-magyar vegyes vállalat lesz.

  ii Tibor az egyik legnagyobb brit gépipari vállalattal írt alá szerződést.

2 Feleljen a kérdésekre! (*Answer the questions.*)

a Mennyi ideje dolgozik Tibor új vállalatnál?

b Miért kell Tibornak korábban kelnie?

c Megfizetik Tibornak az új helyén a túlórát? [↵]

d Mennyi időre küldték Tibort legutóbb Londonba tárgyalni?

e Milyen vállalattal folytat Tibor vállalata tárgyalásokat?

Mennyi ideje?	*How long?*
túlóra	*overtime*
bán (vmit)	*mind* (sg)

Hungary and the Hungarians

DOING BUSINESS

Vegyes vállalat (*joint venture*): this is usually between a Hungarian and a foreign company. The most frequent types of business you might come across in Hungary are:

részvénytársaság (rt.)	*joint stock company*
zártkörű részvénytársaság (zrt.)	*private joint stock company*
korlátolt felelősségű társaság (kft.)	*limited liability company*
betéti társaság (bt.)	*deposit company*
multinacionális vállalat	*multinational company*
multi	*colloquial for multinational company*

Here are some terms you might need when doing business with people in Hungary:

adó	*tax*
áfa	*VAT*
cég	*firm*
fax	*fax machine*
faxol	*fax* (verb)
fénymásoló	*photocopier*
komputer (*pron.* kompjúter) or **számítógép**	*computer*
névjegykártya	*business card*
nyomtató	*printer*
privatizáció	*privatization*
vám	*customs duty*
mobil	*mobile*
internet	*internet*
e-mail	*email*
e-mail cím	*email address*
weblap or **weboldal** or **honlap**	*webpage*

OTHER EXPRESSIONS

Az ember (*one, you*) is used with the 3rd person singular form, e.g. Az idő is gyorsabban telik, ha **az ember** nem **unatkozik**. *Even time passes more quickly if one is not bored.*

Sok sikert! (*Lots of success!*) This is used when wishing someone success with some new enterprise. Similarly **Sok szerencsét!** (*Lots of luck!*) and **További sok sikert!** (*Further success!*). Other expressions to wish people well are:

Jó szórakozást!	*Have a nice time!*
Jó hétvégét!	*Have a nice weekend!*
Jó pihenést!	*Have a good rest!*
Szép napot!	*Have a nice day!*

A héten (*this week*): this expression is often used instead of the longer **ezen a héten**. Similarly **az este** which can mean either *yesterday evening* or *this evening*, **az éjszaka** or **az éjjel** (*last night* or *tonight*), **a nyáron** (*this summer* or *last summer*), etc. The use of the past, present or future tense indicates when something takes place, e.g. Az éjszaka nem **tudtam aludni**. I couldn't sleep at night. Az éjszaka úton **leszek**. I'll be travelling (Lit. *on the road*) tonight.

Grammar

1 COMPARISONS

There are three degrees of comparison:

positive, e.g. *cheap*, *expensive*
comparative, e.g. *cheaper*, *more expensive*
superlative, e.g. *cheapest*, *most expensive*.

▶ In Hungarian, the comparative is formed by adding the ending **-bb** to the positive form of the adjective. Simply add **-bb** after words ending in a vowel. (Remember the usual changes: **a** to **á**, and **e** to **é** before it.)

olcsó	*cheap*	olcsó**bb**	*cheaper*
drága	*expensive*	drág**ább**	*more expensive*
fekete	*black*	feket**ébb**	*blacker*

Words ending in a consonant need an **a** or an **e** linking vowel (see vowel harmony) before the **-bb** ending.

magas	*tall*	magas**abb**	*taller*
becsületes	*honest*	becsületes**ebb**	*more honest*

▶ The superlative is formed by adding the particle **leg-** to the comparative form of the adjective. (Particles are minor parts of speech like *up*, *off*, or *in-* as in *indiscreet*, etc.)

olcsóbb	*cheaper*	**leg**olcsó**bb**	*cheapest*
drágább	*more expensive*	**leg**drág**ább**	*most expensive*
feketébb	*blacker*	**leg**feket**ébb**	*blackest*
magasabb	*taller*	**leg**magas**abb**	*tallest*
becsületesebb	*more honest*	**leg**becsületes**ebb**	*most honest*

Note that just as in English, the superlative is usually preceded by the definite article, e.g. **a legmagasabb** *the tallest*, and so on.

Note these irregular comparisons:

jó *good*	**jobb** *better*	**legjobb** *best*
nagy *big*	**nagyobb** *bigger*	**legnagyobb** *biggest*
szép *beautiful*	**szebb** *more beautiful*	**legszebb** *most beautiful*
sok *many*	**több** *more*	**legtöbb** *most*
kis, kicsi *small*	**kisebb** *smaller*	**legkisebb** *smallest*
könnyű *easy*	**könnyebb** *easier*	**legkönnyebb** *easiest*
hosszú *long*	**hosszabb** *longer*	**leghosszabb** *longest*
lassú *slow*	**lassabb** *slower*	**leglassabb** *slowest*

kevés *little, few*	**kevesebb** *less, fewer*	**legkevesebb** *least, fewest*
nehéz *difficult*	**nehezebb** *more difficult*	**legnehezebb** *most difficult*
bátor *brave*	**bátrabb** *braver*	**legbátrabb** *bravest*
bő *loose*	**bővebb** *looser*	**legbővebb** *loosest*
régi *old*	**régebbi** *older*	**legrégebbi** *oldest*

▶ There are three very common constructions with comparisons.

   a Constructions with the positive forms of adjectives:

      Zsolt már **olyan** magas, **mint** az édesapja.   *Zsolt is already as tall as his father.*

      Boriska **nem olyan** szép, **mint** Greta Garbo.   *Boriska is not as beautiful as Greta Garbo.*

   b Constructions with the comparative forms of adjectives:

      Magyarország szegénye**bb** ország, **mint** Anglia.   *Hungary is a poorer country than England.*

      A magyar neheze**bb** nyelv, **mint** a német.   *Hungarian is a more difficult language than German.*

These two sentences can also be expressed by using the **-nál/-nél** ending instead of the word **mint**:

      Magyarország szegénye**bb** ország Angliá**nál**.

      A magyar neheze**bb** nyelv a német**nél**.

To express how much poorer, more difficult, etc. something or someone is, use the **-val/-vel** ending:

A piros szín **sokkal jobban** áll neked, mint a fekete. *or*   *Red suits you much better than black.*
A piros szín **sokkal jobban** áll neked a feketénél.

Egy **számmal kisebbet** legyen szíves.   *One size smaller, please.*

▶ Constructions with the superlative forms of adjectives:

      Szerintem Budapest a **leg**sze**bb** város a   *In my opinion Budapest is the most beautiful city in*
      világon.   *the world.*

Note the expression **az egyik leg … bb**:

A Kovács Margit Múzeum **az egyik**   *The Margit Kovács Museum is one of the most*
  legérdekesebb múzeum Magyarországon.   *interesting in Hungary.*

▶ When not followed by a noun, the comparative and superlative can take other endings as well, e.g. **Többet** nem kérek. *I don't want any more.*

2 ADVERBS OF MANNER IN COMPARISONS

To form adverbs of manner, add **-an** or **-en** to the comparative or the superlative form of the adjective. (See vowel harmony.)

olcsón *cheaply*	olcsó**bban** *more cheaply*	**leg**olcsó**bban** *most cheaply*
gyorsan *quickly*	gyorsa**bban** *more quickly*	**leg**gyorsa**bban** *most quickly*
kedvesen *kindly*	kedvese**bben** *more kindly*	**leg**kedvese**bben** *most kindly*
jól *well*	jo**bban** *better*	**leg**jo**bban** *best*

Note that the superlative is usually preceded by the definite article.

Jakab **gyorsabban** fut nálam.   *Jakab runs faster than me.*

A legolcsóbban a piacon lehet vásárolni.   *One can buy cheapest in the market.* (lit. *the most cheaply*)

Note these irregular forms:

rosszul	*badly*
rosszabbul	*more badly*
legrosszabbul	*most badly*
felelőtlenül	*irresponsibly*
felelőtlenebbül	*more irresponsibly*
legfelelőtlenebbül	*most irresponsibly*

3 VERBAL PARTICLES EXPRESSING THE DIRECTION OF AN ACTION

Verbal particles are used with verbs, and have several functions in Hungarian. Some of them express the direction of an action. Here are the most common examples:

Verbal particle	English equivalent	Example of verbal particle with verb
be	*in, into*	**bemegy** *go in/into*
bele	*into*	**beleugrik** *jump into*
ki	*out, out of*	**kijön** *come out/out of*
le	*down*	**lefut** *run down*
fel or **föl**	*up*	**felszalad** *run up*
el	*away, off*	**eltesz** *put away*
vissza	*back*	**visszahoz** *bring back*
át	*across, over*	**átsétál** *walk across*
végig	*along*	**végigmegy** *go along*
ide	*here*	**idejön** *come here*
oda	*there*	**odamegy** *go there*
rá	*on, onto*	**rátesz** *put onto*
haza	*home*	**hazamegy** *go home*
össze	*together*	**összejön** *come together*
szét	*apart*	**szétszalad** *scatter*

Visszahoztad a könyvem? [⌐]   *Have you brought back my book?*
Balázs **kijött** az erkélyre.   *Balázs came out on to the balcony.*

▶ Note that verbal particles sometimes require certain endings:

Kati **be**ment a szobá**ba**.	*Kati went into the room.*
Zita **ki**jött a konyhá**ból**.	*Zita came out of the kitchen.*
A lift gyorsan **le**ért az első emelet**ről** a földszint**re**.	*The lift came down quickly from the first to the ground floor.*
Este **végig**sétáltunk a körút**on**.	*In the evening we walked along the boulevard.*
Átmentem az út**on**.	*I walked across the road.*

▶ Note the expressions:

felszáll a buszra/villamosra, etc.	*get on the bus/tram, etc.*
leszáll a buszról/villamosról, etc.	*get off the bus/tram, etc.*
beszáll a taxiba/kocsiba	*get into the taxi/car*
kiszáll a taxiból/kocsiból	*get out of the taxi/car*
átszáll a buszról a metróra, etc.	*change from the bus to the metro*

4 THE WORD ORDER OF THE VERBAL PARTICLE AND THE VERB

The position of the verbal particle depends on the emphasis in the sentence.

a The verbal particle forms the first part of the verb and together they make a single word if:

this word is the focus of the sentence

Elmész a koncertre? [↘]　　　*Are you going to the concert?*

or if there is no special emphasis on any word in the sentence

Felszálltam a villamosra.　　　*I got on the tram.*

Note that *yes-or-no* questions always have this word order, e.g.

Felszállsz a villamosra? [↘]　　Are you getting on the tram?

b The verbal particle follows the verb making a separate word if:

the focus is any other word or group of words

A villamosra **szálltam fel**.　　　*I got on the tram.*
Nem a buszra **szálltam fel**.　　　*I didn't get on the bus.*

Note that the word order is always verb + verbal particle if the verb is negated, e.g. **Nem szálltam fel** a villamosra. I *didn't get on the tram.*

5 'YES-OR-NO' QUESTIONS WITH A VERBAL PARTICLE

A positive short answer to these questions can be given by just repeating the verbal particle:

Elmész? [↘] **El**.　　　　　*Are you leaving? Yes, I am.*
Hazamentek? [↘] **Haza**.　　*Are you going home? Yes we are.*

6 TIME EXPRESSIONS WITH 'FOR'

The word *for* is expressed in different ways in Hungarian.

a To express a specified period of time during which someone has not done something, or something has not happened, use the 3rd person singular possessive ending, e.g.

két perce, **órája**, **napja**, **hete**, **hónapja**, **éve**, etc.

for two minutes, *hours*, *days*, *weeks*, *months*, *years*, etc.
Ezer éve nem láttalak.　　　*I haven't seen you for ages.* (Lit. *for a thousand years.*)
Két napja nem ettem.　　　*I haven't eaten for two days.*

Note the questions: **Mennyi ideje?** or **Mióta?** *(for) How long?* **Hány napja?** *(for) How many days?*, etc. **Mióta nem kaptál levelet?** *How long is it since you received a letter?*

Note the change in meaning if these sentences are made positive:
Két éve nem voltam Londonban.　　*I haven't been to London for two years.*
Két éve voltam Londonban.　　　　*I was in London two years ago.*
Egy hete nem láttalak.　　　　　　*I haven't seen you for a week.*
Egy hete láttalak.　　　　　　　　*I saw you a week ago.*

b To express a period of time extending into the present, use also the 3rd person singular possessive ending, e.g.

Már **két hónapja** új vállalatnál dolgozom.   *I've been working for a new company for two months now.*

Két órája várlak!   *I've been waiting for you for two hours.*

c To express the period of time that something is, or was, to last:

i use the **-ra/-re** ending with dynamic verbs (i.e. verbs which express any form of movement), e.g.

két hétre/hónapra   *for two weeks/months,* etc.

Pár napra Londonba küldtek tárgyalni.   *They sent me to London for a few days to negotiate.*

Két hétre mentünk Olaszországba.   *We went to Italy for two weeks.*

Note the questions: **Mennyi időre?** (*For how long?*) **Hány napra?** (*For how many days?*), etc.
Mennyi időre mész Párizsba? *For how long are you going to Paris?*

ii use the **-ig** ending with static verbs (i.e. verbs not expressing any form of movement), e.g.

Két napig tartott a konferencia.   *The conference lasted for two days.*

Három hétig lesznek itt a szüleim.   *My parents are going to be here for three weeks.*

Cf. **Három hétre** jöttek a szüleim.   *My parents have come for three weeks.*

Note the questions: **Mennyi ideig?** or **Meddig?** (How long?) **Mennyi ideig** lesznek itt a szüleid? *How long are your parents going to be here?*

Note that the **-ra/-re** ending can also express that something was, is, or will be done by a certain time, e.g. **öt órára** (*by five o'clock*), etc.

Az óvodába is odaérek minden nap **ötre**.   *I also get to the nursery school by five o'clock every day.*

Note the questions: **Hány órára?**, **Hányra?**, **Mikorra?** (*When … by?*):
Hányra kell az irodába menned?   *What time do you have to get to the office by?*

> **INSIGHT**
>
> In Unit 11 you have already come across the preposition *for* used in the dative. The Hungarian equivalent is the **-nak/-nek** ending. *For* can also be used in time expressions in English but as you have seen above these will not translate as **-nak/-nek** in Hungarian. The many different Hungarian equivalents of *for* show that you should be cautious when expressing yourself in Hungarian. Never assume you know. The chances are that Hungarian will express an idea differently from English.

7 THE INFINITIVE WITH POSSESSIVE ENDINGS

The infinitive is often used to express a general, impersonal statement, e.g. **Itt nem szabad dohányozni**. *Smoking is not allowed here.* To say who is not allowed to smoke, use the possessive endings. They are added to the infinitive, omitting the **i**, except in the 3rd person singular and plural forms, where the **i** is retained.

Back vowel words	Front vowel words	Front vowel words with ö, ő, ü or ű as their final vowel
tud**ni**	beszél**ni**	főz**ni**
tud**nom**	beszél**nem**	főz**nöm**
tud**nod**	beszél**ned**	főz**nöd**
tud**nia**	beszél**nie**	főz**nie**
tud**nunk**	beszél**nünk**	főz**nünk**
tud**notok**	beszél**netek**	főz**nötök**
tud**niuk**	beszél**niük**	főz**niük**

The infinitive (with or without the possessive endings) is used with words like:

érdemes	*worth*
kell	*must, have to*
lehet	*can, may*
muszáj	*must, have to*
sikerül	*manage to, succeed*
szabad	*allowed*
tilos	*forbidden*

Most **mennem kell**. *I have to go now.*
Sikerült taxit **találnod?** [⌣] *Did you manage to find a taxi?*
Muszáj ilyen hamar **elmennetek?** [⌣] *Do you have to go so soon?*

Though sometimes it is grammatically correct to use the infinitive without the possessive endings, it is better style to use it with them.

To emphasize the person or to draw a contrast, use the dative ending:
Kinek kell aláírnia a szerződést? Nekem? [⌣] *Who has to sign the contract? Me?*
Editnek nem szabad dohányoznia, mert terhes. *Edit mustn't smoke because she's pregnant.*

8 BENNEM *IN ME*

Bennem is formed from the ending **-ban/-ben** with the first person singular possessive ending. The same in English is expressed by a preposition followed by the object form of the personal pronoun.

The '-ban/-ben' forms of the personal pronouns

bennem	*in me*	**bennünk**	*in us*
benned	*in you* (sing. fam.)	**bennetek**	*in you* (pl. fam.)
benne	*in you* (sing. form.)	**bennük**	*in you* (pl. form.)
benne	*in him/her*	**bennük**	*in them*

These forms are used when certain words require the use of the **-ban/-ben** ending, e.g.
megbízik (vki**ben**) *trust* (sy).
Nagyon jól esett, hogy ilyen hamar   *It was nice to feel that they trusted me so soon.*
  megbíztak bennem.

9 VÉGEZ *FINISH*

This is a somewhat irregular verb. Here is its conjugation:

present tense indefinite conjugation:
végzek, **végzel**, végez, **végzünk**, végeztek, végeznek

present tense definite conjugation:
végzem, **végzed**, **végzi**, végezzük, **végzitek**, **végzik**

past tense indefinite conjugation:
végeztem, végeztél, **végzett**, végeztünk, végeztetek, végeztek

past tense definite conjugation:
végeztem, végezted, végezte, végeztük, végeztétek, végezték

Practice

1 **Answer the questions comparing the items listed below. Here is the first one for you:**
   a) A Lehel piacon olcsóbb a paradicsom, mint a Hunyadi téri piacon, de a Bosnyák téri piacon a legolcsóbb.

   a Hol olcsó a paradicsom?
       Hunyadi téri piac, Lehel piac, Bosnyák téri piac
   b Melyik nyelv nehéz?
       orosz, magyar, kínai
   c Ki szép?
       Marilyn Monroe, Ingrid Bergman, Grace Kelly
   d Melyik sport érdekes?
       golf, krikett, foci
   e Milyen üdítőital finom?
       kóla, narancslé, almalé
   f Melyik város nagy?
       Budapest, Párizs, London

 almalé (almalevet, almaleve)   *apple juice*

2 **In the army, soldiers are measured for height and weight. Can you work out how tall the following are?**

   Lajos az egyik legmagasabb katona a hadseregben. Péter olyan magas, mint Gyuri. András alacsonyabb Lajosnál, de magasabb Péternél. Lajos 8 centiméterrel magasabb Gyurinál, és Gyuri 5 centiméterrel alacsonyabb Andrásnál. Péter magassága 180 cm. Milyen magasak a többiek?

 katona   *soldier*
   hadsereg (*pron.* haccsereg)   *army*

3 **An engineering company has placed the following advertisement in the papers.**

> Angol-magyar vegyes vállalat
> titkárnőt keres, aki folyékonyan
> beszél angolul, gyorsan tud
> gépelni és több éves titkárnői
> tapasztalattal rendelkezik.

 ... több éves titkárnői   ... *has several years of*
tapasztalattal rendelkezik.   *experience working as a secretary.*
gépel   *type*

Three people are shortlisted. The head of the personnel department has listed their qualities and skills, marking them 1–3 (1 is the best). Compare the applicants following this sentence:

    a Edit folyékonyan beszél angolul, de Brigitta folyékonyabban beszél nála, és Nóra beszéli a nyelvet a legfolyékonyabban.

		Nóra	Edit	Brigitta
a	hogy beszél angolul	1	3	2
b	milyen gyorsan tud gépelni	2	3	1
c	tapasztalat	3	2	1

4 **A short study was published in one of the Hungarian daily newspapers on the diet of the poor in Hungary. Study this extract. The writer of the article was interviewed on Hungarian radio about the subject. What were his answers to the reporter's questions?**

Magyarországon manapság drágábbak az élelmiszerek, mint néhány évvel ezelőtt. A szegények tehát kevesebbet költenek élelmiszerre, és inkább az olcsóbb élelmiszereket vásárolják. Több kenyeret, zsírt, tésztát és szalonnát fogyasztanak, mint az átlagos szinten élők. A szegények friss gyümölcs-, zöldség-, főzelék-, sajt- és tojásfogyasztása csak negyvenhat százaléka az átlagos szinten élőkének. Ugyanakkor az átlagos szinten élők nemcsak egészségesebben táplálkoznak, hanem többet is sportolnak.

 szalonna   *fatty Hungarian bacon*
fogyaszt (vmit)   *consume* (sg)
átlagos   *average*
szint (-et, -ek, -je)   *level*
fogyasztás (-t, -a)   *consumption*
százalék (-ot, -a)   *percentage*
egészséges (*pron.* egésséges) *healthy*
táplálkozik   *eat*
az átlagos szinten élők *those who have a reasonable standard of living*
                (Lit. *those living on an average level*)

    a Milyen élelmiszereket vásárolnak a szegények, és mennyit költenek élelmiszerre?
    b Miből fogyasztanak többet a szegények mint az átlagos szinten élők?
    c Miből fogyasztanak kevesebbet a szegények az átlagos szinten élőknél?
    d Melyik csoport sportol többet: az átlagos szinten élők vagy a szegények?

 csoport (-ot, -ok, -ja)   *group*

5 **Follow Tibor's route to his office every morning. Write in the missing verbal particles. Then say it aloud.**

Tibor reggel korán **a** _____megy otthonról. Kissé szórakozott és néha elfelejti bezárni az ajtót vagy becsukni az ablakot és akkor gyorsan **b** _____siet a lakásba. Az utcán **c** _____sétál a tizenhetes busz megállójáig. **d** _____száll a buszra, majd a Széchenyi utcában **e** _____száll a buszról. **f** _____megy az úton és **g** _____megy a Széchenyi utcán. Az utca végében van az új irodája. **h** _____megy a kapun és **i** _____megy az ötödik emeletre.

szórakozott	_absent-minded_
becsuk (vmit)	_close_ (sg)
bezár (vmit)	_lock_ (sg)

6 **How do you go to work? Give a detailed description.**

7 **Magda is an ambitious young woman who wants to be an opera singer. She is talking to a friend in a café. Write in the missing endings and then tell her story aloud.**

Képzeld, már két nap_____ csend van a lakásban! A szomszédaim három hét_____ vidékre utaztak. Nem tudod elképzelni, hogy mit jelent ez nekem! Minden délután pontosan 5 óra_____ szoktak hazajönni. Éppen amikor én gyakorolni kezdek! Az apa bekapcsolja a rádiót és a híreket hallgatja. Az anya főz a konyhában, és közben hangosan veszekszik a gyerekekkel. Hét_____ kész a vacsora. Utána bekapcsolják a tv-t, a fiuk pedig a szobájában popzenét hallgat. Pár nap_____ kutyájuk is van, az is hangosan ugat. Hát lehet így áriákat énekelni?

csend (-et)	_quiet_
vidék (-et, -ek, -e)	_countryside_
gyakorol	_practise_
bekapcsol (vmit)	_switch on_ (sg)
ugat	_bark_ (verb)
ária	_aria_

8 **Éva is telling her friend Andrea why she is looking for another place to live. Write in the correct 1st person singular form of the infinitives in brackets and then tell her story aloud.**

Nem bírom tovább. Elköltözöm! Képzeld, a lakásban tilos (**cigarettázni**) _____. Csak akkor szabad (**főzni**) _____, ha a házinéniék befejezték a vacsorát. Legkésőbb este tízre otthon kell (**lenni**) _____. Kézzel kell (**mosni**) _____, mert az ő mosógépüket nem szabad (**használni**) _____. Ráadásul a barátom sem szabad (**felvinni**) _____. Muszáj lesz új albérletet (**keresni**) _____. Remélem, sikerül majd jó helyet (**találni**) _____.

Nem bírom tovább.	_I can't bear it any longer._
elköltözik	_move house_
cigarettázik	_smoke_ (verb)
házinéni	_landlady_
befejez (vmit)	_finish_ (sg)
legkésőbb (_pron._ lekkésőbb)	_the latest_

mos (vmit)	*wash* (sg)
felvisz (vkit)	*take* (sy) *up*

9 Andrea was astounded to hear Éva's story. When she meets Jutka, their mutual friend, she tells her about Éva's experience. What does she say?

Do you understand?

Ibolya and Balázs are a young couple with two small children. They are discussing where to go on holiday.

 02.23

Ibolya	Hová megyünk idén nyaralni, Balázs?
Balázs	Nekem már elegem van a Velencei-tóból. Unalmas egész nap a vízparton ülni. És nagyon drága lett.
Ibolya	Manapság mindenhol drágább, mint régebben. Tudod jól, az infláció … A Velencei-tó még az egyik legolcsóbb hely. Ráadásul két gyerekkel minden sokkal többe kerül. Apáméknak saját nyaralójuk van ott, és nem kell szállást fizetnünk.
Balázs	Igen, de szerintem változásra van szükségünk. Már négy éve minden nyáron odajárunk. Milyen jó lenne két-három hétre biciklitúrára menni! Emlékszel, amikor bejártuk egész Kelet-Magyarországot? Annál érdekesebb nyarunk azóta sem volt. Szebbnél szebb helyeken jártunk, és sokkal több emberrel sikerült megismerkednünk, mint a Velencei-tónál! Vagy amikor gyalogtúrára mentünk az Őrségbe* és kempingekben szálltunk meg…
Ibolya	És emlékszel, amikor három napig esett az eső és mindenünk csupa víz lett?! Amikor kisütött a nap, kiteregettem, de pár perccel később újra eleredt az eső, és megint minden átázott. És ez így ment három napig. Izgalmasabb volt, mint a Velencei-tónál, az biztos. De kisgyerekekkel nem lehet ezt csinálni. Az embernek muszáj áldozatot hoznia … A Velencei-tó még a lehető legjobb megoldás. Majd ha a gyerekek nagyobbak lesznek, könnyebben tudunk utazni. Még talán külföldre is eljutunk. Már ott sem sokkal drágábbak a kempingek, mint nálunk…
Balázs	Na jó! Akkor a nyáron is a Velencei-tóhoz megyünk. Végül mindig sikerül meggyőznöd…

V **elege van**	*has had enough*
szállás (-t, -ok, -a)	*accommodation*
Milyen jó lenne …	*How lovely it would be …*
bejár (vmit)	*go all over (sg)*
azóta	*since then*
szebbnél szebb	*one more beautiful than the other*
megszáll (vhol)	*stay (somewhere)*
csupa víz lett	*got wet through*
Kisüt a nap.	*The sun comes out.*
kitereget	*hang out the washing*
Elered az eső.	*It starts raining.*
átázik	*get soaked through*
izgalmas	*exciting*
áldozatot hoz	*make a sacrifice*
a lehető legjobb	*the best possible*
megoldás (-t, -ok, -a)	*solution*
eljut (vhova)	*get (somewhere)*
meggyőz (vkit)	*convince (sy)*
az biztos	*that's for sure*

*Őrség is in the western-most part of Hungary. It is famous for its relatively untouched natural beauty as well as for its historical and cultural remains.

Feleljen a kérdésekre! (*Answer the questions.*)

a Miből és miért van elege Balázsnak?
b Miért olcsó a Velencei-tó Ibolyáéknak?
c Mióta járnak Balázsék minden nyáron a Velencei-tóhoz?
d Miért sikerült jól Balázs szerint a kelet-magyarországi biciklitúra?
e Mi lesz, ha a gyerekek nagyobbak lesznek?

> **INSIGHT**
> This has been the most demanding unit so far. To give yourself additional practice try telling the stories of the **Dialogue** and the **Do you understand?** section using the past tense.

Test yourself – Which is correct?

1 a Melyik a legmagasabb hegy Magyarországon?

  b Melyik a leghosszúbb híd Budapesten?

2 a Szerintem a spanyol könnyűbb nyelv, mint a japán.

  b Szerintem a spanyol könnyebb nyelv, mint a japán.

3 a Pest nem olyan régi, mint Buda.

  b Pest olyan nem régi, mint Buda.

4 a János 5 kilóval nehezebb Péternél.

  b János 5 kilóval nehezebb, mint Péternél.

5 a A fiam rosszabban tanul, mint a lányom.

  b A fiam rosszabbul tanul, mint a lányom.

6 a Az öltönyös férfi felszállt a taxira.

  b Az öltönyös férfi beszállt a taxiba.

7 a Nem a Lánchídon mentünk át Budára.

  b Nem a Lánchídon átmentünk Budára.

8 a Öt éve dolgozom ennél a vállalatnál.

  b Öt évre dolgozom ennél a vállalatnál.

9 a Hány napra lesznek itt Mariék?

  b Hány napig lesznek itt Mariék?

10 a A Dunában nem szabad fürödnötök.

  b A Dunában hideg fürödnötök.

20 Jobb lett volna, ha …

It would have been better if …

In this unit you will learn how to:

▶ *Express what would happen or what someone would do, as well as what would have happened and what somebody would have done*

▶ *Express possibility, permission, wishes and sympathy*

▶ *Buy tickets to the theatre*

▶ *Report what someone has said*

Dialogue

The Hajdú family has just received a letter from a relative inviting them to the country for the feast of pig killing.

 02.24–25

Robi	Apa, mit írnak keresztmamáék?
Apa	Meghívtak bennünket disznóölésre.
Robi	De jó lenne elmenni! Én még soha sem voltam disznótoron. Emlékszel, amikor húsvétkor náluk voltunk, milyen finom volt a kolbász! Most még több finomat ehetünk majd: hurkát, kocsonyát … És mikor lesz náluk a disznóölés?
Apa	Karácsony előtt. Eltölthetnénk náluk néhány napot, sőt karácsonyra is ott maradhatunk. Télen még úgysem voltál falun!
Robi	Nem, de szilveszterre szeretnék hazajönni. Pali bácsiéknak nincs tévéjük, és én meg szeretném nézni a szilveszteri műsort, meg lesz néhány jó film is …
Apa	Jó, majd meglátjuk. Egyszer talán kibírod tv nélkül is.
Anya	Miklós, szerinted jó ötlet karácsonyra is lenn maradni? Húsvétkor is egy egész hetet náluk töltöttünk. Jobb lett volna, ha csak egy-két napra mentünk volna. Az ember ott mást se csinál, csak eszik egész nap. Állandóan kínálnak, és nem lehet nekik nemet mondani. Vilma egész nap csak pletykálna … Sokkal fárasztóbb vendégségbe menni, mintha itthon maradnánk, és mindent nekem kellene egyedül csinálnom: főzni, takarítani, karácsonyfát díszíteni.

Robi	De anya, én mindig meg szoktalak kérdezni, hogy miben segíthetek. De te mindig azt mondod, hogy inkább egyedül csinálod.
Apa	Vilmáék már évek óta hívnak bennünket disznóölésre vagy karácsonyra. Tavalyelőtt azt mondtuk, hogy a nagy hó miatt leálltak a vonatok, tavaly a kocsink nem volt jó. Nem hinném, hogy idén is sikerülne valami jó kifogást találnunk. Muszáj egyszer elfogadni a meghívásukat, különben megsértődnek. Vilma mégiscsak a nővérem!
Anya	Persze, hogy muszáj. De nem kell feltétlenül olyan sokáig lenn maradnunk. Mi lenne, ha csak disznóölésre mennénk? Karácsonyra pedig hazajövünk.
Apa	Na jó, nem bánom! Szegény Vilma, nem lesz kivel pletykálnia az ünnepek alatt …

meghív (vkit)	*invite* (sy)
eltölt (vhol) **néhány napot**	*spend a few days* (somewhere)
Majd meglátjuk.	*We shall see.*
Egyszer talán kibírod tv nélkül is.	*Perhaps for once you can do without TV.*
Az ember ott mást se csinál, csak eszik.	*One does nothing there, but eat.*
állandóan	*constantly*
kínál (vmit)	*offer* (sg) *(food or drink)*
pletykál	*gossip* (verb)
vendégségbe megy	*go to see* (sy)
állandóan csinál (vmit)	*keep doing* (sg)
tavalyelőtt	*the year before last*
leáll	*stop*
kifogás (-t, -ok, -a)	*excuse*
meghívást elfogad	*accept an invitation*
különben (*pron.* külömben)	*or else*
megsértődik	*take offence*
Nem feltétlenül.	*Not necessarily.*
Nem lesz kivel pletykálnia.	*She will have nobody to gossip with.*
Egész nap csak pletykálna.	*She would like to gossip all day long.* (Lit. *She would only gossip all day long.*)

QUESTIONS

1 Igaz vagy nem igaz? (*True or false?*) Correct and re-write the false statements.

   a Robi keresztmamája Robit és a szüleit szilveszterre hívta meg.

   b Robi szeretne elmenni a disznótorra, mert ott sok finomat ehet.

   c Robi szilveszterre szeretne hazajönni, mert jó meccs lesz a tv-ben.

d Robi édesanyja szerint jobb lett volna, ha húsvétkor csak néhány napra mentek volna a férje nővéréékhez.

e Ha Hajdúék idén sem fogadják el a rokonaik meghívását, a rokonok megsértődnek.

2 Feleljen a kérdésekre! (*Answer the questions*.)

a Mire hívták meg Hajdúékat a rokonaik?

b Miért szeretne Robi szilveszterre hazamenni?

c Mennyi időt töltöttek Hajdúék húsvétkor falun?

d Miért nem szeret az anya sokáig a rokonoknál lenni?

e Mit mondtak Hajdúék tavalyelőtt, miért nem tudtak karácsonykor elmenni a rokonaikhoz?

Hungary and the Hungarians

DISZNÓÖLÉS LIT. *PIG-KILLING*

This is a traditional feast going back centuries. It still takes place in villages, usually in December. There is hardly any part of the pig which is not used. People make homemade **kolbász** (*sausage*), **hurka** (*white* or *black pudding*), **sonka** (*ham*), **disznósajt** (Lit. *pigcheese*), **kocsonya** (*cold pork in aspic*), **szalonna** (*fatty bacon*), **zsír** (*lard*) and other preserved foods.

Some of the smoked sausages might last until summer, and smoked ham is used at Easter. People celebrate the pig-killing occasion at a **disznótor**, which is a special feast consisting of several courses (all pork dishes). Relatives and friends are invited, and those who cannot attend are usually sent some **kóstoló** (*titbits*) as a taster.

KARÁCSONY *CHRISTMAS*

The Christmas season starts on the morning of 6 December when **Mikulás** or **Télapó** (*Santa Claus*) puts into good children's boots, placed on window sills, chocolate santas and other sweets. Bad children get a symbolic gold-painted **virgács** (*switch*). On the evening of 24 December **Jézuska** (*little Jesus*) brings a Christmas tree and presents. While small children are sent to play, parents decorate the Christmas tree in the afternoon. Apart from lots of ornaments and tinsel, they put **szaloncukor** on it (this looks like a small cracker, but inside the wrapper there is a delicious chocolate). In the evening everybody admires the tree and unwraps their presents. It is followed by Christmas dinner. Usually only the immediate family takes part. Some people go to church to the **éjféli mise** (*midnight mass*). On 25 and 26 December, friends and family visit each other.

SZILVESZTER *NEW YEAR'S EVE*

This is usually spent with friends at big parties. People traditionally buy paper trumpets, which everybody blows in the streets. The **szilveszteri műsor** (*New Year's Eve Programme*) is on television starting from about 8 pm. It is full of comedy sketches. At midnight, the national anthem is played on television. Afterwards people kiss and hug each other, wishing everybody a happy new year. Later in January, when people go back to work, everybody talks about the programme, usually finding it 'worse than last year'.

HÚSVÉT *EASTER*

On Easter Monday (**húsvét hétfő**) boys and men visit their girlfriends and female relatives, and sprinkle them with **kölni** (*eau de cologne*), reciting a little poem:

Zöld erdő″ben jártam,	*I was walking in a green forest*
kék ibolyát láttam,	*and I saw a blue violet,*
el akart hervadni,	*it was about to wither*
szabad-e locsolni?	*may I water it?*

In return they receive painted eggs, chocolate bunnies, food and drink.

OTHER EXPRESSIONS

Szegény *poor, poor thing* expresses sympathy:

Nagyon fáj a hasam!	*I have a bad stomach-ache.*
Te szegény!	*You poor thing!*

Grammar

1 THE CONDITIONAL

There are three types of conditional sentence in English.

i   **If it rains, we will stay at home.**

ii **If it rained, we would stay at home.**

iii **If it had rained, we would have stayed at home.**

Type **i** is normally expressed in Hungarian by the present tense or occasionally by the future tense. Here are all the possibilities:

> **Ha esik az eső, (akkor) otthon maradunk.**
>
> **Ha esik az eső, (akkor) otthon fogunk maradni.**
>
> **Ha esni fog az eső, (akkor) otthon maradunk.**
>
> **Ha esni fog az eső, (akkor) otthon fogunk maradni.**

The word **akkor** (*then*) can be left out.

Type **ii** is expressed by the present conditional, e.g.

> **Ha esne az eső, (akkor) otthon maradnánk.**

and type **iii** by the past conditional in Hungarian, e.g.

> **Ha esett volna az eső, (akkor) otthon maradtunk volna.**

The present conditional: Indefinite conjugation

Back vowel verbs			
(én) ad**nék***	*I would give*	(mi) ad**nánk**	*we would give*
(te) ad**nál**	*you would give*	(ti) ad**nátok**	*you would give*
(maga/ön) ad**na**	*you would give*	(maguk/önök) ad**nának**	*you would give*
(ő) ad**na**	*he/she would give*	(ők) ad**nának**	*they would give*

Front vowel verbs			
(én) főz**nék**	*I would cook*	(mi) főz**nénk**	*we would cook*
(te) főz**nél**	*you would cook*	(ti) főz**nétek**	*you would cook*
(maga/ön) főz**ne**	*you would cook*	(maguk/önök) főz**nének**	*you would cook*
(ő) főz**ne**	*he/she would cook*	(ők) főz**nének**	*they would cook*

*Note that here, even back vowel verbs get a front vowel ending!

If the verb stem ends in -**ít** or two consonants, a linking vowel (**a** or **e**) is needed before the conditional endings, e.g.

tanít**anék**	tanít**anánk**	ért**enék**	ért**enénk**
tanít**anál**	tanít**anátok**	ért**enél**	ért**enétek**
tanít**ana**	tanít**anának**	ért**ene**	ért**enének**

Note these irregular verbs:

megy	mennék	mennél	menne	mennénk	mennétek	mennének
jön	jönnék	jönnél	jönne	jönnénk	jönnétek	jönnének
eszik	ennék	ennél	enne	ennénk	ennétek	ennének
iszik	innék	innál	inna	innánk	innátok	innának
lesz*	lennék	lennél	lenne	lennénk	lennétek	lennének
van	volnék	volnál	volna	volnánk	volnátok	volnának
tesz	tennék	tennél	tenne	tennénk	tennétek	tennének
vesz	vennék	vennél	venne	vennénk	vennétek	vennének
hisz	hinnék	hinnél	hinne	hinnénk	hinnétek	hinnének
visz	vinnék	vinnél	vinne	vinnénk	vinnétek	vinnének
alszik	aludnék	aludnál	aludna	aludnánk	aludnátok	aludnának
fekszik	feküdnék	feküdnél	feküdne	feküdnénk	feküdnétek	feküdnének
emlékszik	emlékeznék	emlékeznél	emlékezne	emlékeznénk	emlékeznétek	emlékeznének

***Volna** and **lenne** can often be used interchangeably, but lenne is more frequent.

Definite conjugation

Back vowel verbs			
(én) ad**nám**	*I would give*	(mi) ad**nánk**	*we would give*
(te) ad**nád**	*you would give*	(ti) ad**nátok**	*you would give*
(maga/ön) ad**ná**	*you would give*	(maguk/önök) ad**nák**	*you would give*
(ő) ad**ná**	*he/she would give*	(ők) ad**nák**	*they would give*

Front vowel verbs			
(én) főz**ném**	*I would cook*	(mi) főz**nénk**	*we would cook*
(te) főz**néd**	*you would cook*	(ti) főz**nétek**	*you would cook*
(maga/ön) főz**né**	*you would cook*	(maguk/önök) főz**nék**	*you would cook*
(ő) főz**né**	*he/she would cook*	(ők) főz**nék**	*they would cook*

Note that 1st and 2nd person plural conditional endings are the same in both definite and indefinite conjugations.

Verbs ending in -**ít** or two consonants need the **a** or the **e** linking vowel here as well, e.g.

tanít**anám**	tanít**anánk**	ért**eném**	ért**enénk**
tanít**anád**	tanít**anátok**	ért**enéd**	ért**enétek**
tanít**aná**	tanít**anák**	ért**ené**	ért**enék**

Note the -**lak/-lek** forms: bemutat**nálak** (*I would introduce you*), szeret**nélek** (*I would love you*), tanít**análak** (*I would teach you*) and ért**enélek** (*I would understand you*).

Note these irregular verbs:

eszik	enném	ennéd	enné	ennénk	ennétek	ennék
iszik	innám	innád	inná	innánk	innátok	innák
tesz	tenném	tennéd	tenné	tennénk	tennétek	tennék
vesz	venném	vennéd	venné	vennénk	vennétek	vennék
hisz	hinném	hinnéd	hinné	hinnénk	hinnétek	hinnék
visz	vinném	vinnéd	vinné	vinnénk	vinnétek	vinnék

▶ In Hungarian, unlike in English, in sentences of type **ii** above, the present conditional must be used in both halves of the sentence:

Ha **esne** az eső, otthon **maradnánk**.

Here are some further examples:

Ha **tudna,** biztosan eljönne.	*If he could, he'd surely come.*
Mit **főznél,** ha **lenne** itthon krumpli is?	*What would you cook if we had potatoes at home as well?*
Mit **szeretnétek** enni?	*What would you like to eat?*
Szeretnélek bemutatni a férjemnek.	*I'd like to introduce you to my husband.*

| Ha ezt olaszul **mondanám,** akkor **értenéd?** [⌐] | *If I said this in Italian, would you understand it?* |

The past conditional

The past conditional is much simpler than the present conditional, as it is expressed by the past tense of the verb, followed by the word **volna**, e.g.

adtál volna	*you would have given*
főztél volna	*you would have cooked*
adtad volna	*you would have given*
főzted volna	*you would have cooked*, etc.

Note the past conditional of the verb **lenni** *to be*:

(én) **lettem volna**	*I would have been*
(te) **lettél volna**	*you would have been*
(maga/ön/ő) **lett volna**	*you/he/she would have been*
(mi) **lettünk volna**	*we would have been*
(ti) **lettetek volna**	*you would have been*
(maguk/önök/ők) **lettek volna**	*you/they would have been*

▶ In sentences of type **iii** above, the past conditional must be used in both halves of the sentence:

   Ha **esett volna** az eső, otthon **maradtunk volna**.

Here are some more examples:

| Ha **lett volna** nálam pénz, akkor meghívtalak **volna** vacsorára. | *If I'd had money on me, I would have invited you to dinner.* |
| **Elmentünk volna** a koncertre, ha korábban **kezdődött** volna. | *We would have gone to the concert if it had started earlier.* |

▶ Just as in English, there are many sentences where the present or the past conditional are only used in one half of the sentence:

| **Gondoltad volna,** hogy Péterből híres sportoló lesz? [⌐] | *Would you have thought that Péter would become a famous sportsman?* |
| Ha nem **ettél volna** olyan sok rétest, most nem **éreznéd** ilyen rosszul magad. | *If you hadn't eaten so many strudels, you wouldn't feel so unwell now.* |

The conditional is also used:

a to express a wish

| **De jó lenne, ha** el **tudnál** jönni! | *How lovely it would be if you could come!* |

Note that wishes are often introduced by the words **bárcsak**, **bár** or **csak** (*if only*), e.g. **Bárcsak** már péntek lenne! *I wish it was already Friday!*

b to express *should*, *should have*, *ought to*, *ought to have*

Nem **kellene** mindig virágot hoznod.	*You shouldn't always bring flowers.*
Nem **kellett volna** drága ajándékot venned!	*You shouldn't have bought an expensive present!*

c to express *could* **and** *could have*

Tudnék előbb is jönni.	*I could come earlier, too.*
Előbb is **tudtam volna** jönni.	*I could have come earlier, too.*

2 VERBAL PARTICLES CHANGING THE MEANING OF THE VERB

Verbal particles can modify or completely change the meaning of verbs. Apart from most of those listed in Unit 20, **meg** (which has no English equivalent) is often used to serve this purpose. Here are two words with various combinations as examples:

beszél (*speak*)

lebeszél (vkit) (vmiről)	*talk* (sy) *out of* (sg)
rábeszél (vkit) (vmire)	*persuade* (sy) *to do* (sg)
megbeszél (vmit)	*discuss* (sg)
visszabeszél (vkinek)	*answer* (sy) *back*

vesz (*take*)

kivesz (vmit) (vhonnan)	*take* (sg) *out of* (sg)
bevesz gyógyszert	*take medicine*
levesz ruhát	*take off clothes*
felvesz ruhát	*put on clothes*

Megbeszéltük, hogy hol találkozunk.	*We discussed where to meet.*
Pisti mindig **visszabeszél** az anyukájának.	*Pisti always answers his mum back.*
Kivettem a pulóvert a szekrényből.	*I took the pullover out of the wardrobe.*
Erzsi **levette** a ruháját és felvette a pizsamáját.	*Erzsi took off her clothes and put on her pyjamas.*
Bevetted a gyógyszert? [⌄]	*Have you taken the medicine?*

> **INSIGHT**
> It is best if you learn these as new words as it is easier than working out what they mean.

3 SEPARATING THE VERBAL PARTICLE AND THE VERB

Certain words can come between the verbal particle and the verb. Here are a few:

V
kell	*must, have to*
lehet	*may be*
tud	*can*
fog	*will*
tetszik	(courtesy address)
kar	*want*
szokott	(see Grammar 1, Unit 16)
szeretne	*would like to*

▶ Note that this will only happen if these words, together with the verb and the verbal particle, are the focus of the sentence, e.g.

Le kell beszélnünk Tamást a tervéről.	*We must dissuade Tamás from his plan.*
Be tetszett venni a gyógyszert? [⌐⌐]	*Have you taken the medicine?*
Veled mindent **meg lehet beszélni**.	*One can discuss everything with you.*
Rá akarlak beszélni a filmre.	*I want to persuade you about the film.*
Vissza kell hoznom a könyvet? [⌐⌐]	*Have I got to bring the book back?*

▶ If any other part of the sentence is emphasized, these words come between the focus and the verbal particle + infinitive (written as one word):

A filmre akarlak rábeszélni.	*I want to persuade you about the film.*
Mikor kell visszahoznom a könyvet?	*When do I have to bring the book back?*
A piros ruhámat tudom csak felvenni, mert a kék piszkos.	*I can only put on my red dress because the blue one is dirty.*

▶ Note that if these words are negated, they are also followed by the verbal particle + infinitive written as one word, e.g.

Sajnos ma **nem tudok elmenni**.	*Unfortunately I can't go today.*

Note also that if the verb is negated in past conditional sentences, **volna** comes between the verb and the verbal particle.

Cf. Ha tudtam volna, hogy te is ott leszel, **elmentem volna**.	*If I had known that you would be there too, I would would have gone.*
Ha te nem lettél volna ott, **nem mentem volna el**.	*If you hadn't been there, I wouldn't have gone.*

4 THE '-HAT' AND '-HET' CAN, COULD, MAY, MIGHT, BE ALLOWED TO, MUST ENDING

This ending expresses possibility, permission or deduction, and can follow any verb stem. This form can then be conjugated in the present tense, the past tense and the conditional. Here are a few examples (see the **Appendix** for the full list of possibilities):

mos**hat**ok	*I may wash*
cigarettáz**hat**ott	*he was allowed to smoke*
főz**het**ed	*you can cook*
kér**het**nénk	*we could ask*

Note that these verbs have irregular **-hat/-het** forms:

alszik – **alhat**	iszik – **ihat**	lesz – **lehet**
eszik – **ehet**	jön – **jöhet**	vesz – **vehet**
fekszik – **fekhet**	megy – **mehet**	visz – **vihet**
fürdik – **fürödhet**	tesz – **tehet**	
hisz – **hihet**	ugrik – **ugorhat**	

Segíthetek? [⌐]	*Can I help?*
Kinyithatjuk az ablakot? [⌐]	*Can we open the window?*
Várhatnátok még egy kicsit.	*You could wait a little longer.*
Én is **elmehettem volna,** de nem akartam.	*I could have gone as well, but I didn't want to.*
Nem **ehetek** sok édességet, mert cukorbeteg vagyok.	*I can't eat a lot of sweets because I'm diabetic.*
Okos ember **lehet**.	*He must be a clever man.*
Nem **lehetett** friss a hal, mert elrontottam a gyomrom.	*The fish can't have been good because I have an upset stomach.*

▶ Note that possibility is often expressed with the phrase **lehet, hogy** (Lit. *it is possible that*):

Lehet, hogy esni fog az eső.	*It might rain.*
Lehet, hogy Sanyi is a meccsre ment.	*Sanyi may have gone to the match as well.*

5 INDIRECT STATEMENTS

Direct statements quote word for word what someone has said:

Péter azt mondta: „Holnap nem jövök dolgozni."	*Péter said, 'Tomorrow I won't come to work.'*

Indirect statements report what someone has said rather than quoting it word for word:

Péter azt mondta, hogy holnap nem jön dolgozni.	*Péter said that he wouldn't come to work tomorrow.*

In English, the tense of the direct statement changes in the indirect statement (in the example above *'won't come'* changed to *'wouldn't come'*). In Hungarian, there is no change of tense when making indirect statements (both **jövök** and **jön** are in the present tense in the example above). However, the form of the verb might change, depending on the person we are talking about. (See **jövök**: 1st person singular, and **jön**: 3rd person singular above.)

Note that in indirect statements the word **hogy** (*that*) is always preceded by a comma.

6 FURTHER TIME EXPRESSIONS

óta *since, for*

This is a postposition. Note the question word **Mióta?** (*Since when?, (For) how long?*)

a The main meaning of óta is *since*:

Mióta ismered Jánost?	*Since when have you known János?*
1986 óta Angliában élek.	*I've been living in England since 1986.*
Hét óra óta várlak!	*I've been waiting for you since 7 o'clock!*
Június óta nem dolgozom.	*I haven't been working since June.*

b Óta can also express an unspecified period of time during which someone has not done something or something has not happened. Here it means *for*, e.g.

napok óta *for days*		**hetek óta** *for weeks*	
hónapok óta *for months*		**évek óta** *for years*	
Évek óta nem is hallottunk Péterről.		*We haven't even heard about Péter for years.*	
Napok óta nem láttalak.		*I haven't seen you for days.*	

▶ **The -t ending**

This is used in time expressions when talking about a period spent doing something:

Három napot töltöttünk a tengerparton.	*We spent three days at the seaside.*
A betörő **5 évet** ült börtönben.	*The burglar spent 5 years in prison.*

▶ **The ending -kor** *at*

-kor means *at* or *on* in expressions such as: **karácsonykor** (*at Christmas*), **szilveszterkor** (*on New Year's Eve*) and **húsvétkor** (*at Easter*):

Karácsonykor nem leszünk otthon. *We won't be at home at Christmas.*

Practice

1 **Match the first halves a–f with the second halves i–vi of the sentences. Then write out the complete sentences.**

  a Ha egy kicsit lassabban beszélnél,
  b Szívesebben takarítanék hétköznap, mint a hétvégén,
  c Ha sok pénzünk lenne,
  d Ha nem nyitottátok volna ki az ablakot,
  e Ha lenne autónk,
  f Előbb is tudnék jönni,

  i egy nagy, kertes házat vennénk Budán, a Rózsadombon.
  ii nem kellene mindig metróval utaznunk.
  iii ha lenne időm.
  iv ha sikerülne korábban befejeznem a munkámat.
  v most nem lenne ilyen hideg a szobában.
  vi sokkal jobban értenélek.

2 Bálint is buying some tickets at the Madách Színház (Madách Theatre).

Bálint	A vasárnap délutáni előadásra szeretnék két jegyet venni.
Pénztáros	Sajnos vasárnap délutánra már minden jegy elfogyott.
Bálint	És este fél nyolcra lehet még jegyet kapni?
Pénztáros	Igen. Hová parancsolja a jegyeket: az erkélyre vagy a földszintre?
Bálint	Kaphatnék a földszintre két jegyet egymás mellé?
Pénztáros	Hogyne. Elöl vagy hátul szeretnének ülni?
Bálint	Hátul.
Pénztáros	A tizenhatodik sorba tudnék még két jegyet adni.
Bálint	Az jó lesz.
Pénztáros	Tessék, hétezer-kétszáz forintot kérek.

V

pénztáros (-t, -ok, -a)	*cashier*
elfogy	*sell out*
egymás mellé	*next to each other*
elöl	*at the front*
hátul	*at the back*
sor (-t, -ok, -a)	*row*
előadás (-t, -ok, -a)	*performance*

After Bálint, it is Ilona's turn in the queue. This is the ticket that she buys. What does she say to the cashier? Write their conversation down, and then say it out loud from memory.

MADÁCH SZÍNHÁZ VII., Erzsébet krt. 29–33.	MADÁCH SZÍNHÁZ
ERKÉLY Ft. 4200. – **JOBB** **1** SOR **9** SZÉK ESTE 7 óra **2010. FEB. 20., SZOMBAT**	**ERKÉLY** JOBB **1** sor **9** szék **ESTE FEB. 20.**

3 When Bálint went home with the tickets, his wife wasn't satisfied. What would she have preferred? Study the information below and then make up sentences like this one.

   a Jobb lett volna, ha szombat estére vettél volna jegyet.

   a szombat este   **c** erkély
   b 7 óra   **d** olcsóbb jegy

4 Zoltán has had a car accident. His wife was also in the car when it happened. She is a typical back-seat driver. This is what she told Zoltán when they got home. Reproduce their conversation in the car. Write it all down, and then act it out from memory.

   Lassabban is vezethettél volna, Zoltán! Bárcsak egyszer hallgattál volna rám! Nekem kellett volna vezetnem, mert én kevesebbet ittam Paliéknál, mint te. Bárcsak te se ittál volna olyan sok sört! Nem kellett volna még a pálinkát is elfogadnod! Mondtam, hogy vigyázz, amikor hirtelen megállt előttünk a teherautó. Jobb lett volna, ha azután én vezettem volna. De te azt mondtad, hogy jobb lenne, ha kevesebbet beszélnék, akkor jobban tudnál figyelni. Pedig most is csak azt tudom mondani, amit a baleset után mondtam a kocsiban: ha nem lettél volna részeg, nem aludtál volna el és nem karamboloztunk volna.

hallgat rám	listen to me
hirtelen	suddenly
megáll	stop (verb)
előttünk	in front of us
teherautó	lorry
elalszik	fall asleep
karambolozik	have a car crash
Nem aludtál volna el.	You wouldn't have fallen asleep.

5 When the police arrived, Zoltán was questioned. What were his answers? Make up complete sentences like the one below. You can use any of these introductory phrases:

Zoltán azt válaszolta, hogy …   *Zoltán answered that …*

Zoltán azt felelte, hogy …   *Zoltán answered that …*

Zoltán azt mondta, hogy …   *Zoltán said that …*

a Zoltán azt válaszolta, hogy ő vezette a kocsit.

a rendőr kérdései	Zoltán válasza
a Ki vezetett?	Én vezettem.
b Miért nem állt meg a lámpánál?	Nem láttam a lámpát.
c Ivott ön ma este?	Csak egy keveset ittam.
d Mennyi volt az a kevés?	Nem emlékszem.
e A felesége nem tudott volna ön helyett vezetni?	Az talán jobb lett volna, mert akkor nem beszélt volna olyan sokat, és jobban tudtam volna figyelni.

lámpa	traffic lights

6 Write in the missing verbal particles. Then say the story aloud.

Már régóta szerettem volna egy igazi selyemblúzt. Anyu **a** _____ akart beszélni róla, mert szerinte a selymet nehéz vasalni. De végül sikerült **b** _____ beszélnem. **c** _____ beszéltük, hogy munka után találkozunk és együtt megyünk a Rákóczi útra, ahol egy butik kirakatában láttam egy gyönyörű, bordó selyemblúzt. **d** _____ mentünk a boltba. Benn már minden selyemblúz **e** _____fogyott, de az eladó **f** _____ vette a kirakatból a bordó selyemblúzt. **g** _____ vittem a próbafülkébe **h** _____ próbálni. **i** _____ vettem a pulóveremet és **j** _____ vettem a blúzt. Éppen az én méretem volt! Anyu szerint is nagyon jól állt. Drága volt, de **k** _____ vette a születésnapomra.

selyem (selymet, selymek, selyme)   *silk*
lebeszél róla   *dissuade from it*
kirakat (-ot, -ok, -a)   *shop window*
régóta   *for a long time*

7 **Insert the words in brackets in the sentences below. Make the necessary changes and write them all down.**

    a   Végre befejeztem a könyvet!   (szeretném)

    b   Megvettük Pistáéktól a kocsit.   (akartuk)

    c   Megittátok azt a sok bort?   (tudtátok)

    d   Holnap elmész keresztmamáékhoz!   (fogsz)

    e   Most hazamegyek.   (kell)

8 **Rita has been irritable all day. Whenever someone says anything, she contradicts it. What did she say to the remarks below? The first one is done for you: a Nem fogok elaludni!**

    a   Ha nem iszol kávét, el fogsz aludni.

    b   Már ki lehet ülni a kertbe napozni.

    c   Most el kell mennem.

    d   Vissza tudsz adni ötezresből?

    e   Látom, ki akarsz menni.

ötezresből visszaad   *give change from 5000 forints*

9 **What would you say in the situations described below? Use the -hat/-het ending.**

    a   Nagyon meleg van a vonaton, és ki akarja nyitni az ablakot.

    b   Szeretne bemenni a szobába, ahol a barátnője éppen öltözködik.

    c   Látja, hogy egy turista eltévedt.

    d   Buliba hívták, és a barátját is szeretné elvinni.

    e   Elrontotta a gyomrát, és nem tudja, mit szabad ennie.
       Mit kérdez az orvostól?

10 **Owing to bad weather, many planes have been delayed at Ferihegy airport. How late is each plane? Make up complete sentences, using the information given below. The first one is done for you: a A párizsi gép húsz percet késik.**

    a   Párizs: 20 perc   **d**   Prága: 40 perc

    b   London: 30 perc   **e**   Moszkva: 25 perc

    c   Róma: 15 perc   **f**   New York: 2 óra

11 **Answer these questions about yourself. (You may need: nyer (vmit)** *win* **(sg);**
    máshogy *differently*.**)**

  a   Mit venne, ha sok pénzt nyerne?

  b   Mit szeretett volna máshogy csinálni az életében?

  c   Mióta tanul magyarul?

  d   Mennyi időt szeretne Magyarországon tölteni?

  e   Mit nem csinálhatott, amikor gyerek volt?

  f   Ha meghívnák disznóölésre, elmenne?

INSIGHT

Well done, you have completed another challenging unit! To give yourself more practice tell the story of
the **Dialogue** using the past tense.

Test yourself – Which is correct?

1 **a** Hamarabb meggyógyulsz, ha ágyban feküdnél.

   b Hamarabb meggyógyulnál, ha ágyban feküdnél.

2 **a** Ha nem tudtam volna oroszul, nem érteném a filmet.

   b Ha nem tudtam volna oroszul, nem értettem volna a filmet.

3 **a** Nem kellett volna bort is hoznia.

   b Nem tudott volna bort is hoznia.

4 **a** De jó lenne, ha nem visszabeszélnél mindig!

   b De jó lenne, ha nem beszélnél vissza mindig!

5 **a** El lehet menni?

   b Lehet elmenni?

6 **a** Ha tudtam volna, hogy már 16 éves vagy, nem lebeszéltelek volna a filmről.

   b Ha tudtam volna, hogy már 16 éves vagy, nem beszéltelek volna le a filmről.

7 **a** A holnapi kirándulást akarom veled beszélni meg.

   b A holnapi kirándulást akarom veled megbeszélni.

8 **a** Nem ehetett sokat, mert a tányérja tele volt.

   b Nem tudhatott sokat enni, mert a tányérja tele volt.

9 **a** Fürödhetek?

   b Lehet fürödnöm?

10 **a** Öt év óta nem láttuk egymást.

   b Öt éve nem láttuk egymást.

21 Hová menjünk?
Where shall we go?

In this unit you will learn how to:

▶ *Tell somebody what to do or what not to do*
▶ *Invite and make suggestions*
▶ *Ask for and give advice*
▶ *Talk about your daily routine*
▶ *Explain why you have chosen to learn Hungarian*

Dialogue

It is Saturday afternoon. A young couple, Teréz and Tibor, are discussing what to do in the evening.

 02.26

Teréz	Jó lenne este valahova elmenni szórakozni. Hová menjünk?
Tibor	(*looking up from his newspaper*) Nem tudom. Van valami ötleted?
Teréz	Régen voltunk táncolni. De el kellene mennem a patyolatba a piros ruhámért. Már elég késő van, nem hiszem, hogy a tisztító még nyitva van. Talán majd a jövő héten … Tudod mit? Menjünk moziba! Van itthon egy Pesti Műsor? Tibi, hová tetted a Pesti Műsort? Nem találom.
Tibor	(*putting down his paper*) Mit mondasz?
Teréz	Azt kérdeztem, hogy hová tetted a Pesti Műsort.
Tibor	Várj csak! Megkeresem. Azt hiszem, a tv mellé tettem. Megvan.
Teréz	Nézzük csak, mi megy a moziban! (*leafing through the entertainment guide*) Már minden jó filmet láttunk. Azt mondják, a „Rémálom a Hotel Vadkacsában" nagyon izgalmas film. De a Tabán moziban megy, az túl messze van. Különben sem rajongok a horrorfilmekért. Este nem tudok majd elaludni.
Tibor	Te, most jut eszembe. Feriék ma este szalonnasütést terveznek a kertjükben. Ne menjünk el hozzájuk?
Teréz	Nem rossz ötlet. De így egy kicsit kínos, hiszen nem is hívtak meg bennünket …

Tibor	Ne aggódj! Feri jó barátom. Különben is úgy emlékszem, hogy meghívott, de elfelejtettem neked megmondani.
Teréz	Egyre szórakozottabb vagy, Tibi! Mi lesz veled öregkorodban? És még kik jönnek a szalonnasütésre?
Tibor	Icáék, Péterék, Gabiék. A többieket nem ismerem.
Teréz	Az jó! Icát nagyon megkedveltem. Szimpatikus.
Tibor	Akkor felhívjam Ferit, hogy megyünk?
Teréz	Jó, hívd fel. De mit vegyek fel?
Tibor	Mindegy, csak ne a lila kockás szoknyádat. Jobb ha nadrágban jössz. Az új blúzod nagyon jól áll.
Teréz	Még nem mostam ki. *(to herself while choosing a blouse)* Nem baj, jó lesz ez is. *(after Tibor has phoned and Teréz has got dressed)*
Tibor	Gyere, siessünk! Már mindenki ott van!

tisztító	*dry cleaners*
Tudod mit?	*You know what?*
Várj csak.	*Wait a moment.*
Megkeresem.	*I'll find it.*
Megvan.	*I've got it.*
rémálom (rémálmot, rémálma)	*nightmare*
vadkacsa	*wild duck*
izgalmas	*exciting*
így	*like this*
kínos	*embarrassing*
Úgy emlékszem, hogy …	*As far as I remember …*
meghív	(vkit) *invite* (sy)
egyre szórakozottabb	*more and more absent-minded*
öregkor	(-t, -a) *old age*
És még kik jönnek?	*And who else is coming?*
rajong (vmiért) (vkiért)	*be crazy about* (sg) (sy)
(vkinek) **eszébe jut** (vmi) (sg)	*comes to* (sy's) *mind*
megkedvel (*pron.* mekkedvel) (vkit)	*take to* (sy)
kockás	*check*

QUESTIONS

1 Igaz vagy nem igaz? (*True or false?*) **Correct and re-write the false statements.**

  a Terézék nem tudnak táncolni menni, mert Teri piros ruhája a patyolatban van.

  b Teri nem akarja megnézni a Rémálom a Hotel Vadkacsában című filmet, mert a barátnői nem tudtak a film után elaludni.

  c Teri szerint kínos lenne Feriékhez menni, mert Icáék is ott lesznek.

  d Tibor nem szereti Teri lila kockás szoknyáját.

... című film   *a film called ...*

2   Feleljen a kérdésekre! (*Answer the questions*.)

a   Miért nem mennek Tiborék este táncolni?

b   Hová tette Tibor a Pesti Műsort?

c   Miért nem rajong Teri a horrorfilmekért?

d   Mit felejtett el Tibor Terinek megmondani?

e   Az ismerőseik közül kik lesznek ott a szalonnasütésen?

Hungary and the Hungarians

SZALONNASÜTÉS LIT. *BACON ROASTING*

This is a Hungarian-style barbecue. People sit around an open fire and put their **szalonna** (*bacon*) on a spit to roast with onions, potatoes and peppers. People often sing folk songs around the fire. These are taught at school and most people know several.

OTHER EXPRESSIONS

Te *you*

Te is sometimes used to address friends or relatives, e.g. **Te**, most jut eszembe. *I've just remembered.*

Grammar

1 THE IMPERATIVE FORM OF VERBS

This form of the verb is used to give orders or commands like *Come! Eat!*, etc. As the imperative in Hungarian is used to express more than just commands and orders (see below), Hungarian verbs have a full imperative conjugation (i.e. not only 2nd person singular and plural).

▶ The imperative is formed by the **-j** ending. It is added to the verb stem, e.g. ad**j**, kér**j**, küld**j**. This form is then followed by the indefinite or definite personal endings of the imperative.

Indefinite conjugation

	Back vowel verbs	Front vowel verbs	Front vowel verbs whose final vowel is ö, ő, ü or ű
(én)	adj**ak**	kérj**ek**	küldj**ek**
(te)	ad**j**	kérj	küldj
(maga/ön/ő)	adj**on**	kérj**en**	küldj**ön**
(mi)	adj**unk**	kérj**ünk**	küldj**ünk**
(ti)	adj**atok**	kérj**etek**	küldj**etek**
(maguk/önök/ők)	adj**anak**	kérj**enek**	küldj**enek**

Note that in colloquial Hungarian, some people use a longer form for the 2nd person singular: **adjál** instead of **adj**, **kérjél** instead of **kérj** and **küldjél** instead of **küldj**.

Definite conjugation

	Back vowel verbs	Front vowel verbs	Front vowel verbs whose final vowel is ö, ő, ü or ű
(én)	adj**am**	kérj**em**	küldj**em**
(te)	ad**d**	kér**d**	küld**d**
(maga/ön/ő)	adj**a**	kérj**e**	küldj**e**
(mi)	adj**uk**	kérj**ük**	küldj**ük**
(ti)	adj**átok**	kérj**étek**	küldj**étek**
(maguk/önök/ők)	adj**ák**	kérj**ék**	küldj**ék**

> **INSIGHT**
>
> Note that with the exception of the 2nd person singular form, the personal endings used in the definite conjugation of the imperative are the same as those of the definite conjugation of the past tense.

Some people would use a longer form here as well: **adjad** instead of **add**, **kérjed** instead of **kérd**, and **küldjed** instead of **küldd**.

Note also the **-alak/-elek** form of the imperative várj**alak**, kérj**elek**.

► In pronunciation the following changes occur:

Spelling	Pronunciation	Example spelled	Example pronounced
l + j	jj	induljon	(indujjon)
ll + j	jj	állj	(ájj)
n + j	nny	köszönjek	(köszönnyek)
d + j	ggy	adjunk	(aggyunk)
gy + j	ggy	hagyjátok	(haggyátok)

► There are four groups of verbs whose stem and the **-j** ending change before the personal endings.

i sibilant verbs:

The **-j** ending changes to the sibilant

	Verb stem	Verb stem with the imperative ending
s + j = ss	olvas	olva**ss**
sz + j = ssz	játsz(ik)	ját**ssz** (*pron.* jácc)
z + j = zz	néz	né**zz**
dz + j = ddz	edz	e**ddz**

Note the forms: **olvasd/olvassad**, **játszd/játsszad**, **nézd/nézzed**, etc.

ii verbs ending in -st or -szt

The **t** is dropped and the same changes occur as with sibilant verbs:

	Verb stem	Verb stem with the imperative ending
st + j = ss	fest	fe**ss**
szt + j = ssz	választ (*choose*)	vála**ssz**

Note the forms: **fesd/fessed, válaszd/válasszad**.

iii verbs ending in a short vowel (i.e. a, e, i, o, ö, u, ü) + t

The final **t** and the **-j** ending change to **ss**:

	Verb stem	Verb stem with the imperative ending
short vowel + t = ss	fut	fu**ss**

Note that **lát** (*see*) and **megbocsát** (*forgive*) are also in this group.

Note the forms: **lásd/lássad**.

iv verbs ending in a long vowel (i.e. á, é, í, ó, ő, ú, ű) + t or a consonant + t

The **-j** ending changes to **s**:

	Verb stem	Verb stem with the imperative ending
long vowel + t = ts	tanít	taní**ts**
consonant + t = ts	ért	ér**ts**

Note that the **ts** is pronounced **ccs** after a vowel, and **cs** after a consonant, e.g. (taníccs), (ércs).

> **INSIGHT**
>
> These are rather complicated rules. It is best if you learn an example for each category. This will help you not only to remember the rules but also to apply them.

▶ Note these irregular verbs:

a eszik, iszik, lesz, tesz, vesz, visz, hisz:

indefinite conj.	egyek, egyél, egyen, együnk, egyetek, egyenek
definite conj.	egyem, edd/egyed*, egye, együk, egyétek, egyék
indefinite conj.	igyak, igyál, igyon, igyunk, igyatok, igyanak
definite conj.	igyam, idd/igyad*, igya, igyuk, igyátok, igyák
indefinite conj.	legyek, légy/legyél*, legyen, legyünk, legyetek, legyenek
indefinite conj.	tegyek, tegyél, tegyen, tegyünk, tegyetek, tegyenek
definite conj.	tegyem, tedd/tegyed*, tegye, tegyük, tegyétek, tegyék
indefinite conj.	vegyek, vegyél, vegyen, vegyünk, vegyetek, vegyenek

definite conj.	vegyem, vedd/vegyed*, vegye, vegyük, vegyétek, vegyék
indefinite conj.	vigyek, vigyél, vigyen, vigyünk, vigyetek, vigyenek
definite conj.	vigyem, vidd/vigyed*, vigye, vigyük, vigyétek, vigyék
indefinite conj.	higgyek, higgyél, higgyen, higgyünk, higgyetek, higgyenek
definite conj.	higgyem, hidd/higgyed*, higgye, higgyük, higgyétek, higgyék

*Both forms are correct, but the first is more frequent.

b the **-j** ending is attached to the infinitive without the **-ni** ending:

Verb	Infinitive	Verb stem with the imperative ending
alszik	aludni	alud**j**
fekszik	feküdni	feküd**j**
megy	menni	men**j**
ugrik	ugorni	ugor**j**
fürdik	fürödni	füröd**j**
mosakszik	mosakodni	mosakod**j**

c jön:

(én) jöjjek   (te) gyere* / jöjj / jöjjél   (maga/ön/ő) jöjjön

(mi) jöjjünk   (ti) gyertek* / jöjjetek   (maguk/önök/ők) jöjjenek

*Gyere** and **gyertek** are much more frequent than the other forms.

There is one more form **gyerünk** (*let's go*), which is a synonym of **menjünk**. In the **Hungarian–English** and **English–Hungarian vocabularies** at the end of the book you can find in brackets the imperative form of every verb: **lát** (láss).

The imperative is used:

a in orders, commands, requests, suggestions and advice

Ülj le!	*Sit down!* (sing. fam.)
Álljatok fel!	*Stand up!* (pl. fam.)
Foglaljon helyet!	*Take a seat.* (sing. form.)
Parancsoljanak!	*What can I do for you?* (pl. form.)

Note that in this case the verbal particle follows the verb.

b when telling, asking or ordering someone not to do something

In these types of sentences the words **ne** (*don't*) and **se** (*don't … either*) are used, e.g. **Ne edd meg!** *Don't eat it!* **Te se énekelj!** *Don't you sing either!*

Note that **se** is also used instead of **sem** in the imperative.

Sehova se menjetek egyedül!	*Don't go anywhere on your own!*
Senki se szálljon fel a villamosra!	*Don't anyone get on the tram!*

c in indirect statements when reporting someone's command, order, request, suggestion or advice

A titkárnő azt mondja az ügyfélnek, hogy **foglaljon** helyet.   *The secretary tells the client to take a seat.*

Az orvos azt kérte, hogy nyissam **ki** a szám.   *The doctor asked me to open my mouth.*

Ildi azt javasolta, hogy több gyümölcsöt **egyek**.   *Ildi suggested that I should eat more fruit.*

d when inviting suggestions, advice or instructions (i.e. to express *shall I?* and *shall we?*)

Kinyissam az ablakot?   *Shall I open the window?*

Mit **vegyek fel?**   *What shall I put on?*

Hová **tegyük** az asztalt?   *Where shall we put the table?*

e to make a suggestion (i.e. to express *let's*)

Menjünk haza!   *Let's go home!*

Ne most **együnk!**   *Let's not eat now!*

2 VERBAL PARTICLES EXPRESSING THE COMPLETION OR THE BEGINNING OF AN ACTION

The most frequently used verbal particles to express:

a the completion of an action are **meg**, **el** and **ki**, e.g. **meg**tanul, **el**mond, **ki**olvas.

Mit csinálsz ma este? **Tanulok.**   *What are you doing tonight? I'm studying.*

Megtanultad a szavakat? [⌐]   *Have you learnt the words? (i.e. Do you know them?)*

Még nem **olvastam ki** a könyvet, pedig már fél éve **olvasom.**   *I haven't finished reading the book yet, though I've been reading it for six months now.*

Mit **keresel?**   *What are you looking for?*

Majd én **megkeresem.**   *I'll find it.*

b the beginning of an action are **meg** and **el**, e.g. **meg**szólal, **el**indul.

Megszólalt a telefon.   *The telephone started to ring.*

A kocsi nem akart **elindulni.**   *The car wouldn't start.*

3 INDIRECT QUESTION-WORD QUESTIONS

As with statements, when reporting question-word questions, tense and word order remain the same.

János azt kérdezte: *János asked,*

„Hová jártok szórakozni?"   *'Where do you go out to?'*

János azt kérdezte, hogy hová járunk szórakozni.   *János asked where we go out to.*

4 THE '-ÉRT' ENDING *FOR*

The **-ért** ending has only one form, so it is added to both back and front vowel words. (As usual, the final **a** and **e** change before it.)

Use it to express the purpose of an action.

Note the question words **Kiért?** (*Who for?*) and **Miért?** (or in colloquial Hungarian just **Mért?** *What for?*):

Miért mész a boltba?	*What are you going to the shop for?*
Kenyérért.	*For bread.*
El kell mennem a tisztítóba **a ruhámért**.	*I have to go to the dry cleaner's for my dress.*
Kiért mentek az óvodába?	*Who are you going to collect at the nursery school?*
A nővérem kisfiáért.	*My sister's son.*

Note that the purpose of an action can also be expressed by the infinitive, e.g. Lemegyek kenyeret **venni** a boltba. *I'm going to the shop to buy some bread.*

5 MELLÉ *NEXT TO*

Postpositions used in place expressions have three forms depending on whether they answer the question **Hol?**, **Hova?** or **Honnan?**

Hol?	előtt	mögött	alatt	felett/fölött	körül	mellett	között
Hova?	elé	mögé	alá	fölé	köré	mellé	közé
Honnan?	elől	mögül	alól	fölül	–	mellől	közül

Note that the postpositions **után** (*after*) and **felé** (*towards*) have only one form.

Hová tetted a Pesti Műsort?	*Where have you put Pesti Műsor?*
A tv mellé.	*Next to the television.*
Jóska kivette a képet a **szekrény mögül**.	*Jóska took the picture from behind the cupboard.*

Note that all these forms of postpositions can take possessive endings to express phrases like: **előttem** (*in front of me*), **mögötted** (*behind you*), etc.

Practice

1 **Attila is a mischievious five-year-old. He is at Lake Balaton with his mother, who has to keep an eye on him all the time. What does she keep telling him to do, or not to do? Write in the imperative forms of the verbs in brackets, and say it aloud.**

Attila (**bemegy**) _____ a vízbe! (**vár**) _____ még egy kicsit! (**verekedik**!) _____ Attila, (**iszik**) _____ vizet, mert nagyon kimelegedtél! Itt (**játszik**) _____ a közelben, ahol látlak! (**bánt**) _____ a néni kutyáját! (**szégyelli magát**) _____! (**jön**) _____, hazamegyünk! Ebből mára elég volt.

kimelegedik	*get hot*
bánt (vkit) (vmit)	*torment (sy) (sg)*
szégyelli magát	*be ashamed of oneself*
Ebből mára elég volt.	*I've had enough of this for today.*

2 Tamás and Erika have just got married. Neither of them can cook. Tamás has found this recipe for tejfölös csirke in a cookery book. Erika is doing the cooking, and Tamás is telling her what to do step by step. Study the recipe. What does Tamás say to his wife?

Tejfölös csirke

Hozzávalók:

1 csirke

3 evőkanálnyi olaj

1 fej vöröshagyma

2 dl tejföl

1 evőkanálnyi liszt

1 kiskanál pirospaprika

só

A csirkét hideg vízben megmossuk* majd feldaraboljuk. A vöröshagymát finomra vágjuk és zsírban vagy olajban a fedő alatt aranysárgára pirítjuk, majd megszórjuk pirospaprikával. Ezután beletesszük a csirkét, megsózzuk és 2 dl vizet öntünk hozzá. Fedő alatt a csirkét puhára főzzük. Amikor a csirke puhára főtt, a tejfölt és a lisztet összekeverjük és a csirke levéhez öntjük. Miután felforrt, 2–3 percig forraljuk. Galuskával tálaljuk.

hozzávalók	*ingredients*
evőkanálnyi	*tablespoonful*
fej vöröshagyma	*onion (Lit. head of onion)*
tejföl (-t, -e)	*sour cream*
liszt (-et, -je)	*flour*
kiskanál (kiskanalat, kiskanalak, kiskanala)	*teaspoon, teaspoonful*
feldarabol (vmit)	*chop up (sg)*
finomra vág (vmit) *chop (sg)*	*into small pieces*
fedő	*lid*
pirít (vmit)	*fry until it's golden brown*
megszór (vmit) (vmivel)	*sprinkle (sg) with*
dl	i.e. *deciliter*
önt (vmit)	*pour (sg)*
puha	*soft*
összekever (vmit) (vmivel)	*stir together, mix*
a csirke leve	*the juice of the chicken*
forr	*boil (verb)*
galuska	*noodles*
tálal (vmit)	*serve up (sg)*

*Note that recipes in Hungarian are written in the 1st person plural form of the present tense.

3 Sándor wants to introduce his new girlfriend Anikó to his parents. As his parents are highly critical, Anikó is a bit nervous. She rings Sándor to ask his advice. What were her questions? Write their conversation down and act it out.

a Anikó	*She tells Sándor that she would like it if Sándor's parents took to her. She asks Sándor what she should do.*
Sándor	Ne izgulj! Csak legyél önmagad!
b Anikó	*She asks Sándor what she should put on.*
Sándor	Anyu elég konzervatív. Ne gyere miniszoknyában és ne fesd ki magad!
c Anikó	*She asks what presents she should bring them.*
Sándor	Elég, ha anyunak hozol egy csokor virágot.
d Anikó	*She asks Sándor if she should be on time or can she be a bit late as it is already 6.30.*
Sándor	Ne késs el! Inkább ülj taxiba!

izgul	*worry*
Csak legyél önmagad!	*Just be yourself!*
kifesti magát	*use make up*

4 As Sándor puts the phone down, his little sister Anna comes into the room. She is inquisitive and wants to know all about Anikó. She asks Sándor what Anikó had asked about. What answer did Sándor give her?

5 István Bakos, a young actor, is talking to a journalist who wants to write about famous people's daily routines. Study the passage, and then answer the questions that follow.

Mindig későn, általában 10-kor kelek fel. Először a fürdőszobába megyek. Megmosakszom, fogat mosok. Ha hajnalban feküdtem le és nem volt időm megfürdeni, akkor reggel zuhanyozok is – hideg vízben! Ettől nagyon friss és éhes leszek. De először felöltözöm. A konyhában megreggelizem. Reggelire szeretek sokat és jót enni, és egy jó erős kávét iszom. Délután általában próbára megyek. Nem sok időm van ebédelni, általában gyorsan bekapok valamit a büfében. Előadás előtt sem tudok enni, mert túl ideges vagyok. Este későn vacsorázom, általában a kollégákkal. Utána még sokáig beszélgetünk. Éjfél előtt nem szoktam lefeküdni. Amikor hazaérek, levetkőzöm, megfürdök. Még az ágyban olvasok egy keveset és azután hamar elalszom.

megmosakszik, mosakodik	*wash oneself*
hajnal (-t, -ok, -a)	*dawn*
megfürdik	*have a bath*
zuhanyozik	*have a shower*
felöltözik	*get dressed*
próba	*rehearsal*
bekap (vmit)	*have a bite of* (sg)

kolléga	*colleague*
lefekszik (infinitive: lefeküdni)	*go to bed*
levetkőzik	*get undressed*
egy keveset	*a little*

a Mikor szokott Bakos István felkelni?

b Mikor szokott zuhanyozni?

c Mit szokott reggelizni?

d Hol és mit ebédel?

e Mit szokott este otthon csinálni?

Now write a similar passage about yourself. Say it aloud.

6 **Kriszta was really looking forward to her Sunday outing with her husband and son. Unfortunately things went wrong. This is what she told her colleague in the office on Monday morning. Select the correct form in brackets, and then tell her story aloud.**

Vasárnap a Dunakanyarba akartunk (**menni/kimenni**). Gondoltuk, majd (**olvasunk/elolvasunk**) és napozunk, Lacika pedig majd a többi gyerekkel focizik. Már pénteken munka után (**vásároltam/bevásároltam**). A fiam imádja a sült csirkét. A csarnokban (**vettem/megvettem**) a csirkét. Szombaton (**takarítottuk/kitakarítottuk**) a lakást. Lacika (**tanulta/megtanulta**) és (**írta/megírta**) a leckéjét. Én (**sütöttem/megsütöttem**) a csirkét. Este a tv-ben (**néztük/megnéztük**) az időjárásjelentést. Vasárnapra jó időt ígértek. Reggel korán (**keltünk/felkeltünk**) és (**reggeliztünk/megreggeliztünk**). Mindent (**pakoltunk/bepakoltunk**) a kocsiba és (**indultunk/elindultunk**). Hamar (**értünk/leértünk**) Leányfalura. (**Pakoltunk/kipakoltunk**) a kocsiból és (**vettük/felvettük**) a fürdőruhánkat. Dél fele beborult az ég. Reméltük, hogy újra (**süt/kisüt**) majd a nap. Megterítettem a pokrócon és (**kezdtünk/elkezdtünk**) enni. De nem tudtuk (**enni/megenni**) az ebédünket. Hirtelen (**kezdett/elkezdett**) zuhogni az eső. Pillanatok alatt, mindenünk (**ázott/átázott**). Hát így lehet (**hinni/elhinni**) az időjárásjelentésnek!

bepakol (vmit)	*pack (sg)*
dél (delet)	*noon*
beborul	*cloud over*
ég (eget, ege)	*sky*
megterít	*lay the table*
pokróc (-ot, -ok, -a)	*blanket*
ígér (vmit)	*promise (sg)*

7 **The boss at Irma's office lets everyone do what they like, so nobody takes their work seriously. They frequently pop out when they have something to buy or do. Who went out for what? Make up sentences using the information given below. Here is the first one for you: a Mari banánért ment ki.**

a Mari: banán

b Judit: tej és kenyér

c Magdi: hús

d Kati: angol-magyar szótár

e Eszter: újság

8 Zsiga is very chaotic and absent-minded. This morning he had to look hard to find everything he needed before going off to work. Look at the list below which tells you what was where. Then answer the questions that follow.

a cipő: a szekrény alatt

a szemüveg: az újság alatt

a kalap: a fotelban, a kabátja mellett

a táska: a szék mögött

a nyakkendő: az ágy és a fal között

   a Honnan kellett kivennie a cipőjét?

   b Hová tette a szemüvegét?

   c Hová tette a kalapját?

   d Honnan kellett kivennie a táskáját?

   e Hova dobta a nyakkendőjét?

fotel (-t, -ek, -e)	*armchair*
dob (vmit)	*throw (sg)*

Do you understand?

Zsuzsa is giving a farewell party for her students, who are soon all going off to Hungary.

 02.27

Zsuzsa	Hadd mutassalak be benneteket egymásnak! David angol diplomata, Gordon amerikai üzletember, Mary félig magyar, félig angol származású festő Richard pedig ügyvéd.
All	Sziasztok!
Zsuzsa	Mit kértek inni? Van barackpálinka, tokaji, hubertus és unicum*.
Gordon	Barackpálinkát ne igyatok, hacsak nincs erős gyomrotok!
Richard	Én kipróbálom. A többi italt már ismerem.
Zsuzsa	Biztos vagy benne? Töltsek?
Richard	Tölts! *(having tossed it back)* Uh! Mintha tűz lenne! De az íze nagyon jó.
	(They all laugh and opt for other drinks.)
Mary	Ti miért kezdtetek el magyarul tanulni?
David	Hogy őszinte legyek, nekem nem volt más választásom. Ősszel már a budapesti Brit Nagykövetségen fogok dolgozni.
Mary	Á, az közel van a híres Gerbeaud cukrászdához! Most már tudom, hol teáznak a brit diplomaták minden délután! És te, Gordon?

Gordon	A vállalatomat nagyon érdekli a magyar piac. Nem hiszem, hogy valaha is tökéletesen meg fogok tanulni magyarul, de szerintem néhány kifejezés is sokat segít. Jobb a tárgyalások légköre, ha egy kicsit én is tudok az ő nyelvükön beszélni.
Richard	Én csak hobbiból tanulok magyarul. Tíz évvel ezelőtt, diákkoromban jártam először Magyarországon és azonnal beleszerettem.
David	Én azt hittem, jó nyelvérzékem van – amíg nem kezdtem el magyarul tanulni! De az tény, hogy a magyar logikus nyelv. Különben is, a nehezén már túl vagyok. Alig várom, hogy Magyarországon lehessek. Mindig érdekes egy egészen másfajta kultúrával megismerkedni. *(turning to Mary)* De te, gondolom, a szüleid kedvéért határoztad el, hogy megtanulsz magyarul.
Mary	Csak az édesanyám volt magyar. Gyerekkoromban rengeteget mesélt Magyarországról és Ady Endréről, kedvenc költőjéről. Gyakran vitt Magyarországra. Ma is ott élnek a rokonaim, és minden nyáron odajárok nyaralni. Ha nem mennék, nagyon hiányozna. Csak azt sajnálom, hogy édesanyám gyerekkoromban nem tanított meg magyarul. Akkor sokkal könnyebben tanultam volna, mint most „öreg fejjel" …
Zsuzsa	Milyen lemezt tegyek fel? Mary, válassz te!
Mary	Én imádom a magyar népzenét! Hallgassunk meg egy Muzsikás-lemezt!
Gordon	*(jokingly)* Zsuzsa, máris meg akarsz tőlünk szabadulni? Nem bírom azokat a vad ritmusokat!
Richard	Hidd el, meg fogod szeretni. Eleinte nekem sem tetszett a magyar népzene. De minél többet hallja az ember, annál jobban megkedveli.
Gordon	Na jó! Jöjjön, aminek jönnie kell! De előbb egy pohár tokajit kérek. *(having a sip)* Most már jöhetnek a vad ritmusok! *(They put some music on.)*
Zsuzsa	Ezt kóstoljátok meg! Rigójancsi tejszínhabbal.**
All	Nagyon finom. Te sütötted?
Zsuzsa	Igen. Örülök, hogy ízlik, mert mást nem tudok sütni.
David	*(raising a glass)* Igyunk erre az őrült, de csodálatos nyelvre! Egészségünkre!
Zsuzsa	Egészségünkre! És minden jót Magyarországon! Ki tudja, talán legközelebb a Gerbeaud-ban találkozunk …

V **hadd ...**	*let me ...*
ügyvéd (-et, -ek, -je)	*solicitor, lawyer*
félig magyar származású	*of half Hungarian origin*
Hacsak nincs erős gyomrotok.	*Unless you have a strong stomach.*
ital (-t, -ok, -a)	*drink (noun)*
tölt	*pour (a drink)*
Mintha tűz lenne!	*It tastes like fire! (Lit. As if it were fire.)*
íz (-t, -ek, -e)	*taste (noun)*
hogy őszinte legyek	*to be honest*
Nem volt más választásom.	*I had no other choice.*
légkör (*pron.* lékkör) (-t, -e)	*atmosphere*
diákkoromban	*in my student days*
nyelvérzék (-et, -e)	*gift for languages*
amíg nem	*until*
Tény, hogy ...	*It's a fact that ...*
(vki) kedvéért	*for (sy's) sake*
valaha	*ever*
elhatároz (vmit)	*decide (sg)*
mesél (vmiről) (vkiről)	*talk about (sg) (sy)*
öreg fejjel	*when one is not so young (Lit. with an old head)*
(vkinek) hiányzik (vki) (vmi)	*miss (sy) (sg)*
megszabadul (vkitől) (vmitől)	*get rid of (sy) (sg)*
Minél többet hallja az ember, annál jobban megkedveli.	*The more one hears it, the more one grows to like it.*
Jöjjön, aminek jönnie kell!	*Come what may!*
megkóstol (vmit)	*taste (sg)*
tejszínhab (-ot, -ja)	*whipped cream*
őrült	*crazy*
népzene	*folk music*
A nehezén már túl vagyok.	*I am over the worst now.*

*****Hubertus** (*pron.* hubertusz) (*sweet*) and **unicum** (*pron.* unikum) (*bitter*) are Hungarian liqueurs.

****Hungarians usually use whipped cream for cakes and coffee, not single or double cream.

Igaz vagy nem igaz? (*True or false?*) Correct and re-write the false statements.

   a Zsuzsa diákjai a buli előtt nem ismerték egymást.

   b Gordon szerint a barackpálinka nagyon erős.

   c David minden délután a Gerbeaud-ban szeretne teázni.

   d Gordon már majdnem tökéletesen tud magyarul.

   e Richard beleszeretett a magyar lányokba.

   f Mary gyerekkorában nem beszélt magyarul.

   g Zsuzsa sokfajta süteményt tud sütni.

? Test yourself – Which is correct?

1 **a** Ne fuss el!

   b Ne elfuss!

2 **a** Semmit sem hozz a hajókirándulásra!

   b Semmit se hozz a hajókirándulásra!

3 **a** Edit azt ajánlotta, hogy aludjunk náluk.

   b Edit azt ajánlotta, hogy aludnánk náluk.

4 **a** Vigyem ki a széket a kertbe?

   b Kivigyem a széket a kertbe?

5 **a** Higgyétek el, nektek is tetszeni fog a magyar népzene!

   b Higyjétek el, nektek is tetszeni fog a magyar népzene!

6 **a** Szerinted jól megtanultál magyarul?

   b Szerinted jól eltanultál magyarul?

7 **a** Kálmán azt kérdezte, hol van a Tabán mozi.

   b Kálmán azt kérdezte, hol a Tabán mozi van.

8 **a** Rögtön indulok Zsoltért az óvodába.

   b Rögtön indulok Zsoltnak az óvodába.

9 **a** Miért tetted a szekrény mögül a képet?

   b Miért tetted a szekrény mögé a képet?

10 **a** Klári kivette a szótár alól a levelet.

   b Klári kivette a szótár alá a levelet.

You have made it! As they say in Hungary: **Bátraké a szerencse!**

Key to the exercises

Note that in the answers to the 'Igaz vagy nem igaz?' (*True or false?*) questions **i** stands for **igaz** and **n** for **nem igaz**.

PRONUNCIATION

7 a jungle **b** bridge (card game) **c** jam **d** manager **e** jazz **f** boiler **g** sandwich **h** hippie **i** gangster

Part one

UNIT 1

Dialogue 1 a i, **b** n, Robert skót **c** i. **2 a** Nem, a fiatalember magyar. **b** Robert Stuart a skót turista neve.

Practice 1 a iii, **b** ii, **c** iii, **d** iii, **e** i. **2 a** Jó reggelt (kívánok)! **b** Jó napot (kívánok)! **c** Jó estét (kívánok)! **d** Viszontlátásra! **e** Viszontlátásra!

3 a	**Fiatal nő**	Neve?
	Shirley	Shirley Smith.
	Fiatal nő	Kanadai?
	Shirley	Igen.
	Fiatal nő	Mi a foglalkozása?
	Shirley	Titkárnő vagyok.
b	**Fiatal nő**	Neve?
	Jane	Jane Ferguson.
	Fiatal nő	Brit?
	Jane	Igen.
	Fiatal nő	Mi a foglalkozása?
	Jane	Tanár vagyok.
c	**Fiatal nő**	Neve?
	Michael	Michael Collins.
	Fiatal nő	Ír?
	Michael	Igen.
	Fiatal nő	Mi a foglalkozása?
	Michael	Üzletember vagyok.

4 a Szabó Géza magyar orvos. **b** Elizabeth Long amerikai újságíró. **c** George Campbell brit rendőr. **5 a** Nem, Tim angol. **b** Tim pincér. **c** Scott. **d** Igen. **e** Nem, Jeremy színész. **f** Nem, ír. **g** Patrick autószerelő. **6 a** Az **b** A **c** A **d** Az.

Do you understand? a n, Henry Trowte angol szakács. **b** n, Halász Edit magyar újságíró. **c** i.

Test yourself 1 a **2** a **3** b **4** a **5** a **6** b **7** a **8** a **9** a **10** b

UNIT 2

Dialogue 1 a i **b** n, Jill egy kicsit fáradt. **c** n, Jill kér feketét. **d** i, **e** n, Jill sajnos csak egy kicsit tud magyarul. **2 a** Jill jól van. **b** Igen, Jill egy kicsit fáradt. **c** Igen, kér. **d** Igen, de egy kicsit erős. **e** Nem, Jill csak egy kicsit tud magyarul.

Practice 1 a iii, **b** i, **c** iii, **d** ii, **e** ii, **f** iii, **g** i. **2** Back vowel words: tanár, foglalkozás, fáradt, skót, fiatalember, finom and sajnos; front vowel words: rendőr, ön, itt, étterem and éhes. **3 a** beszélek **b** tanul **c** beszélsz **d** tanul **e** tud. **4 b** Elég jól beszél franciául. **c** Egy kicsit tudsz németül. **d** Nagyon jól beszél olaszul **e** Tanulok magyarul **f** János csak egy kicsit tud spanyolul. **5 a** Tessék? **b** Nem értem. **c** Angol vagyok. **d** Sajnos csak egy kicsit tudok magyarul. **e** Beszél angolul? **f** Viszontlátásra! **6 a** Szia! **b** Kösz jól, csak egy kicsit szomjas vagyok. **c** Köszönöm, sört kérek. **d** Egészségedre! **e** Igen./Nem rossz. **f** Igen, éhes vagyok. **g** Köszönöm, kérek. **h** Köszönöm szépen. **7 a** Szia, … vagyok. **b** … vagyok. **c** Igen./Nem, … vagyok. **d** Sajnos csak egy kicsit tudok magyarul. **e** Igen, de érdekes. **f** Nagyon tetszik. **8 b** Kati szerint a német elég nehéz nyelv. **c** Pál szerint a francia egy kicsit nehéz nyelv. **d** Andrea szerint az olasz nehéz nyelv. **e** John szerint a magyar nagyon nehéz nyelv. **9 a** fáradt **b** halászlé **c** üzletember **d** angol **e** és. 'Nagyon álmos vagyok. Jó éjszakát (kívánok)!'

Do you understand? a i, **b** n, Taylor úr amerikai üzletember. **c** n, Irénke titkárnő. **d** n, Taylor úr kólát kér. **e** n, Halmos Géza kávét kér.

Test yourself 1 b **2** a **3** b **4** b **5** a **6** a **7** b **8** b **9** a **10** b

UNIT 3

Dialogue 1 a i, **b** ii, **c** i. **2 a** János hideg gyümölcslevest kér. **b** Nem, utána paprikás csirkét kér. **c** Igen, János is kér salátát. **d** Nem, az egri bikavér vörös bor.

Practice 1 a ii, **b** iii, **c** iii, **d** i. **2 a** iv, **b** ii, **c** i, **d** iii, **e** v, **f** vi. **4 a** Jó napot! Az étlapot, legyen szíves! / Kérek egy étlapot. **b** Köszönöm. Pincér! **c** Egy gesztenyepürét kérek. Friss a gesztenyepüré? **d** Egy teát, legyen szíves. **e** Köszönöm. Pincér! Fizetek. **5** Pincér! Hideg a leves. Kérek kenyeret és sót. **6 a** Én is amerikai vagyok. **b** Attila franciául is tud. **c** Éva is beszél angolul. **d** Sört is kérek. **e** Te is kérsz üdítőt? **f** Palacsintát is kér? **7 a** kérünk **b** beszélnek **c** tanultok **d** tudnak **e** kérnek **8 a** leves **b** Attila **c** somlói **d** savanyúság **e** angol **f** borsó **g** burgonya **h** amerikai **i** nagyon. 'More slowly' = 'Lassabban'.

Do you understand? a n, Robert Redford egy egyágyas szobát kér. **b** i **c** i.

Test yourself 1 b **2** a **3** b **4** b **5** a **6** a **7** b **8** a **9** b **10** a

UNIT 4

Dialogue 1 a ii, **b** i, **c** i, **d** i. **2 a** Két liter tej kell. **b** Kati tizenöt deka sonkát kér. **c** Drága. **d** A közért után Kati a Ferihegyi repülőtérre megy.

Practice 1 a nyolcszázkilencvenhat **b** ezer **c** ezerötszázhuszonhat **d** ezernyolcszázhuszonöt **e** ezernyolcszáznegyvennyolc **f** ezerkilencszázötvenhat. **2 a** Mennyibe kerül egy kiló körte? Egy kiló körte négyszázötven forintba kerül. **b** Mennyibe kerül egy kiló szilva? Egy kiló szilva háromszáznyolcvan forintba kerül. **c** Mennyibe kerül egy kiló narancs? Egy kiló narancs ötszázhatvan forintba kerül. **d** Mennyibe kerül egy kiló banán? Egy kiló banán hatszázhetven forintba kerül. **e** Mennyibe kerül egy kiló szőlő? Egy kiló szőlő hatszázhúsz forintba kerül. **f** Mennyibe kerül egy kiló cseresznye? Egy kiló cseresznye háromszáznegyven forintba kerül. **g** Mennyibe kerül egy kiló alma? Egy kiló alma háromszázhúsz forintba kerül. **h** Mennyibe kerül egy kiló barack? Egy kiló barack négyszázhatvan forintba kerül. **3 b** Másfél kiló szilvát és fél kiló epret legyen szíves. Tessék, ezerszázhetven forintot kérek. **c** Egy kiló körtét és egy kiló barackot, legyen szíves. Tessék, kilencszáztíz forintot kérek. **d** Másfél kiló almát és fél kiló szilvát, legyen szíves. Tessék, hatszázhetven forintot kérek. **e** Két kiló körtét és fél kiló barackot, legyen szíves. Tessék, ezeregyszázharminc forintot kérek. **4 b** Hány forint egy ausztrál dollár? Százhetvenhárom egész harmincöt forint egy ausztrál dollár. **c** Hány forint egy euró? kettőszázötvennégy egész hatvan forint egy euró. **d** Hány forint egy amerikai dollár? száznyolcvankilenc egész tizenkilenc forint egy amerikai dollár. **5 a** Kétszáz ausztrál dollárt szeretnék beváltani. Tessék, harmincnégyezer-hatszázhetven forint. **b** Százhatvan eurót szeretnék beváltani. Tessék, negyvenezer-hétszáznegyven forint. **c** Száznyolcvan amerikai dollárt szeretnék beváltani. Tessék, harmincnégyezer-ötven forint. **d** Hetven angol fontot szeretnék beváltani. Tessék, húszezer-száznyolcvan forint. **6 a** Tíz deka sajtot és tizenöt deka kolbászt kérek. **b** Azt, legyen szíves. **c** Jó./Igen. **d** Igen, sonkát is kérek. Mennyibe kerül tíz deka sonka? **e** Nagyon olcsó. Húsz dekát, legyen szíves. És tíz deka téliszalámit is kérek. **f** Köszönöm, mást nem kérek. **7 b** Három jegyet kérek Budapestre. **c** Öt jegyet kérek Egerbe. **d** Egy jegyet kérek Sopronba. **e** Négy jegyet kérek Győrbe. **8 a** megyek **b** mész **c** mentek.

Do you understand? a i, **b** i, **c** n, Van Amerikába bélyeg a postán. **d** i.

Test yourself 1 b **2** b **3** b **4** a **5** a **6** b **7** b **8** b **9** a **10** b

UNIT 5

Dialogue 1 a i, **b** i, **c** n, Janet nem ismeri a Blaha Lujza teret. **d** n, A posta a Petőfi Sándor utcában van. **2 a** A Vas utca tíz perc gyalog. **b** A Vas utca a harmadik utca balra. **c** A Petőfi Sándor utcában van egy posta. **d** A Blaha Lujza téren van a metróállomás.

Practice 1 Hol van a férfi WC? Hol van a női WC? **3 b** Hol van az Országház? Az ötödik kerületben van, a Kossuth Lajos téren. **c** Hol van a Mátyás-templom? Az első kerületben van, a Szentháromság téren. **d** Hol van a Szent István-bazilika? Az ötödik kerületben van, a Szent István téren. **e** Hol van a Nemzeti Múzeum? A nyolcadik kerületben van, a Múzeum körúton. **f** Hol van a Király fürdő? A második kerületben van, a Ganz utcában.

4 a Egy jegy háromszázhúsz forintba kerül.

b	**i**	**Black úr**	Jó napot kívánok! Nyolc jegyet, legyen szíves.
		Nő	Kettőezer-ötszázhatvan forintot kérek.
		Black úr	Tessék. Hányadik megálló innen az Oktogon?
		Nő	A harmadik.
		Black úr	Köszönöm.
		Nő	Kérem.
	ii	**Rosalie**	Jó napot kívánok! Négy jegyet, legyen szíves.
		Nő	Ezerkettőszáznyolcvan forintot kérek.
		Rosalie	Tessék. Hányadik megálló innen a Széchenyi fürdő?
		Nő	Az első.
		Rosalie	Köszönöm.
		Nő	Kérem.
	iii	**Gordon**	Jó napot kívánok! Öt jegyet, legyen szíves.
		Nő	Ezerhatszáz forintot kérek.
		Gordon	Tessék. Hányadik megálló innen a Vörösmarty tér?
		Nő	A harmadik.
		Gordon	Köszönöm.
		Nő	Kérem.

5 a iv, **b** i, **c** v, **d** ii, **e** iii, **f** vi, **g** viii, **h** vii. **6** Strictness. Tickets and travelcards, please! But Lujza, it's Béla your husband … (Lit. I'm Béla your husband…) **7** Elsőbbségivel, legyen szíves **a** Angliába **b** Írországba

c Ausztráliába **d** Amerikába/az Egyesült Államokba **e** Új-Zélandra **f** Kanadába. **8 a** teret **b** tudjuk **c** angol **d** nincs **e** jól van **f** zárva van

Test yourself 1 b **2** a **3** b **4** a **5** b **6** b **7** b **8** b **9** a **10** a

Part two

UNIT 6

Dialogue 1 a i, **b** i, **c** ii, **d** ii, **e** i. **2 a** Mert Velencében volt. **b** Egy sörözőben. **c** Mert este franciaóra lesz. **d** Mert sok volt a munka. **e** Tanul. **f** Huszonnégy éves. **g** Mert az új tanárnő nagyon csinos.

Practice

1 b

Tanárnő	Voltál már Rómában, Attila?
Attila	Igen, voltam.
Tanárnő	Szerinted milyen város Róma?
Attila	Azt hiszem, hogy szép, de egy kicsit piszkos város.

c Prágában, Azt hiszem, hogy romantikus város. **d** Varsóban, Azt hiszem, hogy modern, de nem csúnya város. **e** Berlinben, Azt hiszem, hogy nagyon tiszta város. **f** Bécsben, Azt hiszem, hogy egy kicsit unalmas város. **g** Londonban, Azt hiszem, hogy túl nagy város.

h

Tanárnő	Voltál már Debrecenben, Attila?
Attila	Nem, még nem voltam.

2 Tibor korán reggel fut a parkban. Délelőtt vásárol a CBA-ban. Délben ebédel. Délután a Király fürdőbe megy. Este moziba megy. **3 a** Bori néni nyolcvanhét éves. **b** Karcsi bácsi kilencven éves. **c** Jutka negyvenhat éves. **d** Péter 1986-ban született. **e** Kerekes Anna 1969-ben született. **f** Peti 1998-ben született. **4 a** i, **b** ii. **5 a** i, **b** ii, **c** ii, **d** ii, **e** ii. **6 a** v, **b** i, **c** ii, **d** iv, **e** iii, **f** vi.

Do you understand? a i, **b** n, Mrs Jones még nem volt Szentendrén. **c** i, **d** n, Kovács Margit híres magyar keramikus és szobrász. **e** n, Mrs Jones szerint a „Családi fényképalbum" eredeti kerámia.

Test yourself 1 b **2** b **3** a **4** a **5** a **6** a **7** b **8** b **9** a **10** b

UNIT 7

Dialogue 1 a i, **b** n, Zugló a tizennegyedik kerület neve. **c** n, János felesége mérges, mert a szomszédban hangos a tévé. **d** i, **e** n, Az új ház világos, tágas, kétszobás. **f** i. **2 a** János Zuglóba költözik. **b** Ez a lakás nagyon kicsi. **c** János hatvannégy éves. **d** Mert piszkos a lépcső és a kapu éjszaka is nyitva van. **e** János augusztusban megy nyugdíjba. **f** János majd dolgozik, a felesége meg majd napozik és olvas a kertben. **g** Háromszázezer forintot.

Practice 1 a költözöm **b** él **c** lakik **d** panaszkodsz **e** elég **f** napozol **2 a** i or ii, **b** ii, **c** iii, **d** iii, **e** i or ii, **f** i or ii. **3 a** Én sem ismerem Király Dezsőt. **b** Vörös bort sem kérek. **c** Zsolt sem tud franciául. **d** Az egri bikavért sem ismered? **e** Mi sem májusban költözünk. **f** Barack sem kell. **4 a** Rossz. Ez a ház nem tetszik. **b** Jó. **c** Jó. **d** Rossz. Ez az alma nagyon finom! **e** Jó. **f** Rossz. Az a villamos nem itt jár. **5 b** A szótár a földön van. **c** A táska a tévén van. **d** A magnó a szőnyegen van. **e** A szék a szekrényen van. **6 a** Tegnap kedd volt. **b** Holnap vasárnap lesz. **c** Tegnapelőtt péntek volt. **d** Holnapután csütörtök lesz. **7 c** A macska az asztalon ül. **d** A macska a polcon ül. **e** A macska a mosógépen ül. **f** A macska a gáztűzhelyen ül. **8** Seregi Antal kedden délután Szentendrére megy. Szerdán korán reggel a repülőtérre megy és este főz. Csütörtökön este angolórára megy. Pénteken uszodába megy. Szombaton este színházba megy. Vasárnap a kertben dolgozik. **9 a** házban **b** lakom **c** panellakásban **d** házban **e** emeleten **f** szomszédban **g** panaszkodik **h** folyosón.

Test yourself 1 a **2** b **3** a **4** b **5** a **6** a **7** a **8** b **9** b **10** a

UNIT 8

Dialogue 1 a i **b** i **c** n, Iskola után Zoli először eszik valamit. **d** n, Zoli jobban szeret zenét hallgatni vagy tévét nézni, mint leckét írni. **e** n, Zoli egy nagy házat és egy jó kocsit szeretne. **2 a** Zoli vajas kiflit vagy zsemlét eszik reggelire. **b** Az iskolában a második fogás főzelék vagy hús, rizs, krumpli, tészta. **c** Mert az iskolában rosszul főznek. **d** Zoli hétfőn és szerdán focizik. **e** Mert két munkahelyen dolgozik. **f** Zoli egy focimeccset szeretne Angliában látni.

Practice 1 a ajánlasz **b** beváltani **c** álltok **d** segíteni **e** értesz **f** tanítanak **g** takarítotok **h** írtok. **2** Zsófi nem tud korcsolyázni. Zsófi imád teniszezni. Zsófi utál kocogni. Zsófi tud kosárlabázni. Zsófi nem szeret röplabdázni. Zsófi tud úszni. Zsófi szeret tornázni. Zsófi utál sakkozni. **3 b** Asztalos Gizella jobban szeret DVD-t nézni, mint moziba járni. **c** Sípos Kati jobban szeret operába menni, mint úszni. **d** Polgár Géza jobban szeret sörözni, mint színházba járni. **e** Tordai Judit jobban szeret enni, mint sportolni. **f** Balázs Kinga jobban szeret könyvet olvasni, mint tévét nézni. **g** Fekete László jobban szeret rádiót hallgatni, mint újságot olvasni. **4 a** ma **b** mai **c** januári **d** januárban **e** január **f** Szeged **g** Szegedi **h** Szegeden **i** Szegedre **j** szegedi. **5 b** Kati munka után a közértbe siet, mert este vacsorát főz. **c** Zsuzsa munka után az uszodába siet, mert imád úszni. **d** Eszter munka után Pestre siet, mert az édesanyja kórházban van. **e** Ica munka után hazasiet, mert jó film lesz a tévében. **6 a** Csak egy munkahelyen dolgozom. **b** Igen. Én vásárolok minden nap. **c** Mert a negyedik emeleten lakunk és nincs lift a házban. **d** Igen, este is segítek a házimunkában. **e** Nem hiszem/Azt hiszem nem, mert segítek otthon és nem iszom, nem dohányzom. **8** Mert egy BMW-t kér a születésnapjára.

Do you understand? a i, **b** ii, **c** ii, **d** i, **e** ii.

Test yourself 1 b **2** b **3** a **4** b **5** a **6** b **7** b **8** b **9** b **10** b

UNIT 9

Dialogue 1 a i, **b** i, **c** n, Kint nem süt a nap. Fúj a szél, esik az eső és hideg van. **d** i, **e** n, Mariska néni jobban szereti a konyakot, mint a kávét. **2 a** Nem, Erzsi szerint Mariska néni még nem öreg. **b** Rossz idő van kint. Fúj a szél, esik az eső és hideg van. **c** Ma 9-10 fok lesz. **d** Mert még nincs fűtés. **e** Amikor egyedül van.

Practice 1 a iii, **b** ii, **c** ii, **d** i, **e** iii. **2 a** Londonban esik az eső. **b** Madridban süt a nap. **c** Párizsban esik az eső. **d** Berlinben nincs meleg és nincs hideg. **e** Rómában elég jó idő van. **f** Budapesten egy kicsit hideg van, de süt a nap. **g** Bukarestben esik az eső és fúj a szél. **h** Moszkvában nagyon hideg van és esik a hó. **4** Debrecenben ma huszonöt fok lesz. Tihanyban ma huszonhárom fok lesz. Miskolcon ma huszonegy fok lesz. Pécsen ma huszonhét fok lesz. **5 a i** hanem **ii** de **iii** de **iv** de **v** hanem **b i** már **ii** még **iii** még **iv** már **v** már. **6 a** Hány éves tetszik lenni? **b** Hol tetszik lakni? **c** Tetszik még dolgozni? **d** Mennyi a nyugdíj? **e** Elég ez a nyugdíj, Bori néni? **f** Rosszul tetszik élni?/Hogy tetszik élni? **7 a** iv, **b** v, **c** vi, **d** i, **e** iii, **f** ii.

Test yourself 1 b **2** b **3** b **4** b **5** a **6** a **7** a **8** a **9** a **10** b

UNIT 10

Dialogue 1 a i, **b** n, Gábor este moziba szeretne menni. **c** n, Egy régi magyar film megy a moziban. **d** n, Hétkor találkoznak a mozi előtt. **e** i. **2 a** Az első hívás téves. **b** Gábor Mártával szeretne beszélni. **c** „Szerelmesfilm" a Szabó István-film címe. **d** A film negyed nyolckor kezdődik. **e** Gábor a négyes villamossal megy moziba.

Practice 1 *Her questions:* Hány óra van? *or* Mennyi az idő? *Answers:* **a** Háromnegyed kilenc van. **b** Fél tizenegy van. **c** Negyed egy van. **d** Egy óra van. **e** Fél hat van. **2 a** János hatkor/hat órakor megy dolgozni. **b** Jenő bácsi nyolckor/nyolc órakor vásárol a CBA-ban. **c** Anya hétkor/hét órakor főz vacsorát. **d** Gabi háromnegyed egykor segít a házimunkában. **e** A film fél nyolckor kezdődik. **f** A magyaróra háromkor/három órakor van. **g** István tízkor/tíz órakor jön haza. **h** Fél ötkor van a meccs a tévében. **3 b** Van/Nincs kedved kirándulni? Most nincs kedvem kirándulni. **c** Van/Nincs kedved koncertre menni? Most nincs kedvem koncertre menni. **d** Van/Nincs kedved teniszezni? Most nincs kedvem teniszezni. **e** Van/Nincs kedved színházba menni? Most nincs kedvem színházba menni. **f** Van/Nincs kedved itthon maradni? Igen/De igen, van kedvem itthon maradni. **5 a** Az elefánt a fa mellett van. **b** Az elefánt a fa előtt van. **c** Az elefánt a fa mögött van. **d** Az elefánt két fa között van. **6 a** nélkül **b** miatt **c** előtt **d** után **e** alatt **f** körül **g** között **h** helyett. **7 a** A kettes villamos jár a Hotel InterContinental előtt. **b** A hetes busz jár a Rákóczi úton. **c** A hetvennégyes A trolival lehet a Városligetbe menni. **d** A tizenhatos A busszal lehet a Várba menni. **e** A negyvenhármas melléken vagyok. **8 b** Márta iskola után autóval megy Gáborral haza. **c** Délután metróval megy a Belvárosba. **d** Hatkor trolibusszal megy vásárolni. **e** Este a hatos villamossal megy moziba. **9 b** Sándor Katival jár sétálni a Duna-partra. **c** Irénkével jár diszkóba. **d** Edittel jár moziba. **e** Arankával jár sörözni. **f** Anettel jár angolórára. **10 a** Imádlak. **b** Utállak. **c** Nem értelek. **d** Hallgatlak. **e** Holnap. **11 a** Anyu, tudsz adni egy kétezrest? **b** Gáborral találkozom hét órakor. Moziba megyünk. **c** Igen, a hetessel. **d** Az Uránia moziba megyünk. Egy régi magyar filmet nézünk meg. A címe: „Szerelmesfilm". **e** Negyed nyolckor. **f** Te?! Kivel?

Test yourself 1 a **2** b **3** a **4** b **5** b **6** a **7** b **8** b **9** a **10** a

UNIT 11

Dialogue 1 a n, Kormosné unja a konyakosmeggyet. **b** n, Kormos Géza minden évben ugyanazt vásárolja Kormosnénak. **c** i, **d** i, **e** i. **2 a** Kormos úr minden évben egy csokor virágot és egy doboz konyakosmeggyet vesz Kormosnénak. **b** Mert Kormosné már egy kicsit unja a virágot és a konyakosmeggyet. **c** Mert Kormosné elég válogatós./Mert nem tudja, hogy Kormosnénak milyen színű cipő tetszik. **d** A szoknya túl hosszú. **e** Mert Kormos úr szerint minden nő örül a virágnak és szereti a csokoládét./Mert nem tud mit venni.

Practice 1 a A magyarok szeretnek sokat enni. **b** Én is imádom az epret./Én imádom az epret is. **c** Mit kérsz: kávét vagy teát? **d** Apu egy szép új biciklit vesz Petinek. **e** Köszönjük a finom vacsorát! **f** Ugye ismeritek Bartók Bélát, a híres magyar zeneszerzőt? **2 Petőfi Rádió b** tizennégy órakor **c** tizennégy óra öt perckor **d** tizenöt óra tíz perckor **e** tizenöt óra negyven perckor **f** tizenhat óra öt perckor **g** tizenhat óra harmincöt perckor **h** tizenhét óra húsz perckor; **m2 a** tizennyolc óra negyvenöt perckor **b** tizenkilenc óra harmincöt perckor **c** húsz órakor **d** húsz óra harminc perckor **e** huszonkét óra negyven perckor **f** huszonhárom óra negyven perckor. **3 b** Szerintem Zsófi néni jobban szereti az édességet, mint a virágot. Jobb lesz, ha Zsófi néninek egy doboz csokoládét veszel. **c** Szerintem Dénes jobban szeret olvasni, mint zenét hallgatni. Jobb lesz, ha Dénesnek könyvet ajándékozol. **d** Szerintem Feri jobban szereti az alkoholt, mint a külföldi cigarettát. Jobb lesz, ha Ferinek egy üveg bort veszel. **e** Szerintem Mónika jobban szereti az állatokat, mint a rágógumit. Jobb lesz, ha Mónikának egy macskát adsz. **f** Szerintem Anna jobban szereti a zenét, mint a parfümöt. Jobb lesz, ha Annának egy lemezt ajándékozol. **4 a** veszek **b** szeret **c** hallgat/hallgatja **d** mondja **e** tudom **f** utálom **g** ad **h** örül **i** unja **j** imádja **k** értem **l** vásárolni **m** áll. **5 a** A citrom sárga. **b** A narancs narancssárga. **c** Az elefánt szürke. **d** A magyar zászló piros, fehér, zöld. **e** A Duna régen kék volt. **6 a** Péternek **b** Szeretek **c** szeretnék **d** benne **e** nekem. **7 a** Dezső nem szereti a sajtot, ugye? **b** Te utálod a margarint, nem/ugye? **c** Éva néni nem tud paprikás csirkét főzni, ugye? **d** Ismeritek az angol reggelit, nem/ugye? **e** Apa a híreket hallgatja, nem/ugye? **f** Zsolt egy francia krimit néz, nem/ugye? **8 a** iii, **b** v, **c** iv, **d** i, **e** vi, **f** vii, **g** viii, **h** ii.

Do you understand? a A Népművészeti boltban hímzett terítőt, blúzt, dobozt, zsebkendőt, herendi porcelánt és kerámiát árulnak. **b** Mrs Scott néhány tipikus magyar ajándékot szeretne vásárolni. **c** Mert Mrs Scott fia tipikus tinédzser és nagyon válogatós. **d** Mrs Scottnak. **e** A boltban kicserélik. **f** Mert mindenkinek sikerült ajándékot találni.

Test yourself 1 b **2** a **3** b **4** a **5** a **6** b **7** a **8** b **9** a **10** b

UNIT 12

Dialogue 1 a i, **b** n, Jóska és Klára valószínűleg két vagy három éjszakára maradnak. **c** n, A reggeli plusz 1500 forintba kerül. **d** i **e** i. **2 a** Mert egy kicsit süket./Mert rosszul hall. **b** Egy csendes szobát keresnek szép kilátással. **c** Az egyik ablak a tóra néz, a másik a kertre. **d** Tihanyból indul minden fél órában hajó Balatonfüredre. **e** Mert túl nagy a zaj./Mert Juliska néni férje horkol.

Practice 1 a Jó napot kívánok! Szeretnék egy asztalt foglalni ma estére. **b** Nyolc órára, legyen szíves. **c** Öt személyre. **f** Viszonthallásra! **2 a** Pincér! Piszkos a terítő. És legyen szíves két kanalat, egy villát, három kést, egy tányért és két szalvétát is hozni. **b** Pincér! A bableves sótlan, a töltött paprika sós, a pezsgő túl édes, a saláta túl savanyú és a káposztás kocka keserű. Legyen szíves sót és borsot hozni! **c** Lehet itt hitelkártyával, utazási csekkel vagy valutával fizetni? **3 a** Figyelem! Figyelem! **ii** A harmadik vágányra Pécsről gyorsvonat érkezik. **iii** Az ötödik vágányra Szegedről gyorsvonat érkezik. **iv** A hatodik vágányra Miskolcról személyvonat érkezik. **v** A második vágányra Debrecenből személyvonat érkezik. Kérjük, a vágány mellett tessék vigyázni! **b ii** Hányadik vágányról indul Pécsre a vonat? A hetedikről. **iii** Hányadik vágányról indul Siófokra a vonat? A tizedikről. **iv** Hányadik vágányról indul Egerbe a vonat? A tizenötödikről. **v** Hányadik vágányról indul Sopronba a vonat? A negyedikről. **4 b** Londonból háromnegyed ötkor érkezik a repülőgép. **c** Bécsből negyed hatkor érkezik a repülőgép. **d** Helsinkiből öt órakor érkezik a repülőgép. **e** Rómából negyed hétkor érkezik a repülőgép. **5 a i** otthonról **ii** uszodából **iii** Magyarországról **iv** Szegedről **v** repülőtérről **b i** olvassa **ii** nézzük **iii** hiszem **iv** issza **v** visszük **6 a** iv, **b** i, **c** vi, **d** ii, **e** iii, **f** v, **g** vii. **7 a** remélem **b** megy **c** kerül **d** tudom **e** mondja **f** mondani **g** aggasztja **h** aggaszt **i** él.

Do you understand? a Igen. **b** Előre kell fizetni. **c** Az autót tele tankkal kell visszahozni. **d** Tim angol fonttal akar fizetni. **e** Akkor tényleg kell majd neki a biztosítás.

Test yourself 1 b **2** a **3** a **4** b **5** b **6** a **7** a **8** b **9** b **10** b

UNIT 13

Dialogue 1 a n, Balogh János nem a feleségével, hanem Ferivel szeret horgászni. **b i c** n, Balogh János szerint költenek a nők sok pénzt. **d** n, Baloghné szerint régen a Duna-parton romantikus volt sétálni. **e** i. **2 a** Pista szerint Szentendrénél lehet a Dunában sok halat fogni. **b** Andrea egy divatos sötétkék miniszoknyát fog vásárolni Szentendrén. **c** Mert még nincs jó idő, és nem szeret horgászni. **d** Igen. **e** Mert lehet, hogy csak bablevest esznek vasárnap ebédre.

Practice 1 a fogunk **b** ballagásra **c** fogok **d** költjük **e** igaza **f** megnézzük **g** fognak **h** fognak **i** bevásárolunk **j** veszünk. **2** g, b, e, h, i, f, c, d, a. **3** látod, kiabálsz, látnak, hallanak, figyelik, hiszem, eszünk. **4 a** nem fogok korán kelni **b** takarítani fogok **c** ebédelek **d** főz majd **e** alszom majd **f** úszni fogok **g** majd felhívom **h** jön **i** megyünk **j** emlékszem **k** találom **l** fogja tudni **m** várnak. **6 a** nálunk **b** péknél **c** veletek **d** veled **e** Eszterrel.

Do you understand? a ii, **b** i, **c** i, **d** ii, **e** ii.

Test yourself 1 b **2** b **3** a **4** a **5** b **6** a **7** a **8** b **9** b **10** a

UNIT 14

Dialogue 1 a i, **b** i, **c** n, Kardos Pál ismerte Márta nénit. **d** n, Mária a Balett Intézetben tanított jazzbalettot. **e** i. **2 a** Mária 1983. február 4-én született Egerben. **b** Mert soha sem szeretett tanulni. **c** Mária Kocsis Márta nénihez járt különórára. **d** Mert sokáig beteg volt. **e** Máriához.

Practice 1 a 1986. április 23-án születtem Szegeden. **b** Igen. **c** 2007-ben költöztem a fővárosba. **d** Pesten a Duna utcai cipőgyárban dolgoztam. **e** A gimnáziumban kezdtem angolul tanulni, majd 2006-ban Oxfordban egy rövid nyelvtanfolyamon tanultam. **f** Mert 2009-ben fiam, 2010-ben pedig lányom született. A férjem elég jól keres, és én otthon maradtam a gyerekekkel. **2** Lehoczky Klára 1986. április 23-án született Egerben. Itt járt általános iskolába, majd gimnáziumba is. A gimnáziumban kezdett angolul tanulni. 2006-ban Angliába, Oxfordba utazott egy rövid nyelvtanfolyamra. 2007-ben

Budapestre költözött. Először a Duna utcai cipőgyárban dolgozott a XIV. kerületben. Az igazgató mellett volt asszisztens. Közben este nyelvtanfolyamon tanult angolul. 2008-ban férjhez ment. 2009-ben született a fia, Márton, 2010-ben pedig a lánya, Anikó. A férje újságíró és elég jól keres. Így Klára otthon maradt a gyerekekkel. Folyékonyan beszél angolul és tud egy kicsit franciául is. Nagyon szeretne ismét dolgozni. **4** ment, maradtam, meghalt, szerettem, ittam, hittem, feküdtem, jártam, ettem, lakott, segített, főzött, mosott, takarított, küldött, lettem, akartam, talált, kezdtem. **5 a** mozinál **b** Andráshoz **c** amerikaihoz **d** Balatonhoz **e** Hozzád **f** nagyvállalatnál. **6 b** Ezerkilencszáznyolcvankettő szeptember tizedike azért fontos, mert dolgozni kezdett. **c** Ezerkilencszáznyolcvanhét december tizenkilencedike azért fontos, mert megnősült. **d** Ezerkilencszázkilencven szeptember huszadika azért fontos, mert fia született. **e** Ezerkilencszázkilencvenegy október harmincegyedike azért fontos, mert lánya született. **f** Ezerkilencszázkilencvenkettő augusztus elseje azért fontos, mert vezérigazgató lett. **7 a** Balassi Bálint ezerötszázötvennégy október huszadikán született. **b** Arany János ezernyolcszáztizenhét március másodikán született. **c** Petőfi Sándor ezernyolcszázhuszonhárom január elsején született. **d** Ady Endre ezernyolcszázhetvenhét november huszonkettedikén született. **e** Móricz Zsigmond ezernyolcszázhetvenkilenc június huszonkilencedikén született. **8 a** Nem János bácsi vett ma friss húst a hentesnél. Nem friss húst vett János bácsi ma a hentesnél. Nem vett ma János bácsi friss húst a hentesnél. Nem ma vett János bácsi friss húst a hentesnél. Nem a hentesnél vett friss húst ma János bácsi. **b** Nem Peti evett három palacsintát tegnap ebédre. Nem három palacsintát evett tegnap Peti ebédre. Nem evett Peti három palacsintát tegnap ebédre. Nem tegnap evett Peti három palacsintát ebédre. Nem ebédre evett Peti három palacsintát tegnap. **9 a** Rossz. Még soha nem/sem jártam Párizsban. **b** Rossz. Külföldön senki nem/sem ismeri Balassi Bálintot. **c** Jó. **d** Jó. **e** Rossz. János feleségül vette Esztert.

Do you understand? a n, Széchényi Ferenc alapította a Nemzeti Múzeumot. **b** i, **c** n, Magyarország a XIX. század elején igen elmaradott ország volt. **d** i, **e** n, Széchenyi 1860. április 7-én halt meg.

Test yourself 1 a **2** b **3** a **4** b **5** a **6** b **7** b **8** a **9** b **10** a

UNIT 15

Dialogue 1 a i, **b** n, Sári régen írt. **c** n, Elég késő volt, ezért már csak csirke és pörkölt maradt. **d** i, **e** i **2 a** Mert rengeteg minden történt vele. **b** Mert egy hátizsák feküdt mellette a földön. **c** Mert a fiú akcentussal beszélt magyarul. **d** Este nyolcig. **e** Sári a hét húszas vonattal érkezik Budapestről Szegedre.

Practice 1 a történt **b** megismerkedtem **c** jártam **d** láttam **e** tetszett **f** lehetett **g** találtam **h** kértem **i** értette **j** megismételtem **k** nézett **l** segített **m** értette **n** mondta. **2** Kedves István! Egy hónappal ezelőtt írtam neked levelet, de még nem kaptam tőled választ. Remélem, nincs baj. Augusztus 9-én, szombaton a 6.45-ös vonattal érkezem Debrecenbe. Már alig várom az augusztust! Üdvözlettel: John. London, 2009. júl. 16. **3** mentem, élek, meghalt, lakom, laktam, sportoltam, teniszeztem, sétálok, szerettem, szeret, csodálom, várom. **4 a i** Tőletek **ii** Kitől **iii** üdvözlöm **iv** mozitól **v** 5-től **b i** kérdeztelek **ii** Láttátok **iii** vitték **iv** tudtuk **v** hívták. **5 a** Az Éden disco bár este tíztől reggel hatig van nyitva. **b** Az új magyar rockopera este héttől kb. este negyed tízig tart. **c** Este fél nyolckor. **d** A görög táncház délután 5-től 6-ig tart. **6 a** erre az **b** azzal a **c** Ebben a **d** abba a **e** Ezen a **f** abban a **g** Erről a **h** Annál a

Test yourself 1 b **2** a **3** a **4** b **5** a **6** a **7** b **8** b **9** a **10** b

UNIT 16

Dialogue 1 a n, Edit szerint fárasztó 11–14 éves gyerekekre vigyázni. **b** n, Edit csak eleinte járt a diszkóba szórakozni. **c** i, **d** i, **e** i. **2 a** Attól, hogy sokat napozott. **b** A hétvégeken sokféle program volt: koncertek, kiállítások. **c** Mert Andrást nem érdeklik a gyerekek és szerinte a Balaton már nem a régi. **d** András a kutyát szokta levinni sétálni minden nap kétszer. **e** A Balatonnál főtt kolbászt, sült halat és finom palacsintákat lehet kapni.

Practice 1 a szoktunk **b** szokott **c** szoktam **d** szokta **e** szokta **f** szokta **g** szoktam **h** szoktak **i** szoktunk **j** szoktunk **k** szoktunk. **2 a** férfiakat, nők **b** rendőrök, buták **c** fiatalok **d** politikusok **e** kínaiak, kicsik **f** aszszonyok, kíváncsiak. **3 b** A franciák kulturáltak. **c** Az angolok hidegvérűek. **d** Az olaszok szenvedélyesek. **e** A németek mindig pontosak. **f** A skótok fukarok. **4 a** iv, **b** i, **c** ii, **d** v, **e** iii. **5 b** Erzsi egy nap sokszor szokott mosogatni. **c** Egy nap egyszer szokott vasalni. **d** Egy héten kétszer szokott porszívózni. **e** Egy hónapban egyszer szokott ablakot tisztítani. **6 a** Rossz. Engem már csak az okos nők érdekelnek. **b** Jó. **c** Rossz. Úgy látszik, néha bizony szoktál hazudni. **d** Jó. **e** Rossz. Most voltál először külföldön? **f** Rossz. Az ablakból csak a házakat lehet látni. **7 c, a, b, d.**

Do you understand? a Minden este 8 óra körül szoktak vacsorázni és aztán általában valahova szórakozni mennek. **b** Betörték az ablakot és azon keresztül másztak be. **c** A tolvajok egy arany nyakláncot, egy pár fülbevalót, egy Olympos fényképezőgépet és ruhákat vittek el. **d** Mert Jeremy és a felesége elfelejtették magukkal vinni. **e** Mert Jeremy és a felesége nem szokott magánál készpénzt tartani.

Test yourself 1 a **2** a **3** a **4** a **5** a **6** b **7** a **8** b **9** b **10** a

UNIT 17

Dialogue 1 a i, **b** n, Márkus Tivadarnak nem hőmérője, hanem lázmérője nincsen. **c** i, **d** n, Márkus úrnak csak influenzája van. **2 a** Mert mindene fáj. **b** Márkus úrnak 39 fokos láza van. **c** A gyógyszert naponta háromszor kell beszedni étkezés után. **d** Az orvos szerint a gyógyfürdő tesz jót Márkus úrnak. **e** Mert Hévíz is és Gyula is rettenetesen drága lett.

Practice 1 b Fáj a torkom. **c** Fáj a hasam. **d** Fáj a karom. **e** Fáj a derekam. **f** Fáj a kezem. **2** c, b, a. **3 a** Fáj a torkom, doktor úr. **b** Tegnap nagyon fájt a fejem, de ma nem fáj. **c** Igen, elég magas, 38 fokos lázam van. **d** Nincs étvágyam. Tegnap alig ettem valamit. **4** Szia Csaba! Nagyon megijedtem, amikor megtudtam, hogy baleseted volt. Szerencsére csak a lábad törted el. Túl gyorsan vezettél? Hogy történt a baleset? Péntek délután meglátogatlak a kórházban. Mielőbbi gyógyulást kívánok szeretettel. **5 a** Elrontottam a gyomrom. **b** Halat ettem. **c** Igen, hánytam is és hasmenésem is volt. **d** Két napig. **e** Igen, az idegenvezetőnk felesége is rosszul volt. **6 b** Andrea kedvenc költője Radnóti Miklós. **c** Anita kedvenc filmrendezője Huszárik Zoltán. **d** Attila kedvenc festője Munkácsy Mihály. **e** Árpád kedvenc zeneszerzője Bartók Béla. **f** Mariann kedvenc színésze Latinovits Zoltán. **7 a** iii, **b** vi, **c** i, **d** iv, **e** ii, **f** v. **8** nagyon, Kíváncsian, bátran, fiatalon, lassan, izgatottan, csúnyán, hosszan, nehezen.

Test yourself 1 b **2** a **3** a **4** b **5** a **6** b **7** b **8** b **9** a **10** b

UNIT 18

Dialogue 1 a n, Almási Katalinnak csak négy testvére van. **b** n, Almási Katalin édesanyja nem volt színésznő. **c** i, **d** n, Almási Katalint katolikusnak nevelték. **e** i. **2 a** Almási Katalin a házuk mögötti óriási kertben szokott a testvéreivel játszani. **b** Az édesanyja mindig vidám, kedves, igen vallásos ember volt. **c** Az édesapja jóképű, nagy bajuszos, fekete hajú férfi volt. **d** Az édesanyja nővérének a férje. **e** Nincsenek.

Practice 1 a az öcsém vagy én **b** a nagypapám/nagyapám **c** a nagynéném **d** az unokatestvérem **e** a vejem/vőm. **2** Kerekes Zoltán elég magas, fiatal, sovány férfi. Bajusza nincsen. A szeme kék, a haja fekete, a fülei kicsik. Szemüveget visel. Kerekes Zoltán taxisofőr. Nőtlen. Mindenkivel udvariasan viselkedik, intelligens. Nagyon vallásos ember, minden vasárnap templomba jár. **4 b** … a nagyszüleimé csak egyszintes. **c** … Annáénak Ügyes. **d** … az unokaöcsémét még nem. **e** … Keresztesékéi még gyerekek. **f** … a miénken jazz-zenekar. **5** nagyszüleink, nagypapáméknak, állatuk, nagypapám, lovait, lovaival, nagymamám, munkája, szomszédaik, gyerekeivel, házaik. **6 a** tiétekben **b** tieddel **c** övével **d** enyémtől **e** miénkben. **7** Csilla szülei sokat veszekednek egymással. Az apja minden este részegen jár haza. Az anyja állandóan fáradt és ingerült. Csilla szülei néha verekednek és kiabálnak. Csilla a testvéreivel a szomszédokhoz vagy a térre menekül.

Do you understand? a Ismeretlen tettesek megölték Kozma Sándor 25 éves szolnoki taxisofőrt. **b** Az első fiatalembernek hosszú, göndör, fekete haja volt. **c** A második férfinak kissé elálló fülei voltak. **d** A fekete bőrtáska a farmeröltönyös fiatalemberé volt. **e** Kalmáréknál volt este a buli. **f** Jelentkezni kell a Szolnok Megyei Rendőrfőkapitányság 62–745-ös telefonszámán.

Test yourself 1 b **2** b **3** a **4** a **5** b **6** b **7** b **8** a **9** b **10** b

UNIT 19

Dialogue 1 a ii, **b** i, **c** i, **d** ii, **e** i. **2 a** Tibor két hónapja dolgozik új vállalatnál. **b** Mert most valamivel messzebb dolgozik. **c** Igen, jól megfizetik. **d** Legutóbb Tibort pár napra küldték Londonba tárgyalni. **e** Tibor vállalata az egyik legnagyobb brit gépipari vállalattal folytat tárgyalásokat.

Practice 1 b A magyar nehezebb, mint az orosz, de a kínai a legnehezebb nyelv. **c** Ingrid Bergman szebb, mint Marilyn Monroe, de Grace Kelly a legszebb. **d** A krikett érdekesebb, mint a golf, de a foci a legérdekesebb sport. **e** A narancslé finomabb, mint a kóla, de az almalé a legfinomabb üdítőital. **f** Párizs nagyobb, mint Budapest, de London a legnagyobb város. **2** Péter 180 cm magas, András 185 cm magas, Gyuri 180 cm magas és Lajos 188 cm magas. **3 b** Edit gyorsan tud gépelni, de Nóra gyorsabban gépel nála, és Brigitta gépel a leggyorsabban. **c** Nórának sok tapasztalata van, de Editnek több tapasztalata van nála, és Brigittának van a legtöbb tapasztalata. **4 a** A szegények az olcsóbb élelmiszereket vásárolják, és kevesebbet költenek élelmiszerekre, mint néhány évvel ezelőtt. **b** A szegények több kenyeret, zsírt, tésztát és szalonnát fogyasztanak, mint az átlagos szinten élők. **c** A szegények kevesebb friss gyümölcsöt, zöldséget, főzeléket, sajtot és tojást fogyasztanak, mint az átlagos szinten élők. **d** Az átlagos szinten élők többet sportolnak, mint a szegények. **5 a** el **b** vissza **c** el **d** Fel **e** le **f** Át **g** végig **h** Be **i** fel. **7** napja, hétre, 5 órakor/5 órára, Hétkor/Hétre, napja. **8** cigarettáznom, főznöm, lennem, mosnom, használnom, felvinnem, keresnem, találnom. **9** Éva nem bírja tovább. Elköltözik. Képzeld, a lakásban tilos cigarettázni. Csak akkor szabad főznie, ha a házinéék befejezték a vacsorát. Legkésőbb este tízre otthon kell lennie. Az utcáról kell telefonálnia, mert az ő telefonjukat nem szabad használnia. Ráadásul a barátját sem szabad felvinnie. Muszáj lesz új albérletet keresnie. Reméli, hogy sikerül majd jó helyet találnia.

Do you understand? a Balázsnak elege van a Velencei-tóból, mert drága, és szerinte unalmas egész nap a vízparton ülni. **b** Mert Ibolya édesapjáéknak saját nyaralójuk van ott, és nem kell szállást fizetniük. **c** Balázsék négy éve járnak minden nyáron a Velencei-tóhoz. **d** Mert szebbnél szebb helyeken jártak, és sokkal több emberrel sikerült megismerkedniük, mint a Velencei-tónál. **e** Ha a gyerekek nagyobbak lesznek, Balázsék könnyebben tudnak majd utazni.

Test yourself 1 a **2** b **3** a **4** a **5** b **6** b **7** a **8** a **9** b **10** a

UNIT 20

Dialogue 1 a n, Robi keresztmamája Robiékat disznóölésre hívta meg. **b** i, **c** n, Robi a szilveszteri műsort szeretné megnézni a tv-ben. **d** i, **e** i. **2 a** Hajdúékat disznóölésre hívták meg a rokonaik. **b** Mert Pali bácsiéknak nincs színes tévéjük, és ő meg szeretné nézni a szilveszteri műsort. **c** Hajdúék húsvétkor egy hetet töltöttek falun. **d** Mert sokat kell enniük, és a férje nővére egész nap csak pletykálna./Mert sokkal fárasztóbb vendégségbe menni, mintha otthon maradnának, és mindent neki kellene egyedül csinálnia. **e** Tavalyelőtt azt mondták, hogy a nagy hó miatt leálltak a vonatok.

Practice 1 a vi, **b** iii, **c** i, **d** v, **e** ii, **f** iv.

2	Ilona	A szombat délutáni előadásra szeretnék egy jegyet venni.
	Pénztáros	Sajnos szombat délutánra már minden jegy elfogyott.
	Ilona	És este hétre lehet még jegyet kapni?
	Pénztáros	Igen, Hová parancsolja a jegyet: az erkélyre vagy a földszintre?

Ilona	Kaphatnék az erkélyre egy jegyet?
Pénztáros	Hogyne. Elöl vagy hátul szeretne ülni?
Ilona	Elöl.
Pénztáros	Az első sorba tudnék még egy jegyet adni.
Ilona	Az jó lesz.
Pénztáros	Tessék, négyezer-kétszáz forintot kérek.

3 b Jobb lett volna, ha 7 órára vettél volna jegyet. **c** Jobb lett volna, ha az erkélyre vettél volna jegyet. **d** Jobb lett volna, ha olcsóbb jegyet vettél volna. **4** Lassabban is vezethetnél, Zoltán! Bárcsak egyszer hallgatnál rám! Nekem kellene vezetnem, mert én kevesebbet ittam Paliéknál, mint te. Bárcsak te se ittál volna olyan sok sört! Nem kellett volna még a pálinkát is elfogadnod! Vigyázz! Jobb lenne, ha ezután én vezetnék." „Jobb lenne, ha kevesebbet beszélnél, akkor jobban tudnék figyelni." „Ha nem lennél részeg, nem aludtál volna el és nem karamboloztunk volna." **5** Zoltán azt válaszolta, hogy **b** nem látta a lámpát. **c** csak egy keveset ivott. **d** nem emlékszik. **e** az talán jobb lett volna, mert akkor a felesége nem beszélt volna olyan sokat, és ő jobban tudott volna figyelni. **6 a** le **b** rá **c** meg **d** be **e** el **f** ki **g** be **h** fel **i** le **j** fel **k** meg. **7 a** Végre be szeretném fejezni a könyvet. **b** Meg akartuk venni Pistáéktól a kocsit. **c** Meg tudtátok inni azt a sok bort? **d** Holnap el fogsz menni keresztmamáékhoz? **e** Most haza kell mennem. **8 b** Még nem lehet kiülni a kertbe napozni. **c** Nem kell elmenned! **d** Nem tudok visszaadni ötezresből. **e** Nem akarok kimenni! **9 a** Kinyithatom az ablakot? **b** Bejöhetek? **c** Segíthetek? **d** Elhozhatom a barátom is?/Jöhet a barátom is? **e** Mit ehetek? **10 b** A londoni gép harminc percet késik. **c** A római gép tizenöt percet késik. **d** A prágai gép negyven percet késik. **e** A moszkvai gép huszonöt percet késik. **f** A New York-i gép két órát késik.

Test yourself 1 b **2** b **3** a **4** b **5** a **6** b **7** b **8** a **9** a **10** b

UNIT 21

Dialogue 1 a i, **b** n, Teri nem akarja megnézni a „Rémálom a Hotel Vadkacsában" című filmet, mert utána este nem tud elaludni. **c** n, Teri szerint kínos lenne Feriékhez menni, mert nem hívták meg őket. **d** i. **2 a** Mert Teri piros ruhája a tisztítóban van. **b** A tv mellé. **c** Mert utána nem tud elaludni. **d** Tibor elfelejtette Terinek megmondani, hogy Feri meghívta őket a szalonnasütésre. **e** Az ismerőseik közül Icáék, Péterék és Gabiék lesznek még ott.

Practice 1 ne menj be, Várj, Ne verekedj!, ne igyál, játssz, Ne bántsd, Szégyelld magad!, Gyere. **2** A csirkét hideg vízben mosd meg, majd darabold fel! A vöröshagymát vágd finomra és olajban a fedő alatt pirítsd aranysárgára, majd szórd meg pirospaprikával! Ezután tedd bele a csirkét, sózd meg és önts hozzá 2 dl vizet! Fedő alatt főzd puhára a csirkét! Amikor a csirke puhára főtt, a tejfölt és a lisztet keverd össze és öntsd a csirke levéhez! Miután felforrt, forrald 2–3 percig! Galuskával tálald! **3 a** Nagyon szeretném, ha a szüleid megkedvelnének. Mit csináljak? **b** Mit vegyek fel? **c** Milyen ajándékot hozzak/vigyek nekik? **d** Pontos legyek vagy elkéshetek egy kicsit? Már fél hét van. **4** Azt kérdezte, hogy mit csináljon és mit vegyen fel. Azt is kérdezte, hogy milyen ajándékot hozzon a szüleinknek. Végül Anikó ezt kérdezte: „Pontos legyek vagy elkéshetek egy kicsit?" **5 a** Bakos István későn, általában tízkor szokott felkelni. **b** Ha hajnalban feküdt le és nem volt ideje megfürdeni. **c** Reggelire sokat eszik és egy jó erős kávét iszik. **d** Gyorsan bekap valamit a büfében. **e** Amikor hazaér, levetkőzik, megfürdik. Még az ágyban olvas egy keveset és azután hamar elalszik. **6** menni, olvasunk, bevásároltam, megvettem, kitakarítottuk, megtanulta, megírta, megsütöttem, megnéztük, felkeltünk, megreggeliztünk, bepakoltunk, elindultunk, leértünk, kipakoltunk, felvettük, kisüt, elkezdtünk, megenni, elkezdett, átázott, hinni. **7 b** Judit tejért és kenyérért ment ki. **c** Magdi húsért ment ki. **d** Kati angol-magyar szótárért ment ki. **e** Eszter újságért ment ki. **8 a** A szekrény alól kellett kivennie a cipőjét. **b** Az újság alá tette a szemüvegét. **c** A fotelba tette a kalapját, a kabátja mellé. **d** A szék mögül kellett kivennie a táskáját. **e** Az ágy és a fal közé dobta a nyakkendőjét.

Do you understand? a i, **b** i, **c** n, Mary szerint a brit diplomaták minden délután a Gerbeaud cukrászdában teáznak. **d** n, Gordon nem tud tökéletesen magyarul. **e** n, Richard Magyarországba szeretett bele. **f** i **g** n, Zsuzsa csak egyfajta süteményt tud sütni.

Test yourself 1 a **2** b **3** a **4** b **5** a **6** a **7** a **8** a **9** b **10** a

Appendix: the '-hat/-het' ending

Present tense: indefinite conjugation

	vár	kér
(én)	várhatok	kérhetek
(te)	várhatsz	kérhetsz
(maga/ön/ő)	várhat	kérhet
(mi)	várhatunk	kérhetünk
(ti)	várhattok	kérhettek
(maguk/önök/ők)	várhatnak	kérhetnek

Present tense: definite conjugation

	vár	kér
(én)	várhatom	kérhetem
(te)	várhatod	kérheted
(maga/ön/ő)	várhatja	kérheti
(mi)	várhatjuk	kérhetjük
(ti)	várhatjátok	kérhetitek
(maguk/önök/ők)	várhatják	kérhetik

Past tense: indefinite conjugation

	vár	kér
(én)	várhattam	kérhettem
(te)	várhattál	kérhettél
(maga/ön/ő)	várhatott	kérhetett
(mi)	várhattunk	kérhettünk
(ti)	várhattatok	kérhettetek
(maguk/önök/ők)	várhattak	kérhettek

Past tense: definite conjugation

	vár	**kér**
(én)	várhattam	kérhettem
(te)	várhattad	kérhetted
(maga/ön/ő)	várhatta	kérhette
(mi)	várhattuk	kérhettük
(ti)	várhattátok	kérhettétek
(maguk/önök/ők)	várhatták	kérhették

Present conditional: indefinite conjugation

	vár	**kér**
(én)	várhatnék	kérhetnék
(te)	várhatnál	kérhetnél
(maga/ön/ő)	várhatna	kérhetne
(mi)	várhatnánk	kérhetnénk
(ti)	várhatnátok	kérhetnétek
(maguk/önök/ők)	várhatnának	kérhetnének

Present conditional: definite conjugation

	vár	**kér**
(én)	várhatnám	kérhetném
(te)	várhatnád	kérhetnéd
(maga/ön/ő)	várhatná	kérhetné
(mi)	várhatnánk	kérhetnénk
(ti)	várhatnátok	kérhetnétek
(maguk/önök/ők)	várhatnák	kérhetnék

Hungarian–English vocabulary

After each noun ending in a consonant the object, the plural and the 3rd person singular possessive ending is given. A **(c)** marks compound words that take front vowel endings. After each verb the following is given: the stem with the imperative ending, the irregular infinitive and the ending(s) it takes.

ablak (-ot, -ok, -a) *window*
ad vkinek vmit *(adj) give sy sg*
aggaszt vkit vmi (agassz) *sg worries sy*
aggódik (aggódj) *worry (verb)*
ágy (-at, -ak, -a) *bed*
ajándék (-ot, -ok, -a) *present, gift*
ajándékoz vkinek vmit (ajándékozz) *give sy sg as a gift*
ajánl vkinek vmit (ajánlj) *recommend sy sg, suggest*
ajtó (ajtaja) *door*
akar vmit (akarj) *want sg*
akárhova/akárhová *(to) wherever*
akcentus (-t, -ok, -a) *accent*
akkor *then*
alacsony *short*
alap (vmi alapján) *basis (on the basis of sg)*
alatt *under, below, in, during*
alig *hardly*
alkohol (-t) *alcohol*
alkoholista *alcoholic*
áll vkinek (jól/rosszul áll nekem) *suit sy (it suits me/it does not suit me)*
áll (állj) *stand*
állandó *permanent*
állandóan *constantly, all the time*
állás (-t, -ok, -a) *job*
állat (-ot, -ok, -a) *animal*
állatorvos (-t, -ok, -a) *vet*
állítólag *supposedly*
alma *apple*
almalé (almalevet, almaleve) (c) *apple juice*
álmos *sleepy*
álom (álmot, álmok, álma) *dream*
alszik (aludj, aludni) *sleep*
általában *generally, usually*
Amerika *America, the United States*
amerikai *American*
angol *English*
anya *mother, mum*
anyu *mum*
apa *father, dad*

apu *dad*
ár (-at, -ak, -a) *price*
árul vmit (árulj) *sell sg*
asszisztens (-t, -ek, -e) *assistant*
asszony (-t, -ok, -a) *woman*
asztal (-t, -ok, -a) *table*
átlag *average*
átszáll vmiről vmire *change from sg to sg*
ausztrál *Australian*
autó *car*
autószerelő (c) *car mechanic*
az (-t, -ok) *that, that one*
azonnal *straightaway*
aztán, azután *afterwards*

bab (-ot, -ok, -ja) *bean*
baj (-t, -ok, -a) *matter*
bajusz (-t, -ok, -a) *moustache*
bal *left*
balett (-ot, -ok, -ja) *ballet*
balett-táncos (-t, -ok, -a) *ballet dancer*
balettozik (baletozz) *do ballet*
bár (-t, -ok, -ja) *bar*
barack (-ot, -ok, -ja) *peach, apricot*
barackpálinka *apricot brandy*
barát (-ot, -ok, -ja) *friend, boyfriend*
barátnő (c) *friend, girlfriend*
bárcsak *if only*
barna *brown*
bátor (bátrak) *brave*
befejez vmit (befejezz) *finish sg*
bekapcsol vmit (bekapcsolj) *switch on sg*
beleszeret vkibe (beleszeress) *fall in love with sy*
Belváros (-t) *Vth district in Budapest*
bélyeg (-et, -ek, -e) *stamp*
bemutat vkit vkinek (bemutass) *introduce sy to sy*
bemutatkozik vkinek (bemutatkozz) *introduce oneself to sy*
beszél (beszélj) *speak*
beszélget vkivel vmiről (beszélgess) *talk to sy about sg*

beteg (-et, -ek, -e) *patient, ill*
bevált (pénzt) (beválts) *change (money)*
bevásárol (bevásárolj) *do one's shopping*
bevesz (bevegy, bevenni) (gyógyszert) *take (medicine)*
biciklitúra *bicycle tour*
bír vmit (bírj) *bear sg*
blúz (-t, -ok, -a) *blouse*
bocsánat *sorry, excuse me*
bojler (-t, -ek, -e) *boiler*
boldog *happy*
boldogság (-ot, -a) *happiness*
bolt (-ot, -ok, -ja) *shop*
bor (-t, -ok, -a) *wine*
borsó *pea*
bő *loose*
bőr (-t, -ök, -e) *skin, leather*
bőrtáska *leather bag*
bridzs (-et) *bridge (card game)*
brit *British*
burgonya *potato*
busz (-t, -ok, -a) *bus*
buta *stupid, dumb*
butik (-ot, -ok, -ja) *boutique*

CD-lemez (-t, -ek, -e) *CD*
CD-lejátszó *CD player*
ceruza *pencil*
cigaretta *cigarette*
cigarettázik (cigarettázz) *smoke*
cím (-et, -ek, -e) *address, title*
cipő *shoes*
cipőgyár (-at, -ak, -a) *shoe factory*
citrom (-ot, -ok, -a) *lemon*
csak *only, if only, just*
család (-ot, -ok, -ja) *family*
csekk (-et, -ek, -e) *cheque*
csendes *quiet*
csinál vmit (csinálj) *do sg*
csinos *pretty*
csirke *chicken*
csodálatos *wonderful*
csókol vkit (csókolj) *kiss sy*
csokoládé *chocolate*
csokor (csokrot, csokrok, csokra) *bunch*
csúnya *ugly*
cukor (cukrot, cukra) *sugar*
cukorbeteg (-et, -ek, -e) *(c) diabetic*

de *but, how, what*
dehogynem *but of course*
dél (delet) *noon, south*
délelőtt (-öt, -ök, -je) *morning, a.m., in the morning*

délután (-t, -ok, -ja) *afternoon, in the afternoon*
diák (-ot, -ok, -ja) *student, pupil*
diplomata *diplomat*
díszít vmit (díszíts) *decorate (Xmas tree)*
disznó *pig*
divatos *fashionable*
doboz (-t, -ok, -a) *box*
dohányzik (dohányozz, dohányozni) *smoke*
doktor (-t, -ok, -a) *doctor*
dolgozik (dolgozz) *work*
dolog (dolgot, dolgok, dolga) (sok a dolgom) *work (I have a lot to do)*
drága *dear, expensive*
dzsem (-et, -ek, -je) *jam*
dzsessz (-t, -e) *jazz*
dzsungel (-t, -ek, -e) *jungle*

ebéd (-et, -ek, -je) *lunch*
ebédel (ebédelj) *have lunch*
édes *sweet*
édesség (-et, -ek, -e) *dessert, sweets*
edz (eddz) *train*
edzés (-t, -ek, -e) *training*
edzőcipő *trainers*
ég (égj) *be on (light)*
egész *whole, all*
egészség (-et, -e) *health*
egészséges *healthy*
egyedül *on one's own*
egyenes *straight*
egyetlen *single, the only*
egymás (-t) *each other, one another*
éhes *hungry*
éjjel *at night*
éjszaka *night, at night*
ekkor *at this time*
él (élj) *live*
eladó *sales assistant*
elálló (fül) *protuberant (ears)*
elalszik (elaludj, elaludni) *fall asleep*
elefánt (-ot, -ok, -ja) *elephant*
elég (eleget, elege) *quite, enough*
eleinte *at first*
eleje *beginning of*
elér vmit (elérj) *achieve sg*
élet (-et, -ek, -e) *life*
elfárad (elfáradj) *get tired*
elfelejt vmit (elfelejts) *forget sg*
elfogad vmit (elfogadj) *accept sg*
elfoglalt *busy*
elhisz vmit (elhiggy) *believe sg to be true*
elindít vmit (elindíts) *start sg (e.g. car)*
elindul (elindulj) *start*

elkezd vmit (elkezdj) *start sg*
elköltözik (elköltözz) *move house*
ellátogat (ellátogass) *pay a visit*
ellen *against*
elmegy (elmenj, elmenni) *go*
elmond vkinek vmit (elmondj) *tell sy sg*
előadás (-t, -ok, -a) *performance*
előre *ahead, in advance*
először *first of all, for the first time*
előtt *in front of, outside, before*
eltéved (eltévedj) *lose one's way*
eltör vmit (eltörj) *break sg*
e-mail cím *email address*
ember (-t, -ek, -e) *man, person*
emelet (-et, -ek, -e) *floor*
emlékszik vkire, vmire (emlékezz, emlékezni) *remember sy, sg*
énekel vmit (énekelj) *sing sg*
ennyi *this much, that much*
épít vmit (építs) *build sg*
éppen *just, precisely, happen to*
épület (-et, -ek, -e) *building*
érdekel vkit vki, vmi (érdekelj) *sy, sg interests sy*
érdekes *interesting*
eredeti *original*
érdemes *worth*
érez (érezz) *feel*
erkély (-t, -ek, -e) *balcony*
érkezik (érkezz) *arrive*
erős *strong*
ért vmit (érts) *understand sg*
esetleg *perhaps, possibly*
esik (ess) *fall*
esküvő *wedding*
eső *rain*
esőkabát (-ot, -ok, -ja) *raincoat*
este *evening, in the evening*
eszébe jut vkinek vmi *sg comes to sy's mind*
eszik (egy, enni) *eat*
étel (-t, -ek, -e) *food (prepared)*
étkezés (-t, -ek, -e) után *after meals*
étlap (-ot, -ok, -ja) *menu*
étterem (éttermet, éttermek, étterme) *restaurant*
étvágy (-at, -a) *appetite*
Európa *Europe*
év (-et, -ek, -e) *year*
ez (-t, -ek) *this, this one*

fa *tree*
fagylalt (-ot, -ok, -ja) *ice-cream*
fáj (fájj) *hurt, ache*
fal (-at, -ak, -a) *wall*
falu (faluk, falvak) *village*

fáradt *tired*
fárasztó *tiring*
fázik (fázz) *be cold*
fehér *white*
fej (-et, -ek, -e) *head*
fekete *black*
fekszik (feküdj, feküdni) *lie (e.g. in bed)*
fel *up*
fél (felet, fele) *half*
feláll (felállj) *get up, stand up*
fele/felé *about, at about*
felel vmit (felelj) *answer sg*
felelőtlen *irresponsible*
feleség (-et, -ek, -e) *wife*
felett *above, over*
felforr (felforrj) *come to the boil*
félig (e.g. magyar) *half (e.g. Hungarian)*
felír (gyógyszert) (felírj) *prescribe (medicine)*
felnőtt (-et, -ek) *grown up, adult*
felpróbál vmit (felpróbálj) *try sg on*
felszáll vmire (felszállj) *get on sg*
feltétlenül (nem feltétlenül) *by all means (not necessarily)*
feltéve ha *provided that*
felvesz vmit (felvegy, felvenni) *put on sg (clothes)*
fénykép (-et, -ek, -e) *photo*
fényképalbum (-ot, -ok, -a) *photo album*
fényképez (fényképezz) *take photographs*
fényképezőgép (-et, -ek, -e) *camera*
férfi *man*
férj (-et, -ek, -e) *husband*
fiatal *young*
fiatalember (-t, -ek, -e) (c) *young man*
figyel vkit, vmit (figyelj) *watch sy, sg closely*
filmsztár (-t, -ok, -ja) *film star*
finom *delicious*
fiú *boy, son*
fizet (fizess) *pay*
focimeccs (-et, -ek, -e) (c) *football match*
focizik (focizz) *play football*
fog vmit (fogj) (halat fog) *catch sg (catch fish)*
fog (-at, -ak, -a) *tooth*
fogás (-t, -ok, -a) *course (of a meal)*
foglal vmit (foglalj) *book, occupy sg*
foglalkozás (-t, -ok, -a) *occupation, job, profession*
foglalt *occupied, taken, engaged*
fok (-ot, -a) *degree*
folyékony *fluent*
folyó *river*
folytat vmit (folytass) *continue, carry on sg*
font (-ot, -ok, -ja) *pound*
fontos *important*

föld (-et, -ek, -je) *land, floor*
Föld (-et) *Earth*
földalatti *underground*
földszint (-et, -ek, -je) *ground floor*
főleg *especially*
főz vmit (főzz) *cook sg*
főzelék (-et, -ek, -e) *vegetable dish*
francia *French*
friss *fresh*
furcsa *strange*
fut (fuss) *run*
függ vmitől (függj) *depend on sg*
fül (-et, -ek, -e) *ear*
fürdik (fürödj, fürdeni, fürödni) *bathe, have a bath*
fürdő *baths*
fürdőnadrág (-ot, -ok, -ja) *bathing trunks*
fürdőruha *swimsuit*
fűtés (-t, -e) *heating*

garázs (-t, -ok, -a) *garage*
gáz (-t, -ok, -a) *gas*
gazdag *rich*
gáztűzhely (-t, -ek, -e) (c) *gas cooker*
gengszter (-t, -ek, -e) *gangster*
gimnázium (-ot, -ok, -a) *secondary school*
gomba *mushroom*
gondol vmit (gondolj) *think sg*
Görögország (-ot, -a) *Greece*
gyakorlat (-ot, -ok, -a) *exercise*
gyakran *often*
gyalog *on foot*
gyalogtúra *walking tour*
gyár (-at, -ak, -a) *factory*
gyenge *weak*
gyerek (-et, -ek, -e) *child*
gyerekkor (-t, -a) *childhood*
gyógyfürdő *medicinal baths*
gyógyszer (-t, -ek, -e) *medicine*
gyomorrontás (-t, -ok, -a) *upset stomach*
gyönyörű gorgeous, *very beautiful*
gyümölcs (-öt, ök, -e) *fruit*

ha *if*
haj (-at, -a) *hair*
hajó *ship, boat*
hal (-at, -ak, -a) *fish*
halász (-t, -ok, -a) *fisherman*
halászlé (halászlevet, halászleve) (c) *fish soup*
hall vmit (hallj) *hear sg*
hallgat vkire (hallgass) *listen to sy*
hallgató *listener*
hamar *soon, quickly*

hamarosan *soon*
hanem *but*
hang (-ot, -ok, -ja) *voice*
hangos *loud*
hangzik (hangozz, hangozni) *sound*
hány? *how many?*
hányan? *how many people?*
hányszor? *how many times?*
haragszik (haragudj, haragudni) *be angry*
háromnegyed *three quarters*
használ vmit (használj) *use sg*
hát (-at, -ak, -a) *back*
hát *well, why, then*
hátha *in case, suppose, what if*
ház (-at, -ak, -a) *house*
haza *(to) home*
házi *home made*
házimunka *housework*
hazudik (hazudj) *tell a lie*
hegy (-et, -ek, -e) *hill, mountain*
hely (-et, -ek, -e) *place, space*
helyett *instead of*
hentes (-t, -ek, -e) *butcher*
hét (hetet, hetek, hete) *week*
hétvége *weekend*
hiába *well, in vain*
híd (hidat, hidak, hídja) *bridge*
hideg *cold*
hímzett *embroidered*
hippi *hippie*
hír (-t, -ek, -e) *news*
híres *famous*
hisz vmit (higgy, hinni) *believe, think sg*
hit (-et, -ek, -e) *faith*
hitelkártya *credit card*
hív vkit (hívj) *call sy*
hó (havat) *snow*
hobbi *hobby*
hogy(?) *how?, how well?, that*
hogyhogy? *what do you mean?, how come?*
hogyne *of course, by all means*
hol? *where?*
holnap *tomorrow*
holnapután *the day after tomorrow*
hónap (-ot, -ok, -ja) *month*
honnan? *where from?*
hord vmit (hordj) *wear sg*
horgászik (horgássz) *fish*
horkol (horkolj) *snore*
hosszú *long*
hova/hová? *where to?*
hoz vmit (hozz) *bring sg*
humorérzék (-et, -e) *sense of humour*

hurka *white or black pudding*
hús (-t, -ok, -a) *meat*
húsvét (-ot, -ok, -ja) *Easter*
hűtőszekrény (-t, -ek, -e) *refrigerator*
hűvös *chilly*

ide *(to) here*
idegenvezető *guide*
ideges *irritable, short-tempered*
idén *this year*
idő (ideje) *time, weather*
időjárásjelentés (-t, -ek, -e) (c) *weather forecast*
idős *old, elderly*
igaz *true*
igazgató *director, manager*
igazi *real, true*
igen *yes, very*
így *so, like this*
ilyen *like this, like that, such (a)*
imád vkit, vmit (imádj) *adore, love sy, sg*
indul (indulj) *leave (verb)*
infláció *inflation*
influenza *flu*
influenzás *have influenza (adj.)*
ing (-et, -ek, -e) *shirt*
inkább *would rather, preferably*
innen *from here*
intelligens *intelligent*
intézet (-et, -ek, -e) *institute*
ír vmit (írj) *write sg*
ír *Irish*
író *writer*
iroda *office*
is *also, too, as well*
iskola *school*
ismer vkit, vmit (ismerj) *know sy, sg*
ismeret (-et, -ek, -e) *knowledge*
ismét *again*
Isten (-t, -ek, -e) *God*
iszik vmit (igy, inni) *drink sg*
ital (-t, -ok, -a) *drink*
itt *here*
itthon *at home*
izgalmas *exciting*
ízlik *like sg, tastes good*

ja *oh, I see*
japán *Japanese*
Japán (-t) *Japan*
jár (járj) *go (frequently)*
játékos (-t, -ok, -a) *player*
játszik vmit vkivel (játssz) *play sg with sy, act*
javasol vkinek vmit (javasolj) *recommend,
   suggest sy sg*

jegy (-et, -ek, -e) *ticket*
jegypénztár (-t, -ak, -a) *ticket office*
jelen *present*
jelenleg *at present*
jelent vmit *mean sg*
jó *good*
jobb *right (direction)*
jóképű *handsome*
jön (jöjj, gyere) *come*
jövő *next, future, coming*

kabát (-ot, -ok, -ja) *coat*
kakaó *cocoa*
kanadai *Canadian*
kanál (kanalat, kanalak, kanala) *spoon*
kánikula *hot spell, heatwave*
kap vmit (kapj) *get, receive sg*
káposzta *cabbage*
kapu *gate, door*
kar (-t, -ok, -ja) *arm*
kár (hogy) *it is a pity (that)*
karácsony (-t, -ok, -a) *Christmas*
karácsonyfa *Christmas tree*
kávé *coffee*
kedv (-et, -e) *mood, fancy*
kedvenc *favourite*
kedves *dear, kind, nice*
kelet *east*
kell *have to, must, is necessary, needed*
kemping (-et, -ek, -je) *camp-site*
kendő *scarf, shawl*
kenyér (kenyeret, kenyerek, kenyere) *bread*
kép (-et, -ek, -e) *picture*
képes vmit csinálni *capable of doing sg*
képeslap (-ot, -ok, -ja) *postcard*
képzel vmit (képzelj) *imagine, fancy sg*
kér vmit (kérj) *ask for sg*
kérdés (-t, -ek, -e) *question*
kérem *you are welcome*
keres (keress) *earn*
keres vkit (keress) *look for sy, is here to see you*
keresztmama *godmother*
keresztül (vmin) *through (sg)*
kert (-et, -ek, -je) *garden*
kerül vmibe (kerülj) *cost sg*
kerület (-et, -ek, -e) *district*
kés (-t, -ek, -e) *knife*
késik (késs) *be late*
késő, későn *late*
később *later*
kész, készen *ready, finished*
készít vmit (készíts) *make sg*
készpénz (-t, -e) *cash*
kevés (keveset) *little, few*

kezd vmit (kezdj) *start, begin sg*
kezdődik vmivel (kezdődj) *start with sg*
ki? *who?*
kiabál (kiabálj) *shout*
kiadó (szoba) *to let (room)*
kiállítás (-t, -ok, -a) *exhibition*
kibír vmit (kibírj) *stand sg, afford sg*
kicserél vmit (kicserélj) *change sg*
kicsi *small*
kiejtés (-t, -ek, -e) *pronunciation*
kifejezés (-t, -ek, -e) *expression, phrase*
kifli *Hungarian croissant*
kihasznál vmit (kihasználj) *take advantage of sg*
kilátás (-t) *view (e.g. from a window)*
kimegy (kimenj, kimenni) *go out*
kimos vmit (kimoss) *wash sg (clothes)*
kínai *Chinese*
kínos *embarrassing*
kinyit vmit (kinyiss) *open sg*
kipróbál vmit (kipróbálj) *try sg*
kirándul (kirándulj) *hike (verb)*
kirándulás (-t, -ok, -a) *outing, trip*
kis *small, little*
kissé *slightly*
kisüt a nap *the sun comes out*
kisváros (-t, -ok, -a) *small town*
kisvendéglő *small restaurant*
kiszáll vmiből (kiszállj) *get out of sg*
kitalál vmit (kitalálj) *guess, tell sg*
kitűnő *excellent*
kiváló *outstanding*
kíván vmit (kívánj) *wish sg*
kíváncsi *curious*
kivesz vmit (kivegy, kivenni) *take sg out*
kocog (kocogj) *jog*
kocsi *car*
kocsonya *cold pork in aspic*
kóla *coke*
kolbász (-t, -ok, -a) *sausage*
kollégium (-ot, -ok, -a) *college*
komolyzene *classical music*
koncentrál (koncentrálj) *concentrate*
koncert (-et, -ek, -je) *concert*
konferencia *conference*
konyak (-ot, -ok, -ja) *brandy, cognac*
konyakosmeggy (-et, -e) *chocolates filled with morello cherries*
kor (-t, -ok, -a) *age*
korán *early*
kórház (-at, -ak, -a) *hospital*
korsó *glass (about a pint)*
köhög (köhögj) *cough*
költ (pénzt) (költs) *spend (money)*

költő *poet*
költözik (költözz) *move house*
könnyű *easy*
könyv (-et, -ek, -e) *book*
könyvesbolt (-ot, -ok, -ja) *bookshop*
körtér (körteret, körterek, körtere) *circus (as in Piccadilly Circus)*
körút (körutat, körutak, -ja) *boulevard*
körül *around*
körülbelül *approximately*
kösz *thanks*
köszön vkinek vmit (köszönj) *thank sy for sg*
köszön vkinek (köszönj) *greet sy*
köt vmit (köss) *knit sg*
kövér *fat*
következik (következz) *follow, be sy's turn*
közel *near*
középkorú *middle aged*
közlekedés (-t, -e) *transport*
közös vkivel *shared with sy*
között *between, among*
krumpli *potato*
kulcs (-ot, -ok, -a) *key*
kultúra *culture*
kutya *dog*
küld vkinek vmit (küldj) *send sy sg*
külföld (-et) *foreign countries*
külföldön *abroad*
különféle *various kinds of*
különóra *private lesson*
különösen *especially, particularly*

láb (-at, -ak, -a) *leg, foot*
lakás (-t, -ok, -a) *flat*
lakáskulcs (-ot, -ok, -a) *key to a flat*
lakik (lakj) *live*
lángos (-t, -ok, -a) *fried dough*
lány (-t, -ok, -a) *girl, daughter*
lassú *slow*
lát vkit, vmit (láss) *see sy, sg*
latin *Latin*
látszik (látssz) (úgy látszik, hogy) *seem (it seems that)*
láz (-at, -a) *temperature*
lázas *have a temperature (adj.)*
lázmérő (c) *thermometer*
lebeszél vkit vmiről (lebeszélj) *talk sy out of sg*
lecke *homework*
legalább *at least*
légiposta *air mail*
legközelebb *next time*
legutóbb *last time*
lehet *can, may, possible*

lehetőség (-et, -ek, -e) *opportunity*
lelkesedik (lelkesedj) *be enthusiastic*
lépcső *stairs*
lesz (legy, lenni) *become*
leszáll vmiről (leszállj) *get off sg*
levél (levelet, levelek, levele) *letter*
leves (-t, -ek, -e) *soup*
levesz vmit (levegy, levenni) *take sg off (clothes)*
lila *purple, lilac*
ló (lovat, lovak, lova) *horse*
logikus *logical*
lusta *lazy*

ma *today*
macska *cat*
magam (-at) *myself*
magas *tall*
magnó *tape recorder*
magyar *Hungarian*
Magyarország (-ot, -a) *Hungary*
magyartanár (-t, -ok, -a) *teacher of Hungarian*
majd *some time in the future*
majdnem *almost, nearly*
manapság *these days*
már *already, before, previously, ever, yet*
marad (maradj) *stay*
más (-t, -ok) *someone else, different*
másfél (másfelet) *one and a half*
másik *another*
matematika *mathematics*
meccs (-et, -ek, -e) *football match*
meddig? *how long?*
meg *and, on the other hand*
még *yet, before, even, else, still*
még egyszer *once more, again*
megáll (megállj) *stop*
megálló *stop*
megbeszél vmit vkivel (megbeszélj) *discuss sg with sy*
megbocsát vkinek vmit (megbocsáss) *forgive sy sg*
megfelel (megfelelj) *it will do*
megfigyel vmit (megfigyelj) *observe*
megfogad (tanácsot) (megfogadj) *take (advice)*
meggyógyul (meggyógyulj) *recover*
meghal (meghalj) *die*
meghívás (-t, -ok, -a) *invitation*
megint *again*
mégiscsak *after all*
megismer vkit (megismerj) *meet sy*
megismerkedik vkivel (megismerkedj) *meet sy (for the first time)*
megismétel vmit (megismételj) *repeat sg*

megkap vmit (megkapj) *get sg*
megkeres vmit (megkeress) *look for sg*
meglát (megláss) (majd meglátjuk) *see (we shall see)*
megmér (lázat) (megmérj) *take (temperature)*
megmond vkinek vmit (megmondj) *tell sy sg*
megmutat vkinek vmit (megmutass) *show sy sg*
megnéz vmit (megnézz) *have a look at, examine, see, watch sg*
megpróbál vmit (megpróbálj) *try sg*
megszeret vkit, vmit (megszeress) *come to like sy, sg*
megszólal (megszólalj) *start to ring/speak*
megtanít vmit (megtaníts) *teach sg*
megtanul vmit (megtanulj) *learn, master sg*
megtud vmit (megtudj) *get to know, learn sg*
megun vkit, vmit (megunj) *get tired of sy, sg*
megvan *got it*
megvizsgál vkit (megvizsgálj) *examine sy*
megy (menj, menni) *go*
meleg *warm, hot*
mellett *by, beside, next to*
melyik? *which? which one?*
menedzser (-t, -ek, -e) *manager*
mennyi? *how much?*
méret (-et, -ek, -e) *size*
mérges *angry*
mérnök (-öt, -ök, -e) *engineer*
mert *because*
mese *fairy tale, fable, children's story*
messze *far, far away*
mettől? *since when?, from where?*
méz (-et, -e) *honey*
mi? *what?*
miatt *because of*
miért? *why?*
mikor? *when?*
milyen *how, what*
milyen? *what?, what … like?, what kind of? what sort of?*
mindannyian *all of us/you/them*
minden *every, everything*
mindenki *everybody*
mindez (-t, -ek) *all this*
mindig *always*
mindjárt *right away*
minőség (-et, -e) *quality*
mint *like, as*
mióta? *how long? since when?*
mit? *what?*
modern *modern*
mond vmit (mondj) *say sg*
mos vmit (moss) *wash sg*

mosakszik (mosakodj, mosakodni) *wash oneself*
mosógép (-et, -ek, -e) (c) *washing machine*
mosolyog (mosolyogj) *smile*
most *now*
mostanában *nowadays*
mostanáig *until now*
mozgólépcső (c) *escalator*
mozi *cinema*
múlt (hét) *last (week)*
múlva *in … time*
munka *work*
munkahely (-et, -ek, -e) (c) *workplace*
munkanélküli (c) *unemployed*
muszáj *must, have to, necessary*
mutat vmit (mutass) *show sg*
múzeum (-ot, -ok, -a) *museum*
műsor (-t, -ok, -a) *programme*

nadrág (-ot, -ok, -ja) *trousers*
nagy *big, great*
nagykövetség (-et, -ek, -e) (c) *embassy*
nagyon *very*
nagyvállalat (-ot, -ok, -a) *big company*
nap (-ot, -ok, -ja) *day, sun*
napközben *during the day*
napolaj (-at, -ak, -a) *sun tan oil*
napozik (napozz) *sunbathe*
napsütés (-t) (c) *sunshine*
napszemüveg (-et, -ek, -e) (c) *sunglasses*
naptár (-t, -ak, -a) *calendar*
narancslé (narancslevet, narancsleve) (c)
    orange juice
-né *Mrs*
negyed (-et, -e) *quarter*
néha *sometimes*
néhány *a few*
nehéz *difficult*
nélkül *without*
nem *no, not*
nemcsak *not only*
német *German*
nemrég *not long ago*
nemsokára *soon*
nemzeti *national*
népművészet (-et, -e) *folk art*
név (nevet, nevek, neve) *name*
nevet (nevess) *laugh*
néz vmire (nézz) *look on to sg*
néz vkit, vmit (nézz) *watch, look at sy, sg*
nincs, nincsen *there is no(t), have no(t)*
nő *woman*
női *female*
nőtlen *unmarried, single (man)*

nyakkendő (c) *tie*
nyár (nyarat, nyarak, nyara) *summer*
nyaral (nyaralj) *be on summer holiday*
nyaraló *summer/weekend cottage*
nyelv (-et, -ek, -e) *language*
nyelvtan (-t, -ok, -a) *grammar*
nyelvtanfolyam (-ot, -ok, -a) *language course*
nyer vmit (nyerj) *win sg*
nyilván *obviously*
nyitva *open*
nyugdíj (-at, -ak, -a) *pension, retirement*
nyugdíjas (-t, -ok, -a) *pensioner*

oda *(to) there*
odahív vkit (odahívj) *call sy there*
odajár (odajárj) *go there*
okos *clever*
olaj (-at, -ak, -a) *oil*
olasz *Italian*
olcsó *cheap*
olvas vmit (olvass) *read sg*
olvasás (-t, -a) *reading*
olyan *that, like that, such (a), so*
onnan *from there*
operaénekes (-t, -ek, -e) *opera singer*
óra *watch, clock, hour, o'clock, lesson*
óriási *huge, gigantic*
orosz *Russian*
ország (-ot, -ok, -a) *country*
országház (-at, -ak, -a) *parliament (building)*
orvos (-t, -ok, -a) *doctor*
orvosság (-ot, -ok, -a) *medicine*
osztály (-t, -ok, -a) *department*
óta *since*
ott *there*
otthagy vmit (otthagyj) *leave sg there*
otthon (-t, -ok, -a) *home, at home*
óvatos *careful*
óvoda *nursery school*
öcs (öccse) *younger brother*
öltöny (-t, -ök, -e) *suit*
öltözködik (öltözködj) *dress*
öreg *old*
öregkor (-t, -a) *old age*
öregség (-et, -e) *old age*
örül vminek (örülj) *be glad about sg*
ősz (-t, -e) *autumn, grey-haired*
őszinte *sincere, heartfelt*
ötlet (-et, -ek, -e) *idea*

palacsinta *pancake*
pályaudvar (-t, -ok, -a) *railway station*
panasz (-t, -ok, -a) *complaint*

panaszkodik (panaszkodj) *complain*
paprika *pepper*
paradicsom (-ot, -ok, -a) *tomato*
paradicsomlé (paradicsomlevet, paradicsomleve) (c) *tomato juice*
párbeszéd (-et, -ek, -e) (c) *dialogue*
part (-ot, -ok, -ja) *bank, shore*
patyolat (-ot, -ok, -a) *dry cleaner's*
pedig *and, however, but, on the other hand*
pék (-et, -ek, -je) *baker*
például *for example*
pénz (-t, -ek, -e) *money*
pénztár (-t, -ok, -a) *cash-desk*
perc (-et, -ek, -e) *minute*
persze *of course*
pezsgő *champagne*
pihen (pihenj) *have a rest*
pillanat (-ot, -ok, -a) *moment*
pincér (-t, -ek, -e) *waiter*
piros *red*
pirospaprika *red pepper*
piszok (piszkot, piszkok, piszka) *dirt*
pizsama *pyjamas*
pohár (poharat, poharak, pohara) *glass*
polc (-ot, -ok, -a) *shelf*
politikus (-t, -ok, -a) *politician*
pontos *punctual, on time*
popzene *pop music*
posta *post office*
portás (-t, -ok, -a) *receptionist*
pörkölt (-et, -ek, -je) *stew*
próbafülke (c) *fitting room*
próbál vmit (próbálj) *try sg*
program (-ot, -ok, -ja) *programme*
pulóver (-t, -ek, -e) *pullover*
puszi *kiss, peck*
puszta *Hungarian lowland*

ráadásul *on top of all that*
rábeszél vkit vmire (rábeszélj) *persuade sy to do sg*
rádió *radio*
rádiósmagnó *radio cassette*
ráér (ráérj) *have time*
rántott *fried in breadcrumbs*
recepció *reception (at a hotel)*
recept (-et, -ek, -je) *prescription*
régen *in the past, formerly, long ago*
reggel *morning, in the morning*
reggeli *breakfast*
reggelizik (reggelizz) *have breakfast*
régi *old*
régóta *for a long time*

remél vmit (remélj) *hope sg*
rendel (rendelj) *receive patients*
rendelő *surgery*
rendesen *properly*
rendőr (-t, -ök, -e) *policeman*
rendőrfőkapitányság (-ot, -ok, -a) *police station*
rendszeresen *regularly*
repül (repülj) *fly*
repülőgép (-et, -ek, -e) *aeroplane*
repülőtér (repülőteret, repülőterek, repülőtere) *airport*
részt vesz vmiben *take part in sg*
rétes (-t, -ek, -e) *strudel*
reuma *rheumatism*
reumás *have rheumatism (adj.)*
riporter (-t, -ek, -e) *reporter, interviewer*
ritkán *rarely*
ritmus (-t, -ok, -a) *rhythm*
rizs (-t, -e) *rice*
rohan (rohanj) *rush about, hurry*
romantikus *romantic*
rossz *bad, wrong*
rögtön *straightaway*
rövid *short*
ruha *dress, clothes*

saját *own*
sajnos *unfortunately*
sajt (-ot, -ok, -ja) *cheese*
sál (-at, -ak, -a) *scarf*
saláta *salad*
sapka *cap*
segít vkinek (segíts) *help sy*
sem *neither, not ... either*
semmi *nothing*
sertés (-t, -ek, -e) *pig*
sétál (sétálj) *walk, stroll*
síel (síelj) *ski*
siet (siess) *hurry*
sikerül (sikerülj) *succeed, manage to*
skót *Scottish*
só *salt*
sok *a lot of, many, much, a lot*
sokféle *all sorts of*
sonka *ham*
sovány *thin*
sör (-t, -ök, -e) *beer*
sörözik (sörözz) *drink beer*
söröző *pub*
sötét *dark*
sötétkék *navy*
spanyol *Spanish*
sportol vmit (sportolj) *do some sport*

strand (-ot, -ok, -ja) *lido*
sült *fried, baked*
süt (a nap) (süss) *shine (the sun)*
süt (süss) *bake, roast, fry*
sütemény (-t, -ek, -e) *cake*
szabad *allowed, free*
szabadidő (c) *free time*
szabadnap (-ot, -ok, -ja) *day off*
szabadság (-ot, -a) *holiday*
szakács (-ot, -ok, -a) *cook*
szakáll (-at, -ak, -a) *beard*
szalad (szaladj) *run*
szalámi *salami*
száll (szállj) *fly*
szálloda *hotel*
szalonna *type of bacon*
szám (-ot, -ok, -a) *size, number*
száraz *dry*
század (-ot, -ok, -a) *century*
szed (gyógyszert) (szedj) *take (medicine)*
szegény (-t, -ek, -e) *poor, poor thing*
szék (-et, -ek, -e) *chair*
szekrény (-t, -ek, -e) *cupboard, wardrobe*
szél (szelet, szelek, szele) *wind*
szelet (-et, -ek, -e) *slice, cutlet*
szem (-et, -ek, -e) *eye*
személy (-t, -ek, -e) *person*
szemüveg (-et, -ek, -e) *glasses*
szendvics (-et, -ek, -e) *sandwich*
szent (-et, -ek, -je) *saint*
szenvedélyes *passionate*
szép *beautiful*
szerencse *luck*
szerencsére *luckily*
szerencsés *lucky*
szeret vkit, vmit (szeress) *like, love, be fond of sy, sg*
szeretet (-et, -e) *love, affection*
szerez vmit (szerezz) *get, obtain sg*
szerint *according to*
szervez vmit (szervezz) *organize sg*
sziget (-et, -ek, -e) *island*
szilveszter (-t, -ek, -e) *New Year's Eve*
szimpatikus *likeable*
szín (-t, -ek, -e) *colour*
színes *colour (adj.)*
színész (-t, -ek, -e) *actor*
színésznő *actress*
színház (-at, -ak, -a) *theatre*
szint (-et, -ek, -je) *level, storey*
szívesen *you are welcome*
szó (szót, szavak, szava) *word*
szoba *room*

szoknya *skirt*
szól (szólj) (szól a telefon) *be on (the phone is ringing)*
szól vkiről, vmiről *is about sy, sg*
szomjas *thirsty*
szomszéd (-ot, -ok, -ja) *neighbour, neighbouring*
szórakozik (szórakozz) *have fun*
szórakozni megy/jár *go out*
szótár (-t, -ak, -a) *vocabulary, dictionary*
szóval *so*
szőnyeg (-et, -ek, -e) *carpet*
szörfözik (szörfözz) *surf*
szörnyű *terrible*
szűk *tight*
szüksége van vmire *needs sg*
szül vkit (szülj) *give birth to sy*
születik (szüless) *be born*

tágas *spacious*
takarít vmit (takaríts) *do the cleaning*
talál vmit (találj) *find sg*
találkozik vkivel (találkozz) *meet sy*
talán *perhaps*
tanács (-ot, -ok, -a) *advice*
tanár (-t, -ok, -a) *teacher*
tánc (-ot, -ok, -a) *dance*
tánciskola *dancing-school*
táncol (táncolj) *dance*
tanít vkit (taníts) *teach sy*
tanul vmit (tanulj) *learn, study*
tányér (-t, -ok, -ja) *plate*
tárgyal (tárgyalj) *negotiate*
tárgyalás (-t, -ok, -a) *(business) meeting*
tart (tarts) *last*
tartózkodik (tartózkodj) *be, stay somewhere*
tavaly *last year*
tavalyelőtt *the year before last*
tavasz (-t, -ok, -a) *spring*
taxisofőr (-t, -ök, -e) *taxi driver*
teázik (teázz) *drink tea*
tegnap *yesterday*
tegnapelőtt *the day before yesterday*
tehát *so*
tej (-et, -ek, -e) *milk*
tél (telet, telek, tele) *winter*
telefon (-t, -ok, -ja) *telephone*
telefonál vkinek (telefonálj) *telephone sy*
telefonszám (-ot, -ok, -a) *telephone number*
televízió *television*
téliszalámi *a Hungarian salami*
teljesen *entirely, totally*
templom (-ot, -ok, -a) *church*
tengerpart (-ot, -ok, -ja) *seashore*

tényleg really
tér (teret, terek, tere) square, playground
terhes pregnant
terítő table cloth
térkép (-et, -ek, -e) map
természetesen naturally, of course
tervez vmit (tervezz) plan sg
testvér (-t, -ek, -e) sibling
tesz vmit (tegy, tenni) put sg
tészta pasta
tetszik vkinek vki, vmi (tetssz) like sy, sg
terv (-et, -ek, -e) plan
tévé TV
tilos forbidden
tinédzser (-t, -ek, -e) teenager
tipikus typical
tiszta clean
tisztít vmit (tisztíts) clean sg
titkárnő (c) secretary
titok (titkot, titkok, titka) secret
tó (tavat, tavak, tava) lake
toll (-at, -ak, -a) pen
torok (torkot, torkok, torka) throat
torta cream cake
tovább on, farther
több several, a number of, more
többé nem not any more
   a többi the rest
   a többiek the others
tökéletes perfect
tölt vmit (tölts) pour (a drink), spend (time)
tömeg (-et, -ek, -e) crowd
Törökország (-ot, -a) Turkey
történik (történj) happen
trafik (-ot, -ok, -ja) tobacconist's
trafikos (-t, -ok, -a) tobbacconist
trolibusz (-t, -ok, -a) trolley bus
tud vmit (tudj) know, know of, can
túl (nagy) too (big)
túlóra overtime
turista tourist
túró cottage cheese
türelmes patient
türelmetlen impatient
tyúk (-ot, -ok, -ja) hen

uborka cucumber
udvarias polite
ugrik (ugorj, ugorni) jump
úgy látszik (hogy) it seems (that)
ugyan nonsense, rubbish
ugyanaz (-t, -ok) the same
úgysem anyhow

új new
új-zélandi New Zealander
újra again
újság (-ot, -ok, -ja) news, newspaper
újságíró journalist
un vkit, vmit (unj) be bored with sy, sg
unalmas boring
unatkozik (unatkozz) be bored
úr (urat, urak, ura) Mr, sir
úszik (ússz) swim
uszoda swimming-pool
út (utat, utak, útja) road, trip, journey
utál vkit, vmit (utálj) hate sy, sg
után after
utána afterwards, after then
utazik (utazz) travel
utca street
útlevél (útlevelet, útlevelek, útlevele) passport
utoljára last time
utolsó last
üdítő soft drink
üdítőital (-t, -ok, -a) soft drink
üdvözlet (-et, -ek, -e) regards
üdvözöl vkit (üdvözölj) give sy one's regards
ügyfél (ügyfelet, ügyfelek, ügyfele) client
ül (ülj) sit
ünnep (-et, -ek, -e) holiday
üres empty
üveg (-et, -ek, -e) bottle
üzlet (-et, -ek, -e) shop
üzletember (-t, -ek, -e) businessman

vacsora supper
vacsorázik (vacsorázz) have supper
vad wild
vág vmit (vágj) chop, cut sg
vagy or
vagyon (-t, -ok, -a) fortune
vaj (-at, -ak, -a) butter
vajas buttered
valahol somewhere
valaki someone
valami something
válasz (-t, -ok, -a) answer
válaszol vmit (válaszolj) answer sg
választ vkit, vmit (válassz) choose sy, sg
választék (-ot, -ok, -a) choice, selection
vállalat (-ot, -ok, -a) company
vallásos religious
valóban indeed
válogatós choosy
valószínűleg probably
változás (-t, -ok, -a) change

változik (változz) *change*
vár vkit, vmit (várj) *wait, expect, look forward to*
vár (-at, -ak, -a) *castle, fortress*
város (-t, -ok, -a) *town, city*
vasal vmit (vasalj) *iron*
vásárol vmit (vásárolj) *do some shopping, buy sg*
vécé *toilet*
vége *it is over, it finishes*
vegetáriánus *vegetarian*
végez vmit (végezz) *finish sg*
végig *to the end*
végül *in the end*
vegyes *mixed*
vékony *thin*
véletlenül *by any chance*
verekedik (verekedj) *fight*
vesz vmit (vegy, venni) *buy sg*
veszekedik vkivel (veszekedj) *quarrel with sy*
veszélyes *dangerous*
vezérigazgató *managing director*
vezet vmit (vezess) *drive*
viccel (viccelj) *joke*
vidám *cheerful*
vigyáz vmire (vigyázz) *watch out*
vigyáz vkire *look after sy*
világos *light*
villa *fork*
villamos (-t, -ok, -a) *tram*

villany (-t, -ok, -a) *light, electricity*
virág (-ot, -ok, -a) *flower, plant*
visel vmit (viselj) *wear sg*
visszabeszél vkinek (visszabeszélj) *answer sy back*
visszahoz vmit (visszahozz) *bring back*
visszajön (visszajöjj, visszajönni) *come back*
visszamegy (visszamenj, visszamenni) *go back*
visz vkit, vmit (vigy, vinni) *take, carry sy, sg*
viszont *but, on the other hand, the same to you*
viszonylag *relatively*
vízpart (-ot, -ok, -ja) *bank, riverside, shore*
vizsgaeredmény (-t, -ek, -e) (c) *exam result*
vonat (-ot, -ok, -a) *train*
vonatjegy (-et, -ek, -e) (c) *train ticket*
vörös *red*

zaj (-t, -ok, -a) *noise*
zajos *noisy*
zene *music*
zeneszerző *composer*
zöld *green*
zöldség (-et, -ek, -e) *vegetable*
zöldséges (-t, -ek, -e) *greengrocer*
zseb (-et, -ek, -e) *pocket*
zsebkendő *handkerchief*
zsemle *roll*
zsír (-t, -ok, -ja) *cooking lard, fat*

English–Hungarian vocabulary

This vocabulary contains only the key expressions used in the book. For all the other expressions see the **Hungarian–English vocabulary**.

After each noun ending in a consonant the object, the plural and the 3rd person singular possessive ending is given. A **(c)** marks compound words that take front vowel endings. After each verb the following is given: the stem with the imperative ending, the irregular infinitive and the ending(s) it takes.

a few **néhány**
above **felett**
abroad **külföldön**
according to **szerint**
act **játszik (játssz)**
address **cím (-et, -ek, -e)**
advice **tanács (-ot, -ok, -a)**
aeroplane **repülőgép (-et, -ek, -e)**
after **után**
afternoon, in the afternoon **délután (-t, -ok, -ja)**
afterwards **azután, aztán, utána**
again **ismét, megint**
airport **repülőtér (repülőteret, repülőterek, repülőtere)**
allowed **szabad**
almost **majdnem**
already **már**
also **is**
always **mindig**
America **Amerika**
American **amerikai**
among **között**
angry **mérges**
animal **állat (-ot, -ok, -a)**
another **másik**
answer sg **válaszol vmit (válaszolj), felel vmit (felelj)**
appetite **étvágy (-at, -a)**
apple **alma**
approximately **körülbelül**
apricot **barack (ot, -ok, -ja)**
around **körül**
arrive **érkezik (érkezz)**
ask for sg **kér vmit (kérj)**
assistant **asszisztens (-t, -ek, -e)**
at night **éjjel, éjszaka**
Australian **ausztrál**
autumn **ősz (-t, -e)**
average **átlag**

back **hát (-at, -ak, -a)**
bacon **szalonna**
bad **rossz**
bake **süt (süss)**
baked **sült**
baker **pék (-et, -ek, -je)**
balcony **erkély (-t, -ek, -e)**
bank (river) **part (-ot, -ok, -ja)**
bar **bár (-t, -ok, -ja)**
bathing trunks **fürdőnadrág (-ot, -ok, -ja)**
baths **fürdő**
be born **születik (szüless)**
be cold **fázik (fázz)**
be glad about sg **örül vminek (örülj)**
be late **késik (késs)**
be on holiday **nyaral (nyaralj)**
bean **bab (-ot, -ok, -ja)**
beautiful **szép**
because **mert**
because of **miatt**
become **lesz (legy, lenni)**
bed **ágy (-at, -ak, -a)**
beer **sör (-t, -ök, -e)**
before **előtt**
begin sg **kezd vmit (kezdj)**
believe sg **hisz vmit (higgy, hinni)**
between **között**
big **nagy**
black **fekete**
blouse **blúz (-t, -ok, -a)**
boat **hajó**
book sg **foglal vmit (foglalj)**
book **könyv (-et, -ek, -e)**
bookshop **könyvesbolt (-ot, -ok, -ja)**
boring **unalmas**
bottle **üveg (-et, -ek, -e)**
boy **fiú**
bread **kenyér (kenyeret, kenyerek, kenyere)**
breakfast **reggeli**

bridge **híd (hidat, hidak, hídja)**
bring sg **hoz vmit (hozz)**
British **brit**
brown **barna**
building **épület (-et, -ek, -e)**
bus **busz (-t, -ok, -a)**
businessman **üzletember (-t, -ek, -e)**
busy **elfoglalt**
but **de, hanem**
butcher **hentes (-t, -ek, -e)**
butter **vaj (-at, -ak, -a)**
buy sg **vásárol vmit (vásárolj), vesz vmit (vegy, venni)**

cabbage **káposzta**
cake **sütemény (-t, -ek, -e)**
calendar **naptár (-t, -ak, -a)**
camera **fényképezőgép (-et, -ek, -e)**
camp-site **kemping (-et, -ek, -je)**
can **tud, lehet**
Canadian **kanadai**
cap **sapka**
car **autó, kocsi**
car mechanic **autószerelő (c)**
careful **óvatos**
carpet **szőnyeg (-et, -ek, -e)**
cash **készpénz (-t, -e)**
cash-desk **pénztár (-t, -ak, -a)**
castle **vár (-at, -ak, -a)**
cat **macska**
chair **szék (-et, -ek, -e)**
champagne **pezsgő**
change (money) **bevált (pénzt) (beválts)**
change from sg to sg **átszáll vmiről vmire**
cheap **olcsó**
cheerful **vidám**
cheese **sajt (-ot, -ok, -ja)**
cheque **csekk (-et, -ek, -e)**
chicken **csirke**
child **gyerek (-et, -ek, -e)**
chocolate **csokoládé**
Christmas **karácsony (-t, -ok, -a)**
church **templom (-ot, -ok, -a)**
cigarette **cigaretta**
cinema **mozi**
city **város (-t, -ok, -a)**
classical music **komolyzene**
clean **tiszta**
clever **okos**
client **ügyfél (ügyfelet, ügyfelek, ügyfele)**
clock **óra**
clothes **ruha**
coat **kabát (-ot, -ok, -ja)**

coffee **kávé**
coke **kóla**
cold **hideg**
colour (adj.) **színes**
colour **szín (-t, -ek, -e)**
come **jön (jöjj, gyere)**
company **vállalat (-ot, -ok, -a)**
complain **panaszkodik (panaszkodj)**
complaint **panasz (-t, -ok, -a)**
concert **koncert (-et, -ek, -je)**
conference **konferencia**
constant **állandó**
constantly **állandóan**
continue sg **folytat vmit (folytass)**
cook sg **főz vmit (főzz)**
cost sg **kerül vmibe (kerülj)**
country **ország (-ot, -ok, -a)**
course (of a meal) **fogás (-t, -ok, -a)**
credit card **hitelkártya**
crowd **tömeg (-et, -ek, -e)**
cucumber **uborka**
culture **kultúra**
cupboard **szekrény (-t, -ek, -e)**
cutlet **szelet (-et, -ek, -e)**

dance **táncol (táncolj)**
dangerous **veszélyes**
dark **sötét**
day **nap (-ot, -ok, -ja)**
day off **szabadnap (-ot, -ok, -ja)**
dear **drága**
degree (Celsius) **fok (-ot, -a)**
delicious **finom**
department **osztály (-t, -ok, -a)**
dessert **édesség (-et, -ek, -e)**
dictionary **szótár (-t, -ak, -a)**
different **más (-t, -ok)**
difficult **nehéz**
dirty **piszkos**
dish **étel (-t, -ek, -e)**
district **kerület (-et, -ek, -e)**
do sg **csinál vmit (csinálj)**
do some sport **sportol (sportolj)**
do the cleaning **takarít (takaríts)**
doctor **orvos (-t, -ok, -a), doktor (-t, -ok, -a)**
dog **kutya**
door **ajtó**
dress **öltözködik (öltözködj)**
dress **ruha**
drink **ital (-t, -ok, -a)**
drink sg **iszik vmit (igy, inni)**
drive (car) **vezet (kocsit) (vezess)**
dry **száraz**

each other **egymás (-t)**
ear **fül (-et, -ek, -e)**
early **korán**
east **kelet**
Easter **húsvét (-ot, -ok, -ja)**
easy **könnyű**
eat **eszik (egy, enni)**
electricity **villany (-t)**
email address **e-mail cím**
embarrassing **kínos**
embassy **nagykövetség (-et, -ek, -e)** (c)
empty **üres**
engineer **mérnök (-öt, -ök, -e)**
English **angol**
enough **elég (eleget, elege)**
escalator **mozgólépcső** (c)
especially **főleg, különösen**
Europe **Európa**
evening, in the evening **este**
every **minden**
everybody **mindenki**
everything **minden**
excellent **kitűnő**
exciting **izgalmas**
excuse me **bocsánat, elnézést**
expect sy **vár vkit (várj)**
expensive **drága**
eye **szem (-et, -ek, -e)**

family **család (-ot, -ok, -ja)**
famous **híres**
far, far away **messze**
fashionable **divatos**
fat **kövér**
father **apa**
favourite **kedvenc**
feel **érez (érezz)**
few **kevés (keveset)**
find sg **talál vmit (találj)**
finish sg **befejez vmit (befejezz)**
finished **kész, készen**
fish **hal (-at, -ak, -a)**
fish soup **halászlé (halászlevet, halászleve)** (c)
fitting room **próbafülke**
flat **lakás (-t, -ok, -a)**
floor **emelet (-et, -ek, -e)**
flower **virág (-ot, -ok, -a)**
fly **repül (repülj)**
follow **következik (következz)**
foot **láb (-at, -ak, -a)**
football match **focimeccs (-et, -ek, -e)**
for the first time **először**
forbidden **tilos**

foreigner **külföldi**
for example **például**
forget sg **elfelejt vmit (elfelejts)**
fork **villa**
free **szabad**
free time **szabadidő**
French **francia**
fresh **friss**
fried **sült**
friend **barát (-ot, -ok, -ja)**
fruit **gyümölcs (-öt, -ök, -e)**
fry **süt (süss)**

garage **garázs (-t, -ok, -a)**
garden **kert (-et, -ek, -je)**
gas **gáz (-t, -ok, -a)**
gas cooker **gáztűzhely (-et, -ek, -e)** (c)
gate **kapu**
German **német**
get sg **kap vmit (kapj)**
get off sg **leszáll vmiről (leszállj)**
get on sg **felszáll vmire (felszállj)**
girl **lány (-t, -ok, -a)**
give sy sg **ad vkinek vmit (adj)**
glass **pohár (poharat, poharak, pohara)**
glasses **szemüveg (-et, -ek, -e)**
go **megy (menj, menni)**
go (frequently) **jár (járj)**
good **jó**
gorgeous **gyönyörű**
great **nagy**
green **zöld**
ground floor **földszint (-et, -ek, -je)**
grown up **felnőtt (-et, -ek)**

hair **haj (-at, -a)**
half **fél (felet, fele)**
ham **sonka**
handsome **jóképű**
happen **történik (történj)**
happy **boldog**
hardly **alig**
hate sy, sg **utál vkit, vmit (utálj)**
have a bath **fürdik (fürödj, fürdeni, fürödni)**
have a rest **pihen (pihenj)**
have breakfast **reggelizik (reggelizz)**
have lunch **ebédel (ebédelj)**
have supper **vacsorázik (vacsorázz)**
have to **kell**
head **fej (-et, -ek, -e)**
healthy **egészséges**
hear sg **hall vmit (hallj)**
heating **fűtés (-t, -e)**

help sy **segít vkinek (segíts)**
here **itt**
hill **hegy (-et, -ek, -e)**
holiday **szabadság (-ot, -a)**
home **haza**
home made **házi**
home, at home **otthon**
honey **méz (-et, -e)**
hope sg **remél vmit (remélj)**
hospital **kórház (-at, -ak, -a)**
hot **meleg**
hotel **szálloda**
hour **óra**
house **ház (-at, -ak, -a)**
housework **házimunka**
how long? **meddig?**
how many? **hány?**
how much? **mennyi?**
how?, how well? **hogy?**
Hungarian **magyar**
Hungary **Magyarország**
hungry **éhes**
hurry **siet (siess)**
hurt **fáj (fájj)**
husband **férj (-et, -ek, -e)**

ice-cream **fagylalt (-ot, -ok, -ja)**
idea **ötlet (-et, -ek, -e)**
if **ha**
ill **beteg**
important **fontos**
in ... time **múlva**
in advance **előre**
in front of **előtt**
indeed **valóban**
instead of **helyett**
interesting **érdekes**
introduce sy to sy **bemutat vkit vkinek
    (bemutass)**
Irish **ír**
island **sziget (-et, -ek, -e)**
Italian **olasz**

jam **dzsem (-et, -ek, -je)**
Japan **Japán (-t)**
Japanese **japán**
job **állás (-t, -ok, -a), munka**
joke **viccel (viccelj)**

key **kulcs (-ot, -ok, -a)**
kind **kedves**
kiss **puszi**
knife **kés (-t, -ek, -e)**

know sy, sg **ismer vkit, vmit (ismerj)**
know, know of sg **tud vmit (tudj)**

lake **tó (tavat, tavak, tava)**
language **nyelv (-et, -ek, -e)**
last (week) **múlt (hét)**
last **utolsó**
last time **legutóbb**
last year **tavaly**
late **késő, későn**
later **később**
lazy **lusta**
learn **tanul (tanulj)**
leave **indul (indulj)**
left **bal**
leg **láb (-at, -ak, -a)**
lemon **citrom (-ot, -ok, -a)**
lesson **óra**
letter **levél (levelet, levelek, levele)**
life **élet (-et, -ek, -e)**
light **világos** (adjective)
light **villany (-t, -ok, -a)**
like sy, sg **szeret vkit, vmit (szeress)**
likeable **szimpatikus**
listen to sy, sg **hallgat vkit, vmit (hallgass)**
little **kis, kicsi**
live **él (élj), lakik (lakj)**
long **hosszú**
look at sy, sg **néz vkit, vmit (nézz)**
lose one's way **eltéved (eltévedj)**
loud **hangos**
luckily **szerencsére**
lucky **szerencsés**
lunch **ebéd (-et, -ek, -je)**

man **férfi, ember (-t, -ek, -e)**
manage to **sikerül (sikerülj)**
manager **igazgató**
many, a lot of **sok**
map **térkép (-et, -ek, -e)**
matter **baj (-t, -ok, -a)**
mean sg **jelent vmit**
meat **hús (-t, -ok, -a)**
medicine **gyógyszer (-t, -ek, -e)**
meet up with sy **találkozik vkivel (találkozz)**
meeting (business) **tárgyalás (-t, -ok, -a)**
menu **étlap (-ot, -ok, -ja)**
milk **tej (-et, -ek, -e)**
minute **perc (-et, -ek, -e)**
mixed **vegyes**
moment **pillanat (-ot, -ok, -a)**
money **pénz (-t, -ek, -e)**
month **hónap (-ot, -ok, -ja)**

mood **kedv (-et, -e)**
morning, in the morning **reggel**
morning, in the morning, a.m. **délelőtt (-öt, -ök, -je)**
mother **anya**
mountain **hegy (-et, -ek, -e)**
Mr **úr (urat, urak, ura)**
much **sok**
mushroom **gomba**
music **zene**
must **kell**
myself **magam**

name **név (nevet, nevek, neve)**
national **nemzeti**
naturally **természetesen**
navy **sötétkék**
near **közel**
needed **kell**
negotiate **tárgyal (tárgyalj)**
neighbour **szomszéd (-ot, -ok, -ja)**
neither, not … either **sem**
new **új**
New Year's Eve **szilveszter (-t, -ek, -e)**
news **hír (-t, -ek, -e)**
newspaper **újság (-ot, -ok, -ja)**
next time **legközelebb**
next to **mellett**
no, not **nem**
noisy **zajos**
noon **dél (delet)**
nothing **semmi**
now **most**
nowadays **mostanában**
number **szám (-ot, -ok, -a)**

o'clock **óra**
obviously **nyilván**
occupation **foglalkozás (-t, -ok, -a)**
occupied **foglalt**
of course **persze**
office **iroda**
often **gyakran**
oil **olaj (-at, -ak, -a)**
old **öreg, régi**
on foot **gyalog**
one another **egymás (-t)**
only **csak**
open **nyitva**
or **vagy**
orange juice **narancslé (narancslevet, narancsleve) (c)**
original **eredeti**

outside **előtt**
outstanding **kiváló**
over **felett**
own **saját**

pancake **palacsinta**
passport **útlevél (útlevelet, útlevelek, útlevele)**
pasta **tészta**
patient **beteg (-et, -ek, -e)**
pay **fizet (fizess)**
pea **borsó**
peach **barack (-ot, -ok, -ja)**
pen **toll (-at, -ak, -a)**
pencil **ceruza**
pension **nyugdíj (-at, -ak, -a)**
pensioner **nyugdíjas (-t, -ok, -a)**
pepper **paprika**
performance **előadás (-t, -ok, -a)**
perhaps **talán**
person **ember (-t, -ek, -e), személy (-t, -ek, -e)**
photo **fénykép (-et, -ek, -e)**
picture **kép (-et, -ek, -e)**
pig **sertés, disznó**
place **hely (-et, -ek, -e)**
plan **terv (-et, -ek, -e)**
plate **tányér (-t, -ok, -ja)**
play sg with sy **játszik vmit vkivel (játssz)**
policeman **rendőr (-t, -ök, -e)**
polite **udvarias**
poor, poor thing **szegény (-t, -ek, -e)**
pop music **popzene**
possible **lehet**
post office **posta**
postcard **képeslap (-ot, -ok, -ja)**
potato **burgonya, krumpli**
pound **font (-ot, -ok, -ja)**
prescription **recept (-et, -ek, -je)**
present **ajándék (-ot, -ok, -a)**
pretty **csinos**
price **ár (-at, -ak, -a)**
probably **valószínűleg**
programme **műsor (-t, -ok, -a)**
properly **rendesen**
pub **söröző**
pullover **pulóver (-t, -ek, -e)**
punctual **pontos**
purple **lila**
put on sg (clothes) **felvesz vmit (felvegy, felvenni)**
put sg **tesz vmit (tegy, tenni)**
pyjamas **pizsama**

quality **minőség (-et, -e)**
quarter **negyed (-et, -e)**

question **kérdés (-t, -ek, -e)**
quiet **csendes**
quite **elég**

radio **rádió**
railway station **pályaudvar (-t, -ok, -a)**
rain **eső**
raincoat **esőkabát (-ot, -ok, -ja)**
rarely **ritkán**
read sg **olvas vmit (olvass)**
ready **kész, készen**
real **igazi**
really **tényleg**
reception (at a hotel) **recepció**
receptionist **portás (-t, -ok, -a)**
recommend sy sg **ajánl vkinek vmit (ajánlj)**
recover **meggyógyul (meggyógyulj)**
red **piros, vörös**
refrigerator **hűtőszekrény (-t, -ek, -e)**
regularly **rendszeresen**
relatively **viszonylag**
remember sy, sg **emlékszik vkire, vmire
(emlékezz, emlékezni)**
restaurant **étterem (éttermet, éttermek,
étterme)**
rice **rizs (-t, -e)**
rich **gazdag**
right (direction) **jobb**
river **folyó**
road **út (utat, utak, útja)**
roast **süt (süss)**
roll **zsemle**
room **szoba**
run **fut (fuss)**
Russian **orosz**

salad **saláta**
salami **szalámi**
sales assistant **eladó**
salt **só**
sandwich **szendvics (-et, -ek, -e)**
sausage **kolbász (-t, -ok, -a)**
say sg **mond vmit (mondj)**
scarf **sál (-at, -ak, -a)**
school **iskola**
Scottish **skót**
secretary **titkárnő (c)**
see sy, sg **lát vkit, vmit (láss)**
sell sg **árul vmit (árulj)**
send sy sg **küld vkinek vmit (küldj)**
several **több**
shelf **polc (-ot, -ok, -a)**
shine (the sun) **süt (a nap) (süss)**

ship **hajó**
shirt **ing (-et, -ek, -e)**
shoes **cipő**
shop **bolt (-ot, -ok, -ja), üzlet (-et, -ek, -e)**
shore **part (-ot, -ok, -ja)**
short **alacsony** (of height)**, rövid**
(of duration)
show sg **mutat vmit (mutass)**
sibling **testvér (-t, -ek, -e)**
since **óta**
since when? **mióta?**
sincere **őszinte**
sir **úr (urat, urak, ura)**
sit **ül (ülj)**
size **méret (-et, -ek, -e)**
skirt **szoknya**
sleep **alszik (aludj, aludni)**
sleepy **álmos**
slice **szelet (-et, -ek, -e)**
slow **lassú**
small **kicsi, kis**
smile **mosolyog (mosolyogj)**
smoke **dohányzik (dohányozz, dohányozni),
cigarettázik (cigarettázz)**
snow **hó (havat)**
soft drink **üdítő**
something **valami**
sometimes **néha**
somewhere **valahol**
soon **hamar, hamarosan**
sorry **bocsánat, elnézést**
soup **leves (-t, -ek, -e)**
south **dél (delet)**
Spanish **spanyol**
speak **beszél (beszélj)**
spoon **kanál (kanalat, kanalak, kanala)**
spring **tavasz (-t, -ok, -a)**
square **tér (teret, terek, tere)**
stamp **bélyeg (-et, -ek, -e)**
stand **áll (állj)**
stand up **feláll (felállj)**
start sg **elkezd vmit (elkezdj)**
stay **marad (maradj)**
stew **pörkölt (-et, -ek, -je)**
stop **megálló**
straight away **azonnal, rögtön**
strange **furcsa**
street **utca**
strong **erős**
strudel **rétes (-t, -ek, -e)**
student **diák (-ot, -ok, -ja)**
sugar **cukor (cukrot, cukra)**
suit **öltöny (-t, -ök, -e)**

suit sy (it suits me/it does not suit me) **áll vkinek (jól/rosszul áll nekem)**

summer **nyár (nyarat, nyarak, nyara)**

sun **nap (-ot)**

sun tan oil **napolaj (-at, -ak, -a)**

sunbathe **napozik (napozz)**

sunglasses **napszemüveg (-et, -ek, -e)** (c)

supper **vacsora**

surgery **rendelő**

sweet **édes**

swim **úszik (ússz)**

swimming-pool **uszoda**

swimsuit **fürdőruha**

switch on sg **bekapcsol vmit (bekapcsolj)**

table **asztal (-t, -ok, -a)**

take (medicine) **bevesz (gyógyszert) (bevegy, bevenni)**

take (photographs) **fényképez (fényképezz)**

take sy, sg **visz vkit, vmit (vigy, vinni)**

talk to sy about sg **beszélget vkivel vmiről (beszélgess)**

tall **magas**

taxi driver **taxisofőr (-t, -ök, -e)**

teacher **tanár (-t, -ok, -a)**

telephone **telefon (-t, -ok, -ja)**

telephone number **telefonszám (-ot, -ok, -a)**

telephone sy **telefonál vkinek (telefonálj)**

television **televízió**

tell sy sg **elmond vkinek vmit (elmondj)**

temperature (body) **láz (-at, -a)**

terrible **szörnyű**

that **hogy** (conjunction)

that, that one **azt (-t, -ok)**

the day after tomorrow **holnapután**

theatre **színház (-at, -ak, -a)**

there **ott**

thin **sovány, vékony**

think sg **gondol vmit (gondolj)**

thirsty **szomjas**

this year **idén**

this, this one **ezt (-t, -ek)**

throat **torok (torkot, torkok, torka)**

ticket **jegy (-et, -ek, -e)**

ticket office **jegypénztár (-t, -ak, -a)**

tie **nyakkendő** (c)

time **idő (ideje)**

tired **fáradt**

today **ma**

tomato **paradicsom (-ot, -ok, -a)**

tomato juice **paradicsomlé (paradicsomlevet, paradicsomleve)** (c)

tomorrow **holnap**

tooth **fog (-at, -ak, -a)**

totally **teljesen**

tourist **turista**

town **város (-t, -ok, -a)**

train **vonat (-ot, -ok, -a)**

tram **villamos (-t, -ok, -a)**

transport **közlekedés (-t, -e)**

travel **utazik (utazz)**

tree **fa**

trip **út (utat, utak, útja)**

trolley bus **trolibusz (-t, -ok, -a)**

trousers **nadrág (-ot, -ok, -ja)**

true **igaz**

try sg **próbál vmit (próbálj)**

try sg on **felpróbál vmit (felpróbálj)**

typical **tipikus**

ugly **csúnya**

under **alatt**

underground **metró, földalatti**

understand sg **ért vmit (érts)**

unemployed **munkanélküli** (c)

unfortunately **sajnos**

until now **mostanáig**

up **fel**

use sg **használ vmit (használj)**

usually **általában**

vegetable **zöldség (-et, -ek, -e)**

very **nagyon**

vet **állatorvos (-t, -ok, -a)**

view (e.g. from a window) **kilátás (-t)**

village **falu (faluk, falvak)**

vocabulary **szótár (-t, -ak, -a)**

wait for sy **vár vkit (várj)**

waiter **pincér (-t, -ek, -e)**

walk (stroll) **sétál (sétálj)**

wall **fal (-at, -ak, -a)**

want sg **akar vmit (akarj)**

wardrobe **szekrény (-t, -ek, -e)**

warm **meleg**

wash oneself **mosakszik (mosakodj, mosakodni)**

wash sg **mos vmit (moss)**

washing machine **mosógép (-et, -ek, -e)**

watch **óra**

watch out **vigyáz vmire (vigyázz)**

watch sy, sg **néz vkit, vmit (nézz)**

weak **gyenge**

wear sg **hord vmit (hordj)**

weather **idő**

week **hét (hetet, hetek, hete)**

weekend **hétvége**
what ... like? **milyen?**
what kind of? **milyen?**
what? **mi?**
when? **mikor?**
where from? **honnan?**
where to? **hova?, hová?**
where? **hol?**
which? which one? **melyik?**
white **fehér**
who? **ki?**
whole **egész**
why? **miért?**
wife **feleség (-et, -ek, -e)**
wind **szél (szelet, szelek, szele)**
window **ablak (-ot, -ok, -a)**
wine **bor (-t, -ok, -a)**

winter **tél (telet, telek, tele)**
without **nélkül**
woman **nő, asszony (-t, -ok, -a)**
wonderful **csodálatos**
word **szó (szót, szavak, szava)**
work **dolgozik (dolgozz)**
work **munka**
workplace **munkahely (-et, -ek, -e)**
would rather **inkább**
write sg **ír vmit (írj)**
wrong **rossz**

year **év (-et, -ek, -e)**
yes **igen**
yesterday **tegnap**
yet **még**
young **fiatal**

Taking it further

This section lists some of the resources that might help you to take your studies of the Hungarian language and culture further as well as providing you with information for a visit to Hungary.

Dictionaries

Helen Davies and Helga Szabó, *Usborne Beginner's Hungarian Dictionary* (2009): Holnap Kiadó, Usborne Publishing Ltd

Tamás Magay, László Országh, *A Concise Hungarian–English Dictionary* (1990): Oxford University Press, Akadémia Kiadó

Éva Szabó, *Hungarian Practical Dictionary*, *Hungarian–English, English–Hungarian*: Hippocrene Books, Inc., New York

László Országh, Dezső Futász and Zoltán Kövecses, *Hungarian–English Dictionary* (2002): Akadémiai Kiadó, Budapest

László Országh and Tamás Magay, *English–Hungarian Dictionary* (2002): Akadémiai Kiadó Rt., Budapest

Background information / language

István Bart, *Hungary and the Hungarians, the Key Words:*
A Concise Dictionary of Facts and Beliefs, Customs, Usage and Myths (2007): Corvina Books Ltd, Budapest

Travel guides

Eyewitness Travel, Hungary (2007): Dorling Kindersley, London

Bob Dent, *Hungary, Blue Guide* (2002): W W Norton and Company Inc.

Out and About in Hungary (2005): Well-Press Publishing

Hunter Travel Guides, *Adventure Guide Hungary* (2007): Hunter Publishing Inc.

Eyewitness Travel, Budapest (2009): Dorling Kindersley, London

Eyewitness Travel: Top 10 Budapest (2006): Dorling Kindersley, London

Steve Fallon, *Budapest City Guide* (2009): Lonely Planet Publications

Walter Fleps, *Twelve Walks in Budapest and Hungary's History* (2000): Püski, Budapest

Duncan J.D. Smith, *Only in Budapest, A Guide to Hidden Corners, Little-Known Places and Unusual Objects* (2008): Jel-Kép Kiadó, Budapest

Balázs Dercsényi, *Budapest and its Environs* (2003): Merhavia Ltd, Budapest

History, literature, culture and arts

Géza Buzinkay, *Hungarian History in a Nutshell* (2003): Merhavia Publishers, Budapest

István Lázár, *An Illustrated History of Hungary* (1999): Corvina Books Ltd, Budapest

Zoltán Pintér, *The Beauties of Historic Hungary* (2008): Pannon-literatúra Kft.

Bob Dent, *Every Statue Tells a Story, Public Monuments in Budapest* (2009): Európa Könyvkiadó, Budapest

László Kósa (ed.), *A Cultural History of Hungary from the Beginnings to the Eighteenth Century* (1999): Corvina Books Ltd, Budapest

László Kósa (ed.), *A Cultural History of Hungary in the Nineteenth and Twentieth Centuries* (2000): Corvina Books Ltd, Budapest

Lóránt Czigány, *The Oxford History of Hungarian Literature* (1984): Clarendon Press, Oxford

László Szelesley A, *Kárpát-medence néprajzi kincsei – Ethnological Treasures of the Carpathian Basin* (bilingual) (2000): Nemzeti Tankönyvkiadó, Budapest

A Pictorial History of Hungarian Art (1998): Corvina Books Ltd, Budapest

György Bolgár, *Made in Hungary or Made by Hungarians* (2009): Kossuth Publishing Corporation

Hungarian cuisine

Ferenc Gundel and Imre Gundel, *Gundel's Hungarian Cookbook* (2008): Corvina Books Ltd, Budapest

Carolyn Bánfalvi, *The Food and Wine Lover's Guide to Hungary with Budapest Restaurants and Trips to the Wine Country* (2008): Park Publishings Ltd, Budapest

English-language newspapers

Budapest Business Journal: http://www.bbj.hu/; tel: (00 36 1) 374-3344

The Budapest Sun: http://www.budapestsun.com/; tel: (00 36 1) 489-4343

Useful websites

www.clickbudapest.com

www.lonelyplanet.com/destinations/europe/hungary

www.budapest.com

www.showtimebudapest.hu

www.hirtv.hu

www.dunatv.hu

www.lanchidradio.hu

https://www.mediaklikk.hu/kossuth

www.magyarnemzet.hu

www.magyarhirlap.hu

www.nepszava.hu

Hungarian Studies

Pontifex Language School, 1125 Budapest, Kútvölgyi út 25.

Tel.: (00 36 1) 394 2663

e-mail: info@pontifex.hu

www.pontifex.hu

Grammar index

The first number in each entry refers to the unit, the second to the number within the Grammar section of the unit.

"Global scale" of the Common European Framework of Reference for Languages: learning, teaching, assessment (CEFR)

Advanced	CEFR LEVEL C2	Can understand with ease virtually everything heard or read. Can summarise information from different spoken and written sources, reconstructing arguments and accounts in a coherent presentation. Can express him/herself spontaneously, very fluently and precisely, differentiating finer shades of meaning even in more complex situations.
Advanced	CEFR LEVEL C1	Can understand a wide range of demanding, longer texts, and recognise implicit meaning. Can express him/herself fluently and spontaneously without much obvious searching for expressions. Can use language flexibly and effectively for social, academic and professional purposes. Can produce clear, well-structured, detailed text on complex subjects, showing controlled use of organisational patterns, connectors and cohesive devices.
Intermediate	CEFR LEVEL B2 (A Level)	Can understand the main ideas of complex text on both concrete and abstract topics, including technical discussions in his/her field of specialisation. Can interact with a degree of fluency and spontaneity that makes regular interaction with native speakers quite possible without strain for either party. Can produce clear, detailed text on a wide range of subjects and explain a viewpoint on a topical issue giving the advantages and disadvantages of various options.
Intermediate	CEFR LEVEL B1 (Higher GCSE)	Can understand the main points of clear standard input on familiar matters regularly encountered in work, school, leisure, etc. Can deal with most situations likely to arise whilst travelling in an area where the language is spoken. Can produce simple connected text on topics which are familiar or of personal interest. Can describe experiences and events, dreams, hopes and ambitions and briefly give reasons and explanations for opinions and plans.
Beginner	CEFR LEVEL A2: (Foundation GCSE)	Can understand sentences and frequently used expressions related to areas of most immediate relevance (e.g. very basic personal and family information, shopping, local geography, employment). Can communicate in simple and routine tasks requiring a simple and direct exchange of information on familiar and routine matters. Can describe in simple terms aspects of his/her background, immediate environment and matters in areas of immediate need.
Beginner	CEFR LEVEL A1	Can understand and use familiar everyday expressions and very basic phrases aimed at the satisfaction of needs of a concrete type. Can introduce him/herself and others and can ask and answer questions about personal details such as where he/she lives, people he/she knows and things he/she has. Can interact in a simple way provided the other person talks slowly and clearly and is prepared to help.